KB151207

COLLABORATIVE THERAPEUTIC ASSESSMENT: A CASEBOOK AND GUIDE

심리평가로
심리치료하기
:사례 가이드북

Stephen E. Finn · Constance T. Fischer · Leonard Handler 저 | 최성진 역

박영story

서 언

협력적/치료적 평가(Collaborative/Therapeutic Assessment; C/TA)는 이 책에서 사용하는 용어로 심리평가에 대한 여러 접근을 말한다. 이것은 개별 평가, 공동 평가, 치료적 평가, 치료적 평가 모형, 협력적 신경심리평가, 로르샤하를 이용한 심리치료, 주관적 상담, 역동적 평가 등으로 불린다. 1장에서는 이 접근을 분류하고 정의하고 역사를 소개했다. 또한 최근 증가하고 있는 이 접근의 연구들을 살펴보았다. 이 책은 4개 나라의 전문가가 실시한 C/TA의 18개 사례를 소개하고 있다. 각 장은 3부로 구성되어 있다. I부는 아동과 청소년의 C/TA이다. II부는 아동 청소년의 사례를 보여준다. III부는 협력적 치료적 신경심리평가(Collaborative Therapeutic Neuropsychological Assessment; CTNA), 양육에서의 치료적 평가, 부부를 대상으로 한 치료적 평가 같은 C/TA의 특수사례를 소개했다. 각 부의 장은 저자 성의 알파벳순으로 했다. 마지막 장은 사례의 공통점에 대해 논의했다.

이 책에 소개된 내담자들은 다양한 배경을 가진 성인, 아동, 청소년, 부부, 가족이다. 모든 내담자의 이름과 정보는 사생활 보호를 위해 바꿨다. 저자들은 우리의 동료이자 과거 제자이기도 했던 젊은 전문가들을 포함하고 있다. 평가자들은 여러 내담자를 경험하고 이론적 배경을 가진 C/TA 전문가이다. 독자들은 C/TA가 쉽지는 않지만 유용하다는 것을 알게 될 것이다.

사례는 교육적인 주제로 되어 있고 각 장에는 학습 포인트가 있다. 저자들은 여러 방식으로 학습 포인트를 제시했다. 학습 포인트는 훈련에 도움이 될 것이다. 우리는 저자들이 쓴 글을 편집하면서 많은 것을 배웠다. 창조적이고, 타인을 존중하고, 잘 훈련된 전문가들은 내담자에게 자신의 존재와 사고에 대해 새롭게 조망할 수 있도록 도움을 주었다.

이 책에 사용된 용어는 다양하지만 같은 개념을 공유한다. 심리평가는 심오

하고, 전문적 관계를 포함하며, 개인의 삶에 영향을 미칠 수 있다. 우리는 이 책을 읽으면서 내담자가 스스로 변한다는 것을 알게 되었다. 그리고 경외심, 슬픔, 흥분, 희망, 부러움, 감사를 경험했다. 우리가 바라는 것은 당신도 이런 변화를 발견하는 것이다. 그러면 심리평가의 치료적 힘은 확장될 것이다.

이 책의 배경

모든 행동은 특별하고 의미 있는 배경 속에서 생긴다. 우리는 서론에서 독자들에게 우리의 배경 정보를 제시하는 것이 의미 있으리라는 생각이 들었다. 그래서 협력적/치료적 평가 개입에 대한 세 사람의 배경 정보를 제시했다.

Connie Fischer

심리학과 대학원 준비

나는 Oklahoma대학에서 정치학을 전공했고 심리학을 부전공했으며 Muzafer Sherif에게 사회심리학 강의를 들었다. 그와의 연구는 일상에서 이루어졌다. 토론 또한 용어의 개념을 설명하는 것이 아니라 사람들과의 실제 상호작용을 다루었다(여름 캠프에서 아이들과 함께 한 Robbers Cave 실험). 나는 Kurt Lewin의 영향도 받았는데, 그의 연구 또한 여러 상황에 일반인이 참여한 것이었다.

나는 Oklahoma대학에 있는 동안 교사 자격을 얻어 학생들을 가르쳤다. 세계사 강의 중 한 학생은 중산층, 귀족, 저널리스트, 그 외 프랑스 계급을 만든 사람에 대해 나에게 물었다. 나는 아무도 그 구조를 만들지 않았다고 답했다. 학생은 나에게 Norman에서 Oklahoma까지 길가 움막을 본 적이 있는지를 물었다. 내가 고개를 끄덕였더니 그녀는 그 움막집들이 모두 자신의 할아버지 소유라고 했다. 그리고 그녀의 아버지는 국립 은행의 은행장이라고 말했다. 그녀는 자신의 가족에서 보듯 계급 구조가 없다고 해도 우리 또한 인도의 카스트 제도와 별반 다르지 않다고 이야기했다.

학교가 컸기 때문에 학생들은 서로의 가족에 대해 별로 아는 바가 없었다. 나는 작은 실험을 했다. 앞 줄에 앉은 한 학생을 가리키며 이 학생이 집에서 먹는 음식 중에 샐러드드레싱을 제일 좋아할 것이라고 생각하는 학생들에게 손을 들어보라고 했다. 그리고 다른 학생들에게는 이 가족에게 차가 몇 대가 있을지를 물었다. 그리고 이 학생이 대학에 갈 가능성에 대해서도 물었다(모든 학생은 자격이 있었다). 우리는 아무도 불평등한 계급 체계를 만들지 않았고, 이런 체계에서 벗어나야 한다는 것에 동의했다. 이틀 후 학교 관리자는 나를 불렀다. 그는 내 일은 학생들에게 사실을 가르치는 것이지 생각을 하도록 가르치는 게 아니라고 말했다. 그리고 생각을 하는 것은 학생들에게 위험할 수 있다고 했다.

대학원

나는 심리학을 전공하여 박사학위를 취득하기로 했다. 그 사건 이후 나는 학생들에게 내가 위험할지도 모른다는 의혹에 답을 해야 했다. 만약 생각을 하도록 격려하는 것이 위험하지 않다는 것을 밝혀내면, 학위를 통해 명성을 얻게 될 거라고 생각했다(이후 이것은 진실이 되었다). 나는 "학습"에 대해 여러 과정이 개설되어 있는 Kentucky대학에 입학했다. 나는 사회심리학에 관심이 많았다. 그러나 지역사회 "예방정신건강" 분야에서 일을 하고 싶어 임상심리학으로 전공을 바꾸었다. 사실 사회심리학은 교수로서의 역할을 제외하고는 다른 일이 별로 없었다. 당시 임상심리학은 아동센터와 병원에서 독점하다시피 했다. 나는 여러 과정을 거쳐 결국 45세에 임상심리학 교수가 되었다.

Kentucky대학 프로그램은 실험적이고 정신분석적이었다(매우 유용한 프로그램이었다). 나는 Lexington 재향군인 정신병원에서 4년 동안 인턴으로 일을 했다. 그곳에서 환자와 함께 "협력적" 치료와 평가를 실시했다. 그리고 환자를 관찰하고 만났다. 병원에는 독일 이민자였던 현상주의 정신건강의학과 의사 Eriwin Straus가 있었고, 나의 지도교수들은 자주 병원을 방문하곤 했다. 나는 임상 실습은 A를 받았지만 진단 평가는 C를 받았다. 평가 당시 지도교수는 일방 거울을 통해 나를 관찰하고 있었다: 나는 검사를 비효율적으로 실시했다. 아울러 초발 정신병으로 입원한 19세 환자가 일방 거울 너머 소리에 놀랐을 때, 나는 환자에게 거울을 창문이라고 설명했다. 사실 지도교수들은 거울을 통해 내가 제대로 평가하고 있는지를 관찰하고 있었다. 나는 환자와 면담도 하지 않았고 검사만 실시했다. 여섯 명의 교수 중 세 명은 비슷한 평가를 내렸다. 평가 결과는 내가 배운 대로 검사를 실시하지 않았다는 것이었다.

경력

나는 Duquesen대학에서 박사학위를 받았다. 이 대학의 심리학과는 철학적 기초와 임상연구방법론에 특화되어 있었다. 연구방법은 당시 시대적 패러다임인 학습과 생리학을 넘어서는 관점에서 인간을 보고 있었다. 우리는 이 접근을 "인간－과학 심리학"이라 부른다(자연과학과 심리학을 접목한). 나의 철학적 근원은 유럽의 현상학과 실존주의였다. 당시 나는 "평가 과정"을 강의했다. 그러나 아무도 그 과정을 가르치고 싶어 하지 않았다. 이 과정은 단지 학생들이 자격을 받을만한지를 확인하기 위해 필요한 과목이었다. 하지만, 이 반갑지 않은 과정은 축복으로 바뀌었다. 나는 몇 년 동안 학생들과 함께 표준화된 검사를 연구했고 심리평가보고서 쓰는 법을 배웠다. 내가 쓴 *개별화된 심리평가 Individualizing Psychological Assessment*(1985)는 강의 노트와 학생들이 제안한 것을 바탕으로 했다. 우리는 내담자와 검사를 했고, 보고서를 썼으며, 관찰한 행동을 내담자의 관점으로 설명하는 것을 배웠다. 아울러 내담자들은 우리의 보고서를 읽고 논평해주었다.

내 원고는 여러 이유로 학회지에서 거절당했다. 왜냐하면 원고가 비윤리적이고(환자들은 자신의 병에 대해 듣게 되면 상처를 받는다), 직업윤리에 어긋나며, 심지어 전문성이 없다는 이유에서였다(전문 용어가 없었다면 원고는 평범했을 것이다). 한 편집위원은 나에게 다시는 학회지에 투고를 못하게 했다. 나는 내재된 공격성이나 동성애가 있는 내담자에게 말하기 힘든 내용도 논문에 포함되어야 한다고 생각했다. 심사위원들은 내가 내담자가 이해할 수 있는 방식으로 쓴 글을 못마땅해 했다.

결국 나는 성격평가학회에서 나의 길을 발견했다. 학회원들은 검사를 연구하고, 개발하고, 평가를 가르쳤고, 치료와 평가를 실시하는 등 다양한 활동을 했다. 나의 연구에 성격평가학회 회원들이 개방적이었던 이유는 평가에 대한 여러 개입 때문이라고 생각한다. *Individualizing Psychological Assessment* 출판 후 몇 년이 지나 Steve Finn과 Len Handler는 내 책을 읽었다. 우리는 서로를 알아갔고 심포지엄을 조직했다. 나는 평가를 통해 소통하는 법을 Steve에게 배웠다. 또한 Len의 로르샤하 연구에서 "이 버섯이 말을 할 수 있다면 뭐라고 할까?" 기법을 빌려왔다. 우리는 서로에게 도움이 되었다.

Steve Finn

성격에 대한 관심은 Haverford대학 때부터 시작되었다. 나의 조언자이자 멘토였던 Douglas A. Davis는 Harry Stack Sullivan에 대해 가르쳤고 나는 그에게 매료되었다. 이후 Minnesota대학 대학원생 시절 성격평가의 힘은 나를 사로잡았다. 1979년 대학원 첫 해 나는 당시 유명한 성격심리학자였던 Auke Tellegen, Paul Meehl, James Butcher에게 임상심리학과 성격평가를 배웠다. 그해 여름에는 Hennepin County Medical Center(HCMC) 정신건강의학과에서 실습을 했다. 처음으로 내담자에게 로르샤하 피드백을 했고, 내담자는 변화를 경험했다(나는 *내담자의 눈으로*(2007)에 이 사례를 소개했다). 이것은 정말 경이로웠다.

나는 경험한 것을 지도교수에게 말했다. 교수는 평가 결과로 내담자가 호전되는 것에 대해 말해주었다. 그래서 나는 "이런 현상을 연구한 사람들이 있나요?"라고 물었다. "내가 아는 바로는 없어." 교수는 답했다. 그래서 나는 이것을 연구하기로 결심했다. 나는 HCMC에서 세 명의 유능한 임상심리학자였던 Ada Hegion, Kenneth Hampton, Ziegrieds Stelmachers의 지도 아래 많은 경험을 했다. 세 명의 지도감독자는 심리평가를 치료적인 방식으로 생각하는데 여러 도움을 주었다. 나는 박사학위 후 Austin Texas대학에서 임상심리학 교수가 되었고 "심리평가"를 가르쳤다. 나는 강의를 준비하며 주말을 보냈다. 강의명은 "심리평가 대인관계 모형"이었다. 이후 9년 동안 심리평가로 내담자를 치료하는 방법을 읽고 연구하고 실험했다. 그리고 지도학생인 Mary Tonsager의 석사학위 논문인 '내담자에게 MMPI-2로 피드백 하는 방법의 치료적 효과'를 공동으로 연구했다(Finn & Tonsager, 1992). 이것은 심리평가가 내담자의 증상과 자존감에 변화를 줄 수 있다는 것을 보여준 최초의 연구였다.

이 기간 동안 나는 Connie Fischer의 *Individualizing Psychological Assessment* (1985/1994)를 발견했다. 한 동료가 이 책을 추천했고, 나는 밤늦게까지 도서관에서 책을 읽었다. 나는 그녀가 평가모형을 상당 수준까지 발전시킨 것에 놀랐다. 그리고 시간이 날 때마다 그녀의 논문과 책을 읽고 또 읽었다. 나는 내담자와 치료자의 상호작용을 연구했고, 적극적인 협력자로 내담자를 포함시키는 그녀의 방식을 내 연구에 적용해 보았다. 당시 나는 개인치료를 통해 Connie의 방법이 치료적 평가의 힘을 증대시킨다는 것을 알게 되었다.

　　나는 1993년 치료적 평가라는 심리평가의 새로운 모형을 개발했다. 그리고 고민 끝에 Texas주 Austin에서 심리평가 센터를 개업하기 위해 교수직을 그만 두었다. 나는 충분한 돈을 벌 수 있을지가 두려웠다. 그래서 마케팅에 대해 생각했고, Austin에서 가장 유명한 세 명의 치료자를 만났다. 논의 끝에 나는 치료에 저항적인 그들의 내담자들을 평가하기로 했다. 그들은 모두 나의 제안을 받아들였고 나는 몇 달 뒤 감당할 수 없을 만큼 많은 의뢰를 받게 되었다. 처음에는 한 명의 파트타임 직원을 고용했다(Mary Tonsager). 9개월 뒤에는 7명의 정규직 심리학자가 일을 하게 되었고, 평가를 받으려면 9개월을 기다려야 했다.

　　10년 동안 나와 동료들은 성인, 아동, 청소년, 부부를 대상으로 치료적 평가 방법을 개발하기 위해 협력해왔다. 우리는 여러 내담자를 평가했다. 대중들에게는 이 접근이 심리학자와 내담자가 함께 밀착되어 진행되는 상담평가로 알려졌다. 신나는 일이었다. 나는 또한 성격평가학회에 가입을 했다. 거기서 존경하는 Connie Fischer를 만나게 되었다. 그녀는 내 작업에 관심이 많았다. 나는 뉴스레터에서 Len Handler와 Carolin Purves의 소식을 들었고 그들을 동료로 여기고 있었다. 나는 우리 모두가 함께 배울 수 있도록 SPA, APA, 로르샤하 국제 협회, 각종 프로젝트 및 워크숍과 심포지엄 등을 조직했다. 국제 협회는 심리평가에 대해 비슷한 생각을 하고 있는 다른 나라의 동료를 만나는 데 도움을 주었고 점차 발전을 거듭하게 되었다.

　　나는 지난 10년 동안 치료적 평가의 임상과 저술, 연구와 훈련을 해 왔다. Texas대학의　동료 Deborah Tharinger는 아동과 성인이 함께하는 치료적 평가 프로젝트를 실시했다. 이 프로젝트는 치료적 평가 방법을 발전시키는 데 도움이 되었다. *2007년에는 '내담자의 눈으로': 치료적 평가의 이론과 기법: In Our Client's Shoes: Theory and Techniques of Therapeutic Assessment*를 출간했고, 이로 인해 각국에서 많은 초대를 받았다. 나는 협력적 치료적 평가 웹사이트 (www.therapeuticassessment.com)를 만들었고, 훈련기관(치료적 평가 센터)을 개설했으며, Italy Milan의 Catholic대학에 치료적 평가 유럽 센터를 설립했다. 요즘은 책의 내용대로 훈련하는 방법을 연구하고 있다. 여전히 임상 장면에서 전통적 평가 보고서를 보면 실망할 때도 있다. 하지만, 그 기류는 점차 변해 협력적 치료적 평가를 준비하고 있는 것처럼 보인다.

Len Handler

나는 여러 번 이 이야기를 했다. 15년 전 성격평가학회 연차학술대회에서 Connie Fischer와 Steve Finn을 만났던 이야기를 하려고 한다. 그들은 와인을 마시며 식당에 있었다. Steve는 합석하고 싶은지 나에게 물었고 나는 흔쾌히 그러고 싶다고 했다. 대화는 나의 평가 방법으로 이어졌다. 놀랍게도 Steve와 Connie는 나의 평가가 치료적 평가인지를 물었다. 나는 나의 평가 접근을 타당하게 해줄 자리가 있다는 게 반가웠다. 다행히도 내가 표준적인 평가 절차에 기초한 "정확한" 과학적 평가 접근을 비체계적으로 바꾸었다는 생각은 들지 않았다.

우리는 와인을 즐기면서 표준화된 접근이 내담자에게 도움이 되지 않고 심지어 해로울 수 있다는 점에 의견을 같이 했다. 그리고 내가 국립보훈병원에 있을 때 환자들의 문제를 덜어주기 위해 고안한 방법에 대해서도 이야기했다. 나는 표준화된 평가 방법에서 벗어나지 않도록 요구받았지만 변화를 위한 시도는 계속해왔었다.

나는 환자들에게 지속적인 피드백과 지지를 하는 것이 중요하다고 생각했다. 한 번은 입원 환자에게 지능검사에서 공통성 소검사의 첫 번째 문항에 대해 물었던 적이 있었다. "오렌지와 바나나는 어떤 점이 비슷하죠?" 그는 이상하다는 듯 나를 보더니 이렇게 말했다. "비슷하지 않아요." 1955년 웩슬러 성인용 지능검사의 공통성 검사 실시 지침에 따라 나는 두 개의 과일이 어떻게 비슷한지에 대해 환자에게 답을 말해 주었고 그 후로는 힌트를 주지 않았다. 환자는 이후의 항목도 비슷하지 않다고 답했다. 만약 이 지침을 고수했다면 나는 더 이상 검사를 진행할 수 없었을 것이다. 나는 이 질문은 속임수가 없고 두 항목은 비슷한 점이 있다고 말했다. 그리고 안심을 시킨 뒤 다시 문제로 돌아갔다. 결국 환자는 좋은 점수를 받았다.

나는 평가 강의에서 이를 예로 들었다. 그러나 그 방법이 표준화된 절차와 다르기 때문에 영점을 받아야 한다고 주장하는 학생들에게 비판을 받았다. 우리는 환자들에게 "속임수는 없다."라는 확신을 주고 한 쌍의 항목은 비슷한 점이 있다는 것을 말하는 나의 접근에 대해 토론을 했다. 나는 환자에게 그 항목에 대해 다시 답을 할 수 있는지를 물었고 그는 그렇게 할 수 있다고 했다. 이후로 문제는 나타나지 않았다. 환자는 가벼운 지지를 받은 후 의심을 내려놓을 수 있었다. 어쩌면 그는 약간의 지지와 격려로도 병원 밖에서 잘 지낼 수 있었을지도 모른다. 생각해보면 환자의 의심은 자연스러운 것이었다. 왜냐하면 그는 처음으로 정신병원에 입원을 했고 과거에 가족과 친구들에게 "상처"를 받았기 때문이었다. 나는 환자의 입장에서 그가 경험한 것을 배울 수 있었다. 나는 검사를 통해 환자를 이해한 것이 기뻤고 환자도 자신을 알아가는 것을 즐거워했다.

우리들이 선택한 비유로 말하자면(Steve Finn에게 감사하며), *내담자의 눈으로*에서 "Shoes"의 비유는 나와 내담자가 함께 느끼고 생각하고 내면을 경험하도록 도와준다. 이것은 공감에 대해 이야기 하는 게 아니라 다른 사람이 경험하는 외적 태도를 의미한다. *Webster 사전*(1953)에 따르면, 공감은 "다른 존재 안에서 자신의 의식을 상상하며 투사한 것"으로 정의된다. 나는 이를 "평가자가 환자와 동일시하는 내면의 긴밀한 접촉"으로 보았다(Bouchard & Guerette, 1991. p. 388). 그것은 이 책의 7장에서 Jan Kamphuis가 그의 내담자를 잊지 못한 이유가 되었다. 내담자의 성격이나 경험한 삶은 과거 내 안에 존재했거나 지금도 존재하고 있다. 나는 아직도 재향군인 병원에서 검사했던 환자들을 기억하고 있고, 지금도 그들의 보고서를 보관하고 있다.

내담자의 일상과 가족을 아는 것은 내담자와 더 잘 연결되게 한다. 예를 들면, 나는 스스로를 우체부라 상상하며 우체부가 되는 연습을 한다. 그리고 50년 전에 검사했던 내담자의 우편물을 분류하고 배달하며 겪었던 예상치 못한 스트레스를 떠올린다. 내담자에게 우체국은 상호작용을 해야 할 위험한 협력자가 있는 지뢰밭이다. 그러나 내담자는 나를 믿었다: 나 또한 그곳이 지뢰밭인 것처럼 느꼈다. 하지만, "내담자와 나"는 안전해질 때까지 조심스럽게 문제를 다루었다.

한편, 나는 아이의 삶(내 자신 안에) 속의 이야기와 이야기 치료에 관심이 많았다. 그래서 오랫동안 아이들의 놀이를 연구했고 이야기를 만들었다. 거기에는 특별한 이야기가 있었다. 아이들은 이야기를 좋아했다. 요즘도 우리 집에는 Greenberg라는 날아다니는 돼지가 있다. 그래서 나는 이야기를 만들고 나누는 게 자연스럽다. 하지만 아이들의 이야기 중에는 특별한 의미가 없는 것도 있었다. 겁이 많았던 한 아이는 사람이나 나무, 동물을 그려보라고 할 때 아무 반응이 없었다. 그래서 나는 "상상 속 동물"을 그려보라고 했다. 이 방법은 아이가 긍정적이든 부정적이든 감정적으로 풍부해지고 상상의 세계를 이해하는 데 도움을 주었다.

　나는 자신뿐 아니라 영혼을 만져줄 사람으로서 아이의 이야기에 답했다. 아이 역시 어른처럼 내면 아이가 있다. 그래서 이야기를 듣고 "이해하고" 메시지를 주는 사람으로서 함께 반응했다. 나의 이야기는 아이와 연결되었고 그 메시지는 힘이 되었다. 아이의 요구에 대해 내가 선택한 이야기는 "우리"의 이야기가 되었다.

　오래 전에 Connie와 Steve와 와인을 마시며 함께 할 수 있어 나는 행복했다. 우리의 관계는 성공적이었다.

기여자들에 관하여

J. B. Allyn, MBA는 심리학 분야에서 창의적이고 기술적인 글쓰기 편집 전문가이다. 수년 동안 그녀는 Diane Engelman과 평가 내담자를 위한 치료적 이야기 쓰기를 함께 해왔다. 그녀는 곧 발간될 책 *심리평가 결과를 내담자에게 쓰고 전문가에게 의뢰하기: 문체와 문법 핸드북*(인쇄중)을 썼다. 그녀는 Northern California의 협력적 심리학, 정신의학, 의학 센터 소속이다.

Judith. Armstrong, PhD는 Southern California대학 심리학과 임상 조교수이고 개인 상담을 하고 있다. 그녀는 로르샤하 외상 내용 지표와 청소년 해리 경험 척도 개발과 장애에 기반한 외상 평가 및 외상 해리를 연구했다. 그녀는 처음으로 외상 평가에 대한 임상 가이드라인을 만든 APA 외상 분과 특별 위원회 의원장이다.

Thomas D. Cromer, PhD는 Manhasset, NY의 North Shore대학병원 Long Island Jewish 의학센터의 심리학자이다. 그는 심리치료 초기 과정과 치료적 동맹 및 환자의 성격 특징과 심리치료 효과에 대해 연구를 했다.

Hilde de Saeger, MA는 Netherlands의 성격장애 환자를 위한 치료적 센터인 Viersprong의 임상심리학자이다. 그녀는 현재 심한 성격장애 환자를 위한 치료적 평가 효과에 관해 박사 논문을 쓰고 있다. 그녀는 치료적 평가 연구소 회원이다.

Marc J. Diener, PhD는 Washington DC의 Argosy대학의 미국 특수학교 심리학과 임상심리 프로그램의 조교수이다. 그의 연구는 성격평가와 심리치료 과정과 효과에 초점을 맞추었다. 그는 다음 영역의 연구를 출판했다: 애착, 심리치료 기법, 심리치료 효과, 메타분석 방법론의 적용, 성격의 자기보고와 수행 기반 측정과 임상수련이다. 그는 또한 파트타임으로 개인 상담을 하고 있다.

Diane H. Engelman, PhD는 Northern California의 협력적 심리학, 정신의학, 의학 센터를 공동 설립했고 공동감독을 하고 있다. 그녀는 신경심리학자로서 협력적, 개별적 치료적 평가와 평가 기반 심리치료를 전문으로 하고 있다. 그녀는 논문을 평가하는 개입으로서 수많은 치료적 이야기를 내담자와 함께 썼다. *"세 명의 영역: 심리치료에 대한 협력적 상담"*(2002).

F. Barton Evans, PhD는 임상 범죄 심리학자이고 치료적 평가 전문가이다. 그는 Asheville, NC에 살고 Asheville Veteran Administration 병원에서 일하며, Washington, DC의 George Washington대학 의과대학 정신건강의학과의 임상 교수이다. 그는 *Harry Stack Sullivan: 대인관계 이론과 심리치료*(1997)의 저자이고, *법적 로르샤하 평가 핸드북*(2008)의 공동편집자이다.

Stephen E. Finn, PhD는 Austin, Tx의 치료적 평가 센터 창립자이고, Austin의 Texas대학 심리학과의 임상 조교수이며, Italy Milano의 치료적 평가 유럽센터의 훈련 소장이다. 그는 *MMPI-2를 이용한 치료적 개입 매뉴얼*(1996)과 *내담자의 눈으로: 심리평가로 심리치료하기*(2007)의 저자이다.

Constance T. Fischer, PhD, ABPP는 Pittsburgh, PA의 Duquesne대학 심리학과 교수이고 개인 상담을 하고 있다. 그녀는 *개별화된 심리평가*(1판 1985/1994; 2판 인쇄중)의 저자이고, *인간 서비스에 내담자 참여*(1978)의 공동 편집자이며, *심리학자를 위한 질적 연구 방법론*(2006)을 편집했다. 그녀는 인간 과학-자연과학의 동반자로서의 심리학-으로서의 심리학과 협력적 평가에 대해 폭넓은 연구를 했다. 그녀는 APA의 24, 32분과 회장을 역임했다.

Melissa E. Fisher, PhD는 Austin의 Texas대학에서 학교심리학으로 박사학위를 받았다. 그녀는 현재 Austin, Tx의 Texas 아동연구센터에서 인지행동치료와 신경심리평가로 박사 후 과정을 마쳤다. 그녀의 관심 분야는 청소년의 우울과 불안장애의 개입과 치료이다.

J. Christopher Fowler, PhD는 Galverston, Tx의 Galverston Bayor 의과대학의 Menninger 클리닉의 연구 부소장이고 선임 심리학자이다. 그의 관심분야는 치료 저항이 있는 정신장애, 경계성 성격장애, 심리평가와 자살이다.

Martia Frackowiak, PhD는 Austin, TX의 치료적 평가 개인 연구소의 심리학자이다. 그녀는 치료적 평가 연구소 설립 회원이고 Austin의 Texas대학의 강사이다. Frackowiak박사는 성인, 아동, 청소년, 부부, 가족의 치료적 평가 전문가이다. 그녀는 치료적 평가에 대해 국제 강의를 하고 있고, 치료적 평가를 배우고 싶어 하는 임상가에게 상담을 하고 있다.

Bradley Gerber, PhD는 Austin의 Texas대학에서 학교심리학으로 박사학위를 받았다. 그는 현재 Boston과 Harvard 의과대학 아동병원에서 아동심리학 박사 후 연구원을 하고 있다. 그의 관심 분야는 증거 기반 개입, 의학적 질환이 있는 아동을 위한 심리사회 치료, 그리고 치료에서의 치료적 동맹의 역할이다.

Tad T. Gorske, PhD는 Pittsburgh 의과대학 재활의학과의 신경심리 감독자이다. 그는 *협력적 치료적 신경심리평가*(2008)의 제 1저자다. 그는 이 책에서 협력적/치료적 평가와 동기강화 상담에 기반한 신경심리검사 결과의 피드백을 제공하는 내담자 중심의 방법을 기술했다.

Leonard Handler, PhD, ABAP는 Tennessee대학의 명예교수로 심리클리닉의 감독자와 임상 수련 프로그램의 부감독자로 활동하고 있다. 그는 심리평가학회 회장을 역임했다. 그리고 심리평가학회로부터 Martin Mayman과 Bruno Klopfer 상을 받았다. 그는 *성격평가의 교육과 학습*(1998)과 *아동과 청소년의 임상 평가: 전문가 핸드북*(2006)의 공저자이다.

Mark J. Hilsenroth, PhD, ABAP는 Garden City, NA의 Adelphi대학의 고등 심리 Derner 연구소의 심리학 교수이다. Hilsenroth 박사는 Adelphi대학 심리치료 프로젝트 연구 책임자이다. 그리고 교육과 심리치료 지도감독, 일대일 멘토링에 대한 연구와 개인 상담을 하고 있다. 그의 관심 분야는 성격 평가, 수련/지도감독, 심리치료 과정과 치료 효과이다. 그는 *심리치료 저널*의 편집자로 있다.

Erin Jacklin, PsyD는 Denver, CO에 위치한 협력적 평가와 심리치료 전문 Catalyst센터 설립자이고 임상 감독자이다. 그녀는 2006년 Colorado 평가학회를 공동설립했다. Jacklin박사는 심리평가를 치료적 도구로 사용하는 전문가이다.

Jan H. Kamphuis, PhD는 Netherlands Amsterdam대학 심리학과 교수이고 공인 임상심리학자이다. Fulbright 장학 지원을 받아 그는 Austin의 Texas대학에서 임상심리 프로그램을 마쳤고(1991~1997), 치료적 평가 센터에서 수련을 받았다. 그는 성격평가학회 전문회원이고 현재는 치료적 평가 공식 자격을 받았다. 그는 임상평가와 성격병리에 관해 폭넓은 연구를 해왔다.

Hale Martin, PhD는 CO의 Denver대학 특수심리대학원의 임상 조교수이다. 그는 치료적 평가를 가르치고 지도감독하고 있다. 그는 또한 치료적 평가 Colorado센터 감독자이고 치료적 평가 연구소 회원이다. Martin박사는 2006년 치료적 평가 Colorado센터를 공동 설립했다. 그는 Stephen E. Finn의 *MMPI-2와 MMPI-A의 남성성-여성성*(2010)의 공저자이다.

Patrick J. McElfresh, PhD는 Pittsburgh대학 Western 정신의학연구소와 클리닉의 아동 우울치료연구소의 코디네이터와 박사후 과정에 있다. 그는 또한 Pittsburgh, PA의 Chatham대학 심리학과에서 심리학 개론과 성격평가를 가르치는 겸임교수이다. Constance Fischer의 멘티인 McElfresh박사는 개인연구소에서 협력적 평가를 실시하고 있다. 또한 현재 로르샤하에 대해 질적 연구를 하고 있다.

Noriko Makamura, MA는 Tokyo, Japan의 1998년에 설립된 Nakamura 심리치료연구소의 공동 감독자이고 Tokyo의 Soka대학원 대학 임상심리학 교수이다. 그녀는 로르샤하 종합체계 학회 창립 회원이고 현재는 회장으로 일하고 있다. 그녀는 1988년부터 국제 로르샤하와 투사방법 학회에 소속되어 있고 2008년 이후로는 부회장직을 역임하고 있다.

Carol Groves Overton, PhD는 1990년에 Temple대학에서 박사학위를 받았다. 그녀는 Philadelphia, PA의 Hahnemann 대학병원의 낮병원 프로그램의 감독자이다. Overton박사는 성격평가 저술에 대한 공헌으로 성격평가학회에서 Martin Mayman상을 받았다. 그녀는 현재 Washington Crossing, PA에서 개인 연구소를 하고 있다.

Frank P. Pesale, PhD는 Garden City, NY의 Adelphi대학 임상심리 프로그램을 졸업했다. 그의 관심 분야는 심리치료 과정과 효과이다. 그는 다음 영역의 연구를 했다: 심리치료 기법과 과정, 심리치료 효과, 성격평가와 수련 연구.

Caroline Purves, PhD는 Canada, England와 미국에서 평가를 했다. 그녀는 자신만의 치료적 평가 방법을 개발했다. 이후에 공식적인 협력적/치료적 평가 모형을 발견했기 때문에 그녀는 이 모형을 기쁜 마음으로 수용했다. 현재는 Oakland, CA의 WestCoast 아동 클리닉에서 개인 상담과 함께 평가와 치료를 지도감독하고 있다.

Jenelle Slavin-Mulford, PhD는 Garden Citym NY의 Adelphi대학의 고등 심리

Derner 연구소에서 임상심리학 박사 학위를 받았다. 그녀는 현재 Massachusetts 종합병원과 Boston, MA의 Harvard 의과대학에서 심리/신경심리평가로 박사후 연구원 과정을 하고 있다. 그녀의 관심 분야는 성격평가, 수련/지도감독과 심리치료 과정과 효과이다.

Steve R. Smith, PhD는 Santa Barbara의 California대학에서 상담 및 임상, 학교 심리학과 조교수이고 임상훈련 감독자이다. 그리고 대학연합 체육학과의 상담심리전문가이다. 그는 치료적 신경심리평가와 성격평가, 평가에 대한 여러 주제 및 운동 수행 증진에 대해 연구하고 있다.

Deborah J. Tharinger, PhD는 Austin의 Texas대학 교육심리학과 교수이고, 공인 심리학자이며, 치료적 평가 프로젝트의 감독자이다. Stephen Finn과 대학원생들과 함께 그녀는 아동, 청소년, 부모와 함께 한 치료적 평가의 효과에 대해 연구하고 있다. 그녀는 이 분야에서 많은 연구를 했다. Tharinger박사 또한 치료적 평가 연구소 창립 회원이다.

Heikki Toivakka, PsL은 Finland Tampere의 Tampere 대학병원 청소년 정신건강의학과의 심리학자이고 청소년과 가족을 대상으로 협력적 평가와 가족치료를 하고 있다. Toivakka는 Finland 로르샤하 종합체계 학회 회장이고 가족치료를 가르치고 있다. 그는 협력적 평가에 대한 작업을 세계 곳곳에 전하고 있다.

역자 서문

이 책은 Stephen E. Finn, Constance T. Fischer, Leonard Handler의 Collaborative/Therapeutic Assessment: A Casebook and Guide를 번역한 것이다. 내가 치료적 평가를 처음 접한 것은 Stephen E. Finn의 "Manual for Using the MMPI−2 as a Therapeutic Intervention"을 읽었던 대학원 때였다. 그 때의 경험은 심리평가와 심리치료를 막 배우기 시작한 나에게 앞으로 임상심리학자로서 나아가야 할 방향을 제시해주었다. 이후 임상심리학자로 훈련받고 지도감독자로 있으면서 심리평가의 치료적 힘과 잠재성을 알게 되었고, 심리평가를 이용한 치료적 개입의 유용성을 몸소 깨닫게 되었다.

그리고 2년 전 치료적 평가에서 선구적 역할을 한 Stephen Finn의 "In Our Clients' Shoes: Theory and Techniques of Therapeutic Assessment"를 "내담자의 눈으로: 심리평가로 심리치료하기"라는 제목으로 번역하게 되었다. 아직도 저자의 글을 읽으며 느꼈던 감동을 잊을 수가 없다. 그리고 그 때의 흥분과 감동을 혼자만 간직하기 아쉬워 심리평가를 활용하여 상담 및 심리치료 개입을 하려는 분들에게 이 책이 실제적인 모델이 되었으면 좋겠다고 고백했던 적이 있다.

그 고백은 이제 꽃을 피우려 하고 있다. 이 책을 번역하면서 내내 느꼈던 감정은 따뜻함이다. '어떻게 이처럼 멋지게 심리평가로 심리치료를 할 수 있을까?' 치료자는 내담자가 가져오는 질문에 답하고, 내담자를 자신에 대한 전문가로 존중하면서, 내담자 스스로가 성장하도록 했다. 나는 이러한 치료적 평가 과정을 보며 매우 놀랐다. 놀람! 그 말 이외에 무엇으로 표현할 수 있을까?

이 책은 4개 국가의 전문가가 실시한 협력적 치료적 평가 사례들을 소개하고 있다. 각 장은 3부로 구성되어 있다. I부는 아동과 청소년의 C/TA이다. II부는

아동 청소년의 사례를 보여준다. III부는 협력적 치료적 신경심리평가, 양육에서
의 치료적 평가, 부부를 대상으로 한 치료적 평가의 특수사례를 소개했다. 여기
에 사용된 심리검사는 HTP, KFD, SCT, MMPI−2, PAI, 16PF, MBTI, Strong 흥미
검사, TAT, CAT, Rorschach, 상상 동물화, 애착그림투사검사, WAIS, Stanford
Binet Test, TMT 등이었다. 나는 임상과 상담 장면에서 자주 사용해왔던 검사들
이 이렇게 생생하게 치료적 평가의 사례의 도구로 사용된 것이 반가웠다.

출판되기까지 많은 분들의 도움이 있었다. 존경하는 스승이신 신현정, 홍창
희 교수님께 감사드린다. 아울러 임상심리학자로서 밑거름이 되어 주신 국승희
선생님께도 감사의 마음을 전하고 싶다. 더불어 지금의 나를 있게 해준 여러 학
형과 선·후배, 수련 선생님이 없었더라면 아무것도 할 수 없었을 것이다. 그리
고 원고를 정리하는 데 도움을 준 부산 해바라기여성아동센터의 박상미 선생과
부산가톨릭의료원 메리놀병원 정신건강의학과 김애경, 김정안, 김유진 선생에게
도 고마움을 전한다. 박영사 안종만 사장님과 노현 부장님, 정성들여 편집을 해
준 배근하 선생님께 감사를 드린다. 마지막으로 부모님과 아내, 딸 예슬이에게
사랑을 전한다. 심리평가로 심리치료하기 발걸음에 동참해 준 모든 동력자들과
내담자들에게 이 책을 바친다.

2016년 4월
역자 최성진

차 례

2부/ 아동, 청소년, 성인 평가 · 173

3부/ 특수 적용 · 275

1장

협력적/치료적 평가:
개념, 역사, 연구

STEPHEN E. FINN, CONSTANCE T. FISCHER, AND LEONARD HANDLER

협력적/치료적 평가의 역사

최근까지도 정신건강전문가들은 심리평가를 정신장애를 진단하고 치료 개입을 계획하는 방법으로 여겨왔다. Finn과 Tonsager(1997)는 이러한 심리평가의 전통적 "정보 수집 모형"을 다음과 같이 기술했다:

심리평가는 전문가들 간에 소통을 원활하게 하고 의사결정에 도움을 주는 방법이다. 평가자는 기존의 범주와 관점(예, *조현병, IQ 100, MMPI-2의 2-7 코드*)으로 정보를 전달하고자 한다. 이러한 설명은 내담자가 심리적으로 괜찮은지, 어떤 치료를 받아야 하는지, 자녀 양육권을 가질 수 있는지, 특정 직업을 가져도 되는지, 정부가 지원하는 교육 서비스를 받을 수 있는지와 같은 의사결정의 기초가 된다. 임상가와 연구자는 이러한 결정을 위해 평가 도구의 신뢰도와 타당도를 강조한다; 이는 과거에 치료를 받았거나 연구에 참여한 적이 있는 내담자와의 비교(예, 사람과 상황에 대해 일반화가 가능하고 여러 임상가가 사용하는)를 가능하게 한다.(p. 378)

그러나 20세기 중반 미국의 일부 심리학자들은 심리평가 결과를 논의할 때 내담자가 직접 참여함으로써 변화를 가져오도록 심리평가를 이용하는 방법에 대해 연구를 시작했다. 예를 들어 Harrower(1956)는 "투사 상담"이라는 방법을 고안했다. 여기서 내담자는 로르샤하 검사와 그림 검사로 "자신의 문제를 살펴볼 수 있도록" 평가자/치료자와 함께 검사 결과를 논의했다. 유사하게 Jacques(1945), Bettelheim(1947), Beliak, Pasquarelli와 Braverman(1949), 그리고 Luborsky(1953)는 주제통각검사(TAT; Murray, 1943)로 내담자가 자신의 이야기를 해석하게 했다. 이는 내담자가 "저항"하지 않고 통찰을 촉진하는 방법이 되었다.

최근 몇 년 동안 이러한 노력은 협력적/치료적 평가라 부르는 심리평가 모형으로 발전하게 되었다. 이제 우리는 이 용어가 포함된 모형을 소개하고자 한다.

Fischer의 협력적 개별 평가

1970년대(예, 1970, 1971, 1972, 1979년)에 Constance Fischer는 현상주의 심리학에 근거한 심리평가 모형을 소개했다. 그녀는 이를 *협력적 심리평가*(1978), *개별 심리평가*(1979, 1985/1994), *협력적 개별 심리평가*(2000)라 불렀다. 당시에 Fischer는 내담자와의 협력을 평가 개별화의 주요 수단으로 보았다. 그녀의 설명과 제안은 내담자의 삶에 관한 것이었다. 그녀는 평가 과정에서 협력을 치료적인 것으로 보았다; 또한 표준화된 평가로 피검자를 객관화할 수 있다고 생각했다.

Fischer(2000)는 자신의 연구 원칙을 다음과 같이 정의했다;

1. **협력**: 평가자와 내담자는 이해를 위해 협력한다. 이는 평가 해석과 대인관계 과정을 통해 이루어진다. 평가 목적, 검사 반응의 의미, 유용한 다음 단계, 그리고 평가 종결 단계에서 결과에 대해 피드백을 하면서 "내담자는 능동적인 주체로 평가에 참여하게 된다."
2. **맥락**: 내담자는 "특성의 집합체나 역학의 정형"이 아니다. 오히려 "활발하게 변화"하는 존재이다. 내담자의 문제는 "확장되고 성장하고 변화하며" 그들이 사는 환경 속에서 이해된다.
3. **개입**: 개입 목표는 "내담자의 현재 상태를 설명하거나 분류하는 것이 아니라 문제 행동의 변화 가능한 선택을 발견하는 것"이다. Fischer는 초기

저술에서 심리평가와 치료를 철저히 구분했다. 하지만, 평가 목표가 내담자에게 새로운 사고방식과 존재를 발견하게 도와주는 것이라는 데 입장을 같이 했다.

4. **기술**: Fisher는 내담자의 행동을 설명하기 위해 특성이나 방어기제 같은 "용어" 사용을 피했고, 가능하면 내담자의 언어로 설명하고자 했다. 이는 평가자가 내담자의 세계로 들어가는 자신만의 길을 발견하기 위한 것이다.

5. **복잡성, 전체론, 모호성의 존중**: 평가자는 "삶의 복잡한 상호관계를 존중해야 한다; 삶을 하나의 변수나 어떤 체계로 축소해서는 안 된다. 평가의 목표는 설명이 아니라 이해이다."

Fischer는 평가 보고서를 읽는 사람이 보고서에 기술한 대로 내담자를 인식하기보다 새로운 방식으로 이해하기를 바랐다. 그녀는 우리의 복잡한 존재 방식을 단순화하지 않고 각자가 가진 모순점을 발견하기를 희망했다.

Fischer는 심리평가의 새로운 패러다임을 설득력 있고 일관성 있게 설명했다. 또한 협력적/치료적 평가 분야에 사용되는 혁신적인 방법을 개발했다. Finn 등(2007)은 Fischer의 저서를 연구하고 다음과 같이 기술했다; (1) 쉽게 이해할 수 있는 언어로 1인칭 시점에서 심리평가 보고서를 작성한 다음 내담자와 공유하기; (2) 평가보고서의 독자와 공유되고 있는 견해를 내담자에게 요청하기; (3) 평가 결과와 제안을 은유로 이야기 만들기; (4) 심리평가 동안 "작은 실험"에 내담자 참여시키기(예를 들어 전형적인 문제 상황을 새로운 방식으로 접근하기 위해 그림 카드를 보여주며 이야기 만들기).

Fischer는 평가에 대한 접근과 행동적/치료적 평가와 질적 연구 사이의 공통점을 가르치고 저술했다. Fischer는 지금은 고전이 된 *경험적 현상 연구*를 출간했다(Fischer & Wertz, 1979). 그녀는 협력적/치료적 평가와 관련된 질적 연구인 *비밀보장을 위하여Toward the Structure of Privacy*(1971)와 *심리평가에서의 친밀성 Intimacy in Psychological Assessment*(1982)도 출판했다.

Fischer의 방법과 철학은 이 책의 사례(5장)와 Fischer의 제자인 McElfresh가 쓴 사례(9장)에 소개되어 있다.

Finn의 치료적 평가

Finn(2007)은 Texas주 Austin의 치료적 평가 센터에서 동료들과 개발한 치료적 평가(TA; 대문자 "T"와 "A")를 협력적 평가의 반구조화 된 형태로 정의했다. 이후 지속적인 연구와 훈련으로 정의를 개선해 갔다. 처음에 Finn은 심리평가를 단기치료 개입으로 연구했다. 당시에는 심리평가를 치료적으로 피드백 하는 방법에 초점을 두었다. 그의 기술과 이론은 Texas대학 동료이자 자기검증 이론(참고, Swann, 1997)의 창시자인 William Swarm, Jr의 연구(예, Schroeder, Hahn, Finn, & Swann, 1993)에 근거했다. 평가의 "수준 1, 2, 3" 정보는 치료적 평가에 차이를 만들어 냈다. Finn과 동료들은 내담자가 자기도식과 비슷한 정보를 들었을 때 평가 피드백이 가장 효과적이고, 다음으로는(영향력이 크고 치료적인 경우가) 자기 도식과 약간 불일치하는 정보가 제시되었을 때, 마지막으로는 내담자가 생각했던 방식과 매우 다른 정보를 받았을 때 효과가 큰 것을 발견했다(참고, Finn, 1996, 2007).

Finn은 이후의 책(Finn, 2007)에서도 내담자의 변화를 돕는 각 단계의 역할에 초점을 두었다. 그는 Fischer의 연구를 접하고 난 다음 그녀의 기법과 원리의 많은 부분을 그의 연구에 접목시켰다. 이후 두 사람은 공동연구를 했다. Finn은 내담자가 협력자 역할을 하고 심리평가가 치료적일 때 이것이 내담자에게 도움이 된다는 것을 발견했다. 특히, 이는 내담자가 자신을 보는 방식을 바꿀 때 자기도식의 변화도 잘 받아들이게 된다는 Swann의 자기검증 이론과 일치했다.

Finn은 Texas대학에서 대학원생들에게 협력적 평가를 가르쳤고 이 주제에 관한 연구에 관심이 많았다. 그래서 그는 Fischer(이후에는 Handler)가 개발한 기법을 표준화했다. 이 단계는 다음과 같다; (1) 평가의 첫 단계에서 내담자가 자신에 대해 무엇을 알기 원하는지 "평가질문"하기; (2) 표준화된 검사를 끝낸 후 내담자를 검사의 "장기적인 과정"에 포함시키기; (3) 내담자가 표준화된 과정에서 불일치하는 정보를 발견하면 "만남"을 계획하면서 "평가 개입"하기; (4) 앞서 언급한 수준 1, 2, 3 도식에 따라 평가질문을 설명하면서 "요약/토론 과정" 끝내기; (5) 평가 마지막에 보고서를 대신해 내담자에게 편지 보내기; 그리고 (6) 내담자와 평가자가 심리평가 경험을 나누는 평가 종결 후 후속회기하기.

이 구조는 고정되어 있거나 절대적이지 않다. Finn은 이것이 내담자와 환경에 따라 변경될 수 있고 무엇보다 내담자의 안녕이 우선되어야 한다고 주장했다. Finn과 Tonsager(1992)의 연구는 이 방법을 치료적으로 개입하여 긍정적인 결과를 얻은 최초의 연구였다.

Finn은 치료적 평가 센터를 설립하기 위해 Texas대학을 떠난 후 전 세계를 다니며 협력적 평가의 반구조화 모형을 소개했다. Finn의 소개로 많은 심리학자들은 협력적 평가와 Fischer의 독창적 연구에 대해 알게 되었다. 당시는 미국의 의료관료들이 내담자에 대한 심리서비스 특히, 심리평가를 제한하기 시작했던 무렵이었다. 이러한 분위기는 심리평가의 치료 잠재성에 대한 관심을 불러일으켰고, 이후로 새로운 연구들이 시작되었다. 우리는 이를 검토해볼 것이다.

최근 몇 년 동안 Finn은 치료적 평가를 애착이론(Finn, 2011)과 통제지배 이론(Finn, 2007), 상호주관이론(Finn, 2007)과 같은 치료 모형과 연결하는 데 초점을 두었다. 또한 유아 발달과 신경생물학에 대한 최근 연구(Finn, 2011a, 2011b)와 치료적 평가 이론을 통합해 보았다. Finn의 이론과 모형은 부부평가에 관한 그의 사례(18장)와 Kamphuis와 de Saeger(7장), 그리고 Martin과 Jacklin(8장)의 사례에 잘 나타나 있다; Kamphuis와 Martin은 Finn의 제자이다.

치료적 아동 평가(TA-C)와 치료적 청소년 평가(TA-A)

치료적 평가 센터에서 Finn과 동료들은 아동, 청소년, 그리고 가족을 대상으로 치료적 평가를 실시했다. 아동과 청소년의 치료적 평가는 가족체계 개입이었다. 그들은 평가에 가족/보호자를 협력자로 참여시켰다(Finn, 1997).

하지만, 이 방법은 2003년부터 공식적으로 연구되었다. 이때 Finn은 Deborah Tharinger와 Texas대학에서 치료적 평가 프로젝트(Therapeutic Assessment Project; TAP)를 진행 중이었다. 그는 이 연구를 통해 (다음을 포함하는) 치료적 아동 평가 (Therapeutic Assessment With Children; TA-C)의 반구조화 모형에 대한 논문을 썼다; 부모가 자녀의 평가에 참여하는 것(Tharinger, Finn, Wilkinson, & Schaber, 2007), 부모가 자녀의 평가를 관찰하는 것(Tharinger, Finn et al., 인쇄 중), 아동 심리평가에 가족을 참여시키는 것(Tharinger, Finn, Austin et al., 2008), 아동 평가를 종결할 때 부모에게 피드백 하는 것(Tharinger, Finn, Hersh et al., 2008), 그리고 아동을

위해 이야기를 만드는 것(Tharinger, Finn, Wilkinson et al., 2008). 아울러 TAP를 통한 TA−C 연구도 출간을 했다(Tharinger, Finn et al., 2009). 최근 Tharinger는 청소년과 가족의 치료적 평가에 대한 논문을 썼다(Tharinger, Finn, Gentry, & Matson, 2007).

Frackowiak(11장)과 Tharinger, Fisher와 Gerber(15장)의 사례는 Finn과 Tharinger의 아동과 청소년의 치료적 평가 모형을 이용했다. Frackowiak는 박사학위를 받은 후 Finn과 함께 작업했고 TAP를 이끌었다.

치료적 평가

Finn(2007)은 심리평가를 통해 내담자와 주변 사람들에게 긍정적인 영향을 주는 것을 목표로 하는 심리학 연구에 "치료적 평가"라는 용어를 써야 한다고 주장했다. 하지만, 심리학자들은 Finn과 동료들이 개발한 반구조화 모형을 사용하지 않았고, 내담자에게 피드백을 제공하는 목적 이상으로 협력적 방법을 이용하지 않았다. 자주 인용된 논문에서 Finn과 Tonsager(1997)는 (1) 목표, (2) 과정, (3) 검사에 대한 견해, (4) 관심의 초점, (5) 평가자의 역할, 그리고 (6) 무엇을 평가 실패로 간주하는지를 포함한 여러 측면에서 치료적 평가를 기존의 "정보수집" 평가와 비교했다. 이 논문은 지금도 의미가 있다.

Armstrong(2장), Fowler(6장), 그리고 Overton(10장)의 연구는 치료적 평가의 좋은 사례이다. Fowler는 Leonard Handler의 제자이다.

Handler의 치료적 아동 평가

Leonard Handler는 자신의 연구를 설명하기 위해 "치료적 평가"라는 용어를 썼다. Handler는 성인을 위한 협력적 평가(1996, 1997, 1999)를 저술했지만, 아동을 위해 협력적 평가 방법을 사용한 것으로도 알려져 있다. 예를 들어 Handler는 "만약 이 버섯이 말을 한다면 뭐라고 할까?"와 같이 로르샤하 검사에서 확장된 질문을 하는 창의적 방법을 개발했다. 또한 아동을 위한 협력적 스토리텔링 방식(예, Mutchnik & Handler, 2002)과 "상상 동물화"라 불리는 방법을 개발했다. 평가자는 이 방법에서 아동에게 "아무도 본 적이 없는 상상의 동물"을 그리게 한 다음 이 동물에 대해 말해보게 했다. Handler는 이 방법과 함께 아동을 대상으로 하는 협력적 평가 방법을 2006년에 출간된 논문에 소개했다. 그와 제자들은 치료적 평가(Peters, Handler, White, & Winkel, 2008)와 치료적 아동 평가(Smith & Handler, 2009; Smith, Handler, & Nash, 2010; Smith, Nicholas, Handler, & Nash, 2011; Smith. Wolf, Handler, & Nash, 2009)에 관한 사례 연구를 출간했다. 최근에는 세계를 돌며 혁신적 방법에 관해 워크숍을 열고 있다.

Handler의 치료적 아동 평가는 상상 동물화 사례를 소개한 12장에 제시되어 있다. Toivakka 역시 입원한 정신병 청소년 환자에게 이 방법을 적용했는데 이는 16장에 소개했다.

Hilsenroth의 치료적 평가 모형

Handler의 제자였던 Mark J. Hilsenroth는 평가의 치료적 모형(Therapeutic Model of Assessment; TMA)이라 부른 연구와 논문으로 협력적/치료적 평가의 발전에 기여했다(Ackerman, Hilsenroth, Baity, & Blagys, 2000; Hilsenroth, Ackerman, Clemence, Strassle, & Handler, 2002; Hilsenroth & Cromer, 2007; Hilsenroth, Peters, & Ackerman, 2004). 무엇보다도 Hilsenroth의 연구는 기존의 정보 수집 평가보다 협력적 평가가 평가자/치료자와 내담자 사이에 더 나은 치료적 동맹을 이끈다는 점을 밝혀냈다. 또한 치료적 동맹이 치료를 위한 권고사항 준수에 영향을 주고, 평가 후 심리치료를 장기간 지속시킨다는 점을 입증했다. 처음에 Hilsenroth는 Finn과 Fischer의 연구를 기초로 했지만, Hilsenroth과 Cromer(2007)의 논문에서는 TMA의 접근이 참고한 연구와 구별되는 점이 있다고 주장했다. 그들이 설명한대로 TMA에서 평가자는 다음에 초점을 둔다: (a) 내담자와 공감대 형성하기, (b) 개별화된 평가 목표를 정하기 위해 내담자와 협력하기, (c) 내담자와 평가 결과를 공유하고 분석하기. 그들의 논문은 평가 마지막 단계에서의 피드백을 강조했다. 또한 내담자에게 정서적 언어를 쓰고, 자신과 관련된 다른 사람들과의 문제의 악순환을 알아차릴 수 있게 역전이를 보이는 임상가에게 초점을 두었다.

Diener, Hilsenroth, Cromer, Pesale와 Slavin-Mulford(3장)는 치료적 평가 모형의 사례와 특징을 잘 제시했다.

협력적 치료적 신경심리평가

2008년에 Tad Gorske와 Steven Smith는 성인과 아동을 위한 신경심리평가에 치료적 평가의 원리를 적용한 저서, *협력적 치료적 신경심리평가*를 출간했다. 저자들은 Fischer와 Finn의 영향과 더불어 동기강화상담(Motivational Interviewing; MI)의 영향을 받았다(Miller & Rollnick, 2002). 협력적 치료적 신경심리평가 (Collaborative Therapeutic Neuropsychological Assessment; CTNA)는 다음과 같은 점에서 치료적 평가와 다르다. CTNA에서 평가자는 확장된 질문과 같은 절차를 표준화된 검사 자료를 수집하는 데 사용한다. 그리고 평가의 시작단계에서 라포 형성과 MI 기법을 이용해 피드백을 한다. 이는 내담자의 "저항"을 극복하기 위해서이다. Gorske와 Smith가 쓴 19장은 CTNA의 사례를 보여주는데, 하나는 뇌손상을 입은 성인 내담자와 다른 하나는 학습장애 아동에 관한 것이다.

협력적 평가

C/TA(Collaborative/Therapeutic Assessment)에 포함된 여러 용어 중에서 협력적 평가는 가장 일반적인 용어이다. Fischer(1978)는 협력적 평가를 자신의 연구에서 언급했고, 그녀의 영감을 받은 여러 연구자들은 평가 기법을 설명하기 위해 이 용어를 사용했다. 또한 Fischer와 Finn은 유사한 기법을 독자적으로 발전시켜왔다. 그들의 연구를 협력적 평가라 부르는 다른 사람들도 있다(Purves, 2002; Engelman & Frankel, 2002; Nakamura & Nakamura, 1999). Finn(2007)은 전통적 평가에서 평가자와 내담자 간에 힘의 불균형을 줄이고, 평가자가 평가의 다양한 단계에 내담자를 참여시킬 때 협력적 평가라는 용어를 써야 한다고 주장했다. (평가의 다양한 단계는) (a) 평가 이유 찾기, (b) 검사 반응과 행동 관찰하기, (c) 반응과 행동의 중요성 발견하기, (d) 유용한 권고사항 찾기, (e) 요약문 초안 작성하기를 포함한다. 협력적 평가자는 변화보다는 이해를 강조한다. 그러나 그들의 접근방식을 치료적 평가라 부르는 사람들은 내담자를 변화시키는 데 우선순위를 둔다. 앞서 논의한 바와 같이 치료적 평가는 협력적 평가 기법을 사용한다. 협력적 평가는 본질적으로 치료적이다.

그들의 접근법을 협력적 평가라 부르고 심리적 외상이 있는 소외계층에게

C/TA를 실시하기 위해 일하고 있는 평가자들은 California주 Oakland의 West Coast 아동 클리닉(WestCoast Children's Clinic; WCC)의 심리학자들이다. Caroline Purves(14장 참고)는 오랫동안 WCC에서 일했고 평가 담당자인 Barbara Mercer 는 '성격평가학회' 회원이다. Finn은 수년 동안 WCC 상담가로 많은 훈련을 실 시해 왔다. 최근 들어 WCC 심리학자들의 연구가 출간되었다. 연구는 다른 문 화, 인종, 그리고 사회경제적 배경을 가진 내담자에게 C/TA의 적용을 강조하고 있다(Finn, 2011c; Guerrero, Lipkind, & Rosenberg., 2011; Haydel, Mercer, & Rosenblatt, 2011; Mercer, 2011; Rosenberg, Almeida, & Macdonald, in press). Engelman과 Allyn (4장), Fischer(5장), McElfresh(9장), Nakamura(13장), Purves(14장), 그리고 Totvakka (16장)의 사례는 모두 협력적 심리평가로 접근한 것이다.

협력적/치료적 평가의 공통 요소는 무엇인가?

이러한 다양성 속에서 C/TA의 핵심을 정의하는 공통 요소가 있을까? 우리는 이러한 요소가 있다고 믿는다. 다음 특징은 상호 배타적이지 않다.

내담자에 대한 존중

Finn(2009)은 존중이 치료적 평가의 핵심 가치라고 했다. Fischer는 그녀의 저술에서 자주 이 단어를 언급했다. C/TA의 협력적 실시 방법과 원칙은 내담자 에 대한 존중이다. C/TA의 전문가는 자신이 존중받고 싶은 것처럼 내담자를 대한 다. 일반적으로 (1) 평가 동의를 받고 내담자가 무엇을 원하는지 묻기, (2) 내담자 가 "자신에 대한 전문가"라는 점을 알고 검사를 이해하는 데 참여하기, (3) 문제 상황을 새로운 방식으로 다루고 실행 가능한 방법을 찾기 위해 내담자와 함께 하기, (4) 종결단계까지 이해 가능한 피드백을 내담자에게 제공하기, 그리고 (5) 평가와 관련된 모든 문서에 대한 내담자의 적극적 참여에 감사하기가 C/TA 에 포함된다.

심리평가에 대한 상대적 견해

C/TA 전문가는 심리평가를 위한 내담자의 방문은 혈액 검사나 x-ray를 위

한 방문과는 다르다고 주장한다. 심리평가는 대인관계와 관련이 많다. 그리고 내담자와 평가자 사이의 관계는 평가 동안 어떤 일이 일어나는지를 이해하는 데 중요하다. 대개 C/TA 전문가는 평가 상황에서 내담자의 취약성을 이해한다. 그리고 내담자를 위해 필요 이상의 불편함도 감수한다. 대부분의 내담자에게 불안은 필연적으로 존재한다. 그리고 다양한 평가 상황을 고려할 때 이러한 불안은 정상적인 것으로 여겨진다.

판단과 분류가 아니라 연민과 호기심의 자세

일반적으로 C/TA 전문가는 내담자를 판단하거나 분류하기보다는 이해하려고 한다. 그들은 어떻게 내담자가 어려운 상황에 적응하는지에 관심이 많다. 그리고 당황스럽고, 정이 가지 않고, 불쾌감을 주는 행동까지도 이해하려고 한다. 평가의 종결 단계에서 전문가의 목표는 몇몇 용어로 내담자를 요약하기보다는 복잡성 속에서 그들을 이해하는 것이다. C/TA는 내담자를 진단하는 데도 활용할 수 있다. 만약 이것이 유용하다면 말이다. 하지만 이것이 C/TA의 주된 목표인 경우는 별로 없다. 오히려 진단에 초점을 두는 평가가 협력적/치료적 상호작용을 포함하고 있다.

내담자를 도우려는 욕구

C/TA 전문가는 의사 결정자에게 정보만을 제공하기보다 내담자를 돕기 위해 심리평가를 이용한다. 이러한 이유로 C/TA는 내담자에 대한 인상을 공유한다. 게다가 내담자에 대한 피드백을 유용하고, 적절하고, 기억에 남을만하고, 풍요롭게 하는 데 역점을 둔다. 심지어 내담자가 아동인 경우에도 그렇다(이런 이유로 아동을 위한 피드백에는 이야기를 많이 활용한다).

검사에 대한 특별한 견해

C/TA 전문가는 심리검사를 사랑한다; 그들은 검사를 내담자의 내면과 변화의 딜레마를 이해하는 데 도움을 주는 도구로 본다. 그리고 평가를 내담자가 세상을 살아가는 방식을 논의하는 기회로 여긴다. Finn(2007)은 심리평가에 대한 자신의 견해를 반영하기 위해 "공감 돋보기"라는 용어를 썼다. 그리고 평가를

"내담자의 눈으로" 보는 데 도움을 주는 도구로 여겼다. Fischer(1985/1994)는 내담자가 살아가는 세상에 접근할 수 있는 검사에 대해 말하면서 인생은 검사 점수를 넘어서는 중요한 것이 있다고 했다. 결국, 검사는 도구이며 결과는 내담자에 대한 이해와 도움을 개선하는 방식이다.

유연성

C/TA 전문가는 심리평가를 실시하는 데 전통적이고 전문적인 한계를 지킨다. 하지만 그들은 기법을 최대한 활용한다. 평가의 일부로 가정을 방문하는 것이 평가의 목적에 부합할 때는 그렇게 한다(Fischer, 1985/1994). 또한 C/TA 전문가는 표준화된 방식으로 심리검사를 실시한다. 하지만 내담자가 검사 반응을 이해하고 전형적인 문제 상황에 대해 다른 접근을 쓸 때는 방법을 수정하기도 한다. 많은 C/TA 전문가는 심리검사를 실시할 때 놀라운 창조성을 발휘한다.

협력적/치료적 평가에 관한 연구는 무엇을 보여주나?

연구 결과

표 1.1은 협력적/치료적 평가와 관련된 연구 결과를 요약한 것이다. 연구의 두 가지 유형: 집단 비교(예, Finn & Tonsager, 1992)와 시계열 설계(예, Baschieri & Smith, 인쇄중). 두 유형 모두 치료적 평가가 효과적이라는 것을 보여준다(Borckardt et al., 2008). 표에서 볼 수 있듯이 C/TA는 여러 문제가 있는 외래나 입원환자에게 효과적이다. 물론 성인, 아동, 청소년, 그리고 부부에게도 그렇다. 연구 사례가 소규모이고, 장기적인 후속조치가 결여되어 있으며, 모든 결과가 복사본이었지만, C/TA가 내담자와 가족에게 유용하다는 증거는 증가하고 있다.

표 1.1 협력적/치료적 평가에 관한 연구에서 제시한 내담자의 유형과 효과

드러난 효과(내담자의 유형)	연구사례
증상 감소 및 자아 존중감 향상(성인 외래환자)	Finn & Tonsager, 1992; Newman & Greenway, 1997; Allen, Montgomery, Tubman, Frasier, & Escovar, 2003
희망 고취(성인 외래환자)	Finn & Tonsager, 1992; Holm-Denoma et al, 2008
치료 권고사항을 잘 준수(성인 외래환자)	Ackerman, Hilsenroth, Baity, & Blagys, 2000
후속 심리치료자와 좋아진 치료 동맹(성인 외래환자)	Hilsenroth, Peters, & Ackerman, 2004
매뉴얼에 따라 인지치료를 받은 경계성 성격장애 환자의 증상 호전(성인 외래환자)	Morey, Lowmaster, & Hopwood, 2010
고통 감소, 자아 존중감 향상, 정서 반응 감소(사전검사를 통해 부적응적 완벽주의로 분류된 대학생)	Aldea. Rice, Gormley, & Rojas, 2010
시계열 설계에서 입증된 자기비판 및 불안 감소, 그와 관련된 기능 향상(21세 여성, 심리적 외상 외래환자)	Aschieri & Smith, 인쇄중
시계열 설계에서 입증된 정서 조절 능력, 자기효능감과 에너지 향상, 두려움과 불안 감소(암이 전이된 52세 여성, 심리적 외상 외래환자)	Smith & George, 인쇄중
좋아진 치료적 동맹, 협력, 치료 만족도, 스트레스 감소, 안정감 증가(정신건강의학과 입원환자)	Little & Smith, 2009
자살시도 횟수 및 입원일 감소(자살충동을 느끼는 외래환자)	Jobes, Wong, Conrad, Drozd, & Neal-Walden, 2005
아동과 어머니의 증상 감소; 소통과 응집력 증가, 가족 갈등 감소; 어머니는 자녀에게 더 긍정적으로 되었고 덜 부정적인 감정을 가지게 됨(외래환아와 엄마)	Tharinger, Finn, Gentry, Hamilton et al., 2009
반항성 장애 아동의 증상 호전 및 가족 관계 향상(반항성 장애 아동과 부모)	Smith, Handier, & Nash, 2010
시계열 설계에서 입증된 외현화 행동 감소 및	Smith, Wolf, Handler, & Nash, 2009

가족 기능 향상(9세 외래환아와 부모)	
심리적으로 고통 받는 청소년의 증상 및 우울 감소, 자아 존중감 향상(우울증 진단을 받은 청소년)	Newman, 2004
자해로 응급실에 방문한 청소년이 치료 권고사항을 잘 준수함(청소년 외래환자)	Ougrin, Ng, & Low, 2008
부부치료를 통해 "막혔던" 부부 관계 개선	Durham—Fowler, 2010

최근 보고서는 이 논문을 뒷받침해 주고 있다. Poston과 Hanson(2010)은 치료적 개입으로 심리평가를 한 17개 논문을 메타분석하였다. 치료 효과 변인에 대한 전체효과 크기는 d=.423이었다. 이는 중간 정도의 효과크기였다(중간 정도의 임상적 중요성). 게다가 조사된 모든 연구가 협력적 치료적 평가 방법을 사용했고, 이는 치료 효과를 높였다. Poston과 Hanson은 다음과 같은 결론을 내렸다;

임상가는 치료적 협력적 평가 모형과 관련하여 지속적인 훈련을 받아야 한다. 평소처럼 평가와 검사를 하면, 내담자에게 변화를 가져오고 임상적으로 중요한 치료 과정을 향상시키는 기회를 놓칠 수 있다. 마찬가지로 임상, 상담, 그리고 교육에 적용된 평가의 치료 모형을 교육과정과 기초적인 교과 수업 및 실습에 포함시켜야 한다.(p. 210)

Poston과 Hanson은 그들의 연구 결과가 보건사회정책에도 의미를 가진다고 주장했다:

심리평가 실시를 위한 지침에 치료적 평가 모형의 주요한 측면을 포함시켜야 한다. 또한 관리의료 정책 입안자들은 이러한 연구 결과를 고려해야 한다. 특히, 평가와 검사 실시와 관련된 정책과 급여기준을 결정할 때 말이다. (p. 210)

Poston과 Hanson은 내담자와 심리평가자에게 제공하는 C/TA의 기여를 오랫동안 입증해 왔다. 이 연구는 심리평가자와 대학원생이 C/TA를 실시할 때 참고할 만한 사례집을 출간하려는 우리의 결심을 강하게 했다.

과정 연구

Poston과 Hanson 이외의 다른 연구자들은 "심리평가의 어떤 측면이 치료적 변화를 촉진시키는가?"라는 질문에 답하기 위해 심리평가 변인을 연구했다. 이 중 일부를 살펴보자.

협조적 대 비협조적 피드백

연구는 "상호적인" 검사 피드백과 "일방적으로 전달된" 검사 피드백의 효과를 비교했다—이것은 내담자가 심리검사 피드백을 논의하고 처리하는 데 적극적으로 참여하는지 여부에 관한 것이었다(Goodyear, 1990). 보통 내담자는 "일방적으로 전달된" 피드백보다는 협조적인 피드백을 만족스럽고 영향력이 있는 것으로 평가했다(예, Hanson, Claiborn, & Kerr, 1977; Rogers, 1954).

피드백 회기의 정보 정리

Schroeder, Hahn, Finn과 Swann(1993)은 내담자의 자기도식을 반영한 피드백이 가장 치료 효과가 크다는 Finn의 주장을 살펴보았다. 성격 특성이 정상적이라고 피드백을 받은 대학생은 그러한 피드백을 가장 긍정적이고 영향력이 큰 것으로 평가했다. 자신의 생각과 일치하는 피드백이 주어지고 자신의 견해와 약간 다른 정보가 제시된 경우에도 말이다. 이 결과는 2주 뒤의 후속 실험에서도 지속되었다. 이 연구는 내담자에게 피드백을 제공할 때 Finn의 "수준 1, 2, 3" 도식에 대한 지지 증거를 제공했다.

서면 대 구두 피드백

Lance와 Krishnamurthy(2003)는 Finn(1996)의 방법으로 미네소타 다면적 인성검사−2(Minnesota Multiphasic Personality Inventory−2; MMPI−2)에 관해 협력적 피드백을 받은 21명의 내담자 집단을 비교했다. 한 집단은 구두 피드백을 받았고,

다른 집단은 서면 피드백을 받았으며, 나머지 한 집단은 구두와 서면 피드백 모두를 받았다. 구두와 서면 피드백 모두를 받았던 내담자들은 한 가지 피드백만 받았던 두 집단보다 자신에 대해 더 많이 알았고, 평가자에게 더 긍정적이었으며, 평가에 더 만족했다.

아동을 대상으로 한 치료적 평가에서 가족회기

시계열 설계의 장점은 연구자가 내담자의 변화 과정을 관찰할 수 있다는 점이다. Smith, Nicholas, Handler와 Nash(2011)는 아동의 심리 개선에서 치료적 아동 평가(TA-C)가 중대한 전환점이 된다는 Tharinger, Finn, Austin 등(2008)의 연구를 살펴보았다. 이에 사회성에 문제가 있고 자존감이 낮은 12세 아동이 아버지와 함께 12주 동안 치료적 평가를 실시했다. 그 결과 가족회기는 심리 개선의 전환점이 되었다.

부모와 자녀에게 이야기를 통해 피드백 제공하기

Tharinger와 Pilgrim(인쇄중)은 전통적 신경심리평가와 치료적 아동평가-개별화된 이야기로 피드백-의 통합에 대한 효과를 연구했다. 이 연구는 자녀의 학업 문제, 부주의, 그리고 정서 문제 때문에 신경심리평가를 받았던 32명의 아동과 부모가 참여했다. 절반의 아동(실험집단)은 표준화된 언어 피드백 후 개별화된 피드백 이야기를 받았다. 나머지 절반(비교집단)은 아동과 부모가 모든 평가를 끝낸 후 결과 피드백을 받았다. 실험집단의 아동은 비교집단의 아동보다 자신에 대해 더 많이 배웠고 평가자와 더 긍정적인 관계를 맺었다. 아울러 평가 동안 더 협조적이었고 부모도 평가를 통해 자신을 더 잘 알게 되었다. 실험집단의 부모는 비교집단의 부모보다 자녀 및 평가자와 긍정적인 관계를 맺었고, 평가에 협조적이었으며, 치료 만족도도 높았다.

결 론

협력적/치료적 평가는 내담자와 그와 관련된 사람들의 문제 상황을 새롭게 해석하고 새로운 방법을 찾기 바라는 심리평가 접근이다. 심리학자들은 협력적이고 존중하는 태도로 실시된 평가가 내담자, 가족, 그리고 정신건강 전문가에게 도움이 될 것이라는 인식하에 C/TA를 개발했다. C/TA에 대한 관심은 증가하고 있다. 아울러 문제가 있는 내담자에 대한 효능과 유용성에 대한 증거도 많아지고 있다. 그럼에도 여전히 미국과 전 세계에서 전통적인 평가 방법은 주된 패러다임으로 남아있다. 내담자가 새로운 사고방식과 존재방식을 상상하는 것이 어려운 만큼, 기존의 평가를 훈련받은 심리평가자 또한 종종 C/TA가 실제로 무엇인지를 상상하는 게 쉽지만은 않다. 그래서 우리는 C/TA의 18개 사례를 소개했다. 그리고 이 사례가 자신의 기법에 C/TA를 통합하려는 독자들에게 초대장 역할을 하기를 바란다.

1부

성인 평가

2장

해리 증상이 있는 내담자에 대한 치료적 평가: 내면 탐색의 학습

JUDITH ARMSTRONG

Clarissa의 위기

해리장애 전문가이자 정신건강의학과 의사였던 Stevens박사는 외상후 스트레스장애를 앓고 있던 37세 Clarissa의 인지치료에 효과가 없자 나에게 평가를 의뢰했다. 그녀는 증상이 불안정해서 입원이 필요했다. Clarissa는 잠을 잘 못 잤고 말이 너무 빨랐다. 하지만, 불안정한 순간이 지나면 이성을 되찾았고 병식이 생겼다. 그래서 Stevens박사는 Clarissa를 잘 이해하기 전까지 진단과 투약을 보류했다.

Clarissa는 외상 사건에 대해 말했는데 Stevens박사는 그녀에게 해리 증상이 있는 것 같다고 했다. 그녀는 말하는 도중 "전조등이 비친 사슴"처럼 멍해졌다. 가끔은 낯선 도로를 운전하기도 했다. 그녀는 "겁먹은 눈으로 세상을 보았다." 아울러 자신이 친구나 남편에게 방해가 될까봐 걱정을 했다. 그녀는 아기처럼 편안하고 싶었다. 친구들은 인내심을 갖고 그녀를 보살폈다. 남편은 아내가 염려되었다: 친구들은 그녀를 도왔다. 몇몇은 지나치게 신경을 썼고 몇몇은 두려움과 비난으로 멀어졌다. 과거 Clarissa는 건강했지만 지금은 고통스러웠다.

Stevens박사는 Clarissa가 방어는 못해도 강한 면이 있다고 했다. 그녀는 위기를 겪기 전까지 여행과 사업으로 도전적인 삶을 살았다. 불안정했지만 많은 사람들과 관계를 맺었다. 관능적이고 아름다웠던 그녀 주변에는 사람들이 많았다.

성경학교 목사는 Clarissa가 7살 때부터 10살 때까지 성추행을 했다. 그리고 그녀는 친구들에게도 목사가 성추행 한 것을 알게 되었다. 그녀는 청소년기에 우울과 약물남용, 자살로 치료를 받았다. 하지만, 치료자는 외상에 대해 묻지 않았고 Clarissa는 아무 말도 하지 않았다. 오직 남자친구에게만 비밀을 털어 놓았다. 외상 사건이 있기 전까지는 모든 게 괜찮았다.

친구들은 목사와 교회를 상대로 소송을 제기했다. 그리고 Clarissa에게 소송 참여를 부탁했다. 왜냐하면 그녀가 성학대에 대해 많은 것을 기억하는 것 같았기 때문이었다. 그녀는 원고가 아닌 증인으로 소송을 돕기로 했다. 그래서 전 남자친구에게 연락을 했지만 그의 자살 소식을 듣게 되었다. 한편, 2년 전에는 딸의 성공을 자랑스러워하던 아버지가 갑자기 돌아가셨다. 그녀는 11살 때부터 16살 때까지 자신이 샤워하는 것을 아버지가 훔쳐봤다고 했다. 당시 아버지는 샤워실 밖에서 자위를 했다. Clarissa는 아버지가 돌아가신 뒤 아버지 꿈을 자주 꿨다고 했다. 꿈은 그녀를 혼란스럽게 했다. 아버지는 그녀에게 사랑한다고 했지만 자신이 한 일을 미안해하지 않았다.

Clarissa에 대한 나의 생각

> **학습포인트**
>
> Clarissa의 사례는 외상후 스트레스장애라기보다 외상성 반응으로 생각된다. 외상 관련 증상을 평가하는 것은 치료 계획을 세우는 데 중요하다(Courtois, Ford, & van der Kolk, 2009).

외상을 치료하지 않으면, 감정의 홍수와 부인, 해리와 마비가 나타난다. 처음에는 우울과 불안이 생기고, 약물을 남용하게 되고, 분노를 회피하여 사랑을 느낄 수 없는 무감각 상태가 된다(Weissbecker & Clark, 2007). 이는 건강에도 영향을 준다. 그래서 진통제를 복용하고 외상으로 나빠진 건강을 회복하기 위해 의학적 개입을 찾게 된다. 정신건강의학과 의사에 따르면, Clarissa는 감정을 조절하고 인식하고 표현하는 데 문제가 있었다. 이것이 치료자가 평가를 의뢰한 이유였다. 치료자는 그녀에게 대처하는 힘이 생기기를 바랐다. 그리고 대처하는 힘이 생기지 않으면 진단이 불분명해질 거라고 생각했다. 치료자는 확인되지 않은 외상이 심리적 홍수로 이어질까봐 걱정되었다(Ford, Courtois, Steele, van der Hart, & Nijenhuis, 2005).

Clarissa는 기억이 너무 많이 나거나 잘 나지 않아 힘들어했다. 그녀는 고통을 알기도 하고 모르기도 한 특이한 해리가 있었다. 그녀는 인지와 정서 상태가 갑자기 변해 기억을 잘 못했다. 치료자는 그녀가 어떻게 이성을 잃고 어떻게 기억할 수 있는지를 알 수 없었다. 그리고 놀란 아이를 어떻게 편하게 하고, 성학대 경험이 어떤 영향을 주는지를 몰랐다.

협력적 관계의 시작: 안전과 통제

학습포인트

외상은 위험하고 예측 불가능하고 치명적이다. 외상은 몸과 마음과 삶을 엉망으로 만들고 수치심을 주고 모든 것을 망쳐버린다. 외상은 특별한 사건이다. 대부분의 사람은 고통과 불안을 겪은 후 외상에서 회복되고 자신의 삶으로 돌아간다(Breslau, 2002). 그러나 사회적 지지체계가 부족하여 이해나 보호를 받지 못하고, 외상이 반복되거나 발달 중에 발생하여 신뢰를 잃어버리면 부정적인 결과가 나타난다(Pearlman & Courtois, 2005; Freyd, 1996). 이러면 무기력해 진다. 의례적이지만 평가 동의를 받는 이유는 이것이 안전하고 윤리적으로도 중요하기 때문이다.

Clarissa는 모성애를 불러일으킬 정도로 무기력했다. 그래서 그녀에게 관심을 기울이는 만큼 나를 살펴볼 필요가 있었다. 나는 그녀를 아이같이 대했던 친구들처럼 "과잉보호"하지 않도록 주의가 필요했다. 그 이유는 무기력이 강화 될수도 있기 때문이었다(Dalenberg, 2000). 다행히도 Clarissa는 협력적/치료적 평가에 동의했고 자신의 무기력에 대해 설명했다. 평가에서 그녀의 "핵심질문"은 *"어떻게 하면 이 문제에서 벗어날 수 있을까? 어떻게 문제를 치료할 수 있을까?"* 였다.

평가에서 두려운 것이 무엇이냐는 나의 질문에 Clarissa는 치료자를 믿지 못하는 것이 두렵다고 했다. 그녀는 이전 치료자가 해리성 정체감 장애 진단을 내렸기 때문에 혹 자신이 정체감에 문제가 있지 않을까 걱정이 되었다고 했다. 치료자는 갑자기 변하는 그녀의 정서 상태를 보고 이 진단을 내렸다. 그리고 Clarissa가 갑자기 화를 내자 급하게 치료를 종결해 버렸다.

> **학습포인트**
>
> 핵심질문에 대한 답은 협력적/치료적 평가에서 중요하다. 왜냐하면 이것은 내담자의 자원을 찾아내어 상호작용을 강화할 수 있기 때문이다.

나는 Clarissa가 분노를 솔직하게 표현하는 것이 인상적이었다. 우선 Clarissa에게 해리를 살펴보자고 했다. 왜냐하면 그녀의 해리가 감당하기 힘든 상태여서 그것을 아는 것이 도움이 될 것이라고 생각했기 때문이었다. 나는 그녀에게 감각과 상관없이 해리가 일어나면 생각과 감정을 일기장에 기록해 보도록 했다. 그리고 해리가 되기 전의 사고와 감정, 신체 반응을 적게 했다. 나는 외상을 떠올리면 해리가 나타나고 이를 알아차리면 해리가 힘을 잃어버릴 거라고 알려주었다. Clarissa의 첫 번째 해리일기에는 *"내가 해리 상태에 있다는 것을 알 수 있는 단서"*라는 제목이 적혀 있었다.

나는 추웠다. 피를 흘려도 어떤 일이 있어도 신경을 쓸 수가 없었다. 느낌이 없었다. 아무 의미가 없었다. 말하는 것조차 느낄 수 없었다. 사람이 두려웠다. 그 이유를 모르겠다. 나는 너무 작았고 무서웠다. 세상은 너무 컸다. 그것은 너무 빨리 지나갔다. 괴로웠다.

우리는 평가를 통해 그녀의 상태를 이해할 수 있었다; 냉담, 정서적 무감각, 공포, 거리감, 분노. 나는 그녀에게 평가 속도가 빠르면 말해 달라고 했다.

구조화 및 반구조화 검사로 해리 상태 파악하기

해리와 관련된 부분

외상성 해리의 징후는 단순하지만 강력하다. 해리는 내담자가 침묵하는 가운데 나타나기도 사라지기도 한다. 그리고 맥락과 관계없이 주제가 바뀌기도 한다. 내담자는 몸이 고통스러울 때 얼굴을 찡그리고, 슬픔을 느끼지 못하면 폭발적으로 울기도 한다. 다행히도 우리는 해리를 확인할 수 있다. 그렇지 못하면 평가자는 내담자를 이해하지 못 한다. 해리를 확인한다는 것은 자신의 몸을 조절할 수 있다는 것을 의미한다. 내담자는 가벼운 황홀경을 현기증 같은 감각으로 알 수 있다. 그리고 질문을 놓치면 다시 물어 볼 수도 있다.

> **학습포인트**
>
> 우리는 내담자에게 간단하지만 강력하고 효과적인 질문을 해야 한다. 그리고 내담자가 스스로 모니터링을 할 수 있도록 도와야 한다. "지금 무슨 일이 일어나고 있죠?"

Clarissa와 내가 시작한 탐색

우리는 외상증상검사(Trauma Symptom Inventory; TSI; Briere, 1995)로 Clarissa의 외상과 해리를 살펴보았다. 그리고 미네소타 다면적 인성검사-2(Minnesota Multiphasic Personality Inventory; MMPI-2; Butcher et al., 2001)를 통해 성격 기능과 증상을 살펴보았다.

TSI에서 Clarissa의 외상척도는 T=71점이어서 PTSD가 시사되었다. 가장 상승한 척도는 해리(DIS T=87)척도였다. 나는 해리에 대해 조심스럽게 접근할 필요가 있었다. 해리장애 환자들은 자신을 "미쳤다"고 느끼고 다른 사람이 자신을 미쳤다고 볼 거라고 여긴다. 그러나 그 내용을 듣는 사람이 놀라지 않고 주제를 바꾸지 않으면 해리장애에 대해 말할 수 있다. 그러면 환자는 덜 부끄러워하고 "다른 별"에서 온 사람처럼 보이지도 않는다.

Clarissa의 MMPI-2 결과는 임상적으로 유의했다. F척도(T=75)의 상승은 외상과 해리 증상이 포함되어 있기 때문에 외상 생존자에게 일반적이다(Carlson,

1997). 또한 VRIN이 T=74점이었는데 이는 문항에 답하는 동안 서로 다른 인지와 정서 상태에 빠져 있다는 것을 의미했다. Clarissa는 이렇게 된 이유에 대해 질문에 답하는 것이 몸과 마음을 불편하게 해서 다른 방법을 썼다고 했다. 임상 척도에서는 외상의 충격으로 분노, 인지 혼란, 정서 불안이 나타났다(반사회성 T=87, 편집증 T=78, 우울 T=78, 정신분열 T=87, 조증 T=71). 즉, 과거의 외상이 정서에 영향을 주고 있었다(Briere & Armstrong, 2007). 특별한 점은 Clarissa가 최근에 자살 시도를 했다는 것이다. 조증 척도의 상승은 그녀가 정서 혼란을 겪으면서 그랬던 것처럼 우울하더라도 자살을 시도할 힘이 있다는 것을 시사했다.

그녀는 검사를 끝낸 후 불안해했고 검사 결과에 대해 곧바로 논의하고 싶다고 했다. 하지만 나는 다음 회기 때 결과를 논의하자고 했다. 만약 불안한 상태에서 논의를 했다면 안정감과 통제감을 먼저 다루어야 했을 것이다.

다음 회기 때 Clarissa는 편안해 보였다. 그녀는 공손하면서도 단호하게 MMPI-2 결과를 알려 달라고 했다. 나는 결과를 "수준 3"으로 접근하는 게 적절한지가 염려되었다(Finn, 2007). 나는 소척도를 하나씩 확인하면서 결과와 경험이 얼마나 맞는지 예를 들어 달라고 했다. 정신분열 척도에서는 기태적 경험 소척도가 상승되어 있었다. 이는 플래시백과 정신을 잃어버릴 것 같은 느낌과 관련 있었다. 타인에 대한 불신과 비판에 대한 민감성은 반사회성(Pd)과 편집증(Pa)척도에서 나타났다. 이는 배신으로 인한 분노와 사람들이 그녀를 나쁜 사람으로 볼 것이라는 두려움을 반영했다. 하지만 Clarissa는 결과를 보고 놀라지 않았다. 그녀는 웃으며 "결과가 내 모습을 잘 나타내는 것 같아요."라고 했다. 그녀는 MMPI-2가 자신이 잘 몰랐던 부분을 확인시켜 주었다고 했다. 그리고 "저는 자존감이 낮아요. 그리고 낮은 남성성-여성성 척도는 저의 내성적인 특성을 잘 나타내는 것 같아요."라고 말했다. 그녀는 자살사고가 있었지만 시도는 하지 않았다고 했다. 그러나 그 여부는 불분명했다. 나는 Clarissa의 분노가 더 이상 자살사고를 불러일으키지 않기를 바랐다.

Clarissa는 검사 결과를 들으며 생각에 잠겼다. 그녀는 편안해 보였고 정리가 된 것 같았다. 그녀는 과거의 외상을 살펴보더니 이제는 그것이 사라지고 현재에 살고 있는 느낌이 든다고 했다. 외상은 남편이 일을 마치고 집으로 올 때 느낀 불안과도 관련 있었다. 그녀의 해리일기에는 남편 차의 배기가스 냄새가 목사의 차에서 성학대를 당했을 때의 느낌을 떠올리게 한다고 적혀있었다. Clarissa는 목사와의 일을 기억했지만 소송을 하기 전까지는 이것을 학대라고 생각해 본 적이 없었다. *"내가 얼마나 고통스러웠는지 느끼기 시작했어. 그 전까지만 해도 이게 일상적인 거라고 생각했어. 그 때마다 난 도망치기만 했어."*라고 말하는 친구의 얼굴에서 그녀는 고통을 보았다고 했다. Clarissa는 샤워를 할 때 아버지가 쳐다본 것을 치료자에게 이야기했는데 이때도 비슷한 불안을 느꼈다고 했다.

나는 Clarissa가 이야기를 하면서 초점이 흐려지는 것을 보았다. 눈에는 초점이 없었고 목소리가 단조로웠으며 "멀어져 가는 것" 같았다. 난 기분이 어떤지를 물었다. 그녀는 감정 없는 목소리로 "괜찮다"고 했다. 나는 "괜찮다"면 지금 상태가 어떤지를 좀 더 말해달라고 했다. 그녀는 주저하다 답을 했다. 나는 이러한 신체 반응이 감정을 유발했다는 생각이 들었다. 그리고 해리를 다루기 위해서는 천천히 반응하고 몸을 점검해야 한다고 설명했다(Kluft, 1993). Clarissa는 내 질문 때문에 머리가 복잡하고 등이 아팠다고 했다. 솔직할 수 있어 기분은 좋았지만, 신체 반응을 살펴보라고 했을 때는 불안했다고 말했다. 그녀는 이번 회기가 충분했다면서 더 이상 TSI에 대한 피드백이 필요 없을 것 같다고 했다. 우리는 회기를 끝내기로 했다. 그녀는 만족스러워 보였다. 그리고는 *"멈출 수 있어 기분이 좋아요. 너무 많은 게 일어나면 멈출 필요가 있어요. 나는 그동안 그렇게 못한 것 같아요."*라고 말했다.

Clarissa가 두려워하는 질문 탐색하기

Stevens박사는 Clarissa의 반응이 점차 안정되는 것 같다고 했다. Clarissa는 신경안정제를 복용했지만 약에 의존하지 않았고 대처 기술을 강구할 수 있었다. 그리고 아버지가 자신이 샤워하는 모습을 본 주제가 나오면 혼란스러워했고 해리 상태가 되었다. Stevens박사는 알고 있는 것보다 더 많은 내용이 그녀에게 있을 거라는 생각이 들었다. 그리고 그녀가 이것에 주의하기를 바랐다. Clarissa는 아버지 이야기를 할 때마다 속이 메스껍고 토할 것 같은 느낌이 든다고 했다. 그녀는 청소년기에 섭식장애가 있었다. Stevens박사는 구강성교가 샤워사건과 관련하여 증상을 만들어 냈다는 생각이 들었다.

Clarissa는 DSM-Ⅳ의 해리장애 구조화 면담(Structured Clinical Interview for DSM-Ⅳ Dissociative Disorders-Revised; SCID-D-R; Steinberg, Rounsaville, & Cichetti, 1994)을 실시했다. 하지만, Stevens박사는 면담을 할 수 있을지가 걱정되었다. 그래서 우리는 평가 회기를 끝낸 후에 구조화 면담을 하기로 했다. 그녀는 과거에 해리성 정체감 장애 진단을 받았을 때 치료자가 "해리가 있다."고 말해서 상처를 받은 것 같았다. 나는 Clarissa가 당시에 자신이 어떤 사람인지를 말할 기회가 없었다는 생각이 들었다.

Clarissa는 다음 회기 때 모자를 쓰고 왔다. 그녀는 시작할 준비가 되었다면서 모자를 벗었고 SCID-D-R을 할 때는 머리를 풀었다. 이 표준화되고 반구조화된 면담의 장점은 해리 증상에 대해 이야기할 때 해리 증상을 유발할 수 있다는 것이다. 그래서 내담자와 평가자는 면담 동안 행동을 살펴볼 수 있다. Clarissa는 자주 잊어버렸다. 예를 들면, 시간을 잘 몰랐는데 최근에야 시간을 인식할 수 있었다. 그녀는 불안할 때는 "더러운 기분"이 든다고 했다. 그래서 청소를 하고 물건을 치웠고 정리를 하면 마음이 차분해진다고 했다. 어떤 때는 청소를 하다 "정신을 차려 보면" 새벽 4시가 되어 있는 경우도 있었다. 나는 이것이 그녀의 수면 문제의 원인인 것 같았다.

🌱 학습포인트

Clarissa는 SCID-D-R의 질문을 잊어버려 여러 번 반복해서 말해 달라고 했다. 내담자는 기억에 문제가 있다는 사실 자체를 잊어버리기 때문에 보고가 어렵다. 그리고 기억문제가 지속되면 치료자 또한 이를 놓치기가 쉽다. 따라서 기억 문제를 부드럽게 알려줄 필요가 있다.

Clarissa는 이인증을 경험했다. *"거품 안에 있는 것 같아요. 무감각해요. 미치겠어요. 살고 싶어요."* 이처럼 세상과 고립된 느낌은 해리장애 환자에게 우울을 넘어 감정적인 죽음을 경험하게 한다. Clarissa의 비현실감은 집을 낯설게 했다. 그녀는 해리장애의 특징인 정체감 변화는 없었다. 하지만, 해리의 특징으로 분열되는 느낌이 있었다(Liotti, 2004).

나는 그녀에게 SCID-D에서 해리성 정체감 장애는 아니지만 달리 분류되지 않는 해리성 장애가 시사된다고 알려주었다. 그리고 해리장애는 여러 방법으로 자신을 숨기기 때문에 혼란스러울 수 있다고 설명했다. Clarissa는 고개를 끄덕였다. "해리는 나를 약하고 두렵게 해요. 내가 누군지 모르기 때문에 잘 휩쓸리죠. 혼란스럽고 싶지 않아요. 그것은 날 힘들게 해요." 그녀는 공포, 분노, 신체 고통, 자살 사고가 뒤죽박죽되어 정서적으로 무감각해졌다.

　　나는 SCID-D로 질문하면서 Clarissa의 행동을 관찰했다. 그녀는 화가 난 것 같았고 중간에 화장실을 다녀왔다. 나는 SCID-D를 끝내면서 혹 그 행동이 면담에 대한 부담 때문에 그랬는지를 물었다. 그녀는 화장실에 간 것은 질문에 답하는데 도움이 되는 정서 상태를 만들 시간과 공간이 필요해서였다라고 했다. 그리고 화를 낸 것은 질문이 주는 부담을 해소하는 데 도움이 되었다고 했다. 그녀는 멈칫하더니 갑자기 치료자가 자신의 감정을 직면시켰던 순간이 떠오른다고 했다. "그것이 나를 두렵게 했어요. 나는 그곳에서 빠져 나오기 위해 화를 내야 했어요. 지금도 친구들은 화날 상황이 아닌데도 내가 화난 것처럼 보인다고 해요. 그래서 두려운 것은 친구들에게 이야기하는 편이 나아요." Clarissa는 머리를 질끈 묶더니 다시 모자를 썼다. SCID-D는 그녀의 공포와 분노를 이해하는 데 도움이 되었다. 나는 그녀에게 머리를 푸는 게 더 좋겠다고 말했다. Clarissa는 웃으며 동의했다.

개방적으로 검사하기: 얕은 병식, 깊은 병식, 그리고 통찰력

　　Clarissa는 치료 동안 많은 일을 경험했다. 아버지는 자신이 샤워하는 모습을 밖에서 지켜 본 게 아니라 안으로 들어와 구강성교를 시켰다고 했다. 그리고 아버지는 밤새 잠을 잘 잤다고 했다. Clarissa의 몸은 사건을 기억하고 있었다. 그러나 몸의 기억은 사건을 떠올리면 벗어 날 수가 있다.

　　평가의 일부로 Clarissa는 "투사검사"를 했다. 그녀는 당황했지만 자신감에 차있었다. 그녀는 괴롭거나 복잡한 감정이 떠오를 때는 자신의 몸을 확인했다고 말했다. 나는 검사를 끝낸 뒤 신체 반응을 점검해 보자고 했다. 그리고 그림 검사를 실시했다. 나는 그 그림이 "외상사고 장애"의 특징인 지리멸렬한 이야기를 유발할 것이라고 예상했다(Armstrong, 2002). 그리고 Clarissa가 혼란에서 벗어나 정서로부터 거리를 둘 수 있는지를 살펴보았다. 이는 경계성이나 정신증 스펙트럼 장애와 외상장애의 해리를 감별할 수 있게 한다(Lanius et al., 2010).

나는 과거 외상이 그녀의 대인관계에 미친 영향을 살펴보기 위해 주제통각검사(Thematic Apperception Test; TAT; Murrayet al., 1943)를 실시했다(Westen, Lohr, Silk, Gold, & Kerber, 1990). 나는 그녀의 반응을 보며 걱정이 되었다. 왜냐하면 이야기에서 자신과 세상으로부터 해리된 느낌과 자살에 대한 내용이 많았기 때문이었다. 검사 후에 Clarissa는 자신의 삶이 TAT와 관련 있는 것 같다고 했다. 이야기에 반영된 자아상은 삶을 포기하지 않으리라는 희망을 주었다. 다음은 아버지의 성학대로 인한 심리적 영향이 TAT에 나타난 부분이다. 이것은 피드백 회기를 위한 정보를 제공했다.

> (1번 카드: 바이올린을 보고 있는 소년) "소년은 아버지에게 바이올린을 생일선물로 받았어요. 그런데 소년은 밖에서 놀고 싶었어요. 아버지는 아들에게 집착했고 자신보다 잘 되기를 바랐어요. 그런데 바이올린 연주는 목을 상하게 했어요. 그는 자신을 억눌렀어요(이때 Clarissa는 마른 침을 삼켰다) 20년 뒤 소년은 아버지가 자랑스러워하는 바이올리니스트가 되었어요. 그런데 정작 자신은 자랑스럽지 않았어요. 결국 소년은 자살을 했어요. 너무 제멋대로인가요?"

나는 왜 제멋대로라고 생각했는지를 물었다. 그녀는 남편이 심리학적 마인드가 없고 치료를 불만스러워한다고 했다. "남편이 상처를 주면 나는 그냥 참아요. 와우! 내가 무슨 말을 하고 있는 거죠. 나는 화를 통제하지 못하면 우울이나 조증 상태가 돼요."

학습포인트

Clarissa는 숨겨진 분노를 객관적으로 보고 통찰을 얻기 위해 감정에 거리를 두는 해리를 사용했다. 우리는 Clarissa가 정액을 삼키며 경험했던 외상을 억압해서 조증 상태가 되었다는 것을 알 수 있었다.

Clarissa는 로르샤하(Exner, 1985)에 집중했지만, 잉크반점이 유발한 정서적 신체적 감각과 사고 때문에 반응이 자연스럽지 못했다. 그녀의 로르샤하 점수는 해리장애 환자의 특성을 보였다(Brand, Armstrong, Loewenstein, & McNary, 2009). Clarissa의 검사 반응은 지적이고 강박적이었다. 그녀는 감정에 대해 생각했지만(예, $EB=11:8.0$), 과도하게 세부적인 것에 주의를 기울였다(예, $Lambda=.09$). 눈여겨볼 점은 감정으로부터의 해리가 통찰을 주었고(FD=3), 상황을 정확하게 지각할 수 있게 했다(XA%=.71). 하지만, 우울과 분노감정에 압도되어 지각과 반응이 왜곡되었다(*DEPI or Depression*=5, *S or 왜곡된 분노*=4, *WSum6 or 왜곡된 추론*=27). 그녀의 사고가 황폐한 것은 당연했다. 한편, 다른 사람과 협력하는 능력은 Stevens박사나 나와 작업을 할 때처럼 로르샤하 결과에서도 나타났다(*COP or Cooperative Movement*=3). 해리성 기억 장애의 이점 중 하나는 상처 입은 아이의 마음을 안전하게 보호할 수 있다는 것이다.

🌱 학습포인트

로르샤하에 나타난 Clarissa의 반응은 외상에서 해리되기도 부착되기도 했다. 외상 내용 지표(TC/R; Armstrong & Loewenstein, 1990)는 병적 반응, 공격성, 해부, 피, 성 반응을 전체 반응 수로 나눈 것이다. TC/R(Kamphuis, Kugeares, & Finn, 2000; Smith, Chang, Kochinshi, Patz, & Nowinski, 2010)의 절단점 .30은 신체 반응이 많다는 것을 의미한다. 그러나 그 이상은 외상 장애 가능성이 있으므로 주의해야 한다.

Clarissa의 TC/R은 .30이었는데, 과거력을 보건대 놀랍지 않았다. 예를 들어, 그녀는 첫 번째 카드에서 조직화 반응을 하다 갑자기 말을 멈췄다. 그리고 두 괴물이 교회 문 위에서 내려 보고 있다고 했다. 아울러 그것은 악마와 관련 있어 사람들이 두려워한다고 했다.

다른 해리장애 환자처럼 Clarissa는 통찰이 부족했다. 침투적 외상은 그녀를 과거에 있는 것처럼 만들어 정확하게 사고할 수 없게 했다. 하지만, 그녀는 해리를 통해 감정에 거리를 둘 수 있었다. 나는 마지막 회기에서 자살지표($S-CON$=8)에 대해 이야기 하던 중 그녀의 행동이 갑자기 변하는 것을 볼 수 있었다.

피드백 회기: 자살이라는 장애물 감소시키기

Stevens박사는 치료와 일상에서 검사 결과가 어떻게 나타나는지를 알 수 있었다. 나는 로르샤하의 자살지표($S-CON=8$)를 언급하기 전까지는 조심스럽게 작업을 했다. 왜냐하면 검사 결과에서 자살 관련 내용이 있었기 때문이었다. Stevens박사와 나는 그녀의 자살 사고에 대해 함께 논의했다. 나는 그녀에게 검사 결과를 보여 주었고(그녀는 항상 검사 결과지를 보여 달라고 했다) 피드백을 했다. Clarissa는 충격을 받은 것 같았다. 그녀는 차분한 목소리로 자신은 자살사고가 없기 때문에 결과가 틀렸다고 말했다. 그녀는 나와 치료자가 놀라는 모습에 미소를 지으며 다른 검사는 도움이 되었지만, 이 결과는 잘못 된 것 같다고 했다. 나는 결과를 통합하면서 '상처가 치유되었지만 아직도 피가 흐르고 있다(Ⅵ번 카드)'고 한 외상 반응을 언급했다. 그리고 몸과 마음의 상처를 견디고 있는지, 아니면 더 이상 고통스럽지 않은지를 그녀에게 물었다. Clarissa는 고통스럽다고 했다.

비로소 Stevens박사는 자살 문제에 대해 조심스럽게 접근해야 한다는 것을 알았다. Clarissa는 고통을 언어로 표현했고 이는 TAT에서도 나타났다. 하지만, 정작 자신의 분노와 절망은 알지 못했다. Clarissa는 정서에 초점을 맞추면서 해리가 되지 않게 자신을 살펴 볼 필요가 있었다.

추수 회기: Clarissa의 선물

Clarissa와 나는 18개월 후에 다시 만났다. 그녀는 일로 바빴지만 남편과의 관계 회복을 위해 휴가를 냈다. 그녀는 더 이상 기분안정제를 복용하지 않았고 Stevens박사도 덜 만났다.

Clarissa는 약간 긴장했지만 자신감 있고 건강해 보였다. 그녀는 나에게 경과를 말하고 싶어 했다. 그녀는 해리를 다루는 방법을 알았고 해리를 멈출 수 있었다. Clarissa는 해리 상태를 알아차릴 수 있었고 해리를 드러내지 않아야 한다는 것을 깨달았다. 그녀는 해리가 될 때마다 몸을 조절했고 우리가 함께 점검한 것을 의식적으로 사용했다. 그녀는 요가를 통해 사고와 감정을 수용할 수 있었다. "나는 집중을 위해 운동과 감각을 연결할 필요가 있었어요. 결국은 생각을 알아차리고 해리를 멈출 수 있었어요." 그녀는 요가에서 배운 것을 치료에도 적용했다. 이를 통해 해리를 일으키는 부정적 사고를 인식할 수 있었다. "내가 나쁜 사람이고 아무도 나를 사랑해 주지 않는다는 생각이 들 때마다 Stevens 박사와 이러한 생각과 결별하는 의식을 하기로 했어요. 이것은 단지 내 생각일 뿐이지 내가 아니라는 사실도 알았어요. 여기에는 가족과 삶에서 얻어진 것도 있어요. 그들은 심지어 내가 커피도 마셔보지 않은 사람과 결혼할거라고 생각했어요."

Clarissa는 남편과의 관계에서도 적극적으로 변했다. 그녀가 엉뚱한 이야기를 할 때는 남편과 부딪혔다. 하지만, 남편은 아내가 그런 행동을 하면 오히려 칭찬을 했다. 결국 "엉뚱하다"고 생각했던 기준도 바뀌게 되었다. 그녀는 더 이상 억누르지 않았다. 남편은 아내가 도와주고 지지해 준 방법이 자신을 몰아세웠다며 오히려 아내가 솔직할 때 자유로웠다고 했다. Clarissa는 억압된 분노를 마주하기 시작했다.

Clarissa는 전에 했던 것과 동일한 검사를 위해 다음날 일찍 왔고 바로 피드백을 할 수 있는지를 물었다. 나는 심리적 문제가 있는 사람은 피드백 회기가 불안을 유발할 수 있다고 말해 주었다. Clarissa는 혼란스러워 했다. 나는 왜 그런지를 살펴보기 위해 좀 더 기다려 보았다.

Clarissa의 검사 결과는 정서적 성장을 시사했지만 해석을 위해서는 피드백이 필요했다. TSI의 증상 척도에서는 유의하게 상승한 척도가 없었다. MMPI-2의 임상척도도 유의하게 상승하지 않았다. 하지만 타당도 척도를 보면서 나는 고민에 빠졌다. "F(정신적 고통과 장애)"척도는 내려가 있었고, "L(거짓말)"과 "S(과장된 자기 제시)"척도는 유의하게 상승해 있었다. 다행히도 나는 검사에 첨부된 그녀의 메모를 통해 이 결과를 예견할 수 있었다. 메모에는 사람들이 정직하진 않지만 자신은 부정적인 생각을 부인한다고 적혀 있었다. 그녀는 여러 문항을 거짓으로 표기했다는 것을 알고 있었지만 그런 생각으로 한 것은 아니라고 했다. 그녀는 검사를 할 때 더 이상 생각에 몰두하지 않았고 그것이 자신의 삶을 지배하지 못하게 했다. Clarissa는 MMPI-2를 정확하게 해석해주기를 원했다. 그리고 해리를 해결하기 위해 주의를 통제하는 방법을 알려달라고 했다.

  그 후 우리는 다시 만나 결과에 대해 논의했다. Clarissa의 첫 번째 질문은 로르샤하에 아직까지 자살사고가 나타나는지 여부였다. 결과는 그렇지 않았다. Clarissa는 놀라지 않았다. 오히려 피드백 회기를 한 지가 6개월이나 되었는데 어떻게 우울과 자살경향을 알 수 있는지를 궁금해 했다. 그녀는 해리 때문에 우울을 느끼지 못했고 아무 일도 할 수 없었다.

  그녀는 감정에 직면하는 것이 어려웠지만 미래를 위해 과거의 방식을 바꾸기로 했다. 그녀는 바이올린과 함께 있는 소년(1번 카드)의 TAT 이야기를 재구성했다. "소년은 바이올린 선물을 받고 실망했지만 긍정적인 부분을 찾았어요. 소년은 바이올린이 멋진 나무로 만들어 진 것을 알았어요. 그는 바이올린으로 좋아하는 음악을 할 거예요. 부모님은 무엇을 해야 한다고 말은 안 했지만, 소년은 선물에 새로운 의미를 부여했어요." 그녀는 피 흘리는 상처(Ⅵ번 카드)라고 했던 처음의 로르샤하 반응을 치료받고 있는 이미지로 바꾸었다. 그리고 이것을 아메리카 원주민 의식에 쓰는 토템이라고 했다. "복잡하지만 부서지지 않아요. 모양이 복잡해도 어디든 잘 어울려요."라고 연상했다.

  나는 회기 동안 그녀의 자존심에 상처를 주고 싶지 않았다. 하지만, 문제를 부인하는 것 또한 원치 않았다. 그녀는 긴장한 듯 했지만 천천히 말하는 것이 해리를 멈추는 데 도움이 되었다고 했다. 나는 Clarissa의 급한 약속 때문에 서둘러 회기를 진행했다. 검사 결과 그녀의 불안은 상당히 높았다. 예를 들어, MMPI-2와 TSI에서는 불안 증상이 있었고 로르샤하에서는 불안과 관련된 점수가 높았다(예, $Y-$음영확산$=4$). 나는 이 결과를 Clarissa와 나누었다. 그녀는 웃으며 결과가 당황스럽다고 했다; 그녀는 긴장했고 결과를 받아들이지 않았다. 그녀는 추수 회기를 마치면서 자신이 증인석에 서게 될 것이라고 했다. 친구들이 교회를 상대로 한 소송은 진전이 있었다. 그녀는 소송에서 오랫동안 숨겨왔던 아픔을 드러내야 했다. 나는 언제 증인석에 서는지를 물었다. 그녀는 "내일 아침이요."라고 답했다. 그녀가 불안을 억압하는 것은 당연했다! 나는 증언 후 판결 결과를 알려달라고 했다. Clarissa는 떠나기 전에 의미심장한 미소를 지으며 평가에서 배운 것이 핵심적인 증거가 될 것이라고 했다. 우리는 마지막 피드백을 남겨 두고 있었다.

  다음 날 오후 Clarissa에게 전화가 왔다. 그녀는 SCI-D를 하면서 복잡한 내면을 느낄 때마다 외부 세계를 잊고 싶었지만 어떻게 해야 할지를 몰랐다고 했다. 그녀는 증언을 결심하면서 목사가 그녀에게 썼던 성적인 내용의 편지를 보관해 둔 것을 기억해 냈다. 어디에 뒀을까? 그것을 찾기 시작한 지 얼마 되지 않아 그녀는 벽장 뒤에서 편지가 든 상자를 발견했다. 그리고 목사가 그녀를 학대했을 때 찍었던 사진도 찾을 수 있었다. Clarissa는 친구에게 이 사실을 말했고 친구는 변호사에게 알려주었다. 변호사는 Clarissa를 만나 상자를 가지고 첫 번째 증인으로 법정에 서달라고 부탁했다. 변호사는 상자 안에 있는 것을 피고 측 변호사가 본다면 이 사건은 금방 해결될 것이라고 말했다. 이후 Clarissa는 법정에서 정확하게 증언을 했다. 해리를 인식하는 것은 치유를 돕고 때로는 보상이 된다. 이러한 통찰을 준 Clarissa에게 감사를 전한다.

3장

우울의 치료적 평가:
사랑의 헛수고?

MARC J. DIENER, MARK J. HILSENROTH, THOMAS D. CROMER,
FRANK P. PESALE, AND JENELLE SLAVIN-MULFORD

의뢰 이유

제기된 문제

"Joy"는 30세 미혼 백인 여성으로 여자 친구인 "Amanda"와 6개월간의 교제 끝에 결별을 했다. 이에 상담을 받으러 치료실을 방문했다. Amanda와의 문제는 관계 유형의 차이 때문에 생겼다. Amanda는 애정을 요구하며 Joy에게 의존했다. 반면 Joy는 혼자 있는 것을 좋아했고 내성적이어서 마음을 여는 것이 힘들었다.

관계 문제는 Amanda의 C형 간염으로 악화되었다. Amanda는 약해졌고 관심을 받기 위한 행동은 Joy를 불편하게 했다. Joy는 Amanda에게서 멀어지는 느낌을 받았다.

Joy는 시간이 필요했지만 Amanda는 압박을 했다. 그녀는 더 이상 참을 수 없어 이별을 결정했다. Joy는 잠시 편해졌지만 결별로 인해 슬픔과 거절, 회의감을 느꼈다. 며칠 후 Joy는 결별과 재회의 마음을 담은 편지를 Amanda에게 보냈지만 답장은 없었다. Joy는 Amanda가 다른 사람을 만난다는 것을 알게 되었다. Joy는 화가 났고 상처를 받았다.

Joy는 이번에 다른 일을 시작하게 된 것에 대해 Amanda와의 결별과 또 다른 점을 그 이유로 들었다. 그녀는 몇 년 동안 물리치료사로 일을 했다. 하지만 흥미가 없었고 공부를 더 해 좋은 직업을 구하고 싶었다. 그녀는 공부에 관심은 있었지만, 과거에 공부 때문에 불안을 경험한 적이 있었다. Joy는 공부에 투자할 시간과 비용 문제로 부담을 느끼고 있었다.

환자의 배경 정보[1]

Joy는 Conneticut에서 태어나 10살 때 부모님, 여동생과 함께 Rhode섬으로 이사를 왔다. 아버지는 배관 수리공이었고, 어머니는 옷가게에서 일을 했다. Joy는 발달력에 대해 말하기를 꺼려했다. 어린 시절 Joy는 아래층에 살던 조부모에게 친밀감을 느꼈다. 특히 할아버지를 부드럽고 애정 어린 사람으로 기억했다. 하지만, 아버지는 술에 취해 자신과 어머니에게 욕을 해댔다. 그리고 5살 때부터 10살 때까지 부모님은 자주 싸웠다. 이때마다 Joy는 여동생을 보호해야겠다고 생각했다.

최근 부모와 관계가 좋아지면서 Joy는 자신의 발달력에 대해 이야기했다. 그리고 감정을 표현하기 시작했다. 그녀는 삼촌과 조부모가 돌아가시고 난 후부터 부모님이 변했다고 했다. Joy는 일주일에 한 번씩 가족을 만났다. 그녀는 여동생이 자신에게 가장 중요한 사람이라고 했다.

Joy는 학교에서 수학과 과학은 A학점을, 사회는 B학점을 받았다. 중학교 시절 우등반에 있었지만, 영어에서 버둥댈 때 친구들은 그녀의 능력을 의심했다고 한다. 이 무렵부터 Joy는 우울했고 낯을 가렸고 소심해졌다.

Joy는 광고 분야 준학사를 취득한 후 관련 분야에서 일을 했다. 하지만 일이 만족스럽지 않아 다른 전공 강의를 듣기도 했다. 몇 년 동안은 발달장애 아이들을 위한 재활시설에서 근무했다. 결국 그녀는 물리치료사 학위를 취득했고 가정간호 분야에서 일을 하게 되었다.

---

1) 우리는 대안적인 용어를 사용하는 다른 저자들과의 작업을 인용하는 경우를 제외하고 일반적으로 "내담자"라는 용어보다 "환자"라는 용어를 사용한다.

회기의 역동적 흐름

Joy는 심리치료가 처음이었다. 그래서 치료 전에 심리평가에 대해 궁금한 점을 치료자에게 물었다. 치료자는 환자의 성격과 배경을 상세하고 포괄적으로 이해하는 데 평가를 활용한 모형이 도움이 되고, 이는 심리치료의 목표와도 일치한다고 말했다. 결국 Joy는 평가와 심리치료 연구 프로젝트에 참여하게 되었다. 연구에는 평가 과정을 비디오로 녹화하는 것이 포함되어 있었다.

첫 회기에서는 주 호소 문제와 가족 관계의 과거력을 탐색하는 반구조화 된 면담을 진행했다. 그리고 공동의 치료 목표를 위해 관계를 형성하고 문제를 해결할 수 있도록 핵심갈등 관계 설문지(Core Conflictual Relationship Themes; CCRT)를 실시했다(Book, 1998; Luborsky, 1984; Luborsky & Critis-Christoph, 1997). CCRT는 관계에서 반복되는 욕구나 기대, 다른 사람과의 상호작용, 그리고 관계에서 생기는 정서와 행동을 담고 있다. 치료자는 첫 회기에서 CCRT를 통해 다음 가설을 세웠다. Joy의 정서적 느낌은 거칠고 거부적이며, 상대가 자신을 떠날 때는 낙담하고 위축되며 비관적으로 된다.

회기의 나머지 시간에는 초기기억검사를 했다(Fowler, Hilsenroth, & Handler, 1995). 그녀는 8살 때 기억을 떠올렸다. 최초의 기억, 어릴 때의 기억, 엄마와 아빠에 대한 기억, 처음 학교 갔을 때의 기억, 침대에 누워 음식을 먹었던 기억, 따뜻하고 포근했던 기억, 처음으로 특별했던 기억. 이 평가는 어릴 때 기억이 대상관계에 영향을 준다는 Mayman(1968)의 이론을 근거로 한다. 다음 기록은 Joy 기억의 일부이다.

가장 어릴 때 기억에 대해 묻자 그녀는 다음과 같이 말했다:

J: 부모님이 싸우고 있었어요. 할아버지가 무슨 일인가 해서 올라갔어요. 그런데 아버지가 할아버지에게 소리를 쳤어요. "내려가서 일이나 하세요. 다 괜찮을 거니까." 나는 아버지가 할아버지에게 그렇게 말하는 게 싫었어요.

어머니에 대해서는 이렇게 말했다.

J: 위층에서 살 때였는데 어머니가 앞치마를 두르고 부엌에 있었어요. 나를 비난하
며 "식탁 위에 것 치워."라고 말했던 게 기억나요.

C: 그때 어떻게 했나요?

J: 식탁을 닦았어요. 저녁 식사 시간이 되자 어머니는 "위에 것 다 치우고 닦아."
라고 소리쳤어요. 지저분하게 하는 것은 나쁜 것이었어요.

C: 그래서 어떻게 했나요?

J: 다 치웠어요. 나는 상처를 받았어요. 어머니는 나를 무시했어요.

마지막으로 어릴 적 *식사*와 관련된 기억에 대해 물었다.

J: 여동생 생일날 핫도그를 먹었어요. 나는 체크무늬 옷을 입고 있었어요. 사촌과
뒷마당에서 공놀이를 했어요.

C: 기분은 어땠나요?

J: 좋았어요. 그런데 어머니는 저를 사내아이처럼 키웠어요. 치마를 입고 있었지만
남자이기를 원했죠.

그녀는 몇 가지 사건을 떠올렸다. Joy의 어릴 적 기억은 자기 표상에 반향을
일으켰다(Flowler et al. 1995). 그녀는 자신을 모욕하는 아버지에게 공격적이었다.
아울러 아버지를 친절을 베풀려는 다른 사람을 방해하는 두려운 존재로 보았
다. 어머니에 대한 초기 기억은 어머니에 대한 내적 표상과 자신의 욕구를 인식
하지 못하고 대상을 비난하고 무시하는 것을 반영했다. 그리고 먹는 것에 대한
초기 기억은 의존성을 나타냈다. 특히 자유로운 여성상에 대해 비난했는데 이
는 앞서 언급한 어머니상과도 관련 있었다. 이러한 주제는 첫 면담동안 얻은 초
기 관계 패턴과도 일치했고 치료적 평가에 도움이 되었다.
두 번째 회기에서 Joy는 자기보고형 검사를 실시했다. 검사는 간이증상검사
(Brief Symptom Inventory BSI; Derogatis, 1993), 대인문제검사(the Inventory of
Interpersonal Problems IIP; Horowitz, Alden, Wiggins, & Pincus, 2000), 성격평가검사
(Personality Assessment Inventory; PAI)였다. 검사자는 실시 지침을 알려주었고 어
떤 질문을 할지를 살펴보았다. 우리는 자기보고형 검사를 작성해서 다음 주에

만나기로 했다.

BSI는 다음 척도의 점수가 높았다. 강박(T=78), 정신증(T=78), 대인민감성 (T=71), 우울(T=71), 불안(T=69). 높은 강박 점수는 결정의 문제와 원치 않는 행동의 반복을 의미했다(Derogatis, 1993). 비록 정신증 점수가 상승했지만, 다른 척도를 함께 고려했을 때 그녀는 정신증보다는 대인관계에 어려움이 있는 것처 럼 보였다. 이는 대인민감성의 높은 점수와도 일치했는데, 열등감과 대인관계 불편감을 시사했다. 마지막으로 우울과 불안의 높은 점수는 긴장, 염려, 불쾌한 기분, 동기 부여의 어려움을 나타냈다. 나는 BSI를 통해 그녀의 증상에 대한 고 통뿐만 아니라 면담에서 보고했던 대인관계 문제를 알 수 있었다.

IIP에서 비적극성 점수(T=77)가 높은 것은 자신감과 자존감 부족을 나타냈 다(Horowitz et al., 2000). 이는 욕구나 필요한 것이 없다는 것을 의미했다. 그리 고 사회적으로 도전해야 하는 경우나 다른 사람에게 영향력을 행사해야 하는 상황을 회피하는 경향을 반영했다. 사회적 회피(T=67)가 높은 것은 부정적 평 가에 대한 두려움 때문에 세상 속에 잘 개입하지 않는다는 것을 나타냈다. 냉정 /냉담 점수(T=67)가 높은 것은 대인관계가 힘들고, 자신의 감정을 표현하는 것 이 어렵다는 것을 보여주었다. IIP의 높은 점수는 자신이 필요한 것을 표현하거 나 주장하는 것뿐 아니라 처음 만나는 사람과의 관계의 어려움을 의미하고, 거 절과 비판의 두려움을 나타냈다.

PAI에서는 우울 척도가 상승했다(T=64). 그리고 우울 소척도도 고려해야 했 다(*DEP-C* T=64; *DEP-A* T=69; *DEP-P* T=55). 소척도 점수는 최근 그녀의 상 황과 자신감 부족, 욕구, 집중력 결여, 슬픔, 불만족을 반영했다. 여자 친구와 헤어진 것과 관련한 스트레스와 IIP에서 나타난 대인관계 패턴을 볼 때, Joy의 높은 사회공포증은 BSI 결과와도 일치했다.

세 번째 평가 회기에서는 첫 면담에서 잘 다루지 않았던 과거력을 탐색했 다. 이 회기 동안에는 Joy에게 주요우울장애, 기분부전장애, 섭식장애, 회피성 성격장애 진단 기준이 만족되는지를 살펴보았다(American Psychiatric Association, 2000). 그 결과, Joy는 I축의 기분부전장애(과식, 과수면, 낮은 에너지, 낮은 자존감, 결정의 어려움), 달리 분류되지 않은 섭식장애, 관계의 문제, 직업 문제의 진단 기준을 만족했다. 게다가 II축에 해당하는 회피성 성격장애의 특징(놀림과 부끄러움에 대한 두려움 때문에 생기는 대인관계 문제, 비판과 거절에 대한 걱정, 스스로를 매력 없고 사회적으로 부적절하게 보는)을 보였다. 하지만 II축의 회피성 성격장애 진단을 위한 기준인 네 항목은 만족하지 않았다.

마지막 회기에서는 협력적 피드백과 치료를 했다. 평가의 치료적 모형(Therapeutic Model of Assessment; TMA) 회기에서는 "환자가 그들의 예상과 불일치하는 정보를 비교하는 피드백을 먼저 하는 것"을 원칙으로 한다(Finn & Tonsager, 1997, p. 380; Fischer, 1994; Hilsenroth, 2007; Hilsenroth, Peters, & Ackerman, 2004). TMA에서는 심리평가를 환자의 주관적 경험에 대해 평가자의 공감을 높이기 위한 도구로 본다. 그리고 이를 평가자와 환자 사이에서 대화를 할 수 있는 기회로 여긴다(Finn & Tonsager, 1997, p. 378; Fischer, 1994; Hilsenroth, 2007; Hilsenroth, Peters, & Ackerman, 2004). 협력적 피드백 회기의 목표는 치료자와 환자의 상호작용에

표 3.1 면담과 심리평가 동안 치료적이고 긍정적이고 중요한 점을 요약한 것

틀
오랫동안 지속되어 온 행동에 대해 심도 깊은 면담하기
환자를 위한 협력적 전략 채택하기
정서적인 것과 인지적인 것 말하기
분명하고 구체적으로 경험에 근거하여 말하기

초점
환자의 문제를 토론하기
적극적으로 문제 탐색하기
고통의 원인을 분명히 하기
순환적 관계 주제 파악하기
환자의 정서와 경험 촉진하기
불쾌한 감정 탐색하기
회기 과정과 정서 탐색하기
관련 주제에 초점 유지하기

피드백
평가 결과의 의미를 검토하고 탐색하기
새로운 이해와 통찰을 환자에게 제공하기
증상과 치료과정 교육하기
개인의 치료 목표와 과제 개발하기

출처: M.J. Hilsenroth & T.D. Cromer, 2007, "초기면담과 심리평가에서 동맹과 관련된 임상가의 개입" *심리치료: 이론, 연구, 실제와 훈련*, 44, 205 – 218. 재인쇄.

기여하는 요인을 찾고, 자신과 타인에 관한 생각과 느낌을 살펴보는 것이다. 그러면 환자는 생활 속에서 일어나는 문제를 이해하게 된다.

표 3.1은 심리평가와 면담에서 긍정적 동맹 관계의 중요성을 보여주는 임상가의 요약이다(Hilsenroth & Cromer, 2007). 이것은 평가의 다른 단계에도 유용하지만, 우리는 먼저 구체적 피드백 과정을 평가에 적용했다. 표 3.1은 학습 포인트이다. 하지만, 이 장의 목적을 위해 몇몇 중요 사항을 요약했다.

오랫동안 지속되어 온 행동에 대해 심도 깊은 면담하기

Joy의 피드백과 평가회기는 2시간 동안 실시되었다. 그녀는 치료자와 함께 자신의 강점과 약점, 그리고 복잡한 대인관계를 이해하기 위해 실제적인 방법을 사용했다. 피드백 회기 동안 성에 대한 그녀의 생각과 느낌을 포함하여 남자, 여자와 관련된 대인관계에 관해 이야기를 나누었다. Joy는 다음 대화에서 양성애라는 단어를 불편해 했다:

C: 뭐가 당신을 괴롭혔나요?

J: 단지 그것이 그 범주에 있는 것 때문에요.

C: 제한성 때문인가요?

J: 제한성... 맞아요. 나는 여자랑 데이트 할 때는 이성애가 드러나서는 안 된다고 느꼈어요. 나는 그렇게 생각했어요. 사람들이 "쟤는 편할 때만 남자를 사귄다." 고 생각할까 봐요.

C: 그것은 다른 사람이 당신에게 동기를 부여하는 것으로 보이네요. 또 다른 예가 생각나면 그것에 관해서도 이야기해 보죠.

J: 네. 이것은 또 다른 문제인 것 같아요. 신경 쓰이네요.

그녀는 대인관계와 성에 대해 이야기했다. 그리고 대인관계에 관한 자신의 느낌을 말했다. 이러한 형태의 상호작용은 의미가 있을수록 더 깊이 접근할 수 있게 된다.

환자를 위한 협력적 전략 채택하기

치료적 동맹은 협력적으로 환자와 관계를 맺게 한다. TMA에서 환자가 질문하는 것은 평가를 통해 문제를 다루고 싶어 한다는 것을 의미한다(Finn, 2007; Hilsenroth, 2007). 평가에서 Joy는 자신의 장애물을 극복하고 대인관계 문제를 이해하기 위해 도움이 필요하다고 했다. 협력적 관계를 맺는 방법은 상호합의를 바탕으로 환자와 관계를 맺는 것이다. 따라서 치료자는 대인관계 패턴을 구체적으로 이해하기 위해 Joy와 다음과 같은 작업을 했다:

C: 당신은 다른 사람과 상호작용하기가 어렵나요?

J: 네. 누군가가 나를 알려고 하거나 처음 말할 때는 불편해요.

C: 다른 사람들이 부정적으로 반응할까봐 두려운 건가요? 그렇지 않다면 자신이 어떻게 느껴지나요? 독립적인 것에 대해서는 어떻게 생각하나요?

J: 다른 사람들은 말하는 방식이나 입고 있는 옷으로 나를 판단할 것 같아요. 내가 조용하기 때문에 오해할 것 같아요. 가끔 낯선 사람들에게 노출되는 게 두려워요.

C: 당신은 우리가 원하는 것에 관해 마음을 터놓고 이야기하고 사람들과 가깝게 지내고 싶은 것이 문제의 핵심이라는 것을 알고 있어요. 하지만 비판적이고 부정적인 것에 대해서는 두려움을 느끼는가 봐요. 그런가요?

J: 네. 그런 것이 나를 불편하게 하고 그 때문에 내가 다른 걸 원한다는 것을 알게 되었어요. 당신도 알다시피 혼자 있으면 행복하고 좋아할 거라 생각하지만, 나는 그렇지 않아요. 불편하긴 하지만, 나는 사람들에게 다가가고 싶고 부정적이고 파괴적인 면이 변했으면 좋겠어요.

나는 사실을 말함으로써 환자에게 임상적인 정보를 제공하는 것보다, 각 요소를 검토하고 동화와 수정을 통해 종단적이고 개방적이고 협력적으로 정보를 제시했다. 이러한 상호작용을 통해 환자는 패턴을 변경하고 치료자와 작업하면서 흥미와 동기가 증가되었다. 이것은 그녀가 평가와 치료 과정에 적극적이고 중요한 참여자라는 감정을 느끼게 했다.

정서적인 것과 인지적인 것 말하기 / 분명하고 구체적으로 경험에 근거하여 말하기

이 원칙을 적용할 때는 전문 용어를 쓰지 않고 추상적이기보다는 환자가 쉽게 이해할 수 있는 언어를 사용해야 한다. 다음 예를 통해 임상가는 Joy 내면의 욕구와 두려움 사이의 갈등과 대인관계에서 손상된 능력에 대한 두려움을 이끌어내었다. 그리고 욕구에 반응하는 그녀의 특징을 알 수 있었다.

> C: 당신이 다른 사람과 가까워지고 싶어 하는 것은 사실이에요. 그러나 한편으로는 사람들이 당신을 거절할 거라는 두려움이 있기 때문에 그것은 역설적이에요.
>
> J: 네. 독립을 하려면 노력이 필요하죠. 한편으로는 멋지고 싶고 다른 한편으로는 제 자신과 싸우는 거죠.
>
> C: 그래서 당신은 회피하는군요.
>
> J: 네.
>
> C: 다른 사람이 가까이 오면 도망쳐요.
>
> J: 맞아요.
>
> C: 그리고 당신은 가까운 사람을 얻으려고 해요. 그러면 상처를 받고 실망하게 되죠.
>
> J: 네. 그러면 스스로를 압박하고 실망해요. 제가 한 행동에 좌절하게 되죠.

환자와 문제를 토론하고 적극적으로 문제 탐색하기

이 작업은 환자와 임상가 사이의 협력을 증가시키고, 효과적인 평가를 위해 깊이 있는 면담을 가능하게 한다. 피드백 회기를 할 때 임상가는 어떻게 이 회기를 끌고 갈 것인가에 대한 그녀의 기대를 다루었다. 임상가는 틀을 짜고 Joy 와의 약속이 얼마나 중요한지를 강조했다. 임상가는 Joy에게 그 과정에 대해 질문이 있으면 하라고 했다. Joy는 피드백 회기를 하기 전에 토론을 하고 싶었지만 그렇게 하지는 않았다. 이 시점에 임상가는 피드백을 직접 하는 것이 치료적이지 않다고 생각했다. 그리고 Joy와 논의할 중요한 무언가가 있다는 생각이 들었다. Joy는 최근 Amanda와 관계가 깨어진 것에 대해 어떤 생각과 느낌이 들었는지를 말했다. 그리고 임상가는 Joy와 함께 관계라는 주제 안에서 반응을 탐색해 보았다. 이에 Joy는 임상가의 도움으로 탐색의 폭을 넓히기 위한 주제를 정할 수 있었다. 다음 상호작용을 통해 임상가는 Joy의 적응적인 면을 강조했다.

C: 앞서 말한 대로 나는 오늘 아주 중요한 점을 발견했어요.

J: 그게 뭔가요?

C: 당신은 자신에게 필요한 것을 말할 수 있다는 거예요.

J: 저는 대화를 하는 게 중요했어요.

C: 네. 그랬군요. 그래서 당신은 내가 계획한 것 대신에 다른 것으로의 전환이 필요했다는 것을 알려줬어요. 그것은 당신이 과거에 했던 것과는 달랐어요.

J: 무슨 뜻이죠?

C: 과거에 당신은 자신에게 필요한 것을 중요하게 여기지 않았어요. 왜냐하면 그것이 당신에게 중요하지 않았기 때문이에요. 그러나 사실, 그것은 중요해요. 당신은 나에게 말하는 방법을 알았어요. 나는 우리 사이에 일어난 일이 사람들을 다르게 대하는데 중요하다는 생각이 들어요.

J: 아마 거기서 하는 것보다 여기서가 더 쉬워서겠죠.

C: 맞아요. 우리가 처음 만났을 때처럼 당신은 무언가를 할 때 편안함을 느끼지 못하는 것 같아요. 하지만, 나는 당신이 관계를 더 잘 할 수 있도록 하는 방법을 발견했으면 좋겠어요.

고통의 원인을 알고 순환적 관계 주제 파악하기

이 원칙에서 임상가는 문제의 원인과 대인관계 문제를 환자와 함께 다루기를 제안한다. 임상가와 환자와의 상호작용은 43쪽에 있다. 거기에는 자기비판, 실망, 상처를 받은 환자의 정서 반응과 거절의 두려움 때문에 다른 사람으로부터 철수된 모습이 있었다.

C: 관계가 깨어지거나 누군가로부터 멀어지는 것은 고통스러운 것 같아요.

J: 네. 그것은 저를 힘들게 해요. 저는 제 자신만을 위해 있는 것 같아요. 제가 관계를 원하고 누군가 가깝게 있어도 저는 사람을 떠나게 만들어요. 그들을 밀어내고 불평하죠.

C: 네. 이것이 정말 중요한 것 같군요. 당신은 이 패턴을 지속하는 것 같아요.

환자의 경험과 불쾌한 감정을 탐색하고 회기 과정과 영향 탐색하기

이 원칙은 회기에서 환자의 느낌과 경험의 중요성을 강조한다. 임상가는 피드백 회기 마지막에 심리평가에 대해 어떤 느낌이 들었는지를 물었다:

C: 치료과정을 통해 변한 부분에 관해 이야기 해봅시다.

J: 특별히 생각나는 건 없어요.

C: 마지막 시간까지도 언급해왔는데요. 혹 제가 남자이기 때문에 성적인 부분과 관련한 주제를 말하기가 어려웠나요?

J: 첫 회기 전에 처음 당신을 만났을 때는 그럴 것 같다고 생각했어요. 그런데 반대였어요. "제가 다른 치료자로 바꿔달라고 요구했다면 당신은 기분이 나빴을까요?" 아마 그러한 생각 때문에 저를 불편하게 하는 것을 바꿨을 거예요. 그리고 이 주제에 대해 이야기 하지 않았을 거예요. 그러나 당신은 편했어요. 이게 힘들다고 생각했지만, 그렇게 되지는 않을 거라는 확신이 있었어요. 양성애와 감정 그리고 중요하게 여겼던 모든 것을 당신이 이해할 거라는 생각이 들었어요. 그리고 제가 원하는 구체적인 모습의 치료자가 없었던 게 좋았던 것 같아요.

C: 그러나 당신이 불편했거나 그 주제에 관해 말하기가 어려웠던 것이 치료에서 중요했다는 생각이 드네요.

J: 네. 그래서 저는 당신이 다룬 부분을 안다고 생각했어요. 그래서 오늘은 그것에 관해 이야기 했어요. 그리고 그밖에 다른 게 어려웠더라도 최선을 다해 표현했을 거예요.

C: 좋아요. 우리는 토론하는 게 어려워서 다른 방법을 강구하는 데 시간이 필요했어요. 이것은 당신의 대인관계와도 비슷해요. 우리는 이 대인관계 패턴에 관해 말했었죠. 특히 인간적인 것에 대해 많이 이야기 했어요. 자! 심리평가에 대해 어떤 생각이 드세요?

J: 심리평가는 제 생각을 바꿨어요. 비슷한 상황이 되면 이야기하는 게 쉽진 않겠지만 사람들이 다가 오면 편하게 대할 수 있을 것 같아요.

C: 개인적인 내용을 말할 때 망설임은 없었나요?

J: 망설임이요? 아니요. 당신과 있으면서 나는 그것이 중요하다고 생각했기 때문에 가능한 솔직하게 이야기 했어요. 여기까지 와서 숨길 필요는 없잖아요? 그건 비효율적이에요.

C: 네. 제 생각에 그게 합리적이라는 생각이 드네요. 당신이 계속 솔직했으면 좋겠어요. 가끔 강하게 끌어당기는 일도 있을 거예요. 어떤 사람은 어떤 것에 관해 이야기 하고 싶지만 다른 방향으로 말할 수도 있으니까요.

평가 결과의 의미를 검토해서 새로운 이해와 통찰을 환자에게 제공하고 증상과 치료과정 교육하기

이 원칙은 자신과 다른 사람에 관해 새롭게 생각하기 위해 환자와 함께 하는 작업의 중요성을 강조한다. 그리고 평가 자료를 바탕으로 환자와 임상가의 상호작용도 강조한다. 이전에 인용된 사례의 대부분에서는 평가를 통해 얻은 경험과 정보를 탐색하고, 치료를 하면서 있었던 어려움에 대해 새로운 관점을 얻기 위해 정보를 어떻게 사용할 것인가를 고민했었다. 그래서 TMA에서는 "외부에서 내부"로의 작업을 권한다. 따라서 어떻게 하면 환자가 자신에 관해 생각하고 있는 것과 결과를 일치시킬 수 있을지부터 시작한다. 왜냐하면 환자의 관점을 재구성하는 것과 자신에 관해 생각하는 것이 다르기 때문이다(Finn, 2007).

Joy의 사례에서는 임상가가 면담 질문에 대한 결과를 피드백하고 해석했다. 이러한 논의는 증상과 기분, 불안, 의사결정의 문제뿐 아니라 Joy가 면담 동안 자신에 대해 설명했던 인간관계의 어려움에 초점을 뒀다. 아울러 초기 기억 프로토콜을 사용하여 Joy의 대인관계 패턴에 대해 깊이 있게 논의했다. 논의를 바탕으로 회기에서는 그녀의 기능을 광범위하게 다루었다. 피드백 회기 동안 임상가는 치료적 관계뿐 아니라 논의를 요약하는 것과 같이 반복, 순환되는 상호관계 패턴과 상호관계의 중요성을 강조했다.

공동의 치료 목표 개발하기

이 원칙에 따르면 개입을 위해서 임상가는 환자와 함께 해야 한다. 피드백 회기의 마지막에는 치료 목표를 함께 논의한다. 임상가는 Joy에게 복종하도록 요구하는 대신 결과를 피드백하고 가능성을 제안했다. 다음 상호작용은 임상가가 목표를 제안한 부분이다. 임상가는 광범위한 결과의 목표 달성을 위해 환자의 문을 더 확대해야 했다.

C: 그것은 당신의 직업과 인생의 목표 두 가지를 이해할 수 있게 했어요. 그것은 당신이 원하는 것을 분명히 하고, 가고 싶은 곳을 명확하게 하는 데 도움을 준 것 같아요. 그 목표가 의미 있었나요?

J: 네. 확실해요. 특히 한 가지가요. 저는 자신을 위해 독서와 운동을 했어요. 하지만, 그것이 좋은 것일지라도 때로는 부담이 되기도 해요.

C: 당신은 그 모든 것을 하려고 노력했어요.

J: 모든 것을 하는 것은 숙제처럼 하기 싫은 일이기도 해요. 저는 시간이 별로 없었어요. 그래서 도움이 되는 일이 끝날 때까지 미루고 결국은 그것을 하지 못해요.

C: 아울러 당신은 중요한 또 다른 부분을 생각해 낼 수 있을 거예요. 당신이 좋아하거나 필요한 것에 초점을 맞추면 시간이 생길 거예요. 당신이 원하는 것을 방해하는 것을 줄여야 해요. 내 생각에 목표는 똑같이 중요하다는 거예요.

J: 네. 맞아요!

환자가 보고한 다음 검사 자료는 Joy의 협력적 피드백 회기의 효과를 이해하는데 유용한 증거를 제공했다. 협력적 동맹 단축형 검사-환자용(Combined Alliance Short-Form Patient version; CASF-P; Hatcher & Barends, 1996)에서 협력적 피드백 회기 직후 Joy의 전체 협력 점수는 7점 만점에 6.7점이었고, 목표와 과제 일치도는 7점 만점에 7점, 결속 점수는 7점 만점에 6.6점이었다. 아울러 회기 평가 질문지(Session Evaluation Questionnaire; SEQ; Stiles, 1980)에서는 회기가 좋지 않았다(1점)에서 좋았다(7점)까지의 피드백 회기 평정이 7점이었다. SEQ에서 회기의 깊이 지표 점수는 7점 만점에 7점이었다. 그래서 이 결과는 치료적 평가, 특히 협력적 피드백 회기가 Joy에게 긍정적이었다는 것을 보여주었다. 치료 동안 그녀는 치료자와 강한 협력적 관계를 맺었고, 이러한 관계를 통한 작업은 깊이 있고, 힘이 있고, 가치롭고, 충만하며, 특별했다.

심리치료를 위한 촉매로서의 평가

치료자와 환자는 일주일에 한 번씩 치료를 했다. 치료의 초점은 여자 친구와의 결별과 그녀를 힘들게 하는 대인관계 패턴을 탐색하는 것이었다. 치료자와 환자는 CCRT에 초점을 두고 평가를 재검토하고 관계에서의 다른 삽화들을 탐색했다. Joy의 희망은 다른 사람에게 진실하고, 다른 사람이 거절하거나 비판적인 태도로 반응할 것이라는 것에 대한 두려움을 극복하며, 정서적으로 적절하게 반응하는 것이었다. 그 결과 그녀는 자신을 보호하기 위해 상처와 실망을 주는 관계를 정리했다. Joy는 이 탐색에 적극적으로 참여했고, 어머니와 함께 자신의 성적 지향도 논의했다. Joy는 두려움에도 불구하고 어머니가 이 논의를 수용하고 받아들였다고 했다. 하지만 어머니는 레즈비언 관계에 대해 비판적이었다. 이 때문에 Joy는 문제를 다시 탐색하게 되었다. 비슷한 시기에 다른 분야에 관심을 가지게 되어 그녀는 직장을 바꾸고 새로운 일을 시작했다. 결국 Joy는 아르바이트를 그만두었고 변화에 적응하는 데 초점을 맞추었다. 아울러 새로운 직장과 치료 관계 속 패턴을 통해 자신을 이해할 수 있었다.

치료 초기에 Joy는 우울과 불안을 보고했다. 첫째로 그녀는 직장을 바꾸기 위해 세미나에 참석했다. 시간 요구와 압력은 그녀에게는 스트레스가 되었다. 게다가 교육에 참여하는 것은 전에 학교에서 경험했던 공포와 걱정을 자극했다. 치료에서는 스트레스와 관련된 정서적 경험과 개인적 의미와 잠재적 해결을 탐색하는 것에 집중하였다. 두 번째 사건은 Joy가 참석한 가족 모임에서 있었다. 모임에서 여동생과 사촌은 멋진 파트너와 참석했다. 이것은 Joy의 외로움과 고립감을 자극했다. 치료는 이 사건과 그녀의 반응과의 관계를 탐색하게 했다.

치료자와 Joy는 변화에 집중했다. Joy는 이전에 논의한 주제와 보다 구체적으로 연결을 시킬 수 있었다. 회기에서는 어머니와의 관계에도 초점을 맞추었다. 그녀는 성생활에 대해 어머니와 솔직하게 대화를 하고 싶었다. 또한 좌절과 상처, 목표를 향한 노력을 표현했다. 마지막으로는 치료 종결에 집중했다. 그리고 그 과정이 정서 행동적으로 어떤 영향을 미칠지를 살펴보고, 나아가 이를 회기에서 했던 작업과 통합했다. Joy는 자신을 이해하기 위한 시간과 공간에 대해 어떻게 생각하는지에 대해 말했다; 그녀가 치료자와 함께 했던 긍정적이고 진실된 관계는 그녀의 소망과 요구를 현실화하고 의미 있게 했다. Joy는 그것의 의미와 느낌에 관해 이야기했다. Joy는 과거에 대인관계의 친밀감을 위해 투쟁했었다. 이것은 Joy와 치료자 모두에게 가슴 아픈 일이었다.

8개월 후 치료를 종결했을 때 그녀의 주요 우울 삽화는 하나의 기준만 충족했고, 기분부전장애와 관련된 항목은 없었다. BSI 점수는 낮아졌고, 강박증은 78점에서 61점, 정신증은 78점에서 58점, 대인 민감도는 71점에서 63점, 우울은 71점에서 57점, 그리고 불안은 69점에서 52점으로 바뀌었다. 그리고 T점수(10)의 표준편차와 변화의 정도를 정량화하기 위해 표준화된 차이 점수를 계산하여 살펴보았다: 강박 척도 $d=1.7$; 정신증 척도 $d=2.0$; 대인 민감 척도 $d=0.80$; 우울 척도 $d=1.4$ 그리고 불안 척도 $d=1.7$. Cohen(1988)이 제공한 기준에 따르면 효과크기는 모두 큰 것으로 나타났다.

치료 마지막에 실시한 Joy의 IIP 자료도 유사한 패턴을 보였다: 그녀의 비주장성 척도의 T점수는 67점(평가에서는 77점; $d=1.0$), 사회적 억제 척도의 T점수는 56점(평가에서는 67점; $d=1.1$), 냉정/냉담 척도의 T점수는 54점(평가에서는 67점; $d=1.3$)이었다. 효과크기는 컸고 변화 정도는 전체 표준편차 초과 변화와 유사하거나 그 이상이었다.

Joy는 향상 정도도 평정했다(Patient's Estimate of Improvement; PEI; Hatcher & Barends, 1996). 치료가 얼마나 도움이 되었는지에 대해 물었을 때 9점 만점에 9점으로 "아주 도움이 되었다"고 표시했다. Joy는 치료를 시작했을 때와 비교하여 많이 좋아졌다고 했다; 그녀는 치료 덕택에 행동이 변화했다고 느꼈다. 마지막에 실시한 CASF-P에서는 7점 만점에 6.8점 수준으로 동맹을 맺었다고 평정했다.

이 자료들은 그녀가 치료적 평가 동안 강한 동맹을 형성했다는 것을 보여주었다. Joy는 증상과 대인관계 영역이 개선되었다. 그녀는 처음의 주 호소와 증상이 긍정적으로 변화하는데 치료가 생산적이고 도움이 되었다는 것을 알게 되었다. 치료적 평가의 유용성은 두 가지 영향을 반영했다. (1) Joy는 치료 동안 지속적이고 안정적인 관계를 위해 긍정적인 치료 동맹을 형성했다. (2) 임상가는 Joy의 관계 패턴과 과거 맥락에서 제시된 문제를 탐색하고 이해하는 데 초점을 두었다. 치료적 평가를 통해 얻게 된 점은 보람, 도움, 그리고 의미 있는 치료를 위한 방법이었다. 이는 그녀의 기분과 대인관계, 자기 감각 개선에 긍정적인 효과를 주었다. 비록 관계 상실이 치료의 계기가 되었지만, Joy는 치료를 통해 우울을 극복하고 더 많은 연결과 성취의 삶을 만드는데 필요한 방법을 찾은 것으로 보인다.

4장

협력적 신경심리평가:
자살 위험이 높은 성인에 대한 은유적 개입

DIANE H. ENGELMAN AND J. B. ALLYN

"Jackie"는 서른 살이지만 자신을 "형편없다"고 생각했다. 그녀의 내면에는 상처 입은 아이가 있었다. 미혼에 고학력자인 Jackie는 외국에서 일했지만 성공하지 못했다. 그리고 미숙한 업무 처리 때문에 고객과 동료들에게 비난을 받았다. 그녀는 이를 대인관계, 학업, 직업 실패의 연장으로 보았다. 결국 그녀는 약을 먹고 손목을 긋는 자살시도를 했다. 그러나 자살도 실패로 돌아가자 자신을 완전히 "실패한" 것으로 여겼고 무력해졌다.

의뢰 배경

Jackie는 미국으로 돌아와 새로운 삶을 살고 싶었다. 치료자는 신경심리평가를 의뢰했고 그녀가 자살 시도를 한 이유와 인지기능에 대해 알고 싶어 했다. 그리고 Jackie가 똑똑하지만 ADHD나 학습장애 때문에 학교나 직장에서 문제가 생겼을 수도 있다고 생각했다.

Jackie는 어머니와 문제가 있었다. 어머니는 조울증을 앓았다. 그녀는 어머니와 말을 하지 않았다. 그리고 어머니 행동의 예를 다음과 같이 들었다.

학교에서 나눗셈을 배울 때였어요. 어머니는 소리를 질렀어요. 지금도 전수 개념이 헛갈리고 계산을 잘 못해요. 방학 때였어요. 제가 없는 동안 어머니는 학교에 편지를 보냈어요. 나를 퇴학시켜야 한다는 이상한 이유를 적은 편지였어요. 어머니가 그랬을 때 전 그럴 만하다고 느꼈어요. 마음속으로는 제가 형편없다고 생각했거든요.

아버지는 일 때문에 집에 없을 때가 많았다. 그래서 Jackie는 어머니와 분리되지 못했다. 남편은 아내의 화가 두려워 Jackie를 방치했다. 그리고 아내가 Jackie에게 가한 폭력에 대해 이야기했다. 이는 Jackie가 말하지 않은 내용이었다.

Jackie는 세 가지 질문을 했다. 그리고 인지기능에 대해서는 다음과 같이 말했다. "저는 왜 이렇게 멍청하죠? 전 길을 잘 잃어버려요. 차를 어디에 주차했는지도 몰라요. 엉뚱한 공항에 예약하질 않나, 단어를 다섯 번이나 봐도 기억하질 못해요." 그리고 왜 자신을 미워하는지를 궁금해 했다. "자살 시도까지 한 걸봐서는 나를 싫어하는 게 분명해요." 그녀의 세 번째 질문은 친밀감에 관해서였다. "왜 저는 관계를 깨버리는 걸까요?" 세 가지 질문에는 그녀의 오랜 이야기가 담겨 있었다.

"치료적 평가의 목표는 정보의 단순한 나열이 아니다. 평가를 통해 변화를 일으키는 것이 목적이다"(Handler, 2007, p. 53). Jackie가 변화하기 위해서는 과거의 정보를 모으고 이해하기 위한 협력이 필요했다. 우리는 면담과 검사를 통해 많은 정보를 얻을 수 있었다. 아울러 아버지, 치료자와의 면담에서도 중요한 정보를 얻었다. 평가자(Engleman)와 작가(공저자 Allyn)가 공동 집필한 은유적 이야기는 Jackie를 이해하는 새로운 장이 되었다. 인상, 정보, 은유 등이 한데 어우러진 이야기는 치료 목표를 세우는 데 도움이 되었다.

평가 과정

역동적 회기

평가는 내담자에게 개별화되어야 한다. 신경심리평가와 성격평가는 실시에서 별 차이가 없다. 회기는 다음 순서로 한다.

1. *처음에*는 한두 번 통화를 한다. 나(Engelman)는 Jackie와 치료자에게 연락을 했다.

🌱 학습포인트

어머니에게 오랫동안 거절당한 내담자는 애착 문제를 가질 수 있다. 치료자에 따르면 Jackie는 애착 문제로 안정감이 부족했다. 그래서 나는 조심스럽게 단어를 선택했고 검사와 개입 순서에 신경을 썼다.

2. *과거력 청취*는 내담자와 주변 사람들과 한두 회기 정도 한다. 나는 Jackie와 아버지, 치료자와 면담을 했다.

🌱 학습포인트

성인 내담자는 생물심리사회적 경험을 평가로 끌어들이는 경향이 있다. Jackie같은 내담자는 복잡했다. 그래서 나는 민감한 주제가 어디서 드러날지 몰라 신중하게 평가를 했다. 평가자는 평가 초반에 공감을 잘 하면 실수를 줄일 수 있다.

3. *검사 실시*를 위해서는 과제, 검사, 질문지 작성으로 구성된 몇 번의 회기가 필요하다. 적게는 두 번, 많게는 열두 번까지 한다. Jackie와는 한 달에 걸쳐 일주일에 한 번씩 3시간을 만났다.
4. *결과 논의*는 한두 번의 회기를 한다. Jackie와 나는 한 번 더 만나 결과를 논의했다.
5. *개입* 역시 한두 번의 회기가 필요하다. Jackie는 두 번의 회기를 했다. 한 번은 치료자와 함께 했다.

나는 Jackie와 평가 내내 생각과 느낌을 공유했다. 그리고 그녀가 불안한지 화가 났는지 편안해 하는지 뿌듯해 하는지 등을 살폈다. 웩슬러 지능검사 단축형(Wechsler Abbreviates Scale of Intelligence; WASI; Psychological Corporation, 1999)을 할 때 그녀의 눈은 반짝였다. 답을 하지 않았는데도 이미 '답을 알고 있는'

듯했다. 자신이 멍청하다고 생각하는 데는 다른 뜻이 있었다.

학습포인트

신경심리평가, 과제, 질문지는 몇 주에 걸쳐 실시되었다. 나는 Jackie의 자살시도 때문에 성격평가를 먼저 했다. 이를 통해 우울과 자살사고, 그리고 그 심각도를 살펴보았다. 평가 결과는 회기 동안 논의했다. 그녀는 자살 가능성이 있었다. 문장완성검사에도 "가끔 나는 죽고 싶다."라고 적혀 있었다. 이는 경각심을 불러 일으켰다. 그래서 예방 차원에서 자료를 신중하게 분류하고 통합해야 했다. 평가 동안에는 아래 두 부분을 논의했다.

(1) 신경심리평가는 문제의 심각도와 경향을 파악하기 위한 것이었다. 그래서 특정 장애가 의심되는 증상을 확인할 필요가 있었다(Koziol & Budding, 2009). (2) Jackie가 지능을 자신 없어했기 때문에 결과를 말하기 전에 그 의미를 먼저 생각해보았다. 평가 정보를 공유하기 위해 Jackie와 관계를 잘 형성할 필요가 있었다. 검사를 힘들어하면 이것은 도전을 향한 과정임을 상기시켰다. 시범을 보일 때는 일부러 어려운 과제를 했다. 그리고 신경 다양성의 개념을 설명했다 (Blume, 1998). 이는 뇌가 유전적 요소와 환경적 요소에 영향을 받는 각기 독특한 부분이 있다는 설명이다. 이 과정은 Jackie의 검사 불안을 줄였고 협력적/치료적 평가를 성공적이게 했다.

학습포인트

즉각적으로 피드백을 하지 않는 것이 어떤 경우에는 도움이 된다. 특히, 자살시도와 애착 문제가 있는 Jackie같은 내담자에게는 그렇다. 신경심리평가 또한 어떤 의미가 있는지를 알기 위해서는 분석과 통합이 필요하다. 하지만 이런 경우에는 정보를 수집하는 동안 내담자의 반응을 주의 깊게 살펴야 한다.

검사 자료

나는 검사를 하거나 결과를 설명할 때 지향하는 관점이 있다. 시간과 사건
은 검사를 할 때 떠나는 출발점이자 돌아오는 종착점이 된다(Fischer, 2000). 그
리고 "검사 정보는 결과물이 아니라 도구가 된다."(C. T. Fischer, 개인서신, July
2008). Jackie의 질문과 문제는 인지와 성격에 해당되었기 때문에 나는 유연하게
신경심리평가를 했다. (1) 시공간; (2) 언어; (3) 주의; (4) 학습과 기억; (5) 집
행기능; (6) 감각; (7) 운동; (8) 동기; (9) 정서; (10) 사회; (11) 지능; (12) 성취
가 그 영역이다. 뇌 기능을 종합적으로 알기 위해서는 각 영역을 평가해야 한
다. Jackie의 경우처럼 말이다. 그런 의미에서 34가지 검사는 결론을 도출하는
데 도움이 되었다.

신경심리평가 결과에 따르면 그녀의 강점은 언어성 지능(VIQ=130, WAIS),
학습능력, 다른 인지 활동을 통제하고 관리하는 과정의 집합체인 집행기능이었
다. 반면 약점은 작업기억, 처리속도, 집중, 주의 영역이었다. 강점이었던 일부
집행기능을 제외한 나머지는 문제가 있었다. 그 영역은 자제력, 감정 통제, 변
화, 실천, 계획, 정리, 과제 관찰이었다. 결과에서 드러난 문제는 정서와 인지에
영향을 주었다. 규준 집단에 비해 나쁘지는 않았지만 평가 결과와 과거 학업 능
력을 비교해 보면 문제가 있었다. 그러나 이 결과만으로 Jackie의 인지장애 모
두를 설명할 수는 없었다.

신경심리평가에서 '신경'과 '심리'(성격)는 차이가 있다. 하지만 '신경심리'는
'심리'에서 왔다. 그러므로 성격평가가 배제되어서는 안 된다(A. Purisch, 개인서
신, March 2006). Jackie의 경우 성격평가를 통해 복잡한 인지 기능을 알게 되었
고 힘들었던 어린 시절을 돌아볼 수 있었다. 면담, 문장완성검사(Brown & Unger,
1991), 미네소타 다면적 인성검사-2(MMPI-2; Butcher, Dahlstrom, Graham, Tellegen,
& Kaemmer, 1989), 성격평가검사(Personality Assessment Inventory; PAI; Morey, 1991)
모두 불안과 우울이 높았다. 그녀는 쉽게 걱정하고 좌절하고 화내고 슬프고 외
롭고 낙담했다. 또 충동을 억제하지 못했다. 로르샤하 검사(Exner & Erdberg, 2005)
에서도 우울이 시사되었다. 병적 반응(4)을 보이는 우울 증상이 있었는데 자살
시도가 여기에 반영되었다. 세 가지 징후가 나타났다: (a) 우울지수(*DEPI*, 6)-

심한 우울. (b) 대응손상지수(*CDI*, 4) – 정서 관리 문제. (c) 외상지수. 높은 외상지수(.45)는 다른 결과에서도 뒷받침되었다. 생활사건, 면담, 성인용 애착투사 그림검사(Adult Attachment Projective Picture System; AAP; George & West. 인쇄중), 초기기억검사(Early Memories Procedure; EMP; Bruhn, 1989), 문장완성검사, PAI, MMPI – 2가 이를 지지했다. 알코올 남용, 정체성 문제(PAI, 문장완성검사, 면담), 낮은 자존감, 자기 회의(면담, EMP, MMPI – 2) 등의 문제도 확인되었다.

EMP에서 Jackie는 물건을 잃어버렸을 때 어머니에게 맞았던 경험을 떠올렸다. "계속 맞았어요. 언제 또 맞을지 몰라 항상 긴장하고 있었어요. 한 번도 편한 적이 없었어요." 문장완성검사에는 "집에서의 생활은 *혼란과 분노, 학대로 가득 차 있었다.*"라고 적혀 있었다. 면담, 로르샤하 검사, AAP에서도 문제를 찾을 수 있었다. 그것은 (a) "초기 정서 박탈"; (b) "불안정 애착"; (c) "미해결된 유아기의 외상"이었다.

Jackie의 상황을 가장 잘 이해할 수 있었던 검사는 AAP였다. 마지막 그림은 한 아이가 구석에 있는 것이었다. Jackie는 이 그림에서 자신이 경험했던 외상과 학대, 방임을 털어 놓았다.

학습포인트

미해결된 애착 문제는 특정 검사에서 나타나기도 한다. 강한 정서 반응을 보인 검사를 끝낸 후 나는 Jackie에게 "어땠나요?"라고 물었다. 검사 후 면담은 그녀의 불편감을 줄여줬고 스트레스를 감소시켜 우리를 친밀하게 했다.

Jackie: 이 아이는 어머니에게 *학대*를 받고 있어요. 조각상을 깬 어머니가 *때리려* 해요. 아이는 *팔을 올려 막아요. 무서워*하고 있어요. 너무 무서워하고 있어요. 어머니는 화가 나면 *걷잡을 수가 없어요. 심각해요.* 그래서 빌고 있어요. 그런데 말릴 수가 없어요. 어머니는 *화가 폭발해서* 다른 게 보이*지 않아요. 울며 소리 지르고 흐느낄 때까지* 팰 거예요. 그리고 가버리겠죠. 아이는 방에 들어가 몸을 웅크리고 울 *거예요*(이야기 중간에 강조한 부분은 이탤릭체로 썼다).

AAP검사 결과는 EMP, 문장완성검사, Jackie와 아버지와의 면담에서 나온 결과를 확증했다. Jackie의 대인관계 문제는 AAP검사에서 본 것처럼 미해결된 애착 문제에서 왔다는 것을 알 수 있었다. Stephen Finn은 다음과 같이 말했다.

초기 애착 경험은 내담자가 겪고 있는 문제와 관련 있다. 이 어려움이 이해될 때 비로소 치료는 효과적일 수 있다. 많은 연구자들은 애착이론, 뇌 발달 생물학, 심리치료의 통합이 임상의 실제를 보여준다고 믿는다(Finn, 출판 중).

Jackie의 평가 결과는 다음과 같다. (a) 초기 박탈, 방임, 학대; (b) 신체 폭력에 따른 외상; (c) 만성 우울; (d) 집행기능 장애; (e) 충동 통제력 저하(뇌의 집행기능 문제이기도 하지만 부모에게 제대로 양육 받지 못한 영향도 있다); (f) 자아상과 자아개념이 자기 증오와 낮은 자존감을 형성하고 타인의 접근을 회피; (g) 해소되지 않은 분노; (h) 억제되지 않은 감정; (i) 정서 문제로 인한 알코올 의존 등이다.

문제는 어린 시절 외상과 관련되어 기억력, 주의력, 집중력, 학습문제 등의 인지장애로 나타나기도 한다(Courtois, Ford, van der Kolk, & Herman, 2009; Teicher et al., 2008). 게다가 뇌의 변화는 우울이 발생하고 몇 년 후에 생기는 경우가 많고, 이것이 인지에도 영향을 준다(Holtzheimer & Mayberg, 2008; Langenecker, Lee, & Bieliauskas, 2009). 불안과 우울은 주의력, 집중력, 기억력 등의 인지 저하를 가져온다. Jackie는 인지 효율성 문제와 동기 부족도 있었는데, 둘 다 뇌에 기반한 문제이지 의지의 문제는 아니었다(Koziol & Budding, 2009).

나는 Jackie의 성격에서 아동기 외상과 관련하여 우려되는 부분을 발견했다. (a) 어머니에게 미움을 받으며 자란 그녀는 어머니에게 문제가 있다는 것을 몰랐다. 그녀는 자신에게 문제가 있다고 생각했는데, 이는 만성적인 자기혐오로 이어졌다; (b) 해소되지 못한 분노로 인해 어머니와 관계를 끊었고, 아버지가 자신을 보호해 주지 못한 것에 대해서도 표현하지 못했다; (c) 쉽게 좌절하고 알코올에 의존함으로써 정서 대처 능력이 부족했다; (d) 평가 결과, 그녀에게는 학대 아동에게 보이는 생존을 위한 방어로 분열성 성격이 있었다(Dell & O'Neil, 2009); (e) 로르샤하 검사와 다른 검사에 나타난 외상 관련 지표에서는 우울과 알코올 남용, 충동 억제력 부족이 시사되었다; (f) 자살충동도 문제가 되었다; (g) 알코올을 절제하지 못했고 판단과 행동상에 문제가 있었다.

내담자와 요약하기

나는 검사 후 Jackie와 함께 자료를 비교했다. 그리고 검사 결과를 설명하고 이것이 일상생활과 평가질문의 맥락에서 어떤 의미를 가지는지를 살펴보았다. 그 결과, 인지 문제의 원인을 알 수 있었다. 하지만 성격 문제가 우선했기 때문에 평가 결과를 논의할 순서가 중요했다. 따라서 결과를 수준별로 나누어 내담자가 내용을 잘 이해할 수 있도록 제시했다.

- 수준 1의 결과는 내담자의 자신에 대한 관점과 일치한다.
- 수준 2의 결과는 내담자의 자기 개념을 수정하지만 위협적이지는 않다.
- 수준 3의 결과는 내담자가 자신을 보는 시각과 다르면 거부할 수 있다 (Finn, 2007, pp. 8 – 10).

Jackie의 외상 문제는 수준 1과 2에 해당되어 먼저 다루었다. 그런 후 수준 3에 해당하는 강점(우수한 언어성 IQ, 학습능력, 집행기능 일부)과 인지 문제를 설명했다.

학습포인트

성인 평가에서는 과거력을 살펴보기 때문에 내담자는 자신의 경험에 대해 뿌리 깊은 믿음이 형성되어 있을 가능성이 많다. 따라서 Jackie의 개별성을 이해함으로써 적절한 순서로 결과를 피드백하고 논의하는 것이 도움이 되었다.

나는 Jackie를 세 번 만나 결과에 대해 이야기 했고, 생활 사건과 질문, 걱정을 통합했다: (1) 나는 *결과 해석 상담*을 위해 Jackie를 따로 만났다. 결과를 전반적으로 다루면서 애착 문제를 중심으로 변화를 위한 은유적 지도를 그려 보았다. (2) 첫 번째 개입 회기는 Jackie와 치료자가 참여했다. 나는 Jackie와 상담한 결과를 치료자에게 미리 알려주었다. 그런 다음 결과를 논의했고 치료적 이야기를 개입방법으로 썼다. 은유적 이야기는 Jackie의 관심과 배경을 반영했고 변화에 대한 논의를 가능하게 했다. (3) 두 번째 개입 회기에서 우리는 직업문제에 대해 이야기했다. 이때는 Strong 흥미검사(Strong Interest Inventory)(Harmon, Hansen, Borgen, & Hammer, 1985)를 개입방법으로 선택했다. 그리고 한 번 더 변화에 대해 은유적 지도를 사용했다.

결과 논의: 애착과 지능

Jackie와 나는 평가가 끝난 후에도 한 달 정도를 더 만났다. 그녀는 결과를 빨리 보고 싶어 했다. 이는 대부분의 내담자가 장기 상담을 할 때 보이는 반응이다. 나는 결과를 요약해주었고 어떤지를 물었다. 그리고 검사 결과에 대한 반응을 보며 그 의미를 이해했다. 잘못된 점이 있는지, 혹 검사 과정이 자신을 잘못 판단했는지를 물었다. 결과에 대해 다른 의견이 있는지, 무엇이 맞고, 분명해졌고, 도움이 되었는지, 그리고 혼란스럽다고 느끼지는 않았는지, 자료에 대해 어떻게 받아들이는지, 혹 검사 당일 피곤하고 기분이 좋지 않아 결과가 그렇게 나왔다고 느끼는 건 없는지 등, 세세하게 반응을 살폈다. 이것은 결과를 개별화해서 내담자가 스스로 생각해 보도록 하고 자신의 생각과 의견이 중요하다고 여기게 하는 과정이다.

자료를 본 후 우리는 평가 전에 제시했던 질문을 살펴보았다. 나는 이 질문에 대해 함께 답해보자면서 '함께'라는 말을 강조했다. 먼저 심리평가 결과를 이야기한 다음 인지 문제를 다루었다. 그녀의 관계 파괴적 성향에 대한 의문은 학대가 반영된 검사를 논의하는 과정에서 나타났다. 아이가 구석에 있는 AAP 그림은 논의의 기초가 되었다. 나는 학대가 묘사된 다른 카드도 보여주었다. 그런 후 카드 반응을 읽어 주었다. 우리는 이 문제가 앞으로 그녀의 삶과 관계에 미칠 영향에 대해 논의했다. Jackie는 원가족의 애착 문제가 평가에 나타난 것과 그것이 앞으로 영향을 줄 수 있다는 사실에 놀란 듯 했다. 나는 사람들이 이런 문제를 모른 채 살아가고 있다고 말해 주었다. 그리고 과거의 일이 어떻게 변화했는지에 대해서도 이야기했다. 아울러 어머니의 조울증이 어머니 자신과 가족, Jackie에게 어떤 영향을 주었는지에 대해 말했다. Jackie에게 조울 증상은 없었지만 이 병의 유전적 위험에 대해 이야기 했고, 징후가 보일 시 검사가 필요하다는 것을 설명해 주었다.

우리는 각자의 의견과 생각을 존중했고 서로 다른 관점을 나누면서 평가 결과를 논의했다. 우울은 실패, 좌절, 무가치감을 불러일으켰기에 그녀가 장점을 바로 보고, 문제가 무엇인지를 알고, 현실적 관점을 가질 수 있게 했다. 평가의 목표는 어린 시절부터 경험해 온 자신은 '나쁘고' 어머니는 '좋다'고 여겨온 믿음을 바꾸는 것이었다. Jackie는 과거의 학대로부터 자신을 보호해야 했다. 이 사실을 인정함으로써 생기는 슬픔에서 벗어나기 위해 Jackie는 자신을 혐오해야 했다. 나는 이 분석이 그녀가 문제를 해결하는 데 도움이 되고 치료자에게 올바른 방향을 제시해주길 바랐다. 그녀는 자기 이야기가 너무 오래 되어 잘 기억나지 않는다며 혼란스러워 했다. 자신의 기억과 신념을 변화시키는 것은 어려웠다. 하지만 우리는 작게나마 희망을 보았다. 그녀는 관계 발전에 긍정적으로 반응했다.

> ### 🌱 학습포인트
>
> 미해결 애착 문제가 있는 Jackie같은 내담자에게 검사 결과를 아무렇게나 해석하면 부정적인 영향을 줄 수 있다. 나는 Jackie의 상황을 이해하기 위해 자료 공유 방법을 개별화했다. 이것은 건강한 삶으로 가는 가교가 되었다.

Jackie는 지능이 일과 학교에서 겪는 어려움에 영향을 주었다는 것을 아는 것 같았다. 우리는 '멍청하다'고 생각하는 그녀의 고민을 다루었다. 아울러 지능, 기억력, 집중력, 학습능력, 그리고 그녀가 원하는 행동을 방해하는 것에 대해 이야기했다. 신경심리평가에서 그녀의 언어성 IQ는 130으로 강점에 해당되었다. 하지만 인지와 집중력에 문제가 있었다. 물론 이는 전문가의 관점으로 제시한 부분이다. 나는 개별적인 신경심리구조에 근거한 평가 방법에 대해 말한 바 있다. 이는 뇌신경의 다양성 안에서 강점을 활용하여 직업을 선택하고 도움을 받는 것이다.

치료 편지: 정보와 은유

연구에 따르면 평가 결과에 대해 내담자가 구두와 서면 피드백을 받는 것은 정보를 받아들이고 이해하는 데 도움이 된다. 이러한 수용은 협력적/치료적 평가에 긍정적으로 반응하게 한다. 나는 결과를 논의하기 전에 평가질문과 자료를 다루는 보고서를 먼저 작성했다. 그런 다음 그녀의 생각을 적고 마지막으로 해석과 권고사항을 썼다. 그리고 편지를 보냈다. 이것은 전형적인 보고서는 아니었지만, 그녀와 소통할 수 있는 언어로 된 편지였다. 원자료는 편지에 넣지 않고 별지로 첨부했다.

편지는 직설적이지만 민감한 정보를 담고 있어 조심스럽게 은유를 썼다. 은유는 신경심리학적 관점에서 정보를 이해하는 데 중요한 도구로 쓰인다. 뇌는 좌뇌와 우뇌가 연결되어 각기 다른 정보를 처리한다. 좌뇌는 논리적 사고와 언어를 담당한다. 우뇌는 은유와 관련 있는데 즉각적으로 정보를 처리한다. 은유는 "우뇌의 상징적인 부분과 좌뇌의 언어적 측면"과 관련 있다(Cox & Theilgaard, 1987, p. XXVII). 그렇기 때문에 은유는 소통에서 중요하다. 앞서 나는 Jackie의 편지에서 "평가를 일종의 '지도'로 여긴다."고 했다. 내가 관심 있는 것은 신경심리학적 목표를 정하고 지도를 이용해 목적지까지 가는 방법을 찾는 것이었다. 나는 편지의 끝에 다시 은유를 썼다. "저는 신경심리 지도로 목적지에 이르는 방법을 질문과 평가 결과를 통해 확인할 수 있었습니다. 이 지도 제작의 공동 저자로서 당신이 이것을 다듬어 갈 수 있었으면 좋겠습니다."

Jackie는 논의 회기에서 결과를 보았고 편지를 통해 많은 부분을 이해할 수 있었다. 하지만 나는 무언가가 더 필요했다. 그래서 치료자와 세 명이 함께 만나기로 했다. 나는 그때 치료적 이야기를 개입방법으로 쓸 생각이었다. Jackie는 편지를 받고 두려운 마음이 들었다고 했다. 그러나 만나기 전까지는 편지를 읽고 가겠다고 했다. 하지만 만나기 2주 전까지도 그녀는 편지를 읽지 않았다. Jackie는 두려워하고 있었다. 이 반응은 이상한 것이 아니었다. 왜냐하면 검사 결과나 편지는 Jackie의 과거를 혼란에 빠뜨렸기 때문이었다. 심리치료에서는 이 과정을 "이야기 구성과 재구성 과정"이라 부른다(Dwivedi & Gardner, 1997, p. 33). 오래된 이야기를 포기하기란 쉽지 않다. 그것은 한 번에 일어나지 않고

서서히 이루어진다.

미해결 애착 문제로 자살을 시도한 성인과 평가 결과를 나눌 때는 유연하고 긍정적
으로 접근해야 한다. 내담자가 결과를 읽고도 그것을 따르지 않는 이유는 내 반응이
두렵기 때문일 수 있다. 나는 '실패'라는 의미가 담긴 단어나 행동은 되도록이면 피했
다. 왜냐하면 Jackie의 경우 이것이 무서운 모성을 연상시킬 수도 있기 때문이었다.

치료적 이야기: Jackie 삶의 은유적 이야기

협력적/치료적 신경심리평가에서 은유적 이야기는 중요한 도구가 된다. 그
리고 정신건강과 인지적 내용을 담고 있어 결과를 이해하는 데 도움이 된다. 전
통적으로 은유는 일상적이지 않고 의사소통에서 큰 비중을 차지하지 않는다.
일반적으로 은유적 단어나 문구는 효과를 내거나 다른 것을 대신할 때 사용된
다(Kövecses, 2002, pp. vii−viii).

나는 지난 30년 동안 치료 작업에서 은유를 일상 언어와 함께 사용했다. 또
한 개념을 이해하는 데 도움이 되기 위해 은유를 썼다. "은유는 개인의 개념 체
계 내에서 사용되기 때문에 정확하게 표현되어야 한다."(Lakoff & Johnson, 1980,
pp. 3−6). 은유를 쓸 때는 언어 과정만이 아니라 온전한 소통 체계가 필요하다.

아동을 위한 이야기를 쓰면서 나는 성인과 청소년도 그 대상으로 했다. 대
부분의 사람들은 이야기를 사랑한다. 그리고 자신만의 이야기를 원한다. 많은
작가들은 소통 가능한 형태로 은유를 쓴다. 그래서 은유는 생각을 가르치거나
설명하고 숨어 있는 의미를 전할 때 사용된다.

영향력 있는 이야기를 만들기 위해서는 세 가지 방법이 필요하다. (1) 두세
가지 정도 정신건강이나 인지에 대한 메시지를 이야기에 넣는다(많으면 독자에게
부담이 된다); (2) 개인에게 중요한 개념을 형상화 한 것을 고른다; (3) 받아들이
는 사람에게 의미 있는 언어를 사용하여 메시지를 구성한다. 나는 이야기를 쓰
는 공동 작업을 할 때 메시지와 도움이 될 만한 이미지를 선택했다. 그리고
Allyn은 질문지를 통해 관심사를 알아냈다. 그런 뒤 우리는 이야기의 맥락에 대

해 논의했다. 일단 접근 방법과 메시지가 정해지면 Allyn은 사실과 은유를 통해 이야기를 만들었다.

Jackie는 질문지에 극장을 좋아한다고 적었었다. 그래서 이야기 배경을 극장으로 하고 사건이 무대에서 일어나는 것으로 했다. Jackie의 현재 나이이기도 한 서른 살의 젊은 여자는 그녀를 나타낸다. 여자는 희미하게 불이 켜진 텅 빈 극장 안으로 들어간다.

여자는 복도를 내려가 무대에서 몇 번째 떨어진 줄에 앉았다. 무대에는 두 명의 연기자가 조명을 받고 서있다. 여덟 살쯤 되어 보이는 소녀가 의자에 앉아 그림을 그리고 있다. 할머니는 식탁에 몸을 구부린 채 반죽을 하고 있다. 젊은 여자가 자리에 앉자 조명이 밝아지고 극이 시작되었다.

대화는 8살 Jackie가 어머니의 학대로 자책하는 모습을 담고 있다.

할머니: 오늘은 조용하구나. 무슨 일 있니?

　소녀: 별 일 없어요. 그냥 제가 나쁜 것 같아요.

할머니: 무슨 소리니? 네가 얼마나 사랑스럽고 똑똑한데!

　소녀: 전 멍청하고 나빠요. 저는 사람들을 화나게 해요. 부끄러운 줄 알아야 해요.

할머니는 놀란 표정으로 조용히 객석의 여자에게 도움을 구한다. 여자는 무대로 올라와 8살의 자신을 위로한다.

젊은 여자: 사람들을 화나게 해서 네가 나쁘다고 생각하는구나. 그리고 언제 사람들이 화낼지 몰라 두려워하고 있구나.

　소녀: 네. 하지만 제가 나쁘지 않았다면 엄마는 화내지 않았을 거예요. 엄마는 저한테 화가 났어요. 제가 나쁜 짓을 했기 때문이에요.

젊은 여자: 아니란다. 그건 엄마가 병이 있기 때문에 그런 거야. 병 때문에 엄마는 힘이 들었단다. 결코 네가 잘못한 게 아니야. 너는 나쁘지 않아.

젊은 여자는 소녀에게 자신을 돌보는 방법을 알려주었고 아빠와 할머니에게 도움을 요청하라고 했다. 이야기는 젊은 여자가 잠에서 깨며 끝이 났다. 이것은 모두 꿈이며 그녀는 자신이 이야기한대로 실천하기로 한다.

첫 번째 개입: 이야기 형태의 검사 결과

이 은유는 Jackie의 이야기를 반영했다. 결과 논의 회기에서는 학대 경험에 따른 자아상의 문제를 다루었다. 이야기는 다음 내용을 담고 있었다. (a) 그녀는 멍청한 것이 아니라 똑똑하다; (b) 엄마의 학대는 Jackie가 나쁜 아이였기 때문이 아니다; (c) 그녀는 평생 그렇게 믿고 살았던 이야기에서 벗어나 다르게 행동할 수 있다. Jackie와 치료자와 나는 치료자의 사무실에서 만났다. 나는 이야기를 읽기 전에 결과 회기에서 논의했던 주제를 되짚어 보았다. (a) 집행기능 장애가 검사에서 나타났고 문제가 될 수 있는 부분이다; (b) 낮은 자존감, 자기혐오, 불안, 우울이 그녀의 인지 문제를 일으킨 원인이다; (c) 원가족의 학대 문제는 정서와 인지를 악화시켰다.

"성공적인 평가를 위해 치료자는 기존의 방법 대신 즐겁고 창의적인 방법을 생각해야 한다."라는 Handler의 말을 떠올리며 나는 이야기를 소리 내어 읽자고 했다. 마침 이야기가 대화체로 되어 있어 좋았다. Jackie는 젊은 여자 역할을 했고 치료자는 할머니 역할을, 나는 해설자와 소녀 역할을 맡았다. Jackie는 읽는 내내 집중했고 대화에 빠져들었다. 하지만 다 읽은 후 Jackie는 빠르게 본래로 돌아와 거리를 두고 방어를 했다. 나는 그 모습을 통해 그녀가 이야기의 메시지를 완전히 이해하지 못했다는 것을 알았다. 창의적인 변화는 검사, 면담, 통화, 논의, 개입 회기 중에 일어난다. 이러한 변화는 미묘한 뉘앙스나 언어적/비언어적 내담자의 반응에 가로 막히기도 한다. Jackie의 철수는 비언어적이었다. 나는 그녀의 이야기를 다른 사람에게 흡수해서 행동하는 것이 중요할 것 같아 나의 경험을 사용해보기로 했다. 나는 내 이야기가 어떻게 변했고 음악의 도움으로 어떻게 새로운 길을 찾았는지를 말해주었다.

자기 개방의 윤리적 결정은 심리치료와 평가에서 어려운 문제다. Lowman과 Jourard와 Jourard(1994)는 '치료자가 자기 이야기를 하는 것은 서로를 더 잘 이해할 수 있게 한다. 그러면 내담자의 진심이 나오고 대화가 원만해 진다.'고 했다. 자기 개방은 내담자 내면에 무슨 일이 일어나는지, 어떤 것 때문에 일어났는지를 알게 하고, 자신과 다른 사람을 이해하게 한다. 그래서 나는 Jackie에 대한 개입으로 자기 개방을 선택했다.

> **평가자**: Jackie! 당신의 이야기가 바뀔지 모른다는 두려움이 이해돼요. 저도 비슷한 상황이 있었어요. 그때는 부정적인 것 말고는 '나'를 어떻게 설명해야 할지 모르겠더군요.
>
> Jackie: 맞아요! 그게 무서웠어요. 나를 미워하지 않으면 내가 없어지는 것 같았어요. 내가 없어지는 건 날 미워하는 것보다 무서운 일이에요. 그래서 어떻게 하셨어요?
>
> **평가자**: 부정적인 말을 멈추자 한동안 공허했어요. 하지만 저는 음악으로 공허함을 채웠어요. 집중하면서 음악의 기쁨에 몰입했어요. 그러자 부정적인 생각이 긍정적인 생각으로 바뀌었어요. 그리고 내가 누군지를 알게 되었어요. 오랫동안 방치한 옛 이야기를 버릴 수 있었어요.
>
> Jackie: 저도 옛날이야기에서 벗어나기 위해 뭔가 해야겠어요. 선생님 말씀대로 '내 이야기를 바꾸는' 것을 생각해 볼 수 있을 것 같아요. 저도 음악을 들어봐야겠어요.
>
> **평가자**: (웃으며) 저는 Puccini를 들었어요. 당신도 부정적인 생각을 바꿀 수 있는 방법을 찾아보세요. 음악, 미술, 독서, 운동, 무엇이든요.
>
> Jackie: 저도 Puccini를 좋아해요!

이 회기 후 Jackie는 두려워서 읽지 못했던 편지를 읽었고 다시 치료를 시작할 수 있었다.

두 번째 개입: 직업 결정

Jackie는 자신의 인지적 심리적 문제가 변할 수 있다는 생각을 하게 되었다. 직업은 그녀가 실패했다고 본 영역이었기 때문에 우리는 직업 상담을 위해 다시 만났다. 나는 Strong 흥미검사(Strong Interest Inventory)(Harmon et al., 1985)를 다른 검사 결과와 통합해서 논의의 틀을 짰다. 초반에는 인지, 성격 문제를 다루었기 때문에 많은 시간을 들이지는 않았다. 하지만 나중에는 Jackie의 지능과 열정, 그리고 장래에 어떤 직업을 정할 수 있을지에 대해 의논을 했다. Jackie는 30살이 되기까지 '아무 것도' 이루지 못했다는 것에 낙담했다. 나는 그 나이가 되면 자신의 직업에 대해 다시 생각해보는 것이 일반적이라고 말했다. 또한 직업은 변할 수 있고 발전시켜야 할 문제라고도 했다. 그리고 지금이야말로 새로운 직업을 계획해서 나아갈 수 있는 좋은 기회라고 격려했다. 내가 부정적인 시각을 긍정적으로 바꿔 말함으로써 Jackie는 자기혐오를 줄일 수 있었다. 그녀는 다른 사람도 비슷한 나이에 잘 적응하지 못한다는 사실에 안심했다. 나는 그녀에게 직업상담사를 만나보라고 했다. 그녀는 충고를 받아들였고 적극적으로 논의에 참여했다.

결 론

내담자에게 준 영향

Jackie와 치료자는 일주일에 세 번을 만났다. Jackie는 자기혐오와 부정적 이야기를 줄이려고 했다. 그녀는 긍정적인 자기 대화로 공허감을 극복했고 건강한 모습으로 변했다. 보통은 평가가 끝나면 내담자의 소식을 잘 듣지 못한다. 하지만 Jackie는 지속적으로 연락을 해왔다. 그녀는 치료자의 허락하에 치료자가 없을 때 내가 치료를 해 줄 것을 요청했다. Jackie는 평가가 도움이 되었고 더 만나고 싶다고 했다.

그녀는 치료자가 없을 때 나와 상담을 하면 안정감을 느낀다고 했다. 우리는 일 년 동안 여러 번을 만났고 이제 2년이 다 되었다. 최근에는 직업에 관한 주제로 이야기를 나눴다. 현재 그녀는 3년 동안 같은 직장에 다니고 있고 최근에는 대학원에도 지원했다. 남자친구도 만나고 있는데 관계가 깊어지는 것을 두려워하고 있었다. 하지만 나는 친밀해질 수 있도록 격려했다. Jackie는 더 이상 우울하지 않았다.

작가와 평가자에게 준 영향: 협력적 작업과 자기 개방

작가(Allyn): 이 이야기를 비롯하여 우리가 이야기를 쓰면 협력적 작업은 한

차원 수준이 높아진다. 내가 이야기 주인공인 내담자를 만나지는 않았지만, 평가자와 협력적 작업으로 메시지를 전할 수 있었다. 즉, 또 다른 중요한 협력자는 내담자이다. 그 이유는 내담자가 자기 개방을 하면 더 많은 내용을 알 수 있기 때문이다. 평가 결과와 더불어 이런 세부 사항은 내담자의 특성으로 이야기를 채울 수 있게 한다. 조각이 맞춰지면 이야기가 만들어지고 이야기는 내담자에게 말을 건다. 초창기에는 이야기 작업이 매우 도움이 되거나 아니면 전혀 도움이 되지 않았다. 그러나 시간이 지나면서 이야기는 협력적 작업/복잡한 치료과정의 일부가 되었다.

평가자(Engelman): Jackie에게 자기를 개방하는 것에 대한 고민이 있었다. 하지만 나 또한 Jackie와 비슷한 경험을 한 적이 있었고 내 이야기가 도움이 될 거라 생각했다. 자기 개방은 신중하게 결정했고 잘 진행되었다. 그리고 평가에서 자신을 개방하는 것이 편해졌다. 나는 평가의 복잡성을 알고 있다. 우리는 성격 문제만 다룬 것이 아니라 성격 문제도 다뤘다. 그래서 최대한 열린 결과가 되도록 했다. 또 다른 문제는 수준 1, 2, 3을 어떻게 구분하느냐에 따라 Jackie를 돕는 게 달라졌다. 마지막으로, 검사는 도구일 뿐이지 결과가 아니라는 점을 분명히 했다. 또한 일상이 협력적 작업과 치료적 평가에서 우선되어야 한다는 것을 되새겼다.

여러 방법은 Jackie의 성장에 도움이 되었다. 음악에 대한 내 이야기와 직업을 계획한 회기는 자기 이해의 시발점이 되었다. 두 가지 모두에서 치료적 성과를 얻을 수 있었다. 앞으로도 면담, 검사, 논의, 개입, 치료 편지, 이야기 등의 평가 과정이 내담자가 변화할 수 있는 초석이 되기를 바란다.

5장

평가를 통한 협력: 전환기의 청년

CONSTANCE T. FISCHER

많은 심리학자들은 상담 전에 심리평가를 하는 경향이 있다. 그러나 나는 회기 중에 내담자와 협력하여 평가하는 것을 좋아한다. 그래서 내담자와 함께 얻은 정보로 문제를 이해한다. 또한 문제 상황을 해결할 수 있는 구체적인 방법을 통해 처음의 생각을 발전시키고 수정한다. 초기 검사에 대한 인상을 논의하면 검사 자료를 쉽게 해석할 수 있다. 그리고 이 방법을 통해 내담자의 일상을 알게 된다. 그러면 내담자는 적극적으로 상담에 참여하게 된다. 즉, 이러한 과정 자체가 치료가 된다. 이때 내담자는 존중받고 이해받는다고 느낀다. 이후에 내담자는 자신이 중요한 사람이라고 여기게 된다. 그리고 배운 것을 생활 속에 적용한다. 내담자는 상담 초기에 정보를 설명하지 않아도 이해받는다고 느낄 때 적극적으로 상담에 참여한다. 이 방법은 나의 저서 *심리평가 개별화하기* (*Individualizing Psychology Assessment*)(1985/1994; 재판 인쇄중)에 소개했다. 논문은 Fischer(2000)를 참고하라.

JIM MANKINS

나는 치료적 평가 과정을 녹화해서 대학원 강의와 전문가 강연에 사용하기 위해 동료들에게 참여할 의향이 있는 사람이 있는지를 문의했다. 한 동료에게서 평가회기를 바로 할 수 있으면 꼭 참가하고 싶어 하는 내담자가 있다고 연락이 왔다. 그는 10일 후 장교후보생학교(OCS: Officer Candidate School)에 입교할 예정이었다[OCS는 장교 후보가 되기 위한 혹독한 훈련 프로그램이다]. 동료는 Jim과 나에게 평가가 도움이 될 것 같다고 말했다. 그는 Jim을 영리하고 의욕적이고 재미있지만, 가끔 복잡하고 개인적이며 저돌적이라고 했다(가끔 충동적이었다). 최근에 Jim은 나의 동료에게 OCS에 가기 전에 해결하고 싶은 문제가 있다고 했다[한동안 이글의 제목은 "난 OCS에 갈 준비가 되어 있나?"였다. 이는 여전히 의미 있는 주제이다].

그날 나는 Jim에게 자신이 평가에 관심 있는 사람이라는 이메일을 받았다. 나는 함께 하게 되어 기쁘고 2~3번 정도 회기(나는 보통 3회 정도의 회기를 한다)를 할 것이라고 답 메일을 보냈다. 그리고 해결하고 싶은 고민 목록과 미네소타 다면적 인성검사-2(Minnesota Multiphasic Personality Inventory; MMPI-2: Butcher, Dahlstrom, Graham, Tellegen, & Kaemmer, 1989), 16 성격유형 검사(16 Personality Factor Test; 16 PF: Catell, 1949/1984)를 받으면 작성해서 보내달라고 했다. 그는 즉시 회신해 주었고 Myers-Briggs(Myers & McCaulley, 1985) 유형지표(ENTJ)와 개인 정보를 보내왔다. 나는 고맙다는 답장을 했다. 개인 정보에는 나이(29살)와 함께 그가 17살 때부터 군 복무를 했고, 학사 학위 취득을 자랑스러워하는 내용과 부모님이 알코올중독자라는 사실, 그리고 어릴 때 아버지가 집에 자주 있지 않았고 식탁을 엎으며 화냈던 게 기억난다고 적혀 있었다.

Jim의 "내가 알고 싶은 질문"이라는 제목의 이메일에는 "왜 내가 다른 사람에게 관심이 없는지? 왜 방어적인지? 왜 여자 친구에게 성적으로나 정서적으로 쉽게 질리는지? 왜 내가 갇힌 것 같은 느낌을 받는지? 왜 하루 종일 기분이 처져 있는지?(장교후보생학교 입교일이 다가옴에 따라 이것은 줄어들고 있었다.) 왜 다른 사람에게 명령하는 게 자신 없는지에 대한 내용이 있었다. 이후 나는 어느 때 이런 증상이 괜찮거나 괜찮지 않은지에 대해 물었다.

첫 번째 회기

나는 Jim의 이메일과 MMPI-2 프로파일, Myers-Briggs 유형지표를 살펴보았다. 그리고 그에 대해 알고 싶은 부분을 공책에 적었다. 아울러 Bender

Gestalt 검사(American Orthopsychiatric Association & Bender, 1938), 로르샤하 검사 (Rorschach, 1923/1994), 주제통각검사(TAT: Murray, 1937) 실시를 고려하고 있었다. 그리고 이번에는 로르샤하 검사를, 다음에는 주제통각검사를 하려고 했다.

16PF에 따르면 그는 과감하고, 모험적이고, 쉽게 동요되지 않고, 객관적이고, 실용적이고, 냉정하고, 자신감 있고, 걱정 없고, 여유로웠다. 특수요인에서는 추상적이고, 유연하며, 인내심이 강한 것으로 나타났다. 일반요인에서는 외향적이고, 사교적이고, 독립적이며, 설득력 있고, 의지가 강한 것으로 드러났다. 나는 이후에 이것이 타당하다는 것을 확인할 수 있었지만, 사실 그는 더 복잡했다. 나는 16PF 프로파일을 더 이상 논의할 필요가 없다고 생각했다. 왜냐하면 이미 대화를 통해 전술한 특징을 확인했기 때문이었다.

만 남

Jim은 깔끔한 청바지에 티셔츠 차림으로 약속 시간 5분전에 와 있었다. 날씬한 근육질 몸매에 짧은 머리를 하고 꼿꼿하지만 편해 보이는 자세로 군인다운 모습이었다. 나는 대기실에서 악수를 했고 평가를 교육용으로 사용할 수 있게 해주어 고맙다는 인사를 했다. 동의서를 함께 검토했고 다른 사람에게 공개하고 싶지 않은 부분이 있다면 말해달라고 했다. 검토한 내용을 바탕으로 이야기를 나누었는데, 나는 그가 이 작업을 중요하게 여긴다는 생각이 들었다. 오늘은 목표를 검토하고 Myers-Briggs 유형지표와 MMPI-2 프로파일을 살펴보자고 했다. 나는 그에 대한 설명이 잘못된 경우 수정해 달라고 했다. 그리고 첫번째 회기 때는 로르샤하 검사를 하고 결과는 다음 회기에 검토하기로 했다.

🌱 학습포인트

내담자에게 "협력하자."라는 말을 하지 않더라도 당신과 함께 하는 것이 기대된다고 말하는 것은 내담자를 평가에 적극적으로 참여하게 한다. 진실한 "감사"는 내담자가 협력자라는 생각을 갖게 한다. 또한 내담자에게 회기 형식을 이야기해주는 것도 평가에 도움이 된다.

우리는 치료실로 갔다. 나는 카메라 위치를 고려해 두 개의 의자를 3.5피트 정도 거리를 두고 마주보게 했고 100도 정도 기울여 두었다. 탁자에는 팔걸이가 있었고 펜과 종이를 올려놓았다. Jim이 기계를 잘 다룬다는 이야기를 듣고 나는 안심했다. 혹 촬영 중 문제가 생기면 도움을 받을 수 있으리라 생각했다.

나의 촌스럽고 육중한 외모는 그의 꼿꼿한 자세와 비교되었다. 내가 꼿꼿이 앉아 Jim의 자세를 흉내 내는 것을 보고 나는 두 가지 사실을 깨달았다: (1) 그는 나를 60년대 사람으로 보는 듯 했다. 할머니 같기도 했을 것이다; (2) 내가 그를 따라하는 모습에서 나는 내가 "열중 쉬어" 자세를 하고 있다는 느낌을 받았다. 그는 열정적이었고 집중할 준비가 되어 있었고 여유로웠다. 나는 Jim에게 강한 인상을 받았다.

◥ 학습포인트

전술한 설명은 제3자에게 작성한 보고서 내용이다. 이를 바탕으로 독자들은 나중에 설명할 그의 행동에 대한 인상을 가질 수 있으리라 생각한다. 또한 나의 관점과 인상이 형성되는 과정을 아는 데 도움이 될 것이다. 아울러 내담자와 관계있는 독자들은 나의 관점과 인상을 비교할 수 있는 기회가 될 것이다.

우리는 Jim이 알고 싶어 하는 내용과 내가 알고 있는 것을 검토한 후 Myers-Briggs 유형지표에 대해 논의했다.

Jim의 Myers-Briggs ENTJ에 대한 논의

CF: 당신은 ENTJ 성격유형이라 했는데 그것이 어떤지 말해줄 수 있나요?

JM: 네. ENTJ는 군 생활에 적합한 유형이라 들었습니다. [둘 다 웃음] 관리자나 행정 담당자나 뭐 그런 유형에 대한 내용이었습니다. 세심한 성격은 아니지만 정리정돈을 잘하고 세부적인 것보다는 큰 그림을 그리는 성격이죠(CF: 아하). 그 설명을 들었을 때 저랑 잘 맞는다고 생각했습니다.

CF: (끄덕이며) 당신이 그런 유형의 사람이라는 거죠?

JM: 네. 그리고 다른 사람에게는 무심합니다. 저는 내적인 것보다 외적인 결과를 중시합니다.

CF: 네. 제가 아직 그런 부분을 보지는 못했지만, 그것이 여성과 어려움을 겪게 되는 이유일 수도 있겠네요. ENTJ 유형에 따르면 당신은 조직 문제에 대해 포괄적으로 접근하고 있군요. 좋은 리더네요. 그리고 아는 것을 좋아하고 보고 받는 것을 선호하는군요. 또 논리적이고 지적인 대화를 좋아하네요. 이것은 긍정적인 부분이군요. 특히 결정력을 갖춘 뛰어난 리더 성향이네요. 그리고 정보가 분명하면 그것을 추진하는 경향이 있네요.

JM: 네. 그런 것 같습니다.

CF: (다른 대화 이후) 이 성향은 좋은 것 같아요.

JM: 특별히 제 진로 부분에서 그렇습니까?

CF: 네. 앞서 말한 것처럼 당신은 군대나 관리 부서에 적합한 것 같아요. 하지만 부정적인 부분도 있어요. 당신은 빨리 결정하는 사람일 수 있어요! [함께 웃음] 일에 집중하다 보면 다른 사람의 상황이나 걱정을 잘 알아차리지 못할 수도 있죠(JM: 네). 왜냐하면 당신은 이성적인데 상대방이 말을 하지 않으면 잘 모를 거예요(JM: 그렇습니다. 그 사람들 이야기죠). 아마 그런 성향이 여성과의 관계에도 있을 것 같아요.

JM: 네. 흥미롭습니다. 선생님은 저와 여성과의 관계를 잘 알고 계신 것 같습니다.

Jim은 실제로 여자 친구의 조언을 무시하고 옷과 소지품을 집 밖으로 던지고 화를 내고 말도 하지 않았던 적이 있었다고 했다.

학습포인트

이 평가 영상을 본 워크숍 참가자들은 Jim과 내가 진심으로 웃고, 경청하고, 근심어린 반영을 하고, 서로 웃고, 다정하게 침묵하고, 친밀한 것에 놀랐다. Duquesne대학원 1년 차 프로그램에서는 학생들에게 협력적 평가를 할 때 대인관계 기술을 이용하게 한다. 이 방법은 실제적이고, 직접적이고, 관계 중심적이며, 호기심과 주도권과 개방성을 장려한다는 평가를 받고 있다.

MMPI-2에 대한 논의

나는 Jim의 MMPI-2 프로파일과 특수척도를 저장해 놓았었다. 그러나 안타깝게도 기록이 지워져 버렸다. 반응을 포함한 전체 기록을 이미 출력했기 때문에 효율을 위해 Jim이 쓴 답지를 파기했었다.

다행히 손으로 작성한 노트에는 다음과 같이 적혀 있었다.

임상척도: 경조증=88, 사회적 내향성=38, 우울증=34.
특수척도: 냉소=51, 비도덕성=81, 사회적 불편감=32, 반사회적 행동=62
내용척도: 권위 문제=63

MMPI-2 프로파일은 가족문제가 시사되었다. Jim은 놀라 눈썹을 치켜떴다. 그는 농담으로 "내가 미쳤다고 나왔나요?"라고 물었다. 나는 그렇지 않다며 안심시켰다. MMPI-2 점수와 면담 기록을 참고했을 때 어린 시절 부모님에게 했던 방법은 더 이상 통하지 않고 있었다. 나는 이것을 구체적으로 말해도 문제가 되지 않는다고 생각했다["반사회적 행동"과 "비도덕성" 점수]. 그리고 그가 정서적 영향을 회피하는 것이 효율성이 떨어진다고 생각했다[Ma와 Si]. 그는 침울해 보였고 고개를 끄덕였다. 우리는 아버지가 "탁자를 엎으며" 화냈던 것에 대해 이야기했다. 그리고 아버지의 분노와 Jim이 시속 100마일로 달리며 "증기(화)를 내뿜는 것"과의 비슷한 점에 대해 생각해 보았다.

로르샤하 실시

Jim은 카드에 빠르게 반응했다(8~15초 정도). 그는 효율적이었다. 가끔 카드를 뒤집었지만 대부분은 정방향이었다. 질문단계도 적절했고 방어적이지 않았다. X번 카드에 흥미를 보여 스토리텔링을 했는데 도움은 되었지만 양적 평가는 어려웠다.

가끔 내담자들은 마지막 카드에서 아직 드러내지 않은 신념을 표현하는 경우가 있다. 나는 Jim도 그랬다는 생각이 들었다.

아래는 X번 카드의 반응이다.

반응 25: "망토를 입은 여성이 있습니다. 그녀는 상냥합니다. 망토는 파란색이고, 중간 장식은 보라색입니다. 그녀는 지적이고 두 쌍의 새처럼 보이는 보호자가 있습니다. 자신은 중요하지만 그것을 모릅니다. 다른 생명체들은 그녀와 놀고 싶어 합니다. 마치 회합의 느낌입니다." (질문단계: 여성은 D14와 Dd에 있는데(Dd99), "파란색은 가정된 것이지만 작은 선은 다른 색을 가리킵니다(흔치 않은 색깔 추측. Jim의 3가지 로르샤흐 반응 중 하나))."

보호자는 D8인데, "안구는 윤곽이 있고, 서로 마주보고 있으며, 머리 위쪽이 돌출되어 있습니다(CF: 돌출). 그리고 부리와 주름 장식을 단 울퉁불퉁한 깃털이 있습니다. 그녀는 작아 보이는데 배경에 있기 때문입니다."

"새처럼 보이는 보호자는 비열합니다. 자신만을 생각합니다. 이 여성은 모두에게 영향을 줍니다. 그녀는 높은 의자에 앉아 있는데 20피트는 되어 보입니다. 그러나 다른 사람들과 떨어져 있지는 않습니다. 그녀는 새처럼 보이는 보호자에게 고마워하는 것 같지만 그들이 여유를 가졌으면 합니다."

[반응 26과 27은 생명체 쌍에 대한 내용.]

반응 28: 카드는 뒤집어져 있었다. "그녀가 거꾸로 보입니다. 아무도 관심을 주지 않습니다. 그러나 뒤에 있는 모두에게 영향을 주고 권모술수가 강한 느낌입니다. 그는 에너지를 발산합니다. 본래 나쁘지는 않지만 행동이 그렇게 보일 수 있습니다. 그는 생각보다 많은 사람을 돕고 있습니다. 여자는 남자를 은밀히 만났습니다. 그러나 그들의 관계를 밝힐 수는 없습니다. (질문단계) 모든 사람이 여자를 보고 있습니다. 남자는 여기 있습니다(D5). 손에서 나오는 어둠은 신비한 힘을 상징합니다."

우리는 두 번째 회기에서 이 카드에 대해 이야기했다[아래를 보라].

그는 평가 동안 무기력했다(구조적 요약 12의 마지막 부분에서도 그러했다). 질문단계를 끝냈을 때 Jim은 자신이 스트레스를 받는 것 같다고 했다. 그는 스트레스를 자신에게도 숨기고 있다고 했다. 나는 그에게 재질반응은 애정에 대한 욕구와 관련이 있다고 말해주었다. 그는 놀란 듯 했으나 수긍하며 고개를 끄덕였다. 마지막으로 혼합반응(20~28 반응)을 보건대 그는 상황의 여러 측면을 고려하고 동시에 많은 부분의 영향을 받고 있는 것 같았다(Jim은 이를 수긍했다). 그리고 다른 사람들은 그에게 일어나는 것을 인식하지 못했다.

학습포인트

나는 질문단계가 끝난 후에도 로르샤하 채점을 하기 전에 내담자에게 관심 있는 내용이 있는지를 묻는다. 그러면 내담자는 검사에 대한 인상과 함께 자신에 관한 정보를 말한다. 내담자의 피드백은 광범위한 해석이 가능하다. 실제로 구조적 요약 후에 한 이야기가 더 많은 정보를 주기도 한다. Jim은 서로에 대한 존중과 나와 함께 있을 때 느꼈던 안정감 때문에 편하게 로르샤하 검사를 할 수 있었다고 했다. 아울러 비슷한 상황에서도 그는 열린 마음으로 검사에 임했다.

첫 번째 회기를 끝내며 나는 Jim에게 느낀 점을 다음 회기까지 적어 오라고 했다. 그 이유는 로르샤하 검사에 대한 논의를 끝내고, TAT 카드로 이야기를 만든 후 이제껏 배운 것의 목록을 작성하기 위해서였다. 나는 이야기를 통해 Jim의 특성을 알고, 대인관계, 특히 친밀감과 애정을 다루려고 했다.

두 번째 회기

3일 후 Jim은 첫 회기와 마찬가지로 조금 일찍 도착했고 3시간 동안 적극적으로 회기에 참여했다.

로르샤하 검토

Jim은 복잡했지만 다른 사람과 어울릴 준비가 된 것 같았다. "두 사람이 춤을 춥니다. 손을 잡고 돌고 있습니다." 그리고 "무릎에서 피가 나는 것 같습니다." 그는 "춤은 악수처럼 서로에 대한 약속"이고 이 그림에서 희망을 느낄 수 있다고 했다. 그리고 가끔 관계에서 상처를 받기도 하지만 이제는 희망이 있다고 했다.

그의 이미지는 권위, 지위, 그리고 인정에 대한 욕구를 반영했다. 나는 Jim에게 곧 반짝이는 계급장을 달 거라고 농담을 했다[그의 반응 중에 "장식이 화려하고 반짝이며 광채 나는 것"에 대한 언급이 있었다. 그리고 "화려하게 장식된 전사의 투구"라는 반응도 있었다.] 그는 장교가 될 생각에 활짝 웃었다.

내가 색이 없는 잉크반점에서 색채 반응을 했던 것을 언급하자 Jim은 그것을 알고 있었고 다만 즐거운 일이 더 있었으면 해서 그렇게 반응했다고 했다. Jim은 슬픔이나 우울을 회피한다는 것을 인정했다. 나는 그가 삶과 사람에 대해 긍정적이고, 정서적 관계를 맺을 준비가 된 것 같아 기뻤다. 그리고 삶의 어두운 부분에 적응할 준비가 된 것 같았다[그는 "위험한 계곡", "죽었지만 한때 밝고 생명력이 풍부한 가지가 있었던 나무", "버섯구름 원자폭탄"과 "구름에서 악마 얼굴"이 보인다고 했다].

나는 내담자의 동의와 부인을 확인하고 자신의 입장을 다르게 반영할 수 있도록 내가 이해한 것을 전한다. 물론 내담자는 내가 오해했거나 과장했을 경우 알 수 있도록 도와주기도 한다.

나는 X번 카드로 돌아가 "마지막 카드에 대해 이야기해 보자."고 했다. "망토를 입은 여성이 보입니다. 그녀는 조용하고 상냥합니다. 망토는 파란색이고 중간 부분의 장식은 보라색입니다. 지적이고 보호자처럼 보이는 두 쌍의 새가 있습니다. 중요하지만 그녀는 그것을 모릅니다. 나는 그 여성이 당신인 것 같습니다."라고 했다. 우리는 공통된 인식이 있었다. Jim은 장교가 되는 것을 걱정하고 있었다.

JM: 나는 *군주론*을 읽은 적이 있습니다[군주론은 16세기 Niccolo Machiavelli가 Florentine의 Medici가의 조력자가 되고 싶은 바람으로 쓴 책이다. 그는 도덕 통치보다 실질 통치를 추구했다. 때로 권모술수에 능한 나쁜 사람으로 평가되기도 한다]. 나는 나쁜 사람이라는 평가를 받았습니다. 하지만 나쁘게 평가했던 사람들도 결국은 나를 찾아와 그들의 삶에 미쳤던 영향을 고마워했습니다(나는 고개를 끄덕였다).

CF: 마지막 부분에 언급한 내용을 좀 더 이야기 해줄래요?

JM: 그녀는 지적으로 보입니다. 내가 그녀에 대해 말하고 있지만 이것은 제 모습이라는 생각이 듭니다. 그녀는 겸손하고 지적입니다. 그리고 긍정적입니다. 이제 할일을 다했습니다. 그것은 나쁘게 볼 수 있는 Machiavelli의 부분이기도 합니다. 그러나 나쁜 것처럼 보이는 사람이 지적으로는 최고입니다. 이것은 모순되고, 사람들은 이 둘을 연결시키는 게 어렵습니다. 당신은 항상 이 두 역할을 하고 있다고 사람들에게 말할 수는 없을 겁니다.

[나중에] CF: 그 비열한 새 형체의 보호자가 무엇인지 모르겠네요.

JM: [웃으며] 그것은 아마 나만의 보호 방법이었나 봅니다.

CF: 네. 우리는 각자의 보호 방법이 있어요. 저는 당신이 좀 더 여유로웠으면 좋겠어요.

JM: 네. 제가 너무 심각했나 봅니다.

[나중에] CF: 당신이 친밀한 관계를 맺지 못하는 이유는 사람들에게 거리를 두고, 형식적으로 사람을 대하기 때문일 거라는 생각이 드네요. 로르샤하 검사에서는 사람을 보기도 했지만 공상의 인물과 동물이 많았어요 [JM: 네]. 제 추측에는 당신은 사람들과 역할에 따라 관계를 가지는 것 같아요 – 나의 역할은 무엇인가? 그와 그녀의 역할은 무엇인가? [JM: 사람 대신에요] 네. 저는 그런 점이 당신이 군대에 끌린 이유가 아닐까 생각돼요: 분명한 기대와 역할. 당신도 알다시피 각자의 역할이 있겠지만, 저는 당신이 매력적이고 말이 통하는 사람이라는 생각이 들어요. 함께 대화하고, 소통하고, 배울 수 있고요[JM: 저는 역할이 분명할 때만 명령내리는 것이 편했습니다]. 맞아요. 당신은 스스로를 위험에 빠뜨리지 않아요. 하지만 모호한 것도 받아들일 수 있을 때 인생은 더 풍요로워지겠지요. 당신은 모호한 잉크반점을 잘 견뎠어요![JM: 네!]

Jim과 나는 어떨 때 화가 나는지, 화가 날 때 어떻게 해야 되는지에 대해 이야기했다. 우리는 기억할 수 있는 문구를 생각해 보았다. 이는 그가 위협을 느낄 때 화를 내지 않도록 하는 방법에 관한 것이었다.

학습포인트

내담자와 협력하여 작업하는 것은 내담자가 스스로 해결 방법을 찾고 잘 몰랐던 것을 이야기할 수 있는 기회가 된다.

주제통각검사: 자신을 알고 관계를 개선할 기회 제공

협력적 평가는 Jim과 내가 상황을 이해하기 위해 함께 한 것만으로도 치료적이었다. 주제통각검사에서 그는 카드로 자신을 이해하고, 여성과의 관계에 대한 대안을 모색해서 긍정적으로 감정을 조절할 수 있었다. 다음은 그가 한 다섯 가지 이야기이다(숫자는 카드 번호이다):

TAT 1. [팔꿈치를 탁자에 받치고 앉아있는 소년이 있다. 앞에는 바이올린이 있다.] 소년은 초콜릿을 너무 많이 먹었습니다. 그래서 배가 아픕니다. 바이올린 연습을 해야 하지만 배가 아파 연습을 못하고 있습니다. 그는 바이올린을 앞에 두고 이런저런 생각을 합니다. 결국 바이올린을 켭니다. 소년은 이렇게 말합니다[CF: 어떻게 연주하지?] 잘하고 싶다는 욕구가 분명하진 않지만 언제든 준비가 되어 있습니다.

TAT 14. [어두운 방에 남자가 있다. 창밖을 보고 있다.] 남자는 별이 빛나는 밤에 창밖을 보고 있습니다. 자던 중에 문득 생각이 떠올랐습니다. 그것이 영감을 주어 공상에 빠졌습니다 – 아름다운 밤하늘입니다. 영화처럼 음악이 흐르고 할 수 있을 거야. 괜찮을 거야라고 혼잣말을 합니다. 오케스트라가 들어왔습니다. 다른 누가 침대에 있습니다 – 그는 혼자 자고 있지 않았습니다. 그리고 자신을 깨우지 말라고 했습니다[Jim은 카드를 내려놓았다.]. [CF: 다음에 무슨 일이 일어나나요?] 글 쓰는 데 영감을 받습니다 – 행동하기 전에 어떤 과정이 있었습니다. 그는 글을 적습니다. 다음날 그의 기분은 상쾌합니다. 아내가 어제 밤에 왜 일어났는지를 묻자 남편은 미소를 짓습니다.

Jim은 남자가 환상적 경험에 대해 이야기하는 것을 즐거워한다고 했다.

TAT 15B. [소년이 오두막 문지방에 앉아 있다. 손으로 얼굴을 가리고 맨 발로 있다.] 소년은 혼자 있습니다. 왜 오두막에 앉아 있는지 모르겠지만 걱정하는 것 같지는 않습니다. 단호해 보이고 강하게 생겼습니다. 소년은 오랫동안 지금처럼 어린 모습이었습니다. 발에는 굳은살이 박혀 있습니다. 어디 가기 전에 잠깐 쉬고 있습니다[CF: 다음에는 무슨 일이 일어나죠?] 짐을 들고 계속 걸어갑니다. 마치 해병 같습니다. 계속 가는 한 괜찮을 거라고 생각합니다. 하지만 배가 조금 고픕니다[CF: 다른 사람들은 어떤 이야기를 할까요?]. 소년은 어려움을 겪을 수도 있습니다. 엄마는 아침밥을 차리고 있는 것 같지만 아닐 수도 있습니다. 어쩌면 넘어져 무릎에 상처가 나 회복 중일 수도 있습니다. 사람을 기다리는 것 같기도 합니다.

TAT 4. [젊은 남자와 여자가 서로를 보고 있는데 남자가 떠나려는 것 같다. 사람들은 간혹 둘 사이에 줄무늬를 본다.] 그는 Jekyll 박사와 Hyde 같은 사람입니다. 불길합니다. 그녀는 사랑 고백을 했습니다. 하지만 남자는 거절했습니다. 그녀는 그를 붙잡았습니다. 그녀는 임신을 했다고 이야기합니다. 그런데 그는 도망을 갑니다. 그녀는 그가 도망가는 것을 믿을 수가 없습니다. 다음 장면은 잘 모르겠습니다. 그곳에는 무한 사랑이 있습니다. 어쩌면 이 그림은 약혼식일 수도 있습니다. 사진사가 어색한 순간을 포착한 것 같기도 합니다.

Jim은 다음과 같이 말했다: 저는 관계를 끊기 전까지는 중요한 사람(애인)에게 잘 합니다. 하지만, 군대에 있으면서 관계를 끊는 것에 익숙해졌습니다. 그런데 새로운 부서로 이동하면 가족과 직장을 잘 챙길 수 있을 것 같습니다. 새 부서는 다른 부서보다 가족적입니다.

그가 장교가 되어 안정이 되면 지속적인 관계를 가질 기회는 많아질 것이다. 나는 그가 가족에게 관심이 있다는 것을 다른 사람에게 알리지 않았다는 것을 알았다.

TAT 10. [늙은 남자와 함께 여자의 머리와 어깨를 볼 수 있다. 남자는 가까이서 여자를 쳐다보고 있다.] 서로 사랑하는 부부입니다. 그들은 오랜 세월 함께 했습니다. 40주년 결혼기념일을 맞아 춤을 추며 즐거워하고 있습니다. 그들은 열심히 살아왔고 지금은 여유롭습니다. 주변의 소음이 조용해지는 느낌입니다. 그들은 현재를 느끼고 있고 딴생각을 하지 않습니다. 그는 검은 턱시도를, 그녀는 이브닝 가운을 입었습니다. 자신의 삶을 되돌아보고 있습니다. 그들은 손자가 있습니다. 함께 있는 것만으로도 행복합니다. 나의 외조부모님이 생각납니다. 그들은 몇 년 전에 결혼 50주년이었습니다. 다투기도 했지만 함께 했습니다. 나는 그것을 보아왔습니다 (CF: 음?). Erikson의 생산성 단계에서 함께 늙어가는 것을 상상할 수 있습니다[Jim은 Erik Erikson의 발달 7단계의 긍정적인 부분을 언급했다. 사람은 나이를 먹을수록 덜 이기적으로 되고 다음 세대를 이끌어준다는 내용이다.].

Jim은 이야기를 통해 자신의 감정을 알았다. 그것은 자신의 이야기이자 소망이었다.

🌱 학습포인트

우리는 평가가 개인을 이해하고 미래를 준비하는 데 도움이 된다는 것을 알 수 있었다. Jim은 대안을 찾아보라는 조언을 받아들였다. 이야기는 Jim이 스트레스와 긴장 관계를 알고 지속적인 애정 관계에 관심이 있다는 것을 보여주었다.

지난 이틀 동안 배운 것의 요약

Jim은 두 번째 회기 때 자신에 관한 주제를 요약했다.

학습포인트

지금까지 배운 것을 써보라는 것은 내담자가 자신의 언어로 의견을 표현할 수 있게 한다. 목록은 자신이 무엇을 배웠는지를 알려준다. Jim의 목록과 달리 일반적으로 내담자의 목록은 서면으로 작성한다.

Jim의 목록:

- 내가 어떻게 느끼는지 생각해보기(vs. 바로 행동하기)
- 상황이 나에게 어떤 영향을 미치는지 생각해 보기: 굴욕당하거나 구속된다는 느낌을 받는가?(우리는 무엇이 화나게 하는지에 대해 논의했다)
- 나는 사랑할 준비가 되었다는 것을 알았다.
- 사랑하게 되면 나의 감정을 다른 사람들과 나누는 것을 두려워하지 않을 것이다.
- Myers-Briggs 유형지표에서 긍정적인 점을 나눌 수 있어 좋았지만 상호관계는 신중히 고려할 필요가 있다.
- 관계는 사업이 아니다.
- 다른 사람들이 상황을 어떻게 보는지를 알 필요가 있다. 나는 그것을 다르게 보았다.
- 나는 스트레스를 받으면 외롭다. 화가 난 사람처럼 방어한다(로르샤하).
- 나는 약간 혼란스럽지만 그리 심각하지는 않다.
- 규칙에 대한 존중과 자발성은 문제에 대한 해결책이 될 수 있다.
- 심사숙고의 중요성 vs 즉각적인 행동
- 창의적이어야 한다. 그렇지만 명령을 따르는 장교로서 규칙을 지켜야 한다.
- 어머니는 나에게 긍정적인 영향을 주었다.

평가에 대한 Jim의 생각에 이제는 내가 고개를 끄덕일 차례였다.

(1) 나는 Jim의 모든 질문에 답하지 않고 일부는 남겨 두었다. 내가 알려주는 것보다 Jim이 스스로 요점을 정리하는 것이 좋을 거라는 생각이 들었다. 나는 어떤 내담자에게는 배운 것을 설명해 달라고 한다. (2) 물론 우리가 탐색하지 않은 부분도 많다. Jim에 대한 논의는 앞으로의 준비를 위한 목적도 있었다. 시간이 부족했지만 이는 걱정을 다 다룰 필요 없이 관련 주제를 다룰 수 있게 했다.

종 결

그는 촬영한 것에서 워크숍이나 강의에 사용하는데 삭제했으면 하는 부분은 없다고 했다. 그에게 필명(익명)을 지어달라고 했을 때 바로 만들어주었는데 내가 수상하다는 듯 고개를 젖히자 미소를 지었다. 우리가 일어섰을 때 Jim은 의자를 원래 자리로 옮기는 데 도움이 필요한지를 물었다. 나는 도와달라고 했다. 그는 복도로 나가는 출입구에서 미소를 지으며, "나는 OCS에 갈 준비가 되어 있습니다."라고 했다. 우리는 악수와 포옹을 했다. 그는 뒤돌아보지 않고 씩씩하게 엘리베이터로 걸어갔다.

논 평

Jim은 밝은 내담자였다. 나는 스트레스가 많은 전환기에 평가가 도움이 되기를 바랐다. 나의 접근은 개인에게 맞추어져 있지만 스스로 의뢰한 내담자도 즉각적인 문답으로 상담을 한다.

결 과

Jim은 동료에게 나와 평가에 대해 논의할 수 있게 허락해 주었다. 동료는 첫 번째 회기 후 Jim에게 평가에 참여해줘서 고맙다고 말했다. Jim은 놀랍게도 논의가 자신과 관련 있었고 목표에 맞추어져 있어 고민이 되었다고 했다. 그는 검사 중심적인 면담을 생각하고 있었는데 대신 삶의 의미를 다루어서 그랬다고 했다. Jim은 나를 "관계 중심적"이고 유머 있고 "개방적"이고 "견고하다"고 보았다. 이런 나의 성격이 자신을 드러낼 수 있게 했다고 말했다.

나의 동료는 Jim이 Pittsburgh를 떠날 때 종결 회기에서 평가를 통해 배운 것을 확인할 수 있었다고 했다. 여전히 OCS가 걱정되지만 자신감이 생겼다고 했다. 직접 말하지는 않았지만 무엇보다도 자신이 중요하다는 것을 배웠다고 했다. OCS에 도착해서는 군 생활이 보람되고 다른 지원자보다 잘 하고 있다며 나의 동료에게 이메일을 보내왔다. 한 장교는 방어훈련 시간에 자신에게 도움을 요청했다고 했다. 나의 동료는 우리가 명령을 내리는 것에 대해 상담한 것을 몰랐다. 하지만, Jim은 명령을 내리는 데 문제가 없었다고 했다. 마지막으로 그는 우수한 성적으로 졸업했다고 했다.

그가 OCS를 졸업하고 몇 달 뒤 나는 임관장교가 되었을 Jim에게 이메일을 보냈다. 축하 인사를 전하며 우리 면담이 도움이 되었는지를 묻기 위해서였다. 평가 과정에 대한 제안이라던가 아직 고민되는 부분이 있는지, 그리고 OCS에서의 생활(나는 동료에게 그가 잘하고 있다고 들었지만)이 어땠는지, 또한 우리가 배운 것을 정리한 보고서가 필요한지를 물었다. 하지만 답장은 없었다. 나는 동료에게 다른 이메일 주소가 있는지, 그리고 Jim이 OCS를 졸업한 후 연락 받은 적이 있는지를 물어 보았다. 동료도 연락을 했지만, 답장은 받지 못했다고 했다. Jim은 Pittsburgh 친구들과 더 이상 연락을 하지 않는 것 같았다.

Jim이 연락을 하지 않은 것은 그가 사전에 언급 없이 관계를 끊어버리는 습관에서 나온 듯 했다. 나는 내담자에 대해 더 알고 싶었다. 하지만, 심사숙고 끝에 질문에 대한 답은 더 이상 기다리지 않기로 했다. 그리고 Jim에 대해 다른 평가를 하지 않는 게 좋겠다는 생각이 들었다. 그제서야 나는 Jim이 입대를 닫힌 장으로 여긴다고 말했던 것이 떠올랐다. 그리고 그가 OCS 졸업을 Pittsburgh에서의 장을 닫아도 된다는 의미로 해석하지 않았을까?라고 추측되었다. 나는 그의 장교로서의 새로운 삶을 상상해 보았다.

학습포인트

협력적 치료적 평가가 모든 문제를 해결할 수는 없다. 회기 중 다른 방법을 써 보는 것은 Freud가 말했듯 '인생은 살아 봐야 안다.'라는 말과 일맥상통한다. 심리치료를 통한 통찰로 오랜 습관을 이기는 것은 쉽지 않다. 그렇지만 이것은 나중에 영향을 준다.

실제로 이를 위해 한 달이나 더 뒤에 추수 회기를 잡기도 한다. 나는 이메일이 그런 역할을 할 수 있을 거라 생각한다.

　나는 이 장을 위해 본 평가 사례를 골랐고 협력적 평가에 대해 설명했다. 그러나 협력적 치료적 평가가 기대만큼 만족스럽지 않을 때도 있다.

6장

여러 차례 자살 시도를 한 내담자의
위기 개입을 위한 치료적 평가

J. CHRISTOPHER FOWLER

치료적 평가의 유용성에 대한 자료가 많아지고 있다. 이 자료들은 여러 방법으로 복잡한 환경에서 활용되고 있다(Ackerman, Hilsenroth, Baity, & Blagys, 2000; Hilsenroth, Peters, & Ackerman, 2004; Smith & Handler, 2009; Tharinger, Finn, Wilkinson, & Schaber, 2007, Tharinger et al., 2009). 연구들은 치료적 평가가 환자의 증상을 호전시키고 자존감을 높인다는 것을 보여주었다(Finn & Tonsager, 1992; Newman & Greenway, 1997). 치료적 평가와 피드백은 치료적 동맹도 향상시켰다(Ackerman et al., 2000; Hilsenroth et al., 2004). 그리고 난관에 빠진 심리치료를 이해할 수 있게 했다(Finn, 2003; Peters, Handler, White, & Winkel, 2008).

치료적 평가의 목표는 환자가 자신을 이해함으로써 변화를 가져오게 하는 것이다(Finn & Tonsager, 1997). 그러나 증상에 저항하는 환자를 치료할 때 치료적 평가의 목표는 현실적으로 된다.

치료적 평가는 환자가 적극적으로 치료에 참여하도록 배려하는 방법이다. 환자의 문제를 적극적으로 이해하고 치료하려면 환자의 인격을 존중해야 한다. 치료적 평가에 사용되는 기법은 위기 상황에 유용하다. 간혹 환자와 치료자 사이의 주도권 다툼 때문에 문제 이해가 어려울 수도 있다. 이런 경우 치료적 평가는 제 삼자를 초대해 개방적 대화로 문제를 풀어 간다. 다음 사례는 자살에 대한 내용으로 치료적 평가가 상담 중 발생한 문제를 어떻게 해결하는지를 보여준다.

치료자의 상담 의뢰

나는 동료 의사인 X박사에게 평가 의뢰를 받았다. X박사는 19살 여자 환자 (Anne)의 증상에 호전이 없다며 그녀의 자살을 걱정하고 있었다. 그리고 치료를 중단할지 위기관리를 계속할지를 고민하던 중 나에게 도움을 요청했다. 나는 상담에 동의한 후 X박사를 먼저 만나 보았다.

나는 X박사가 Anne의 자살을 심각하게 보고 있고 치료에 몰두하고 있다는 인상을 받았다. Anne은 자살하라는 환청을 들었고 2년 동안 6번이나 자살시도를 했다. 또한 약물을 남용했고, 마약상과 어울렸으며, 피학대 성도착증이 있었다.

어린 시절 Anne은 부모의 이혼소송 중에 심한 방임을 당했다. 쉴 곳을 찾을 수 없었던 그녀는 문제아들과 어울려 다녔다. 약물남용과 마약상의 괴롭힘은 Anne을 우울에 빠뜨렸다. 그리고 자신을 괴롭히는 사람에게 병적으로 집착했다.

X박사가 상담을 시작할 무렵 그녀에게는 환청이 있었고 5번의 자살시도로 입원치료가 필요했다. X박사는 상담을 하는 4개월 동안 그녀가 의사소통에 문제가 있다는 것을 알게 되었다. X박사는 Anne의 자살을 걱정했다. X박사는 기분과 주의력, 사고장애를 안정화하기 위한 조치를 취했다. 그리고 공감대를 형성하며 문제를 해결하려고 했다.

항정신약물 효과가 나타나고 X박사와도 신뢰가 생길 무렵, Anne은 다시 자살을 시도했다. 자살시도는 충격적이었는데 아무런 이유 없이 그냥 자살시도를 했기 때문이었다. 그녀는 치료 회기에 와서 자살에 대한 내용을 무덤덤하게 말했다. 충격을 받은 X박사는 자살을 촉발한 이유를 찾으려 했지만 발견할 수 없었다. Anne은 무관심했다. 혼란스러웠던 X박사는 동료 치료자들에게 자문을 구했다. 그들은 Anne이 돌아 올 수 없는 강을 건넌 것 같다고 했다. 그 중 한 명은 자살의 미스터리를 풀기 위해 심리평가를 추천했다.

내가 치료 중 특별한 점이 있었는지를 물었을 때 X박사는 지난 4개월간 치료하며 느꼈던 소름끼치는 외상에 대해 이야기했다. 최근에는 치료 효과도 없고 Anne이 가학과 피학의 투쟁에 빠져 드는 것 같은 느낌을 받았다고 했다. 소통이 어렵고, 공격적이며, 학대 경험에 대해 쓴웃음을 지으며 이야기를 해 도움을 청하기보다 위협한다는 인상이 들었다고 했다.

Anne과의 첫 번째 회기

우리가 로비에서 만났을 때 Anne은 냉담하고 자폐적으로 인사를 했다. 내가 다가가자 그녀는 몸을 돌려 알아들을 수 없는 말로 중얼거렸다. 내가 사무실로 안내를 하려는데 그녀는 잽싸게 의자에서 일어나 걸어갔다. 나는 그녀를 멈춰 세웠고 사무실은 반대쪽이라고 알려주었다. Anne은 다시 빠르게 뒤돌아 걸었다. 서둘러 따라 잡으려는 순간 나는 그녀가 거리를 두고 싶어 한다는 인상을 받았다. 그래서 복도 끝에 다다를 때까지 그녀를 기다렸다. 나는 사무실 앞에 멈췄고 그녀는 스무 발자국 정도 갔다 다시 되돌아 왔다. 나는 사무실로 안내했고 그녀는 서둘러 들어갔다.

나는 심리평가에 대해 설명하며 대화를 시작했다. "X박사는 치료에 방해되는 게 무언지 알고 싶어 평가를 의뢰했어. 특히 너의 고통과 자살에 대해 알고 싶어." Anne은 내 말을 듣고 살짝 웃은 뒤 책장을 둘러보았다. 나는 Anne에게 심리평가를 통해 어떤 것이 알고 싶은지를 물었다. 그리고 평가가 문제를 살펴 볼 수 있는 기회가 되리라는 것을 강조했다. 침묵이 흘렀고 그녀는 자신이 얼마나 똑똑한지가 알고 싶다고 했다. 나는 지능평가를 할 수 있다고 했다. 그리고 왜 지능에 관심 있는지를 물었다. 그녀는 자신의 능력을 제대로 발휘하지 못할 것을 두려워하고 있었다. 고등학교 시절 성적은 좋았지만 힘이 들었다고 했다. 나는 지능과 성적 사이에 차이가 나는 이유를 알고 있는지를 물었다. 그녀는 곰곰이 생각하더니 주변에 사람들이 많아 집중을 할 수 없었고, 선생님의 설명을 이해하는 게 어려웠다고 했다. 그리고는 "난 책이 좋아요! *Ulysses*를 좋아해요!"라고 했다. 나는 그녀의 관심을 알고 Leopold Bloom(*Ulysses* 주인공)에 대해 이야기했다. 그리고 10분 정도 *Ulysses*와 *Odyssey*를 읽었다. 그녀는 Anton Chekhov의 의식의 흐름에 따른 문체를 좋아한다고 했다. 나는 Anne의 박식함에 놀랐다.

나는 다른 질문이 있는지를 물었다. Anne은 미소를 지으며 "없다."고 했다. 나는 미소의 의미를 생각해 보았다. 그리고 혹시 평가를 통해 X박사가 알았으면 하는 것이 있는지를 물었다. 그녀는 활짝 웃으며, "네. 나는 X박사가 모든 것을 알았으면 해요. 내 마음을 알아줬으면 좋겠어요. 심리평가가 X박사에게 내 마음을 어떻게 읽는지를 알려줬으면 해요."라고 했다. 나는 미소를 지었다. 아울러 지금까지 내가 의뢰받은 사례 중 가장 흥미롭다고 말해 주었다. 그리고 한 번 생각해보겠다고 했다. 나는 심리평가가 모든 것을 알려주지는 않고 치료자도 모든 마음을 읽을 수는 없다고 했다. 그러나 평가가 시작되면 세 명 모두 Anne의 어려움을 이해할 수 있을 것이라고 말했다. Anne은 내키지는 않지만 평가를 해 보겠다고 했다.

검사 회기 중의 태도

Anne은 독특한 반응이 많았다. 가끔은 음흉하게 웃었다. 나는 흥미로운 수수께끼를 풀지 못하는 어리석은 목격자가 된 것 같았다. 평가를 끝낸 후 나는 웃음의 의미를 알고 싶었다. 그리고 반응이 궁금했다. 그녀는 평가가 흥미로웠다며 "X박사가 평가 결과를 보나요?"라고 물었다. 나는 "X박사가 알기 원하면"이라고 대답했다.

평가가 끝난 후 나는 Anne에게 강점과 약점이 있다는 것을 알게 되었다. 그녀는 5시간이 걸린 심리검사를 하루 만에 끝냈다. 하지만, 나와 거리를 두는 것 같았다. 그러나 로르샤하 검사는 진지하게 해서 문제를 알 수 있는 기회가 되었다.

검사 결과

실시한 검사는 웩슬러 성인용 지능검사-III(Wechsler Adult Intelligence Scale-III; WAIS-III; Wechsler, 1997), 주제통각검사(Thematic Apperception Test; TAT; Murray, 1943), 인물화 검사, 로르샤하 검사(Exner, 2003)였다. WAIS-III의 전체 IQ는 평균 수준이었다. 소검사에서 사회관습을 이해하는 과제(이해문제=7)는 수행이 좋지 않았다. 반면 추론 능력은 우수했다(공통성 문제=13). 사회적 인과관계에 대한 이해가 중요한 과제는 점수가 낮았지만(차례 맞추기=8), 빠진 곳 찾기(Picture

Completion 점수: PC=12)는 점수가 높았다. 두드러졌던 점은 Anne의 독특한 반응이었다. 예를 들어, *제비 한 마리가 왔다고 여름이 온 것이 아니다*라는 속담을 설명해보라고 했을 때 그녀는 정답을 말했다. 그러나 "약할 때 잡아라. 강하고 다수일 때보다 약하고 소수일 때 잡아라."라고 덧붙였다.

주제통각검사에서는 배신, 폭력, 살인, 약자에 대한 공격의 주제로 이야기를 꾸몄다. 13MF 카드(침대에 반나체로 누운 여인과 반대편을 바라보는 남자)에서는 "이 남자는 여자의 남편인데 아내에게 애인이 있다는 사실을 알고는 아내를 강간하고 살해했어요. 남자는 괴로웠지만 다른 사람들이 이 일을 몰랐으면 해요. 잘못은 부인의 애인에게 있어요."라고 말했다. 이는 세상에 대한 적대감을 반영했다. Anne은 다른 사람도 자신과 마찬가지로 관계가 뒤틀리면 살해충동을 느낄 거라고 했다. 그녀의 TAT, 인물화 검사, WAIS-III 반응이 정신증적이지는 않았다. 그러나 로르샤하에서는 정서 조절 문제가 있었고, 낮은 자존감, 자기중심성과 불안정한 사고가 나타났다.

로르샤하의 구조적 요약에서는 문제에 대응하는 방식이 충동적이고 통합되지 않았고 정서 조절을 못하는 것으로 나타났다(EB=4:9.5; FC:CF+C=1:7). 이는 약물치료 후 인지왜곡과 환청의 호전에도 불구하고 정신건강의학과 치료에 의문이 들게 했다. Anne의 *Perceptual Thinking Index*(PTI=4), *Schizophrenia Index* (SCHIZ=5), *Ego Impairment Index*(EII=2.1), *Suicide Constellation*(SCON=7)은 내면을 다스리는 데 문제가 있다는 것을 보여주었다(Lambda=0.17). 또한 상대적으로 높은 반사 반응(Fr+rF=3), 공격 반응(AgC=5), 그리고 *Contamination*과 *ALOG* 점수가 높은 *Wsum6*은 정신병 스펙트럼 장애를 시사했다. 아울러 붕괴되고 있는 경험이 강화되어 자기중심성과 함께 신체 통합의 문제와 상처받은 자존감이 염려되었다.

구조적 요약 결과, 사고장애의 가능성을 확인할 수 있었다. Anne은 21개 반응을 했고 대부분은 노골적인 악의와 혼란스러운 이미지였다. 1차 공격 과정, 경계성 특징, 그리고 부정적인 물건이 많았고, 인간 움직임 반응은 없었다. 그리고 은빛의 차갑고 날카로운 면도날, 성기구, 총, 무기 등의 반응이 있었다. 한편, 나를 자신의 정신세계로 초대했을 때 그녀는 안정되어 있었고 초조함이 없었다. 예를 들어 II번 카드의 반응은 다음과 같았다.

Anne: 두 마녀가 냄비 주변에서 춤을 추고 있어요.

질문단계:

Fowler박사: 무엇이 두 마녀로 보이게 했지?

Anne: 이 부분은 냄비인데 소름끼치지만 피처럼 보여요. 마녀들은 후드를 쓰고 손을 잡고 있어요. 의식을 치르는 것 같아요. 검은색 주변 빨간색이 피를 떠올리게 해요. 빨간 부분이 냄비처럼 보이는데 그 안에 검은색이 있어요.

Fowler박사: 무엇이 마녀처럼 보이게 했지?

Anne: 머리가 터지는 거요.

나는 Anne의 악하고 왜곡된 이미지에 대해 나도 모르게 "어이쿠 이런..."이라고 탄식을 했다. "어이쿠 이런..."이라는 탄식은 나의 가톨릭 배경을 고려할 때 흔치 않은 반응이었다. 또한 Anne에 대한 희망이 사라지는 순간이자 그녀를 이해하기 어렵다는 본능적 반응이었다. 나는 Lewis Carroll의 Alice가 토끼 구멍에 빠진 것 같은 느낌이 들었다. Anne을 알면 알수록 혼란스럽고 절망적으로 되었다. 내가 III번 카드를 건네었을 때 절망은 더 분명해졌다. 그녀는 III번 카드를 보자 소리를 질렀다.

Anne: 와. 나 이거 기억나요. 남자가 거울을 보며 머리에 총을 대고 자살하는 거예요.

Fowler박사: 남자가 거울을 보며 머리에 총을 대고 자살하고 있다고?

Anne: 네. 거울을 보고 있어요. 자살한 게 아닐 수도 있지만 총을 맞은 것 같아요. 머리가 터져 피가 보여요. 그리고 남자예요. 왜냐하면 남자들이 주로 총을 쏘잖아요. 그렇죠? 통계적으로도 맞죠? 엄마가 그랬어요.

Fowler박사: 어떻게 해서 그것이 피처럼 보이지?

Anne: 빨간색이 사방에 퍼져 있잖아요.

Fowler박사: 거울에?

Anne: 네. 양쪽 모두에요.

표 6.1	Anne의 구조적 요약

반응영역 | 결정인 | 반응내용 | 접근방식

반응영역

Zf	= 14
ZSum	= 54.5
ZEst	= 45.5

W =	11
D =	8
W+D =	19
S =	3

DQ

+	= 8
o	= 6
v/+	= 0
v	= 0

형태질

	FQx	MQual	W+D
+	=0	=0	=0
o	=5	=1	=5
u	=8	=1	=7
−	=8	=2	=7
none	=0	=0	=0

결정인

혼합

Fr.Ma.FMa
Ma.CF.ma.C'F
Fr.Ma.ma.CF
FMa.FT.FD
FMp.FY
FMa.CF

단일

M =4		H =3	
FM=5		(H) =1	
m =3		Hd =3	
FC =1		(Hd)=0	
CF =3		Hx =0	
C =4		A =5	
Cn=0		(A) =2	
FC'=3		Ad =1	
C'F=1		(Ad)=1	
C'=0		An =0	
FT =1		Art =0	
TF =0		Ay =1	
T =0		Bl =5	
FV=0		Bt =1	
VF=0		Cg =1	
V =0		Cl =1	
FY=2		Ex =0	
YF=2		Fd =0	
Y =0		Fi =0	
Fr=3		Ge =0	
rF=0		Hh =3	
FD=1		Ls =0	
F =3		Na =2	
		Sc =4	
		Sx =1	
		Xy =0	
(2) =2		Id =0	

접근방식

I	:	WS.WS.D.D
II	:	W
III	:	W.D
IV	:	W
V	:	W
VI	:	W.D.W
VII	:	W
VIII	:	W
IX	:	W.D.Dds
X	:	D.D.D.Dd

특수점수

	Lv1		Lv2
DV=0	0 X 1		0 X 2
INC=0	0 X 2		0 X 4
DR=0	1 X 3		0 X 6
FAB=1	1 X 4		0 X 7
ALOG=1	1 X 5		
CON=1	1 X 7		

Raw Sum6= 4
Wgtd Sum6= 19

AB = 0		GHR = 1
AG = 1		PHR = 6
COP = 1		MOR = 2
CP = 0		PER = 5
		PSV = 0

비율, 백분율, 산출점수

R =21	L = .17

EB=4:9.5	EA=13.5	EBPer=NA
eb=8:9	es=17	D = −1
	Adj es=12	Adj D =0

FM =5	SumC'=4	SumT= 1
m =2	SumV=0	SumY= 4

FC :CF+C =1:7
Pure C =4
SmC':WSmC =4:9.5
Afr =.62
S =3
Blends / R =9:21
CP =0

COP =1	AG =1
GHR:PHR =1:6	
a:p =10:2	
Food =0	
SumT =1	
Human Cont =7	
PureH = 3	
PER = 5	
Isol Indx =0.33	

a:p =10:2	Sum6 =4
Ma:Mp =4:0	Lv2 =0
2AB+Art+Ay =1:21	WSum6 =19
MOR =2	M− =2
	Mnone =0

XA% =62
WDA% =63
X−% =38
S− =0
P =2
X+% =24
Xu% =38

Zf =14
W:D:Dd= 11:8:2
W:M=11:4
Zd =+9.0
PSV =0
DQ+ =8
DQv =0

3r+(2)/R =.52
Fr+rF =3
SumV =0
FD =0.1
An+Xy =0:21
MOR =2
H:(H)+Hd+(Hd)=3:4

PTI =4	DEPI =3	CDI =2	S−CON =7	HVI =5	OBS =0

Anne은 III번 카드의 마지막 반응에서 카드를 위아래로 돌리며 묘지의 아치형 길처럼 보인다고 했다. 질문단계에서는 잉크 반점의 음영 때문에 피, 가슴을 해부한 것이 무덤 같다고 했다. 추가 질문에서는 확실히 병적 반응을 확인할 수 있었다. 그녀는 피/해부 형태가 묘지의 아치형 길처럼 보인다고 했다. 나는 반응을 보며 좌절했다.

Anne이 치료실을 떠난 뒤 나는 그녀의 갈등과 욕구에 대한 단서를 찾을 수 있을까 하는 바람으로 다시 자료를 보았다. 그런데 지난번에는 몰랐던 흥미로운 내용을 발견할 수 있었다. 마녀가 손을 맞잡고 있었다! 머리가 터지고 까맣고 빨간 피가 가득 찬 냄비가 있었고 가운데 두 명이 움직이며 서로의 자율성을 인정하는 행동을 하고 있었다. 그것은 마녀 머리가 터졌다고 말하기 전의 반응이었다. 이는 의식에 자리 잡은 1차 공격 과정(피가 사방에 튄다), 강렬한 평가 절하(마녀들), 부자연스러운 논리(까맣고 빨간 냄비에 대한 의식적이고 명백한 반응 때문에 마녀들이다), 그리고 불편한 자아 동질적 접근이 머리가 터지기 전까지는 협력적 움직임에 대한 인식에서 최고 수준의 자율성(Urist, 1997)을 드러내고 있었다.

이 혼란과 1차 과정의 이미지는 Anne의 관계에 대한 관심을 보여주었다. 대인관계에 대한 관심을 바탕으로 나는 반복적으로 나타나는 차가운 은빛 무기의 이미지에 다른 의미가 있는지를 살펴보았다. 그녀의 이미지는 경계심과 외부 박해에 대한 예민성을 담고 있었다. 이는 로르샤하의 IV번과 VI번 카드에서도 나타났다. 나는 그녀가 무채색 카드에 질감이 있을 가능성을 거부하고 있다고 생각했다. 이는 VI번 카드에서도 확인되었다. 그녀는 두 개의 금속 무기를 부드럽고 얼룩덜룩한 질감을 가진 노랑가오리와 연관시켰다. 질감으로 음영에 차이를 두어 차가운 표면을 본 것은 정서적 요구를 거부하는 것이었다. 이는 자신의 욕구가 충족될 수 없다는 것을 나타냈다(Paul Lerner, 1991).

이러한 점을 바탕으로 나는 Anne이 분열에 적응하고 흥미로운 경험을 바라지만, 경계하고 있고 타인과의 관계를 거부하고 있다는 생각이 들었다. 이 잠정적 가설은 만성 정신병으로 고통 받는 여성에 대한 이해를 가능하게 했다. 이러한 해석을 바탕으로 나는 다음의 보고서를 썼다.

II번 카드 결과가 그녀의 문제에 대해 여러 정보를 주지만, 누구든 정서적 폭풍에서 길을 잃을 수 있고 자신이 어떤 갈등을 겪었는지 모를 수 있다. 명목상 마녀들은 손을 잡고 있었다. 로르샤하 검사 내내 그녀는 혼란스러워했고 다른 사람을 나쁜 이미지로 그리고 있었다. 그녀의 대인관계 욕구는 위장되어 있었다.

　나는 III번 카드에서 "어이쿠 이런..."이라는 역전이 반응을 잠시 보류한 채 거울을 보고 자살하려는 남자를 생각해보았다. Anne이 남자처럼 거울을 보며 자살하려는 자신의 모습을 보면 어떨까라는 상상을 했다. 남자(Anne의 아바타)는 방아쇠를 당기기 전에 무엇을 찾았을까? 이 엉뚱한(정도를 벗어난) 상상은 Anne이 방아쇠를 당기기 전에 정서적으로 저항하고 거울에 비친 얼굴에서 무언가를 보았을 거라는 생각이 들게 했다. 나는 이것을 Anne이 나를 불편한 감정을 경험하는 관찰자로 본 것과 연관시켜 보았다. 나는 그녀가 섬뜩한 것을 반복적으로 이야기한 것을 보고 X박사도 비슷한 경험이 있었는지가 궁금했다. 그리고 Anne이 평가질문에 답하며 나를 힐끗 본 적이 있었는지 기억을 더듬어 보았다. 그녀는 나를 은밀하게 쳐다 본 적이 있었는데, X박사가 무엇을 알고 싶어 하는지를 물었을 때 그랬었다. 이것은 나의 역전이 반응, 예를 들어 Anne의 섬뜩하고 소름끼치고 사고장애가 있는 이미지에 대한 설명을 꺼리는 나의 감정과 들어맞았다. 나는 Anne과 치료자에게 동정심이 들었다. 그리고 치료 중 서로 참고 있는 부분이 안타깝게 느껴졌다.

　Anne이 묘지의 아치형 길과 사람의 잔해에 대해 이야기한 것은 사고장애가 시사되는 반응이었다. 나는 그녀가 누군가에게 고통스러운 경험을 투사하지 않으면, 훨씬 더 분열적으로 될 것이라는 생각이 들었다. 그녀가 X박사를 놀라게 해주려는 것은 다른 누군가에게 관심을 받고 싶어 하는 시도였다. Anne은 치료자의 관심을 끌어 표현하지 못한 무섭고 혼란스러운 감정을 경험하고자 했던 것이다. 검사 중 그녀가 본능적으로 움찔했던 부분을 보건대, Anne은 고통에서 벗어나 다른 경험을 해보고 싶었던 것이다. 하지만 이는 실패했고 결국 더 큰 분열로 이어졌다.

　자료에 기초하여 나는 X박사와 평가 결과를 공유했다. Anne에 대한 피드백은 회기에 따라 유연하게 적용할 필요가 있었다.

X박사와의 피드백

X박사는 심리평가 결과를 읽은 후 나와 만나 주요 질문에 대해 논의했다. X박사의 Anne에 대한 관심은 설명을 집중해 듣는 데서 알 수 있었다. X박사는 Anne의 환청이 호전되었음에도 인지왜곡과 사고장애의 심각성을 걱정했다. X박사는 Anne의 해리 상태가 PTSD보다는 분열로 이어질 가능성을 염려하고 있었다. 분열을 확인할 수는 없었지만, Anne은 악한 이미지에 몰두할 때 회피하거나 불안해하지 않았다. Anne은 자신의 모습을 즐기는 것처럼 보였다. 하지만 나는 점점 불편해졌다. 우리는 Anne의 반응과 나의 본능적 반응을 공유했다. 그리고 로르샤하의 II번과 III번 카드의 반응을 X박사에게 보여주었다. X박사는 자신도 Anne의 이야기에 혐오감을 느꼈다고 했다.

다음으로는 Anne이 카드를 통해 피투성이 기억에 대한 의미를 전달했을 가능성에 대해 이야기했다. 첫째, Anne에게 실제로 참기 힘들었던 외상이 있었을 가능성이 있다. 둘째, 자신의 역겨운 감정을 공유함으로써 X박사와 감정적 공명을 원했을 수 있다. 셋째, Anne의 인간에 대한 불신으로 의존 욕구를 간접적인 채널, 예를 들어 자신의 상태에 대해 X박사를 놀라게 해서 일으킨 강렬한 감정 반응으로 욕구를 충족했을 수도 있다.

X박사는 잠시 생각을 하더니 그녀가 생생한 공격으로 고통을 많이 받았었다고 했다. X박사는 Anne의 공격성에 대해 보다 직접적인 분석 자료를 얻을 수 있는지를 물었다. 나는 X박사에게 민감도 분석(sensitive analysis)을 제안했다. 그리고 일반적으로 피해자는 공격자를 알아보고 악의 있는 학대자를 확인한 다음, 다른 사람과 동일시하는 경향이 있다고 설명해주었다. 나는 X박사에게 혹시 부모가 이혼한 시기와 사춘기 무렵 Anne의 무모한 행동을 확인해본 적이 있는지를 물었다. Anne은 치료 동안 적의를 드러냈지만, 동시에 X박사와 가까워지고 싶어 한다는 것도 말해주었다. Anne의 행동은 불편하고, 위험하고, 파괴적이었지만, 이는 X박사와 가까워지고 싶어 하는 바람을 혼란 속에 감추려는 시도로 보였다. 나는 마녀들이 손을 잡고 냄비 주위를 춤추는 이미지로 돌아왔다. 그리고 X박사에게 Anne이 그런 이미지를 떠올린 이유가 무엇이고, 그 이미지가 상징적으로 X박사와 어울리고 싶어 하는 그녀 마음을 반영하는 것은 아닌지

를 생각해보라고 했다.

X박사는 이 공감 연습에 관심을 가졌다. Anne은 "춤추며 돌아다녔다."는 주제를 숨바꼭질 형태로 바꾸어 X박사에게 자신을 찾으라고 요청했었다. X박사는 혼란스럽고 짜증이 나, 이 요청을 받아들이지 않았다. 이를 통해 나는 X박사에게 Anne의 보살핌에 대한 소망을 어떻게 다루어야 하는지를 알려주었다. 아울러 과거와 같은 방법은 관계의 후퇴를 가져올 수 있다고 조언했다. 나는 Anne의 자살시도가 강한 감정과 같이 있었다면 문제를 극복하기가 힘들 거라는 생각이 들었다. 나는 X박사가 잘 대처하기를 바랐고 6개월 뒤 치료가 어떻게 진행되는지에 대해 후속 면담을 가지자고 했다. 그녀는 동의했고 고마워하며 사무실을 나갔다.

Anne과의 피드백

Anne의 첫 번째 질문은 "내가 얼마나 똑똑한가요?"였다. 치료실에 들어가기 전이라 나는 방심하고 있었다. 질문의 성격과 도전적인 목소리 때문에 정적이 흘렀다. 나는 어색해서 어떻게 해야 할지 몰랐다. 일단 치료실로 들어오라고 했다. 나는 그녀가 앉기 전에 "너는 영리하단다. 지능검사 결과보다 더 똑똑하다고 생각한다."고 말했다. Anne은 기뻐했다. 다음 질문은 더 구체적이었다. "그래서 지능검사 결과는 내가 바보라고 나왔나요?" 나는 지능검사 결과가 평균 범위에 있고 추론능력과 독해능력은 뛰어나다고 말했다. "너는 *Ulyses*에 대해 이야기했지. 그 책은 가볍게 읽을 수 있는 내용이 아니야. 나도 읽었는데 고등교육에서나 배울 수 있는 거야. 고등교육은 너의 강점을 드러내기 어렵지. 왜냐하면 너는 다른 사람을 부담스러워 하고 다른 사람에게 직접 이야기하는 걸 어려워하니까. 그래서 네가 독서를 좋아하고 스스로 배우는 걸 좋아하는 것 같아."

Anne은 기분이 좋아진 듯 했다. 그리고는 화제를 바꿔 "다른 검사 결과는 어떻게 나왔어요? 결과를 X박사님도 보나요?"라고 물었다. 나는 그녀가 영리할 뿐 아니라 사람을 경계하는 경향이 있다고 알려주었다. 자료를 상호작용으로 활용했기 때문에 Anne이 결과에 의문을 가질 수 있다는 생각이 들었다. Anne이 다음 면담에 오기로 한 것은 다행이었다. 나는 그녀에게 나의 가설에 의문을 제기하고 증거를 생각해 보고, 내가 무엇을 잘못 알고 있는지를 확인해보라고 했다. "이것은 사실이 아닐 수도 있어. 내가 잘못 알고 있는 것을 알려주면 너를 좀 더 이해할 수 있고 나의 생각을 수정할 수 있을 거야." Anne은 이 요청을 받아들였고 더 많이 피드백을 해 달라고 했다.

나는 그녀의 경계가 적응력을 높일 수 있겠다는 생각이 들었다. 예를 들어, 그녀는 잉크 반점을 보며 세부 자극까지 찾았다. 나는 그녀가 자신을 그림 속 누군가로 생각하고 어떻게 환경을 살펴보는지가 궁금했다. 그녀는 "제가 사는 곳에서는 주변에 어떤 일이 일어나는지를 알지 못하면 나쁜 일이 생길 수 있어요. 나는 어릴 때부터 누가 착한 사람이고 나쁜 사람인지를 알아야 했어요." "그렇지만 구분하는 게 참 어려워요."라고 덧붙였다. 나는 Anne의 말에 동의하며 위험한 사람들 중에 도움이 될 만한 사람을 찾는 것은 힘든 일이라고 말했다. 아울러 그런 삶의 방식이 도움이 되었을지는 모르지만, X박사를 신뢰하는 데 방해가 되었겠다고 이야기했다. 나는 X박사를 믿는 척 할 필요가 없으며, 차라리 믿지 못할 때는 직접 말하는 게 좋을 것 같다고 말했다. 그녀는 이에 동의했다.

Anne은 X박사에게 내가 어떻게 이야기했는지를 물었다. 나는 궁금한 내용이 무엇인지를 말해달라고 했다. 그녀는 웃으며, "나는 X박사님께 이야기로 메시지를 보내려고 했어요."라고 말했다. "X박사가 이야기로 메시지를 듣기 원했다고?" Anne은 갑자기 당황했다. 순간 위협을 느낀 듯 물러섰다. "나는 X박사에게 너의 이야기를 다시 읽어보라고 할 수 있을 것 같아. 하지만 네가 X박사에게 숨겨진 메시지를 보내려는 데서 발견한 게 있는데 그게 뭔지 아니?" 그녀는 고개를 저었다. "나는 네가 소통하기 위해 애쓴다는 것을 알고 있어. 그리고 X박사에게도 네가 겪는 고통과 복잡한 감정을 느끼게 하고 싶어 하지." Anne은 충격을 받은 듯 했다. "어떻게 알았어요? 내 마음을 읽을 수 있나요?" 나는 마음을 읽을 수는 없다고 했다. 그리고 검사를 통해 상처받는 것에 대한 두려움은 있지만, X박사와 계속 관계를 맺고 싶어 한다는 것을 알 수 있었다고 말해 주었다. 그녀는 고개를 끄덕였다. "네가 X박사의 관심과 보호를 받기 위해 스스로를 위험에 처하게 하고 있다는 생각이 들어. 몸에 상처를 입히는 것보다 네 감정을 직접 말하는 것이 좋다고 생각해. 왜냐하면 네가 죽으면 X박사에게 관심을 받을 수 없기 때문이야." Anne은 이 부분에서 의견이 달랐다. 그녀는 치료자에게 관심받기 위해 자살 시도를 한 것이 아니라 치료자를 화나게 하기 위해 상처를 입혔다고 했다. 나는 왜 치료자를 화나게 하려고 했는지가 궁금했다. 그녀는 "이게 남자 친구들과 있었던 일이에요. 걔들은 화가 나면 나에게 관심을 가졌어요. 나는 걔네들을 믿지 않아요. 그들은 나를 좋아한다지만 다른 뜻이 있어요. 그렇지만 내가 멍청한 일을 해서 그들이 화가 나면 나에게 관심을 줬어요." 나는 수정해줘서 고맙다고 했고 이것이 중요하다는 생각이 들었다. 나는 Anne에게 이 이야기를 X박사에게도 해주기를 요청했고 그녀도 이에 동의했다. 피드백 회기가 끝날 쯤 나는 다른 질문이 있는지를 물었다. 그녀는 "상담이 이상하기는 한데 재미있네요. 그리고 내 이야기를 X박사에게 전해 줄 수 있나요?"라고 말했다. 나는 그렇게 하겠다고 했다. 그리고 X박사와 함께 이야기를 읽어 보는 것도 좋겠다고 했다. 아마 X박사에게 숨겨진 메시지에 대한 실마리를 줄 수 있을 테니 말이다.

나는 Anne을 문으로 안내하며 그녀가 찾고자 하는 것이 다른 사람의 사랑과 보호라는 사실을 이야기할 기회를 엿보고 있었다. 그러나 자신만의 해결책을 가지고 가는 것이 좋겠다는 생각이 들었다. 문은 닫혔고 나는 잠시 욕구에 대한 부인과 갈망, 그리고 사람에 대한 불신이 Anne에게 반복될 것 같은 걱정이 들었다. 그리고 적절한 시점에 X박사가 그녀의 혼란을 해석할 수 있는 기회를 가져 자살 시도의 위험을 줄일 수 있기를 바랐다.

추수회기

7개월 뒤 나는 중요한 사실을 알게 되었다. 나와의 상담결과를 바탕으로 X박사와 Anne은 이야기의 숨겨진 메시지를 풀어갔고 치료는 깊어졌다. 그러나 치료의 일시적 중단이 장해가 되었다. X박사의 여름휴가 후 Anne은 조용해졌다. 그러나 예전의 파괴적 행동이 다시 나타났고 약을 한꺼번에 털어 넣었다. 반복되는 문제 재현과 치료 교착으로 X박사는 그녀를 다른 분석가에게 의뢰했다. 그 분석가는 Anne의 약물남용과 갈등은 사랑의 감정에서 회피하려는 시도임을 확인시켜주었다. 그는 Anne에게 소통을 피하는 이유를 알아보라고 권하며 상담을 종결했다. X박사는 선임 분석가의 의견에 확신을 얻어 치료 관계에 집중했다. 그리고 Anne의 자학 성향을 두려움과 친밀감에 대한 회피로 해석했다.

몇 주간 호전과 악화를 반복하다 Anne이 치료에 반응을 보이자 분위기는 바뀌었다. 그녀는 더 이상 약을 한 번에 털어 넣지 않았다. 한번은 자신의 고양이를 회기에 함께 할 수 있게 해 달라고 했다. X박사는 이것을 그녀의 부드러운 내면을 드러내는 긍정적 신호로 보았고, 보호받고 싶은 욕구를 치료 시간에 가져 온 것으로 생각했다. 그러나 치료자와의 논쟁은 계속 되었다. 그녀가 약물남용과 자해를 하지 않고 회기에 적극적으로 참여한 것을 X박사는 기쁘게 생각했다.

치료 저항이 있는 환자를 대상으로 치료적 평가를 하면 치료 효과가 느릴 수 있다. Anne과 X박사는 나와의 상담, 그리고 자살시도 후 다른 전문가와의 상담 후에도 오랫동안 문제 해결을 위해 노력했다. 결국 Anne은 치료를 종결했고, 자아가 강해졌고, 자해 행동을 하지 않았다. 이는 Anne과 치료자와의 길고도 고된 노력의 결과였다. 나와 다른 분석가와의 상담은 교착 상태를 해결하는 데 필요조건이었지 충분조건은 아니었다. 오히려 치료자와 갈등과 회복을 반복하면서 Anne은 욕구와 적대적 감정과 불신을 표현했고 자살에 대한 걱정을 해결했다.

치료적 평가 모형은 초기에 모호한 질문에 집중하고 Anne이 자신의 어려움을 평가하는 데 도움이 되었다. 그리고 심리평가는 Anne에게 질문할 기회를 주었고, 하고 싶은 말을 할 수 있게 했다. 내재된 욕구와 파괴 행동의 동기에 대한 그녀의 말은 자신의 행동에 책임을 지게 했다. 그리고 치료자 환자 관계는 문제를 해결할 수 있도록 도와주었다.

7장

정서 억제를 탐색하기 위한 치료적 평가: 위기의 크리에이티브 전문가

JAN H. KAMPHUIS AND HILDE DE SAEGER

의뢰 사유

Arnold는 스스로 의뢰한 내담자였다. 그는 직장 문제와 불행한 삶에 대해 상담받기를 원했다. 동료는 걱정이 되어 그에게 전문가의 도움을 권했다.

질문의 협력적 생성과 개인 정보

나는 면담을 통해 다음 사실을 알게 되었다. Arnold는 아내와 두 자녀와 살고 있었고 웹 디자이너로 "크리에이티브" 일을 했다. 처음에는 직업에 만족했다. 하지만, 기쁨은 사라졌고 압박을 느꼈다. 나는 한 가지 의문이 들었다: 그는 광고 웹 디자인이 적합한가, 아니면 사업이 적격인가.

Arnold는 16살 때 예술적 재능을 발견했고 이것으로 성공하리라 생각했다. 그는 소프트웨어 회사 웹 디자이너로서 광고 사이트를 디자인했다. 일을 잘 했고 동료들도 그를 인정했다. 반면 창의적이어야 한다는 압박이 많았고 시간 부족을 힘들어했다. 종종 자신(또는 동료들)의 작업이 속임수와 술책을 쓴 천박한 것이라는 느낌이 들었다. 그러면서 점차 흥미를 잃어갔다.

최근에는 상황이 나빠져 질식할 것 같았고 탈출하고 싶은 충동을 느꼈다. 심지어 회의와 사업에 대한 질문을 피하기 위해 한 시간 넘게 화장실에 숨었던 적도 있었다. 2주 전에는 더 이상 참을 수가 없어 병가를 냈다. 동료들도 처음에는 그를 이해했다. 하지만 몇 주가 지나 결근이 영향을 주자 동료들은 사회복지건강서비스를 받아보라고 권했다.

Arnold는 이미 2년 전에 도움을 받은 적이 있었다. 자신의 감정을 살펴보기 위해 승마치료에 참여했었다. 도움이 되었지만 생활에 적용하기가 어려웠다. 신학자의 "철학 강의"도 들었지만 별 효과가 없었다. 아내와 동료는 좀 더 전문적인 치료를 받아볼 것을 권했다. 그 무렵 Arnold는 집중력이 떨어졌고 무기력과 우울로 고통스러워했다.

Arnold는 지난 두 달간 주말에 쉬거나 여행을 갈 때나 잠깐 좋아질 뿐 여전히 긴장되고 불안했다. 그가 가장 크게 좌절한 것은 열정이 없다는 것이었다. 이것은 그를 "게으르고" "활력 없게" 만들었다. 그리고 아내가 자신에게 좌절감을 털어 놓았기 때문에 그럴 거라는 생각이 들었다. 아내는 남편의 "줏대 없고" "이도 저도 아닌 자세"를 참지 못했다. 그가 생동감 없고 무기력에 대해 자책하고 현 문제의 원인이 무엇인지 알지 못한다는 데서 나는 문제의 실마리를 발견했다.

Arnold는 열정이 없는 이유가 아버지와의 갈등 때문일 거라 생각했다. 그는 어린 시절 이야기를 하며 이것이 문제의 "연결 고리"를 찾는 데 중요할 거라고 했다. Arnold가 11살이었을 때 그의 할아버지는 갑자기 돌아가셨다. 이후 Arnold의 아버지는 형제들을 돌봐야 했다. 이 경험은 아버지의 성격 형성에 영향을 주었다. 그는 아버지를 독립적이고, 지혜롭고, 반박할 수 없고, 합리성에 기초한 옳고 그름이 분명한 사람으로 보았다. 사춘기 때도 Arnold는 아버지의 말을 잘 들었다. 그는 아버지의 한결 같은 합리성에 위축되었다. Arnold는 화를 낼 수 없었다. 아버지는 늘 "논리성, 합리성, 민감성"으로 무장되어 있었다. 이는 Arnold가 잘 되라고 하는 말이었다. 그러나 아버지의 독립성 이면에는 연약함도 있었다. 아버지는 결코 "경거망동" 하지 않았다. 아버지 또한 할아버지에게 짐이 되는 행동은 하지 않았다. 돌이켜 보면 Arnold는 큰 문제없이 청소년기를 보냈다. 반면, 도전적이지 못했고 정체성에 혼란을 겪었다. 성인이 되어서는 아버지의 합리적인 모습에 화가 났다. 그는 자신이 설 곳을 아버지가 얼마나 뺏었는지에 대해 말하고 싶었다. 그리고 "아버지의 고압적 태도 때문에 내가 심드렁한 사람이 된 것은 아닌가?"라고 고민을 했다. 아울러 이 모든 일을 있게 한 어머니에게도 화가 났다. Arnold에 따르면 어머니는 불안하고 죄책감이 많은 분이었다.
첫 만남에서 그는 다음 질문을 했다:

1. 광고업은 나의 길인가? 나는 사업이 적성에 맞나?
2. 집중력 저하 문제를 어떻게 해결할 수 있나?
3. 나는 게으른가?
4. 어떻게 하면 열정을 끌어올릴 수 있나? 왜 생기가 없나?
5. 문제의 원인은 무엇인가? 문제를 어떻게 해결해야 하나?

🌱 학습포인트

면담은 발달력이나 성생활, 원가족의 양육방법 등, 모든 정보를 주지 않는다. 그리고 그럴 필요도 없다. 중요한 것은 내담자의 질문을 이해하는 것이다. 그리고 관련이 있을 때 질문을 하거나 기록하면 되지만, 대부분은 하지 않거나 피한다. 즉, 면담의 전망대는 내담자의 질문을 바탕으로 세워져야 한다(Finn, 1996).

주목할 점은 내담자가 한 질문의 "요인분석"은 내담자의 핵심 문제의 원인에 대한 가설의 기초가 된다. 본 사례에서 내담자는 집중력 문제에 대해 "나는 게으른가?"라고 질문을 함으로써 우울의 단서를 제공했다. 하지만 그 외에 다른 질문에서는 자신의 정서와 동기의 근원을 찾기가 어려웠다.

인상과 가설

면담과 행동관찰은 Arnold가 감정을 어떻게 다루고, 그것이 주변 사람에게 어떤 영향을 주는지에 대한 나의 호기심을 자극했다. 주목할 점은 Arnold가 회기 때 가져온 공책의 내용이었다. 공책에는 Arnold가 중요하게 생각하는 인용구와 신학자의 말이 적혀 있었다. 그리고 내가 한 말 중 그가 주목한 것도 있었다. 나는 이 공책에 대해 여러 감정이 들었다. 하지만, 왜 내가 신경을 쓰는지 깨닫는 데는 시간이 걸렸다. 나는 회기로부터 통찰을 얻는 데 몰두되어 있었다. 하지만, 인지 처리가 우울하고 불안한 정동에 의해 방해를 받을 때는 그러한 통찰이 별 소용이 없다는 것을 알았다. 물론 그의 공책에 이러한 것들이 기록되어 있다는 것에는 만족했다. 하지만, 이 공책이 나와 Arnold와의 관계에서 거리를 만들고 있다는 생각이 들었다. 가정의 경제 문제를 다룰 때도 Arnold는 감정적이거나 흥분하지 않았다. 공책은 그가 현재 경험하는 정서적 어려움의 이해를 방해했고 결정적인 순간 공감을 주지 못했다. 나는 이 공책이 자신과 타인에게 거리를 두는 그의 태도를 보여준다는 생각이 들었다.

표준화된 검사

우리는 광범위하고 표준화된 성격 평가를 위해 개정된 미네소타 다면적 인성검사-2(Minnesota Muliphasic Personality Inventory; MMPI-2; Butcher, Dahlstrom, Graham, Tellegen, & Kaemmer, 1989)를 실시했다. 대상관계와 정서 조절에 대한 통찰 및 내적 자원과 스트레스를 알아보기 위해 로르샤하 검사(Rorschach Inkblot Method; RIM, Exner, 1995)도 했다. RIM에서 얻은 통찰은 내담자의 생기 부족(4번 질문)과 자신의 관점을 발견하고 견지하는 것이 왜 어려운지(5번 질문)를 설명해 주었다. 마지막으로 집중력 문제와 스스로를 "게으르다"고 인식하는 것(2, 3번 질문)이 우울이나 일과 관련된 스트레스와 상관있다는 가설을 증명하기 위해 Beck 우울검사(Beck Depression Inventory; BDI; Ward; Mendelson, Mock, & Erbauch, 1961)와 Utrecht 소진척도(The Utrecht Burnout Scale/Maslach Burnout Inventory)를 실시했다. 우리는 그에게 "자신과 소통하는 방법으로 질문에 대한 최선의 답을 얻게 될 것이다."라고 말해 주었다. 이는 심리평가의 개별화와 협력적 특징을 강조하는 기회가 되었다.

MMPI-2

🌱 학습포인트

타당도 척도에서는 VRIN의 상승에 주목할 필요가 있었다(T=81). 이 점수는 비슷한 주제에 대해 일관되게 반응하지 않았다는 것을 보여주었다. 경험에 따르면 80T를 절단점으로 보지만 Arnold의 점수는 이보다 1점이 높았다. 흥미롭게도 MMPI-2의 상승은 Arnold의 반응과 일치했다. 예를 들어 그는 파티를 좋아하는지 좋아하지 않는지와 같은 질문에서조차 확신이 없었다. 파티가 언제 열리는지, 그 파티가 일과 관련된 것인지, 처음 마음먹은 대로 가기로 한 경우 그것이 괜찮은지 등에 대해 명확한 답변을 못했다. 나는 Arnold의 점수가 절단점을 넘은 것이 걱정되었지만, 그의 관심과 협력은 반응의 신뢰도에 대한 논란을 종식시켰다.

표 7.1을 보면 Arnold의 MMPI-2에서 다섯 개의 임상척도가 상승했다. 이러한 경우 2 혹은 3 코드 타입을 분석해 상승척도의 일관성과 중복되는 점을 찾는다(Graham, 2006). 아울러 Harris Lingoes척도와 내용척도(구성요소)를 이용하면 좀 더 풍부하게 해석을 할 수 있다. 하지만 재구성 임상척도(Reconstructed Clinical Scales, RCs; Telegen et al., 2003; Finn & Kamphuis, 2006)를 분석하면 더 의미 있는 해석이 가능하다.

표 7.1   Arnold의 MMPI-2 임상척도

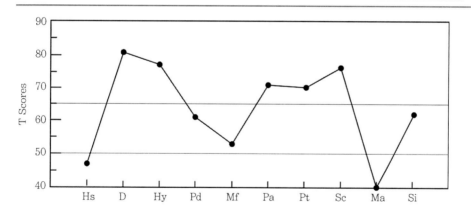

각주: Hs=1번 척도, 건강염려증; D=2번 척도, 우울증; Hy=3번 척도, 히스테리; Pd=4번 척도, 반사회성; Mf=5번 척도, 남성성-여성성; Pa=6번 척도, 편집증; Pt=7번 척도, 강박증; Sc=8번 척도, 정신분열증; Ma=9번 척도, 경조증; Si=0번 척도, 사회적 내향성. 출처. 이 그림은 *MMPI-2®(Minnesota Multiphasic Personality Inventory® -2) 실시, 채점과 해석 편람*에서 발췌했다. Copyright© 2001 미네소타대학출판부. 미네소타 대학교 리젠트가 판권을 소유하고 있고 모든 권한을 보유하고 있음. 미네소타 대학교 출판부 승인하에 사용됨. "MMPI"와 "Minnesota Multiphasic Personality"는 미네소타 대학교 리젠트 소유의 등록 상표임.

| 표 7.2 | Arnold의 MMPI-2 재구성 임상척도 |

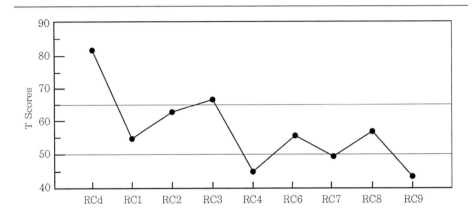

각주: RCd=의기소침; RC1=신체증상 호소; RC2=낮은 긍정 정서; RC3=냉소적 태도; RC4=반사회적 행동; RC6=피해의식; RC7=역기능적 부정 정서; RC8=기태적 경험; RC9=경조증적 상태. 이 그림은 *MMPI−2*®*(Minnesota Multiphasic Personality Inventory*®*−2) 재구성 임상 척도: 개발, 타당화와 해석*에서 발췌했다. Copyright© 2003 미네소타대학출판부. 미네소타 대학교 리젠트가 판권을 소유하고 있고 모든 권한을 보유하고 있음. 미네소타 대학교 출판부 승인하에 사용됨. "MMPI"와 "Minnesota Multiphasic Personality"는 미네소타 대학교 리젠트 소유의 등록 상표임.

표 7.2를 보면 임상척도에서는 의기소침(RCd=81, Finn & Kamphuis, 2007을 보라)이 상승했다. RCd의 상승은 불행감과 이에 동반되는 우울과 불안을 나타내며 현재의 정서적 고통을 반영한다. 다른 RC 척도 중 이와 비슷하게 상승한 RC2(낮은 긍정 정서)와 RC3(냉소주의)도 주목할 만했다. Arnold의 RC2 점수(낮은 긍정 정서)는 규준 집단의 상위 10%에 해당했다. 이런 점수를 보이는 사람은 대부분 즐겁지 않고 고립되는 경향이 있다. 그리고 에너지가 부족하고 결단을 어려워한다. RC3(냉소주의)의 상승은 해석이 쉽지 않다. RC3은 냉소주의를 나타내는데, "다른 사람들을 자신 밖에 생각하지 못한다."고 여기고, "숨길 수 있다면, 언제든 다른 사람을 이용할 수 있다."는 생각을 포함하고 있다. 이 척도의 상승은 Arnold가 자신의 일에 냉소적이라는 것을 반영했다.

로르샤하 검사(RIM)

표 7.3을 보라. 로르샤하 종합체계에 따르면 Arnold는 긴장되어 있었다 (EB=2:8.0). 이는 외부 세계에 의존적이고 정서 표현을 잘 못한다는 것을 보여 준다. 극도로 긴장된 사람은 문제 해결 방식이 유연하지 못하고 외부의 조언을 따르는 경향이 있다. Arnold는 긍정적 순응에 대항하는 요인이 많아 정서적으로 압도되어 있었다(es=19). $S-CON$ 점수를 보면, 그는 자해 위험이 있었다. 이는 그의 부정적인 특성을 반영했다. Arnold의 점수는 고통과 불쾌한 정서 상태를 보여 주었다. 이는 고통스러운 내성(V=4) 및 불안(Y=4)과 관련 있었다. 그리고 상승된 $DEPI$는 우울을 의미했다.

Arnold는 정서 자극을 회피하는 경향이 있었다(Afr=.39). 이런 점수를 보이는 사람은 감정적일 때 가까운 사람을 힘들게 하지 않기 위해 상황에 개입하지 않는다. 그는 반응적이지만 정서 경험에서 벗어날 방법을 찾고 있었다. 특히 불쾌하고 압도되는 감정에서 벗어나기 위해 과도하게 주지화를 사용했다 [$2AB+(Art+Ay)$=8].

Arnold는 자존감이 낮았고 다른 사람을 더 능력 있고 매력적이고 재능이 있다고 보았다($3r+(2)/R$=.23) 또한, 자신을 성찰하지 않았다(FD=0). 높은 MOR 점수는 부정적 자아상과 우울을 반영했다. 그는 자신을 결함 있는 사람으로 보았고 부정적 시각을 고집했다.

대인관계 영역은 두 부분을 주목할 필요가 있었다. Arnold는 성장 과정에서 관심과 인정을 받지 못했다(Fd=1). 그는 다른 사람과의 관계를 불편해 했고 이질감을 느꼈다. 협력적 관계 속에서 나름 자기 역할을 할 수 있었으나(COP=1), 사회관계 속에서는 적응을 못했다(H: $(H)+Hd+(Hd)$=2:8).

표 7.3 Arnold의 구조적 요약

반응영역	결정인		반응내용	접근방식
	혼합	단일		

반응영역:

Zf   = 25
ZSum   = 93.5
ZEst   = 84.5

W = 17
D = 14
W+D = 31
S = 11

DQ
+   = 9
o   = 29
v/+ = 0
v   = 1

접근방식:

I	:	WS.W.D.WS
II	:	WS.D.W.Dd.WS
III	:	WS.D.DdS.D
IV	:	W.WS.W.W
V	:	W.D.W.D.Dd
VI	:	Dd.D.D.W
VII	:	D.Dd
VIII	:	W.D.DS
IX	:	DdS.D.D
X	:	W.W.DdS.D.Dds

결정인 혼합:

CF.YF
m.C'
FT.FY
FM.FC
FV.M

결정인 단일:

M	=1
FM	=3
m	=3
FC	=0
CF	=5
C	=1
Cn	=0
FC'	=1
C'F	=0
C'	=0
FT	=0
TF	=0
T	=0
FV	=3
VF	=0
V	=0
FY	=2
YF	=0
Y	=0
Fr	=0
rF	=0
FD	=0
F	=15
(2)	=9

반응내용:

H	=2
(H)	=4
Hd	=1
(Hd)	=3
Hx	=4
A	=9
(A)	=1
Ad	=4
(Ad)	=0
An	=2
Art	=5
Ay	=1
Bl	=2
Bt	=0
Cg	=0
Cl	=0
Ex	=1
Fd	=1
Fi	=0
Ge	=1
Hh	=3
Ls	=1
Na	=2
Sc	=3
Sx	=1
Xy	=0
Id	=1

형태질

	FQx	MQual	W+D
+	=0	=0	=0
o	=14	=0	=13
u	=15	=1	=11
−	=9	=1	=6
none	=1	=0	=1

특수점수

	Lv1	Lv2
DV=	1	
×1		
INC=	0	
×2		0×2
DR=	0	0×4
×3		0×6
FAB=	3	0×7
×4		
ALOG=	1	
×5		
CON=	0	
×7		

Raw Sum6= 5
Wgtd Sum6= 18

AB = 1	GHR = 7
AG = 1	PHR = 6
COP = 3	MOR = 5
CP = 0	PER = 0
	PSV = 0

비율, 백분율, 산출점수

R =39   L = 0.63

EB=2:8.0	EA=10.0	EBPer=4.0
eb=8:11	es=19	D = −3
	Adj es=13	Adj D = −1

FC :CF+C =1:7
Pure C =1
SmC':WSmC =2:8.0
Afr =0.39
S =11
Blends / R =5:39
CP =0

COP =3	AG =1
GHR:PHR =7:6	
a:p =9:1	
Food =1	
SumT =1	
Human Cont =10	
PureH =2	
PER =0	
Isol Indx =0.15	

FM =4	SumC'=2	SumT= 1
m =4	SumV=4	SumY= 4

a:p = 9:1	Sum6 =5
Ma:Mp = 1:1	Lv2 =0
2AB+Art+Ay = 8	WSum6 =18
MOR =5	M− =1
	Mnone =0

XA% =0.74	Zf =25	3r+(2)/R =0.23
WDA% =0.77	W:D:D = 17:14:8	Fr+rF =0
X−% =0.23	W:M =17:2	SumV =4
S− =7	Zd = +9.0	FD =0
P =6	PSV =0	An+Xy =2
X+% =0.36	DQ+ =9	MOR =5
Xu% =0.38	DQv =1	H:(H)+Hd+(Hd)=2:8

PTI =1	DEPI = 6	CDI =3	S−CON =9	HVI =No	OBS =No

간간히 특이한 지각이 있었지만 현실검증력은 적절했다($XA\%=.74$). 반면 화가 나거나 저항할 때는 사고가 이탈되었고 판단이 불안정했다($S-=7$).

이는 RIM의 지각적 해석에 기초했다. Arnold는 반응의 질이 좋았다. 예를 들어 IV번 카드에서 그는 "용의 등이 보인다. 근육질이다. 슬프게도 한심한 용이다."라고 했다. V번 카드에서 "흑암의 천사 같다. 여기 어깨가 있고 검은색 때문에 흑암의 천사다."라는 반응은 아버지에 대한 묘사와 비슷했다. 두 번째 도입 반응은 "이것은 마귀의 악한 영이다."였다. 그리고 마지막에 "위에서 구멍으로 땅을 보고 있고 두 사람이 나쁜 마음으로 구멍에 뭔가를 던지는 것 같다."는 Arnold가 자신의 경험을 어떻게 느끼는지를 보여주었다. 이런 병적 반응은 RIM의 프로토콜을 설명해 주었다.

Maslach 직무 소진 척도(MBI, Dutch Translation)

직업에 대해 어떤 태도가 있는지를 보기 위해 MBI(Maslach Burnout Inventory)를 실시했다. MBI는 15개 문항으로 되어 있는데 심도로 평정한다(0=나와 전혀 상관없음; 6=항상/매일 나와 상관있음). 척도는 세 개의 하위 척도가 있다: (a) "탈진"(다섯 문항)은 심리적/정신적 피로와 일로 인한 "극도의 피로"나 "다 끝났다"는 느낌을 측정한다; (b) "거리감"(네 문항)은 냉소적이고 직업에 대한 낮은 헌신도를 살펴보기 위한 것이다. (c) "경쟁력"(여섯 문항)은 직무에 맞는 역량을 가지고 있는지 여부와 자신을 효율적인 사람으로 인식하여 조직에 공헌해서 가치 있는 결과물을 생산하는지에 관한 것이다. Arnold의 거리감 점수는 소진되었다고 불평하는 노동자와 비슷했다. 그는 "예전처럼 열정이 없다."와 "일의 결과에 대해 냉소적으로 되었다."에 응답했다. 또한 "완전히 탈진되었다고 느낀다." "하루 종일 일하는 것이 부담된다." 등 정신적 피로를 나타내는 항목에 표시했다.

벡우울검사(BDI)

BDI(Beck Depression Inventory)는 지난 한 주간 우울의 정도와 특성을 알아보기 위해 개발되었다(Beck et. al., 1961). BDI는 우울 증상을 평가하는 도구로 자리 잡았다. 이 검사는 21개 문항으로 되어 있고 타당도가 높다(Beck, Steer, & Garbin, 1988). 점수 범위는 0에서 63점이다. Arnold는 22점이었는데 가벼운 정도에서 중간 정도의 우울에 해당했다. 그는 자책과 죄책감 문항에 응답했는데, 흥미가 없었고 불만이 많았다.

반영과 가설

MMPI-2, BDI, RIM 모두 임상적으로 유의한 우울이 관찰되었다. 이는 면담 때 느꼈던 우울보다 심각한 것이었다. 이 정도의 우울은 Arnold가 왜 집중이 어려운지 생기가 없는지를 이해할 수 있게 했다. RIM은 Arnold의 의문, 즉 감정을 경험하고 풀어내는 방법에 대한 답이 되었다. 그는 강한 감정을 경험했고 심지어 그런 감정을 경험하기 쉬운 기질이 있었다. Arnold는 대인관계에서 감정을 차단했다(이것은 그의 문제와 관련 있었다). 면담이나 RIM 같이 상호작용이 많은 검사보다 상호작용이 적은 검사(MMPI-2)를 할 때 그는 활력이 없고 우울했다. Arnold는 자신의 감정이 안전하지 않다고 느꼈고 어릴 때부터 감정을 잘 표현하지 못했다. 이러한 이유로 주지화를 많이 사용했다.

나는 평가 피드백 회기를 계획하면서 Arnold가 우울과 의기소침이 어떻게 나타나는지를 알면, MMPI-2 결과의 상승과 심각도에 대한 설명을 잘 받아들일 거라고 생각했다. 치료적 평가에 따르면 심각도로 봐서 이는 수준 1의 정보(내담자에게 익숙하고, 인식하고 있는 자아개념과 일치하는)나 수준 2의 정보(내담자의 자아개념을 잘 표현하는)에 해당했다(Finn, 1996). 나는 그의 감정 표현과 관련된 정보를 생각해 보았고, 이것이 수준 3의 정보(서로 모순되고, 다른 것과 잘 통합되지 않는 정보)를 담고 있으리라 추측했다. 이것은 평가 개입 회기의 단서가 되었다. 그래서 그가 감정을 어떻게 다루는지를 보고 대안을 모색하는 기회로 삼았다.

평가 개입 회기: 평가 도구의 개별 사례 적용

나는 Arnold와 검사를 통해 의기소침과 우울 증상을 살펴보았다. 그는 피드백을 받고 당황한 듯 했지만, 문제 해결이 무엇보다 중요하다는 나의 권유에 안심을 했다. 그는 이 문제를 진지하게 다룰 수 있을 것 같다고 했다. 나는

Arnold에게 검사 결과가 집중력, 생기 부족에 대한 해석이 될 수 있을 거라고 말했다. "생기 부족"이나 "자신의 의견을 표현하지 못하는 것"이 현재의 감정 상태가 나타나기 전부터 있던 것이라면, 그 질문을 더 깊이 다룰 필요가 있었다. 그래서 나는 정서를 좀 더 살펴보자고 했다. 그리고 그림 카드 검사를 해볼 의향이 있는지를 물었다. Arnold는 "흥미로울 것 같다."고 했다. 그림 카드 검사를 실시한 목적은 그가 감정과 열정, 그리고 의견을 함께 경험하도록 하기 위해서였다.

고압적이고 합리적인 아버지 아래서 자신의 약점이 드러나지 않기 위해 애썼던 경험에 대한 나의 가설은 표준화된 검사(MMPI–2와 RIM) 결과에 기초했다. 나는 모호하지만 정서를 유발하는 주제통각검사(Thematic Apperception Test; Murray, 1943)를 실시했다. 우선 1번 카드(남자 아이와 바이올린이 있는)를 골랐다. 이 그림은 좌절감, 자율성, 성취의 주제를 담고 있었다. 카드 주제는 RIM 검사를 통해 드러났듯이(깊이 억압된) 분노를 건강하게 표현하지 못하는 문제와 관련 있었다. 나는 바이올린을 연주할 수밖에 없었던 그림 속 소년을 보며 그가 좌절을 표현하지 못할 거라고 예상했다. 그의 반응은 다음과 같았다:

TAT Ⅰ.1

  A: 남자 아이가 바이올린을 연주하고 있어요. 그런데 공부를 해야 해요. 부모님이 공부를 하라고 해서요. 열정이 없어요. 바보 같이 바이올린을 쳐다보고만 있어요. 도대체 뭐가 재미있단 말이야? 부모님은 재미없어도 완벽하게 연주하면 즐거울 거라고 해요.

JHK: 다음은 어떻게 되나요?

  A: 모르겠어요. 결국 연주를 할 거예요.

JHK: 그래요. 아이의 기분은 어떤가요?

  A: 불행해요. 어쩔 수 없어 좌절해요.

나는 Arnold가 직장에서 무엇을 경험하는지 짐작이 갔다. 이러한 인상을 함께 나누었다면 더 좋았겠지만, 그의 활력과 분노 감정을 다루기 위해 우선은 처음 계획에 집중했다.

JHK: 당신은 부모님의 요구에 복종하는 아이가 불행하다는 이야기로 끝을 맺었어요. 사람에 따라 이야기를 다른 결말이 되게 할 수 있겠죠. 예를 들면 아이가 바이올린을 하기 싫다고 할 수도 있죠. Arnold! 좀 더 주장이 실린 이야기를 만들 수 있겠어요? 덜 좌절하게요.

　A: 어려울 것 같아요.

JHK: 그래도 한번 해 보는 건 어떨까요?

　A: 네. 한 번 해 보죠[그림을 한참 들여다본다.].

TAT I.2

　A: 아이는 바이올린을 문 앞에 둬서 부모님이 들어 올 때 부숴 지게 해요. 자기가 직접 부수지 않고 우연히 그렇게 된 것같이 보이게 하려고요.

JHK: 이 이야기에서 마음에 와 닿는 게 있나요?

　A: 모르겠어요. 아마 아이가 원하는 대로 되겠죠.

JHK: 제가 받은 느낌을 말씀드릴게요. 제가 이 이야기에 대해 어떤 질문을 했는지 기억나세요?

　A: 기억이 잘 안 나네요.

JHK: 좀 더 주장이 담긴 이야기로 만들어 보라고 했죠. 그렇게 했다고 생각하시나요?

　A: 아니요.

JHK: 좀 더 주장이 담긴 이야기를 만들기가 어려우세요?

　A: [고개를 끄덕인다.]

JHK: 어떤 이유 때문에 그러시죠?

　A: 모르겠어요. 제 아들이 생각나서 그런 것 같아요. 아들은 이렇게 말하곤 해요. "수영 강습 가기 싫어. 안 가고 싶어." 그리고는 가지 않아요. 솔직히 저는 그렇게 하는 게 좋아요. 미루지 않아도 되니까요. 하지만 어떻게 해야 할지 모르겠어요.

JHK: 다시 한 번 해 볼까요? 괜찮으시겠어요?

　A: 네.

TAT 1.3

A: 아이는 부모님의 의도와 다른 스타일로 연주해요.

JHK: (침묵 후) 그건 어렵지 않나요? 나름 창의적이긴 한데. 수동적으로 저항하지만 여전히 원하는 것을 표현하지 않고 있네요. 다시 해 볼까요.

TAT 1.4

A: "하기 싫어요!" 그리고 아이는 바이올린을 책상 모서리에다 쳐요[최고조의 대면].

JHK: 우와. 어떠셨어요?

A: 제가 원하는 건 아니에요. 하고 싶은 게 아니에요.

JHK: 당신은 주장을 하면 분노가 올라오는 것 같아요. 그것도 폭력적으로요. 거기까지 가는 것이 왜 힘든지 알겠어요. 그렇다면 분노가 이렇게까지 올라와서는 안 되겠죠. 마지막으로 한 번 더 주장이 담긴 이야기를 만들어 볼까요.

TAT 1.8BM(코트를 입고 있는 남자)

A: 이야기 만드는 게 어렵네요. 이 남자는 버림받았는데 오랫동안 고민하다 어느 순간 아무 것도 의미 없다는 걸 깨달아요. 사람들이 남자의 코트를 문 앞에 놓아요. 남자는 무의미하다는 것을 받아들여요. 한 눈에 봐도 그를 원하지 않는다는 걸 알아요.

JHK: (아무 말 없이 계속 하라는 신호를 보낸다.)

A: 사람들이 남자를 밀고 있어요. 사람들에게 말해요. "놔. 더러운 손 좀 놔!" 그리고는 돌아서서 미는 사람이 누구인지를 봐요. 그가 무엇을 하고 있는지 잘 모르겠어요. 떠올리기가 힘드네요. 압박처럼 느껴져요.

JHK: 이야기를 만들면서 어땠나요?

A: 잘 모르겠어요.

JHK: 조금 도와 드릴게요. 좀 더 깊이 들어가 봅시다. 신체적으로는 어때요?

A: 배가 당기는 것 같아요. 수치스럽고 당황스러워요.

JHK: 이제야 당신이 여기 있는 것 같네요.

A: 맞아요. 좀 불편해요. 하지만 제가 여기 있네요.

JHK: 전보다 더요?

A: 네. 전보다 더요. 살아 있다고 느껴지는데 편치는 않네요.

학습포인트

돌이켜 보면 이야기를 한 후 Arnold가 "1 – '전혀 그렇지 않음'에서 10 – '매우 심한'"까지 점수로 활력을 표현했으면 좋았겠다는 생각이 들었다. 그랬다면 이것은 불편한 감정과 생기 있게 느끼는 것 사이의 연관성에 대한 설득력 있는 증거가 되었을 것이다. 그럼에도 평가 개입 회기는 성공적이었다. 이는 내담자에게 검사 결과와 생활을 연결시키는 단서가 되었다. 그리고 이 경험은 주지화하는 것보다 더 큰 변화를 주었다.

회기의 요약/보고

나는 Arnold의 질문을 다루기 전에 검사 결과를 먼저 언급했다. Q&A로 바로 갈 수도 있었지만 중요 주제를 먼저 다루는 게 좋을 것 같았다. 나의 관심은 회기 중간에 어떻게 하면 MMPI – 2와 RIM을 이용해 내 생각을 표현하고 다룰 것인지였다. 나는 평가 목적을 말한 후 각자의 역할(나 – 평가 전문가, Arnold – 자신의 인생 전문가)에 대해 설명했다.

"질문을 구체적으로 다루기 전에 먼저 검사 결과를 봅시다." 나는 대화를 이어갔다:

검사 결과가 무엇을 의미하고 어떻게 나타나는지를 모두 다루지는 않겠습니다. 결과에 대해 알고 싶다면 시간을 따로 잡아 볼 수 있습니다. 하지만 당장 다뤄야 할 부분이 있기 때문에 이것을 먼저 하려고 합니다. 괜찮으시겠어요?

다음은 피드백 회기에서 발췌한 것이다. 나는 평가 개입 회기의 수준 2의 정보부터 시작했다.

당신의 컵은 넘치고 있어요. 당신은 부정적 감정에 압도되어 무기력과 좌절을 느끼고 있어요. 현재의 어려움을 말하는 게 쉽지 않다는 것을 보았을 거예요. 당신은 미래를 비관적으로 보고 있어요. 검사 결과는 당신이 책임을 부담스러워하고 가정이나 직장에서의 역할을 어렵다고 생각하고 있어요. 우울해서 주의가 요구되고 도움이 필요한 상태예요.

이에 대해 Arnold는 증상의 심각성은 잘 모르겠지만 검사가 정확한 것 같다고 했다.

위험한 감정

어려서 당신은 관심을 받지 못했습니다. 이것은 자신을 어떻게 보고 감정을 어떻게 다루는지에 영향을 줬습니다. 당신의 정서 영역은 안전하지 않고 압도되면 위험합니다. "컵이 흘러넘칠 때" 감정을 담을 수 있는 힘은 감정을 돌보는 사람에게서 나옵니다. [여기서 나는 컵과 받침대 비유를 써서(Finn, 2003) 감정을 담는 것을 부모가 도와주면 감정을 다루는 자원이 생긴다고 설명했다] 부모가 여러 이유 때문에 감정을 담을 수 없으면, 아이는 감정을 처리하는 힘을 키우지 못하고 두려워 피하게 됩니다. 왜냐하면 받아들이기에는 감정이 너무 압도적이기 때문이죠.

컵과 받침대 비유는 Arnold의 관심을 끈 듯 했다. 그는 어느 때보다 자신감이 있었고 생동감이 넘쳤다. 그는 어린 시절을 현재 경험과 연관시키며 흥분했다. "이게 핵심인 것 같아요." 그는 내 눈을 보며 이렇게 말했다.

핵심 딜레마

이것은 변화에 대한 딜레마입니다. 감정을 고립시키면 결과가 뒤따릅니다. 감정을 고립시켜 압도되지 않게 할 수는 있지요. 하지만 대가가 있습니다. 이것은 감정을 영구적으로 막아 버리고 당신의 질문처럼 삶에 대한 열정에 대가를 치르게 합니다. 당신은 열정을 찾고 싶으면서도 감정의 세계에 들어가는 것을 두려워하고 있습니다.

A: "제 감정에 어떻게 들어가야 할지 모르겠어요." "어떻게 해야 할지 알려 주세요? 도움을 줄 수 있는 분을 아시나요?"

Arnold를 위한 기록 피드백

Arnold를 위한 기록 피드백에는 질문에 대한 답을 적었다. 이전 피드백과 비슷했지만 피드백에 대한 Arnold의 반응을 추가로 넣었다. 피드백 회기를 하면서 나는 검사 결과와 그의 경험을 연관지어 말했다. 이것이 Arnold를 위한 최선의 방법이라는 생각이 들었다.

어떻게 하면 집중력 문제를 해결할 수 있을까요?

Arnold. 당신은 고통스럽고 힘이 부족한 상태입니다. 절망적이고 불행하다고 느끼고 있고 상황이 나아질 수 있을까 의심하고 있습니다. 아울러 기쁨과 성취를 줄 활동과 에너지가 부족합니다. 또한 의사 결정에 어려움을 겪고 있습니다. 이에 대한 불만이 우울을 낳고 있습니다. 집중력 문제는 우울의 일부입니다. 우선 우울증을 치료해야 합니다. 그러면 집중력도 회복될 겁니다.

나는 게으른가요?

검사 결과에서 "게으름"에 대한 정보는 나오지 않았습니다. 로르샤하 검사에서는 당신의 질문에 답변이 될 "지름길을 찾지 않는 사람"이라는 반응이 있었습니다. 어떻게 하면 좋을까요? 우선 "게으르다."라는 단어를 선택한 이면에는 당신의 자책하는 경향이 시사됩니다. 에너지가 조금 밖에 없기 때문에 당신은 선택을 다른 사람에게 미루었습니다. 이 결과는 당신의 우울을 보여 줍니다. "회색 코트"를 벗을 때 비로소 열정은 다르게 경험될 것입니다.

결정을 할 때 왜 주장을 못할까요? 무엇이 진짜고 무엇을 지켜야 하는지 왜 모르는 걸까요?

당신은 감정에 압도되어 있습니다. 검사 결과와 면담을 보면, 당신은 과거에 혼자 있을 때가 많았습니다. 감정을 안전하게 경험하지 못했고 어떻게 표현하고 해소할지를 몰랐습니다. 당신은 감정에 거리를 두었고 느낌을 담아두었습니다. 감정이입을 허락하지 않았습니다. "감정의 주지화"가 안전한 길이었고 – 우리가 했던 대화를 기억해 보세요 – 감정을 언어화하고 팔 길이만큼 먼 곳에 두고 통제했습니다. 가끔 다른 사람들도 이것을 느낍니다. 제가 그랬습니다. 당신이 감정으로 들어갈 때 나는 어떤 변화가 있는지를 보았습니다.

중요한 부분입니다: 감정은 우리의 "원동력"입니다. 감정은 우리의 입장을 견지하는 데 필요합니다. 그리고 옳고 지킬만한 가치가 있다고 "느끼게 합니다." 더 구체적으로 보면 당신은 숨겨진 분노가 많습니다. 아마 감정을 억누르도록 배웠기 때문일 겁니다. 당신은 분노를 감당할 수 없었습니다. "크고 슬픈 용"이라는 반응에서 그런 모습을 볼 수 있었습니다. 하지만 한계에 이른 분노는 영역을 침범 받지 않고 내 입장을 견지해야 할 때라는 신호가 되었습니다. 검사 결과를 통해 당신은 도움을 청하거나 부탁을 거절하는 데 확신을 갖기가 어렵다는 것을 알 수 있었습니다. 함께 보았듯이 화가 날 때 당신은 침착하게 조절할 수 없었습니다. 감정에 압도되어 두려웠던 겁니다.

어떻게 하면 제 안에 있는 열정을 발견하고 발전시킬 수 있을까요? 왜 저는 활력을 느끼지 못할까요?

검사 결과, 당신의 열정과 활력을 방해하는 두 가지가 있었습니다: (1) 우울과 걱정 (2) 감정을 피하고 물러서는 경향. 감정 회피는 당신을 열정과 활력에서 멀어지게 했습니다. 그 결과 긍정적 감정이 부족했고 이것은 불행, 비운, 자책을 가져왔습니다. 우선 당신은 긍정적이고 동기가 부여되는 감정을 찾기 위해 우울을 집중적으로 다루어야 합니다. 그리고 전문적인 치료를 받아야 합니다. 먼저 우울을 호전시킨 다음 감정에 집중하면 될 것 같습니다. 감정 회복은 활력을 되찾고 변화의 느낌을 알아 조절할 수 있게 할 것입니다. 당신은 과거의 감정에 관심이 없었고, "중요한 것"이 무엇인지를 몰랐습니다. 이 작업은 당신의 열정을 발견하는 데 도움이 될 것입니다. RIM 검사 때 당신이 했던 말이 기억나네요. "위에서 구멍으로 땅을 보고 있고 두 사람이 구멍에 나쁜 마음으로 뭔가를 던지는 것 같다."

Arnold. 당신과 함께 해서 기쁩니다. 당신은 나를 믿고 평가를 통해 자신을 보았습니다. 평가는 동기 부여를 위해 감정이 얼마나 중요한지를 깨닫게 해주었습니다.

후속 조치

우리는 치료 효과를 검증하기 위해 3개월 후 추수 만남을 가지기로 했다. 이 기간 동안 Arnold는 자신 안에서 발견된 새로운 생각을 만나게 될 것이다. 얼마 후 나는 Arnold에게 편지를 받았다.

Jan 선생님께

지난 2주간 얼마나 다르게 느끼기 시작했는지 말씀드리기 위해 편지를 씁니다. 회기는 도움이 되었고 효과가 있었습니다. 제가 바른 길을 선택했다는 느낌이 듭니다. 다음 주에 휴가를 가기로 했습니다. 기대가 됩니다. 얼마 후면 선생님이 추천해 주신 David Burns의 책 "좋은 기분(Feeling good)"이 와 있을 겁니다. 휴가 때 들고 갈 생각입니다. 약속대로 두 달 뒤 연락을 드리겠습니다. 노래 가사를 하나 적어보았습니다. [독일 노래에서 인용]

나비는 짐을 옮길 수 없고
말은 날아다닐 수 없다.
무엇을 보기로 했느냐
무엇이 되기로 했느냐는 당신에게 달려있다.

내가 받은 영향

이 사례는 사례 개념화의 중요성과 상담이 잘 되지 않을 때(그렇지 않을 때도) 혼자 해결하지 않고 다른 사람에게 도움을 구하는 것이 얼마나 중요한지를 깨닫게 해 주었다. 나는 평가 개입 회기와 피드백 회기를 계획할 때 Stephen Finn과 Viersprong 평가 팀의 도움을 받았다. 명확한 사례 개념화-치료적 평가는 일반적인 평가보다 심도 있는 질문을 한다—가 없었다면 피드백은 힘들고 문제를 도움이 되는 방향으로 발전시킬 수 없었을 것이다. (a) 협력을 통한 사례 개념화, (b) 평가자와 내담자가 평가질문에 맞는 이야기를 이끌어내는 피드백 회기, (c) 협력적 작업의 친밀한 분위기도 내담자를 잊을 수 없게 했다. 치료적 평가는 정보 수집 평가(Finn & Tonsager, 1997)보다 내담자를 더 "내담자의 눈으로" 볼 수 있게 했다(Finn, 2007). 이를 통해 평가자와 내담자 모두 마음에 와 닿는 경험을 할 수 있었다.

Arnold와 나는 정서 고립이 얼마나 많은 영향을 주는지를 깨달았다. 정서는 행동을 하게 한다. 정서가 고립되면 삶을 통제할 수 없다. 나는 Arnold가 정서에 연결된 순간 생생히 살아 있는 모습을 볼 수 있었다.

8장

일상 주제에 대한 치료적 평가: 건강, 문화, 학습 문제 수용하기

HALE MARTIN AND ERIN JACKLIN

협력적/치료적 평가의 목표는 관계 개선에 있다. 관계 개선은 내담자의 문제, 개인력, 검사 자료 및 평가자와의 관계를 통해 이루어진다. 그리고 협력을 통해 내담자의 삶에 새로운 가능성을 열어준다. 아울러 검사 자료와 평가자-내담자 관계, 평가 경험, 내담자와 관련 있는 사람들과의 상호작용으로 만들어진다. 이 장에서는 치료적 평가(Therapeutic Assessment; TA; Finn, 1996, 2007)로 관계가 개선된 사례를 소개했다.

내담자는 여러 문제를 경험한 과거력이 있었다. 그는 고등학교를 중퇴했고 약물치료를 했으나 효과가 없었다. 아울러 외래 및 입원치료도 도움이 되지 않았다. 그는 충동적이었고 통찰력이 부족했다.

내담자는 희귀 유전 장애가 있었다. 장애는 그의 대처기술과 방어에 영향을 주었다. 그는 특수한 상황 때문에 주류에 있지 못했다. 그래서 우리는 이러한 상황이 삶에 미친 영향을 살펴볼 필요가 있었다. 예를 들어 그는 책임에서 면제를 받았다. 따라서 효과적인 개입을 위해 비슷한 장애가 있는 사람에게 투사했던 초점을 자신에게 돌릴 필요가 있었다.

내담자는 중동의 이민 가정에서 태어났다. 그는 서로 다른 두 문화 속에서 혼란스러워했다. 치료적 평가는 여러 문화의 영향을 이해하는 데 도움이 된다. 예를 들어, 부모는 이곳 학교가 익숙하지 않아 아들을 보살피는 게 어려웠다. 그래서 우리는 문제 해결을 위해 가족의 역동을 강조했다. 그리고 내담자의 정신병리를 심하거나 덜한 것으로 보지 않기 위해 주의가 필요했다.

내담자는 제한된 능력, 학습장애와 성취 문제가 있었다. 그의 학습 문제는 유전 장애 때문에 생겼다. 검사 결과, 내담자는 자원이 부족했고 이것이 일상에서는 잘 드러나지 않았다. 따라서 자료를 통합적으로 이해하는 게 중요했다. 건강한 상호작용은 새로운 가능성을 열어주고 내담자의 삶에 도움이 된다. 치료적 평가는 이러한 문제를 해결하는 데 유용하다.

본 평가는 지도교수의 감독하에 대학원생이 실시했다. 지도감독자인 Hale박사는 임상심리학을 가르치는 교수이다. 평가를 한 Erin은 박사과정 4년차였다. Erin과 Hale은 협력을 했지만 이해와 소통이 필요했다. 그래서 우리는 협력을 강조했다.

기초 세우기

Pouya는 27세 남성으로 학습장애 평가를 위해 Hale박사에게 의뢰되었다. 그는 고졸 검정 시험에서 추가 시간이나 다른 편의를 받고 싶어 했다. 대학원생은 전문가의 지도감독하에 평가를 했고 비용 일부를 할인해 주었다. Erin은 첫 상담을 위해 Pouya에게 연락을 했다.

초기 면담에서 Erin은 몇 가지 질문을 했다. Pouya는 적극적으로 평가에 참여했다. 그는 학습장애 평가 외에 다른 것에도 관심이 많았다. Erin은 그의 질문에 진지하게 답했고 함께 평가 계획을 세웠다. Pouya는 다섯 가지 질문을 했다. 여기에는 그의 관심사가 포함되어 있었다:

1. 내가 학습장애가 있나요? 어떻게 해야 하나요?
2. 내가 우울한가요?
3. 왜 나는 권위에 좌절하고 경청을 못하죠?
4. 왜 나는 진지한 관계를 맺지 못할까요? 왜 두려워하고 의심할까요?
5. 건강한 관계를 나눌 수 있는 사람을 어떻게 만날 수 있을까요?

이 질문은 Pouya의 문제를 반영했고 소통에 필요한 기초가 되었다. 그들은 문제와 과거력에 대해 이야기했다. Pouya는 논의하고 싶은 내용을 적어 왔다.

Erin은 대화와 메모를 통해 Pouya가 세 명의 형제가 있고 교육 수준이 높고 경제적으로 풍족한 부모 밑에서 성장했다는 것을 알게 되었다. 부모는 이민을 계기로 Pouya의 희귀성 유전 장애가 호전되기를 바랐다. 이 장애는 저신장, 학습문제, 대인관계 문제 등으로 나타났다. Pouya는 자신에게 장애에 대해 제대로 설명해 준 사람이 없었다고 했다. 그리고 부모님이 장애 때문에 자신에게는 많은 기대를 하지 않았다고 했다.

Pouya는 고등학교 때 성적이 좋지 않았다. 또한 정신건강 문제로 우울과 약물남용이 있었다. 부모는 할 수 있는 모든 것을 했고 약물 재활 센터에 입원도 시켰다. 그는 정신병동에 입원했지만 나이가 어려 프로그램에 참여할 수가 없었다. 외래치료도 받았지만 호전되지 않았다. Erin은 Pouya에게 병원치료가 어땠는지를 물었다. 그는 도움이 되지 않았고 강제적이었다고 했다. 또한 평가에서도 비슷한 경험을 했다고 말했다.

Pouya는 친구도 사귀고 연애도 하고 싶었다. 그는 부모님과 갈등을 빚게 된 이유에 대해서도 털어 놓았다. Pouya는 상담을 시작할 무렵 하루에 3~4번씩 부모님께 전화를 했다. 그는 친밀감을 표현했지만 자주 부모님과 싸웠다. 부모님의 관심을 얻기 위한 행동은 "다섯 살짜리 아이" 같았다. 아울러 그는 윗사람과 갈등이 많았다. 이런 문제는 고등학교 때부터 시작되었다. Pouya는 아주 반항적이었다.

Erin은 Pouya가 호감이 간다고 Hale교수에게 말했다. 그녀는 Pouya가 평가에 협조적이었다고 했다. Erin은 Pouya가 편했다. 하지만, 그에게서 '연기하는' 느낌이 들었다.

Erin은 Pouya가 도움을 받고 싶어 하지만, 자신의 행동이 타인에게 미치는 영향이나 그를 도우려는 사람들의 동기에 대해 통찰이 없었다고 했다. Pouya는 다른 사람이 자신의 마음을 읽을 수 있고 또 읽을 수 있어야 한다고 믿는 것 같았다. 아울러 다른 사람들이 자신의 욕구를 무시한다고 생각했다. 그는 학업에서 도움을 받고 싶어했다. 그러나 도움을 주려고 하면 "그만둘 거예요."라고 말하며 거절을 했다. 결국 그는 학교를 중퇴했다. Pouya는 담임과 상담선생님이 적극적으로 돕지 않은 것에 화가 났다. 그는 중퇴가 도움을 요청하는 방법이라고 생각했다. 그리고 자신의 행동이 다른 사람에게 어떻게 받아들여질지에 대한 통찰이 부족했다. Pouya는 "내가 잘못한 건 알겠어요."라고 했지만 어떻게 해야 할지를 몰랐다.

우리는 부모와의 관계에서 문제점을 찾아보았다. 또한 정신건강 문제의 원인과, 권위와의 갈등, 사람을 조종하려는 특성이 Erin과의 관계에서 어떻게 나타나는지도 살펴보았다.

🏷 학습포인트

내담자와 적극적으로 협력하면, 잘 인식할 수 없었고 그간 말하지 않았던 정보를 알게 된다. 과거에 비해 Pouya는 자신의 정신건강 문제에 대해 이야기를 많이 했다. 그리고 자기 확신이 커질수록 보고 또한 정확해졌다. 내담자와의 관계는 협력이 잘 될수록 좋아진다.

변화의 딜레마

Pouya는 양가감정과 사투를 벌였다. 그는 다른 사람을 조종하려는 욕구를 변화시키고 싶었다. 그리고 원하는 것을 어떻게 얻었는지에 대해 설명했다. 그는 문제를 포기하는 것에 자신이 없었다. Pouya는 좋아하는 것이 있으면 무조건 욕구를 충족하려 했다. 우리는 관계 개선을 위해 몇 가지 작업을 했다.

검사 계획

다음 회기 때 Erin은 WAIS-Ⅳ, WJA-Ⅲ, 로르샤하와 MMPI-2를 했다. 이 검사들은 표준화된 방식으로 실시되었고, 경험적 연구에 기반했으며, 결과를 전달하는 데 중요한 자료를 제공했다. 아울러 평가 작업에도 도움이 되었다. 그러나 처음 계획이 변경되어 Stanford-Binet 지능검사가 추가로 실시되었다.

계획되지 않은 부분

인지 검사

학습장애 문제는 평가의 핵심이었다. WAIS-Ⅳ 결과는 지능이 평균 이하였고, 소검사와 지표점수에서 편차가 컸다. 예를 들어 언어이해지표에서 어휘(환산점수=5)와 상식(환산점수=6)(교육과 문화 경험을 반영하는 두 소검사 모두)이 언어추론 검사인 공통성(환산점수=9)에 비해 점수가 낮았다. 또한 언어기억 기능을 나타내는 작업기억지표(표준점수=97)가 다른 지표에 비해 높았다(언어이해지표 =81, 지각추론지표=81, 처리속도지표=79). 학업 성취를 반영하는 WJA-Ⅲ 점수는 WAIS-Ⅳ보다 낮았지만, 구어 능력(표준점수=95)에 강점이 있었다. 그러나 WAIS-Ⅳ와 WJA-Ⅲ 결과는 Pouya를 잘 설명하지 못했다. 그래서 그의 지능을 잘 이해하기 위해 추가로 SB-5(Roid, 2003)를 실시했다.

표 8.1   인지검사 결과

웩슬러 성인용 지능검사-Ⅳ			
지표	표준점수	백분위	신뢰구간(95%)
언어이해	81	10	76~87
지각추론	81	10	76~88
작업기억	97	42	90~104
처리속도	79	8	73~89

스탠포드-비네 지능검사, 5판			
IQ 점수	표준점수	백분위	신뢰구간(95%)
유동추론	82	12	76~92
지식	80	9	74~90
양적 추론	94	34	86~102
시공간처리	74	4	68~84
작업기억	94	34	87~103
비언어성 IQ	79	8	74~86
언어성 IQ	87	19	82~94
전체 IQ	82	12	78~86

SB-5는 언어와 비언어 인지능력을 평가한다. Pouya는 SB-5에서 작업기억(표준점수=94)과 양적추론(표준점수=94) 점수가 가장 높았고, 시공간 처리(표준

그림 8.1 MMPI-2 결과

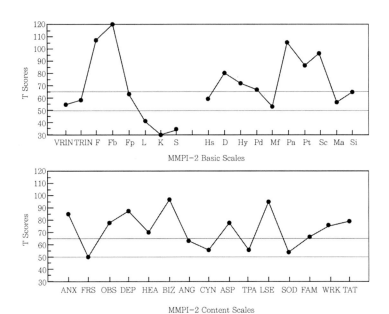

MMPI-2 Basic Scales

MMPI-2 Content Scales

각주: VRIN=무선반응 비일관성; TRIN=고정반응 비일관성; F=비전형; Fb=비전형(후반부); Fp=비전형(정신병리); L=부인; K=교정; S=과장된 자기제시; Hs=1번 척도, 건강염려증; D=2번 척도, 우울증; Hy=3번 척도, 히스테리; Pd=4번 척도, 반사회성; Mf=5번 척도, 남성성-여성성; Pa=6번 척도, 편집증; Pt=7번 척도, 강박증; Sc=8번 척도, 정신분열증; Ma=9번 척도, 경조증; Si=0번 척도, 사회적 내향성. 출처. 이 그림은 *MMPI-2®(Minnesota Multiphasic Personality Inventory®-2) 실시, 채점과 해석 편람*에서 발췌했다. Copyright© 2001 미네소타대학출판부. 미네소타 대학교 리젠트가 판권을 소유하고 있고 모든 권한을 보유하고 있음. 미네소타 대학교 출판부 승인하에 사용됨. "MMPI"와 "Minnesota Multiphasic Personality"는 미네소타 대학교 리젠트 소유의 등록 상표임.

각주: ANX=불안; FRS=공포; OBS=강박성; DEP=우울; HEA=건강염려; BIZ=기태적 정신상태; ANG=분노; CYN=냉소적 태도; ASP=반사회적 특성; TPA=A유형 행동; LSE=낮은 자존감; SOD=사회적 불편감; FAM=가정 문제; WRK=직업적 곤란; TRT=부정적 치료 지표. 이 그림은 *MMPI-2®(Minnesota Multiphasic Personality Inventory®-2) 실시, 채점과 해석 편람*에서 발췌했다. Copyright© 2001 미네소타대학출판부. 미네소타 대학교 리젠트가 판권을 소유하고 있고 모든 권한을 보유하고 있음. 미네소타 대학교 출판부 승인하에 사용됨. "MMPI"와 "Minnesota Multiphasic Personality"는 미네소타 대학교 리젠트 소유의 등록 상표임.

점수=74) 점수가 가장 낮았다. 그는 언어 과제 수행이 좋았고 비언어적 과제는 어려워했다. 심지어 시공간 처리 과제를 언어로 제시한 경우는 수행이 좋았다. 두 자료를 보건대 Pouya는 비언어적 표현에 문제가 있었다.

Pouya는 다음 세 요인 때문에 지능이 과소평가된 것 같았다. (1) 양육의 비일관성과 고등학교 중퇴 이후 학업이 중단되었던 과거력, (2) 비언어적 인지 기능의 약점, (3) 문화적 차이에 따른 영향.

이해의 확장

검사 결과 Pouya는 우울이 있었지만 문제를 단순히 우울로만 보기에는 양상이 복잡했다. 다른 사람에게 자신의 상태가 어떤지를 보여주는 MMPI-2에서는 고통을 호소했고 거의 모든 영역에 문제가 있다고 보고했다.

스스로 인식하는 영역을 넘어 개인의 핵심을 드러내는 로르샤하에서는 몇 가지 고통스러운 심상이 있었다. 하지만, MMPI-2와 달리 고통이 그리 심하지 않았고 문제를 다룰 수 있는 자원도 있었다. 로르샤하 검사 결과에서 그가 겪는 어려움은 발달상의 결핍 때문이었다. 하지만, 삶에서 경험하는 스트레스 역시 상당 부분 영향을 주었다.

MMPI-2와 로르샤하 검사 간의 차이는 다른 사람에게 도움을 받기 위해 자신을 드러내는 방식에서도 나타났다. 특히, 자신의 고통을 알리고자 하는 그의 바람은 MMPI-2 프로파일에 반영되었다. MMPI-2 프로파일은 실제보다 좋지 못한 모습으로 자신을 드러내는 그의 패턴을 이해하는 데 도움이 되었다. 로르샤하는 Pouya가 자신에 대해 이야기한 바대로 스스로를 보고 있다는 것을 나타내었다. 그는 자신의 강점을 몰랐다.

또한 MMPI-2에서는 자기 곁에 아무도 없고 사람들이 자신을 해치지 않을까 하는 걱정이 반영되었다. 이 감정은 다른 사람에 대한 기대와 상호작용에도 영향을 주었다. 그는 사람들이 자신에게 이득을 보지 못하면 실망을 한다고 생각했다. 한편, 로르샤하의 음식 반응(얼음 속에 있는 물고기)은 의존성을 반영했다. Pouya는 다른 사람과 의미 있는 관계를 맺고 싶어 하면서도 불신이 있었다. 게다가 다른 사람을 조종해서 의존욕구를 충족시키려 했다. 이에 대해 그는 '습관 때문인 것' 같다고 말했다. 그는 다른 사람의 도움을 받기 위해 자신을 능력

없는 사람처럼 보이려고 했다. 다른 사람은 자기편이 아니라는 Pouya의 믿음에는 근거가 있었다. 이민자이고, 키가 작고, 외모가 독특했고, 친구들이 자신을 아이처럼 대하는 것이 그 근거가 되었다. 이러한 믿음은 판단력과 현실 검증력을 왜곡시켰다.

로르샤하의 확장된 질문(Handler, 1999a, 2008)

Erin은 지도감독하에 TA를 유연하게 적용했다. 이는 로르샤하 채점 후 분명해졌다. Erin은 표준화된 방식으로 검사를 끝냈고 확장된 질문을 통해 Pouya의 질문에 대한 답을 찾아보았다.

그의 로르샤하에는 특별한 지각이 있었다. 그래서 우리는 검사를 끝낸 후 다시 이에 대해 논의했다. 예를 들어 II번 카드에서는 "피 튀기는 심장이 있어요. 이 심장은 하나가 되려는 것 같아요."라고 했다. 그리고 "사랑하고 행복하고 싶어해요."라고 연상했다. Erin이 피 튀기는 심장에 대해 질문하자 Pouya는 "뭔가 철퍼덕 하고 힘을 받고 있지만 심장은 계속 하나가 되려고 해요. 서로 사랑하니까요. 사랑은 고통스럽지만 동시에 충만스럽기도 해요. 고통은 심장을 찢어버릴 수도 있지만 절대 찢어지지 않아요. 왜냐하면 그 모든 게 사랑이니까요. 사랑은 고통스럽지만 끝이 없어요." VI번 카드에서는 "무언가 잘려서 개봉된 것 같아요. 당신은 안을 들여다 볼 수 있어요. 밖은 잘 모르겠네요. 어떻게 보면 동물 같기도 하고 피부처럼 보이기도 해요."라고 했다. 이후 확장된 질문에서는 "나를 잘라서 열어 놓고 안에 있는 것을 다 꺼내 놓은 것 같아요. 나는 약해요. 어둠에 갇혀 꼼짝 못해요. 모든 사람이 보고 있지만 난 어둠 속에 있어요." VIII번 카드에서는 "두 마리 곰이 빙산을 올라가고 있어요. 얼음 속에 물고기 두 마리가 있는데 한 쪽 면만 보여요."라고 했다. 확장된 질문에서 Pouya는 생존에 관한 심상을 떠올렸다. 자신은 곰처럼 힘세고 강한 존재이고 싶지만, 지금은 더 이상 살아남기 힘든 존재로 보고 있다고 했다. "나는 얼음 속 물고기를 꺼낼 수가 없어요. 그저 하루하루 살아가고 있을 뿐이죠."

이런 심상은 Pouya가 경험한 사랑, 취약함, 생존의 욕구를 나타냈다. 검사 결과는 그것의 의미를 나누는 과정에서 Pouya의 고통을 반영했다. 그는 확장된 질문을 통해 자신을 명확히 볼 수 있었고 또 다른 자아와 소통할 수 있었다.

Pouya는 이를 알아차리고 이해하고 받아들이게 되었다.

확장된 질문은 내담자를 깊이 이해할 수 있게 한다. 왜냐하면 검사 자료로 내담자와 소통하면 보다 풍성한 그림을 그릴 수 있기 때문이다. 표준화된 평가와 확장된 질문으로 규준과 개인 정보를 통합하면, 이해의 폭이 넓어지고 내담자와 평가자를 새로운 길로 안내할 수 있게 된다.

가족 개입 회기

우리는 평가 계획을 세우며 염두했던 것 중 하나로 전형적인 개입은 아니지만 가족회기를 했다. Pouya는 가족회기를 하고 싶어 했다. 그래서 부모님은 다른 주에 살았지만 마지막 회기에는 참여하기로 했다. Pouya는 협력적 작업으로 자신의 행동에 대해 이해한 것을 부모님에게 설명해 달라고 했다. 특히, 다른 사람을 조종하는 것과 권위상을 대하면서 겪는 어려움을 전달하는 데 도움을 달라고 했다. 그의 패턴이 부모와의 갈등과 격렬한 관계 속에서 잘 드러났기 때문에 가족회기를 갖는 것은 실제 가족 패턴을 관찰할 기회가 되었다. Pouya는 자신을 보호하기 위해 Erin을 끌어들였지만 이것이 오히려 기회가 되었다. 그리고 가족 역동이 Pouya의 삶에서 중요했기 때문에 가족회기를 통해 가족의 이야기를 보다 건설적으로 바꿀 수 있기를 바랐다. 이는 Pouya의 성장을 위해 필요한 부분이었다.

Erin은 가족회기에서 Pouya와 부모 사이에 대화를 촉진하는 데 집중했고 Pouya가 대화를 이끌어 갈 수 있도록 했다. 그는 대화를 통해 오랫동안 품어왔던 부모에 대한 분노를 확인할 수 있었다. 그리고 다른 사람을 조종했다는 것도 알게 되었다. Pouya는 Erin의 도움을 받아 변화 가능한 행동에 대해 이야기를 나누었다. 아울러 부모님과 소통하면서 모두를 좌절에 빠트린 패턴을 바꾸어 보기로 했다.

가족회기를 통해 Pouya는 자신의 행동이 다른 사람에게 어떻게 받아들여졌는지를 이해할 수 있었다. 그리고 자신이 결론을 내리는데 적은 정보에 의존하여 다른 사람의 행동을 잘못 해석한다는 것도 알게 되었다. Pouya는 어린 시절 문제에 대해 거짓말을 했는데, 자신을 돕지 않은 것에 화내는 것을 보며 이 사실을 알게 되었다. Pouya는 아버지가 다른 사람들에게 보였던 책임 있는 태도를 자신에게는 보여주지 않았다고 했다. 그는 이것이 아버지가 자신에게 관심을 줄 가치가 없다고 여기는 증거라고 생각했다. 아버지는 Pouya가 거짓말을 했던 것에 놀랐다. 그들은 회기 내내 오해에 대해 이야기했고 서로를 보다 잘 이해하게 되었다. Erin은 부모와 Pouya의 상호작용을 통해 그를 보다 잘 알 수 있었고 앞으로의 작업에 필요한 자료도 얻을 수 있었다.

　　이런 계획되지 않은 부분은 Pouya의 삶을 이해하는 데 도움이 되었다. Pouya와 Erin의 관계는 깊어졌다. 이 경험은 표준화된 검사 자료, 과거력 등과 함께 평가질문에 대한 답의 기초가 되었고, 그에게 새로운 길을 열어 주었다. 그리고 가족회기는 부모님과 Pouya에게 새로운 지평이 되었다.

학습포인트

　　TA는 내담자의 상황과 욕구에 맞게 작업해야 변화를 가져올 수 있다. Pouya와 부모님이 함께 한 회기는 가족 체계를 살펴보고 변화를 방해했던 주제를 밝히는 데 도움이 되었다. 가족회기는 Pouya와 부모님에게 관계 개선의 계기가 되었다.

새로운 존재가 되는 방법

평가 개입 회기

　　Pouya의 질문은 관계 문제가 핵심이었다. 그래서 우리는 평가 개입 회기에서 주제통각검사(Thematic Apperception Test; TAT; Murray, 1943)를 실시했다. 그리고 요약/논의 회기 전에 문제가 무엇이고 변화를 위한 공간이 어디 있는지를 탐색해 보았다. 개입 회기는 Pouya와의 작업에서 중요한 전환점이 되었다. Pouya와 Erin은 관계와 가족에 대해 솔직하게 이야기를 나누었다. 그리고 우정과 낭만적 관계를 구축할 수 있는 방법을 찾아보았다. Erin의 제안에 Pouya가 개방적인 태도를 보인 것은 개입 회기가 과정에 초점을 두었기 때문이었다.

Erin의 판단하지 않는 자세 때문에 Pouya는 방어를 하지 않았고 현명한 판단을 할 수 있었다. Erin의 부드럽고 반영적인 태도는 Pouya의 방어를 풀었다.

처음에 Erin은 표준화된 방식으로 TAT를 실시했지만 마지막에는 중요 주제에 대해 이야기했다. 주제는 상실, 죽음, 사랑하는 사람으로부터의 유기 등이었다. Erin은 Pouya의 이야기 속 인물들이 자신의 욕구를 제대로 표현하지 못하고 무기력하게 그려진 것을 발견했다. Erin은 이것이 사실인지를 물었다. Pouya는 자신이 관계 속에서 이런 패턴에 빠져드는 것을 알고 있었다. Erin은 Pouya에게 욕구가 표현되게 이야기를 바꿔 보도록 했다. Pouya는 이 작업을 힘들어했지만 열린 마음으로 이야기를 만들었다.

Pouya는 이야기를 재구성한 다음, 주요 주제였던 "상실, 죽음, 사람으로부터의 유기, 소통하지 못하는 존재"에 대해 말했다. Erin은 애매모호한 상황에서 나타나는 행동이 Pouya가 관계를 보는 "자동 파일럿"일 수 있겠다는 생각이 들었다. 두 사람은 이런 패턴을 알고 멈출 수 있는 방법에 대해 논의했다. Erin은 Pouya가 TAT에서 이야기한 것처럼 일상에서도 새로운 방식을 시도해 보도록 격려했다.

Pouya와 Erin은 상황을 다르게 상상해 보는 것(그들이 연습했던 대로)이 다른 방식으로 행동하는 전제 조건이 될 수 있다고 생각했다. 한 예로 Pouya는 몇 주간 연락이 없던 친구에게 화가 나서 "나를 무시해서 고맙다. 그래. 난 네가 어떤 친구인지 알겠다."고 메시지를 보낸 적이 있었다. Erin은 Pouya에게 다른 시나리오를 만들어 보라고 했다. Pouya는 왜 친구가 화가 났고 왜 자신을 무시한다고 가정했는지를 탐색했다. 그는 친구의 행동에 다른 이유가 있을 거라는 생각을 못했다. Pouya는 테이프를 되감아 보면서 상황을 다르게 이해해 보았다. 그는 몇 가지 대안 중에서 효과적인 것을 선택했다. 친구가 화가 나서 일부러 자신을 무시했다는 비약적인 결론 대신 "우리가 오랫동안 이야기를 못했네. 네게 무슨 일이 있었는지 궁금했어. 너와 이야기를 하고 싶어. 혹 화난 게 있더라도 대화를 할 수 있으면 좋겠어."라고 감정을 표현한 뒤 상황을 지켜보도록 했다.

이 연습은 Pouya에게 도전이 되었다. 그는 친구에게 했던 행동이 적은 정보에 기반했고 어느 누구도 갈등을 만들지 않았다는 것을 알게 되었다. Pouya는 그런 방식이 자신은 옳고 친구는 나쁘게 만들었음을 인정했다. 이는 관계를 잘 맺고자 하는 목표에는 맞지 않지만 만족스러운 부분도 있었다. 그는 친구를 나쁜 사람으로 만들면 흥분할 수도 있으니 연락을 하지 않은 것에 자신도 책임이 있다는 것을 인정했다. 그리고 대화를 통해 관계를 회복할 수 있었다.

Erin은 이 회기에 정성을 다했다. 그리고 요약/논의 회기에서 그의 내적 반응과 외적 행동 사이의 간격을 메우려 했다. Erin은 Pouya가 자신의 동기와 행동을 알게 된 것을 기뻐했다. 두 사람은 요약/논의 회기 후에 성장에 필요한 신뢰가 형성되었다.

Erin은 Pouya에 대한 이해와 검사를 통해 얻은 이해가 가까워지기를 바랐다. 하지만, Erin은 자신이 처음 가졌던 이해가 바뀌었다는 것을 알게 되었다. Erin은 Pouya의 정서적이고 인지적인 면에 유연한 시각을 갖게 되었다. Pouya와의 작업이 끝난 지 꽤 시간이 흘렀지만 이 회기는 내담자에 대한 개념화를 통해 사람의 변화와 이해에 대한 능력을 생각해 볼 수 있는 기회가 되었다. 결국 Erin은 내담자와 신뢰로운 관계 속에서 협력적으로 함께하는 작업의 힘을 믿게 되었다.

> ### 학습포인트
>
> 평가 개입 회기는 내담자에게 통찰과 강력한 경험을 제공했다. 그리고 새로운 존재가 되는 방법이 되었다. Erin의 도움으로 Pouya는 과거 문제에 대해 새로운 해결책을 생각해 볼 수 있었다. 그리고 문제를 해결할 수 있었다. 새로운 행동과 느낌은 살아 움직인다. 이것은 생각만으로 되지 않고 경험을 통해 만들어 진다.

요약/논의 회기

평가 개입 회기는 협력적으로 실시된 지난 8회기를 정리하는 요약/논의 회기의 디딤돌이 되었다. Erin과 Pouya는 평가질문을 살펴보고 답하면서 검사 결과의 어떤 부분이 맞고 틀렸는지에 대해 이야기를 나누었다. Pouya는 자신을 잘 이해했기 때문에 함께 나눌 부분이 그리 많지 않았다. Pouya의 질문에 대한 답은 이미 했고, 이는 Erin과 Pouya가 나누고 싶은 정보와 맥락을 같이 했다.

그러나 Erin은 관계 문제에서 몇 가지를 더 다루어야 했다. Erin은 Pouya와의 관계와 평가 경험에 대해 믿음이 있었다. 특히, 개입 회기를 통해 신뢰가 커져 Pouya가 전통적인 평가 방법에서 알지 못했던 것을 잘 이해할 수 있게 되었다.

다른 사람을 조종하는 것에 대한 대화는 부드럽게 이어졌다. 이는 역기능적 패턴이 오랫동안 Pouya의 삶에 있었다는 것을 수용한 Erin의 공감 덕분이었다. Erin과 Pouya는 다른 사람을 조종하는 경향에 대해 이야기했다. 이것은 Pouya에게는 대단한 발전이었다.

> ▼ **학습포인트**
>
> 협력적 작업은 견고한 관계를 통해 새로운 여행을 하도록 돕는다. Pouya는 약간의 도움이 필요했지만 새롭고 건강하게 살아 갈 수 있다는 것을 머리와 가슴으로 알게 되었다.

Pouya에게 보낸 편지

Erin은 TA 절차에 따라 평가 결과를 요약하고 Pouya가 성장한 부분을 편지에 썼다. 편지에는 평가 과정을 통해 평가자와 내담자 사이에 형성된 신뢰가 압축적으로 표현되어 있었다. 그리고 Pouya의 질문에 대해 요약/논의 회기에서 다룬 이야기가 적혀 있었다.

Erin은 Pouya가 한 질문에 다음과 같이 답했다:

갈등 관계를 다루는 능력은 갑자기 생겨나는 것이 아닙니다. 그런 능력은 부모와의 관계에서부터 시작해 점차 발전해 갑니다. 따라서 삶에서 중요한 사람과 당신을 새롭게 정의할 필요가 있습니다. 그들이 당신의 도전에 어떻게 반응하는지 여부가 당신이 어려움을 어떻게 배워나가는지를 결정할 겁니다. 이는 삶에서 핵심적인 능력이기도 합니다. 당신은 부모님과의 문제를 해결하는 데 어려움이 있었습니다. 어머니는 당신을 과보호했고 아버지는 관심을 주지 않았습니다.

당신은 감정을 잘 표현하지 않았고 부모님은 당신을 보호해야 할 사람으로 보았습니다. 그리고 자신이 아이 같다는 느낌과 다른 사람과의 이질감으로 사람들을 당신 편으로 만들려고 했습니다. 다른 사람을 조종하는 것은 사람들이 당신 편이라는 느낌을 주었을 겁니다. 하지만, 당신이 도움을 받지 못하고 할 수 없는 척 해야 할 때마다 자기 확신은 줄어들었습니다. 결국 혼자서는 아무것도 할 수 없다고 믿게 되었습니다.

적절하게 주장하고 필요한 것을 요청하면 유연하고 효과적으로 사람들에게 다가갈 수 있습니다. 그러면 사람들을 조종하지 않고도 갈등을 해결할 수 있습니다. 이를 통해 다른 사람과 친밀해지고 안정적이고 편안한 느낌을 가질 수 있습니다. 그리고 갈등이 없어지면 자기 확신이 높아져 편안하게 부정적인 감정을 표현할 수 있을 겁니다.

Erin은 "건강한 관계를 나눌 수 있는 사람을 어떻게 만날 수 있을까요?"란 질문에 다음과 같이 답하며 마무리했다.

신뢰로운 관계를 발달시키기 위해서는 자신만의 '신뢰 측정기'를 만드는 것이 중요합니다. 당신은 사람을 너무 빨리 믿어 감정이 상하거나 신뢰를 잃어버리면 바로 거부해 버렸습니다. 그러나 천천히 신뢰를 맺어 가면 그들이 믿을만한 사람인지를 잘 판단할 수 있고 쉽게 상처받지 않을 겁니다. '신뢰 측정기'를 만드는 방법은 믿을만한 사람에게 다른 사람을 얼마나 신뢰할지에 대해 도움을 구하는 겁니다. 당신은 치료자나 다른 믿을만한 사람과 이 작업을 해 볼 수 있습니다. 예를 들면, 누군가와 상호작용을 하면서 그를 얼마나 믿어야 할지에 대해 같이 이야기를 나누어 보는 겁니다. 또 치료자와 함께 당신이 힘든 게 무엇이고, 표현을 하고 관계를 회복하기 위해 무엇을 할 수 있는지를 탐색해 보는 것도 도움이 될 것입니다.

> **✔ 학습포인트**
>
> 평가 결과는 내담자와 함께 만든 공동의 산물이기 때문에 내담자가 이해할 수 있는 언어로 만들어져야 한다. 평가 경험을 통한 이해는 내담자가 진실하다고 느끼게 하며 일상에 적용할 수 있는 답을 주어 치료적 변화를 촉진한다.

지도감독의 가치(Handler, 1999b)

평가에 관한 지도감독은 잘 이루어졌다. Erin과 Hale은 효율적으로 소통하고 협력했다. Pouya와 Erin은 작업에 대해 정기적으로 논의했다. Hale은 충분히 듣고 질문했고 경험과 지식을 공유했다. Hale은 Erin을 지지하고 격려했다. Erin은 Hale의 지지 덕에 어려움을 견딜 수 있었다. Hale은 Erin의 능력을 믿었고 그녀는 필요할 때마다 지지를 받을 수 있었다. 그녀는 핵심을 놓치지 않고 집중할 수 있도록 지도감독을 받았다.

Erin은 지도감독을 통해 균형을 잡을 수 있었다. Erin은 Pouya가 다른 사람으로부터 보호 본능을 불러일으키는 것을 경험했다. 평가 초기에 Pouya는 자신의 힘을 다른 사람에게 넘겼고 분노로 인해 관계가 악화되었다. 그런 상황에서 Erin은 그의 힘을 받지 않았고 관계에서 균형을 유지했다. Erin은 Pouya가 자신을 조종하려는 것을 알고 있었다. 이런 균형 감각은 평가에서 중요하다. Erin이 균형을 잘 잡았기 때문에 Pouya 역시 관계에서 믿음을 가질 수 있었다. 이러한 "50대 50의 관계"는 TA의 핵심이 되고 책임감이 필요한 Pouya에게도 적절한 것이었다.

> **✔ 학습포인트**
>
> 협력 모형은 내담자와의 관계뿐 아니라 지도감독에도 적용된다. 이해받고 지지받고 존중받는 것은 내담자, 수련생, 지도감독자 모두에게 필요하다. 이는 사례와 관련된 사람들에게 새로운 이해를 제공한다.

요 약

Pouya와의 평가는 끝이 났다. 추후 만남에서 그는 작업을 통해 얻은 바를 잘 수용하고 있었다. 그는 질문에 대한 답을 지식으로서 뿐만 아니라 경험적으로도 찾았고 새로운 삶을 시작할 수 있었다. 그는 평가 말미에 자신만의 방법으로 관계를 개선하기 시작했다-부모와의 건강한 접촉을 시도했다. 그는 Erin을 포함한 다른 관계에서도 건강한 선택을 했다. Pouya는 자기 신뢰와 존중감이 높아졌고 오랫동안 찾아 헤맸던 건강한 50/50의 관계를 맺을 수 있었다.

9장

심리치료를 위한 협력적 평가:
한 여자의 재인식

PATRICK J. MCELFRESH

　스위스 정신의학자 Carl Gustav Jung(1875~1961)은 치료 초기에 평가의 중요성을 강조했다. 내가 여기서 말하고자 하는 것은 Jung의 그 유명한 단어연상검사가 아니라 초기 꿈에 관한 것이다. Jung(1916, 1934)은 초기 꿈이나 예지몽이 내담자의 걱정과 문제, 그리고 희망에 대해 정보를 준다고 했다. 예지몽은 치료가 어떻게 구체화되고, 내담자가 치료자를 어떻게 경험하는지, 그리고 중심 주제가 어떤 주의를 요구하는지에 관한 정보를 준다. Jung(1934)은 심리치료에서 초기 꿈은 나중에 드러나는 문제와 연관이 있다고 했다. 심리치료를 종결할 때 내담자의 꿈을 다시 보면 소름끼치도록 숨은 뜻이 있다는 것을 알게 된다. 내담자의 초기 꿈을 이용한 Jung의 접근은 협력적 평가에 대한 나의 경험과도 일치했다. 나는 협력적/치료적 방법으로 실시된 평가를 통해 내담자의 문제와 장점이 치료 동안 나타나고, 고착되고 잘 이해되지 않는 주제에 대해 의미 있는 정보를 준다는 것을 발견했다. 내담자는 평가 후 한참 뒤에도 초기의 평가 결과를 이용한다. 그리고 치료에서 협력적 평가를 통해 어떻게 치료적 동맹을 맺고 어떻게 관계 역동이 밝혀지는지도 알 수 있다. 우리는 Finn(1994)이 평가를 치료적으로 이용한 데서도 비슷한 점을 발견할 수 있었다.

　이 장은 Anna와 함께 한 심리평가와 치료를 살펴보았다. 이 사례는 심리치료에서 협력적 평가의 특징을 잘 보여준다(Fischer, 1985/1994, 2000). 나는 평가 결과가 사례 구조화에 어떤 정보를 제공하고, 치료에서 반복되는 주제가 무엇인지를 확인하고, 어떤 것이 치료 관계를 향상시키는지를 소개했다. 아울러 협력적/치료적 평가가 내담자의 삶을 변화시킬 수 있다는 것을 말하고자 했다.

Anna의 평가와 치료

의뢰 이유

40대 후반의 Anna는 우울, 낮은 자존감, 동기 부족 때문에 자발적으로 치료실을 방문했다. 그녀는 깊은 우울에 빠져드는 것을 두려워했다. 그리고 우울과 불안에 약물치료가 도움이 되지 않는 것을 걱정하고 있었다. 그녀는 고통을 호소했다. Anna는 남편과의 관계에 문제가 있었지만, 예를 들어 보라고 하자 구체적인 언급을 피했다.

그녀는 자신의 어려움은 2년 전 실직 때문이라고 했다. 그녀는 잘 운영되던 회사가 불황으로 문을 닫기 전까지 20년 간 관리자로 일을 했다. 그리고 고등학교 졸업만으로 관리자까지 오른 것에 자부심이 있었다. 하지만 실직은 그녀의 정체성에 타격을 주었다. Anna는 보건 분야 준 학사학위가 있었지만 새로운 학위로 취업을 하고 싶었다. 하지만, 자신이 선택한 분야에서 새로운 직업을 가지더라도 직위가 강등될 것 같다는 생각을 하고 있었다. 또한 자신의 배경이 형편없어 일자리를 얻기 위한 자격이 되지 않는다고 말했다. Anna는 취직을 위해 넉 달 동안 이력서를 썼지만 매번 취업에 실패했다.

Anna의 어머니는 그녀가 11살 때 돌아가셨다. 어머니 사망 후 그녀는 아버지와 형제를 보살펴야 했다. 이로 인해 결혼이 늦어졌고 형제 중 유일하게 대학을 가지 못했다. Anna는 가족에 대한 원망을 부인했고 사랑과 일에서 실패한 것을 자책했다. 자신을 방어하는 태도는 첫 만남에서도 있었다. 과거에 고통이 있었음에도 감정을 드러내지 않았고 정보만을 말했다. 그녀는 팔짱을 끼고 무미건조한 목소리로 이야기했다.

첫 만남 말미에 Anna는 심리치료 주제를 명료화하는 데 도움이 될 평가에 동의를 했다. 나는 검사를 실시하고 함께 논의할 거라고 했다. 아울러 현재의 문제와 장점, 그리고 걱정에 대한 인상(느낌)을 나누는 작업도 함께 할 거라고 일러 주었다. 나는 평가를 통해 하고 싶은 질문을 생각해보도록 했다. 그리고 다음 시간까지 문장완성검사를 작성해오라고 했다.

내담자의 문제를 탐색하기 전에 내담자에게 하는 질문과 검사는 논의의 초점을 맞추는 데 도움이 된다. 그리고 구체적이고 분명한 질문은 협력적 평가의 맥락적 접근을 원활하게 한다.

협력적 평가의 초기면담

Anna는 초기면담에서 그녀가 말한 것보다 더 많은 스트레스를 호소하며 평가회기에 참여했다. 그녀는 검사를 한다는 사실에 긴장했고 검사 과정이 어떤지 몰라 걱정했다. 그녀는 회기 질문이 잘 이해되지 않는다고 했다. 나는 평가가 진단이나 문제를 분석하는 것에 목표를 둔 X-ray 검사 같은 게 아니라고 안심시켰다. 그리고 우리의 초점은 세상에서 살아가는 것이 어떤 것인가를 이해하는 데 있다고 말해 주었다. 나는 그녀를 공동평가자로 대함으로써-나는 그녀가 평가 결과를 이해하도록 하기 위해 경험을 통한 적절한 예를 제공할 책임이 있었다-질문을 이해하고 불확실하게 느끼는 평가의 관점에 대해 도움을 줄 것이라고 설명했다.

안심을 시키자 그녀는 의자에 등을 기댄 채 미소를 지었다. 이후 성격평가검사(Personality Assessment Inventory; PAI; Morey, 2003)와 로르샤하 검사(Exner, 2003)를 실시했다. 나는 Anna에게 자신에 대한 질문을 생각해보게 했다. 그녀는 질문을 찾지 못했다. 잠시 뒤 그녀는 "왜 나는 이렇게 우울한가요?"라고 물었다. 이런 종류의 질문은 심리평가에서 흔하다. 그러나 그런 질문에 답하는 것은 쉽지가 않다.

포괄적인 '왜'라는 질문은 원인을 전제로 한다. 그러므로 이런 질문은 부담이 되는데 내담자가 현재 왜 그런지를 완벽하게 답해야 한다고 생각하는 평가자에게는 더욱 그렇다.

심리평가 도구는 인과관계를 설명하기 위해 만들어진 것이 아니다. 오히려 질문/문제를 이해함으로써 내담자가 자신과 다른 사람, 그리고 세계와 어떤 관계를 맺고 있는지를 볼 수 있게 해준다. 아울러 대안을 제시함으로써 내담자에게 도움을 준다. 따라서 나는 무엇, 언제, 어디서, 그리고 어떻게에 관한 질문과 마찬가지로 '왜'에 관한 질문에도 초점을 맞춘다. 이러한 질문은 상세하게 설명을 하고 전후 맥락을 고려할 수 있게 한다.

Anna는 평가 작업을 위해 다음 두 질문을 했다.

1. 나는 왜 잘 믿지 못하나? 나에게 뭔가 문제가 있나?
2. 나는 어떤 상황을 힘들어하나?

첫 평가회기 후에 나는 PAI와 로르샤하를 채점하고 검사 결과와 정보를 통합한 자료를 준비했다. Anna가 두 번째 평가회기에 왔을 때 나는 이전 회기에서 그녀가 어떤 반응을 했는지, 어떤 질문을 했는지를 물었다. Anna는 평가 동안 불편했다고 했다. 그리고 로르샤하 검사 때는 시간이 잘 가지 않았다고 했다. 이런 Anna의 소감은 로르샤하에 대한 그녀의 불편감을 말하는 것처럼 보였다. 그러나 나는 이것이 심리치료에 대한 그녀의 인상을 말하고 있다는 사실을 몰랐다. Anna는 "내가 얼마나 우울한가요?"라고 물었다.

나는 그녀가 매우 우울하고 불안하다고 알려 주었다. 표 9.1에 제시한 결과는 그녀가 신중하고, 불안정하고, 무기력하며, 자신을 평가절하하고 있다는 것을 보여주었다. 이 결과는 자신에 대해 가지고 있는 기존의 관점과도 일치했다. 내가 이러한 인상을 알려주자 그녀는 동의하며 고개를 끄덕였다. 평가 자료 또한 고통이 상황적 스트레스와 관련 있다는 그녀의 보고를 입증했다. Anna는 직장을 잃은 것과 남편과의 잦은 다툼이 결과에 반영된 것 같다고 말했다.

표 9.1 Anna의 우울과 상황 스트레스 지표

PAI: 우울(82) − 불안(73) 코드	로르샤하: DEP = 5
AnxC = 80	SumV = 1
DepC = 80	WsumC′ : WSumC = 2 : 2.5
DepA = 72	D = 0
STR = 68	es = 7

| 표 9.2 | Anna의 부정적이고 결정적인 자기 지각 |

PAI: 우울 – 불안 코드	로르샤하: Mor = 1
DepC = 80	An = 2
AnxC = 80	반응 유형

문장 완성:

1. 나는 *좋은 사람이라는 것*을 인정하기 어렵다.

5. 나의 어렸을 때 기억은 *살이 쪘다는 말을 들었던 것이다.*

6. 내가 필요하지만 엄마에게 얻을 수 없었던 것은 *인정이다.*

12. 내 몸은 *뚱뚱하다.*

우리는 먼저 편안함과 자신감을 느끼지 못하는 것과 관련된 평가질문에 초점을 맞추었다. Anna는 과거에 편안함과 자신감을 거의 느껴보지 못했기 때문에 그 질문을 했다고 했다. 그리고 자신감이 없는 것은 기억하는 한에 있어 본래부터 있었던 문제이고 자존감 저하는 직장을 잃은 후부터 시작되었다고 했다. 그녀는 자존감이 낮아진 것을 실직 후 자신을 좋아하지 않았다는 것과 자신을 비난했다는 사실과 관련지었다.

나는 표 9.2 결과를 알려주었고 그녀는 결과를 받아들였다. 우리는 Anna의 자기 비판적 관점을 이해하기 위해 로르샤하 반응을 함께 살펴보았고 다음 대화를 나누었다.

Patrick: 당신은 자신을 비난하는 것 같아요. 로르샤하 반응(Ⅰ번 카드)을 볼까요? 당신은 "박쥐가 보여요. 나는 박쥐를 좋아하지 않아요. 거기엔 이유가 없어요. 왜인지 모르겠어요. 나는 박쥐가 해롭지 않다는 걸 알아요. 하지만 그냥 좋아하지 않아요. 왜 내가 박쥐를 보고 있는 거죠? 너무 못생겼어요. 나는 벌써 망치고 있어요. 그렇지 않나요?"라고 말했어요.

Anna: (미소를 지으며) 나는 이 검사가 싫어요.

Patrick: 잠시 반응을 다시 볼까요. 이 반응은 우리의 대화를 반영하는 것 같아요. Ⅰ번 카드의 첫 반응은 일반적으로 도입 반응이라고 해요. 사람들은 첫 반응에서 자신이 어떻게 보여 지는지에 주의하는 경향이 있어요. 이 반응에서 당신은 보여 지는 것에 신경을 썼어요. 거기엔 자신에 대한 비난과 의심이 있었어요.

Anna: 맞아요. 그게 나에요. 예를 들어 볼게요. 지난 봄에 나는 연수에 참가했어요. 강사님이 어려운 과제를 주셨어요. 나는 힘들게 하루를 보냈고 과제를 끝내지 못했어요. 강사님께 찾아가 과제를 못하겠다고 했어요. 그는 자리에 앉으라면서 "왜 과제를 하지 않는 거죠? 당신은 무엇을 해야 하는지를 잘 알고 있어요."라고 말했어요. 그러면서 무엇을 해야 할지를 나에게 물었어요. 나는 그의 말이 옳다고 생각했어요. 강사님은 내가 너무 미리 생각하고 자신을 힘들게 한다고 했어요. 그 말은 정곡을 찔렀죠. 나는 자신을 괴롭혀 꼼짝 못하게 묶어둬요.

Patrick: 그렇군요. 자기 비난은 충분히 할 수 있는 것도 못하게 하죠. 그럼 자신을 비난하지 않는 경우를 생각해 볼 수 있을까요?

Anna: 슬프게도 그런 경우는 없어요. 만약 어머니가 계속해서 당신을 비난하면, 당신은 어머니가 하는 말을 진실로 여길 거예요.

Patrick: 그럼 당신의 이야기를 다루는 이 접근이 이해가 되나요?

Anna: 그런 건 잊어버리세요. 나는 자신에게 책임이 있어요. 누구를 비난하려고 여기 있는 게 아니에요.

Patrick: 이해하겠어요. 당신을 힘들게 하는 원인을 알 것 같아요.

Anna와 나는 자신을 비난하는 예를 살펴본 다음, "나는 어떤 상황을 힘들어하지?"라는 두 번째 평가질문에 대한 답을 찾아보았다. 그녀는 여러 상황에서 자기를 비난했다. 사실, 비판적이지 않은 경우를 찾기가 어려웠다. 그녀는 자신의 수동적인 성향이 관계가 불완전하거나 비판적일 때 일어난다고 했다(그녀의 로르샤하 인간운동의 능동 vs 수동 비율($Ma{:}Mp=0{:}2$)에 반영된 것처럼). 부정적 관점에 초점을 맞추는 그녀는 큰 그림을 보지 못했다(로르샤하 조직화 점수: $Zd=-4$, 쉽게 주의가 흩어지는 경향을 나타낸다). 나는 그녀가 부정적 자기평가에 익숙해져 미리 결과를 정해 놓는다는 생각이 들었다. Anna는 최근의 가족 모임에 대해 이야기했다. 이것은 그녀에게 통찰의 기회가 되었다.

Anna: 내가 참석하면 아버지를 행복하게 해줄 수 있을 거라는 생각에 가족 모임
　　　에 갔어요. 사람들이 직장에 대해 물을 거고, 나를 실패한 것으로 생각할
　　　것이고, 그러면 결국 일찍 떠나게 되는 상황이 될 것 같았죠. 그 일은 실
　　　제로 일어났어요.

Patrick: 이것이 당신이 말한 예정된 결과인가요?

Anna: 네. 하지만 사실 아무도 나를 비난하지 않았어요. 그들은 각자 즐기고 있
　　　었어요. 내가 사람들을 피했고 그곳을 떠났어요. 나는 내 방식대로 느끼
　　　고 있다는 것을 알았어요. 난 그것을 좋아하지 않아요.

Patrick: 이제 이것을 알고 있으니 다른 것을 할 수 있을 거예요.

Anna: 말로는 쉽겠죠. 나는 오랫동안 힘든 일은 하지 않았어요. 그걸 알아야 해요.

Anna의 통찰은 심리치료의 핵심(예, 자기비난 중단하기)이 되는 중요한 주제
였다. 그녀의 퉁명스러운 반응은 그녀가 심리치료를 그만두고 싶은 마음이 생
겨 어려움을 겪을 수 있다는 점을 환기시켰다. 그녀의 평가질문은 심리치료의
목표에 초점을 두고, 이것이 반복되는 삶의 문제와 어떻게 연관되어 있는지를
이해하고, 치료에서 우리 관계가 무엇을 의미하는지를 볼 수 있게 했다. 그러나
치료의 중요한 주제는 평가질문에서 나오지 않았다. 오히려 기대치 않게 로르
샤하에서 새로운 사실을 알게 되었다.

학습포인트

평가질문이 서로를 협력하게 하지만, 현재의 문제를 이해할 때 기대와는 다른 결과
가 나올 수도 있다. 이때는 결과와 연관된 일상의 예를 탐색해 보는 것이 좋다.

첫 회기에서 Anna는 로르샤하를 힘들어했다. 그리고 눈에 띄게 불안해했다.
그녀는 Ⅵ, Ⅷ, Ⅸ번 카드를 거부해 7개 반응만 했다. 윤색 반응은 거의 없었고
(예, 인간운동-M과 색채 C) 불쾌감과 관련된 변인이 있었다(예, 음영반응-Y, 병적
반응-MOR). 나는 빈약한 로르샤하 프로토콜 때문에 규준대로 해석하지 못할
까 걱정이 되었다. 그때 Brickman과 Lerner(1992), Fischer(1992), 그리고 Finn(2007b)

의 논문이 생각났다. 그 논문에는 짧은 로르샤하 프로토콜도 피검자의 역동을 이해하는 데 유용할 수 있다고 되어 있었다.

> 🌱 **학습포인트**
>
> 짧은 프로토콜의 로르샤하 반응과 지각을 논의하는 것은 생산적일 수 있다.

우리는 다음 대화를 했다.

Patrick: Anna. 로르샤하 검사가 힘들어 보였어요.

  Anna: 그랬어요. 정말 힘들었어요.

Patrick: 검사가 어땠나요?

  Anna: 짜증났어요. 아무 것도 볼 수 없었어요.

Patrick: 가끔 반응이 적은 경우는 자신을 드러내기 조심스러워한다는 것을 나타내요. 당신도 그랬나요?

  Anna: 아니요. 저는 편했어요.

Patrick: 저는 당신이 방어하는 것처럼 보였어요. 그리고 의심하고 합리화하는 것 같았어요.

  Anna: 내가 뭔가를 숨기고 있다는 게 믿기지 않아요. 사실, 저는 뭔가를 숨겼으면 좋겠어요(대화를 멈추고 책상 아래를 본다). 내가 볼 수 없다는 게 걱정스러워요.

Anna와 내가 조금 더 이야기를 나눴을 때 그녀는 검사 동안 방어적이지 않았고 지각 능력이 떨어진다는 점을 놀라워했다. Exner(1988)가 제안한 바에 따라 채점할 수 있는 반응을 얻기 위해 나는 카드를 다시 보자고 했다. Anna는 두 번째 검사에서 더 신경질적이었고 V번 카드를 보자 울기 시작했다. 나는 검사를 끝내고 싶은지 두 번이나 물어보았지만, 그녀는 계속하자고 했다. 결국 Anna는 15개 반응을 했다.

두 번째 회기 전에 나는 Anna의 로르샤하를 채점했다(표 9.3을 보라). 그리고 해석을 준비했다. 나는 방어($Lambda = .69$)를 나타내는 핵심변인이 정상 범위에

표 9.3 Anna의 로르샤하 구조적 요약

반응영역	결정인	반응내용	접근방식

반응영역	혼합	단일	반응내용	접근방식
Zf = 9				
ZSum = 23.5		M = 2	H = 1,0	I : WS
ZEst = 27.5	2:15	FM = 1	(H) = 0,0	II : D.D
	Mp.mpo	m = 2	Hd = 2,0	III : D
	Ma.CF.Yfu	FC = 1	(Hd) = 0,0	IV : W
W = 5		CF = 2	Hx = 0,0	V : W.W
D = 8		C = 0	A = 7,0	VI : Dd
W+D = 13		Cn = 0	(A) = 0,0	VII : D.D
Dd = 2		FC' = 2	Ad = 1,0	VIII : D.Dd
S = 2		C'F = 0	(Ad) = 0,0	IX : DS
		C' = 0	An = 2,0	X : W.D
		FT = 0	Art = 0,0	

DQ / 형태질 / 특수점수:

DQ			
+ = 3			
o = 12			
v/+ = 0			
v = 0			

특수점수

	Lv1	Lv2
DV =	0 X 1	0 X 2
INC =	1 X 2	0 X 4
DR =	4 X 3	0 X 6
FAB =	0 X 4	0 X 7
ALOG =	0 X 5	
CON =	0 X 7	
Raw Sum6 = 5		
Wgtd Sum6 = 14		

결정인(단일 계속):

TF = 0	Ay = 0,0
T = 0	Bl = 0,0
FV = 0	Bt = 0,0
VF = 1	Cg = 0,0
V = 0	Cl = 0,0
FY = 0	Ex = 0,0
YF = 1	Fd = 0,0
Y = 0	Fi = 0,0
Fr = 0	Ge = 0,0
rF = 0	Hh = 2,0
FD = 0	Ls = 1,0
F = 6	Na = 1,0
	Sc = 0,0
	Sx = 0,0
	Xy = 0,0
(2) = 6	Id = 0,0

형태질

	FQx	MQual	W+D
+	= 0	= 0	= 0
o	= 8	= 2	= 8
u	= 3	= 0	= 3
−	= 4	= 0	= 2
none	= 0	= 0	= 0

AB = 0		GHR = 2
AG = 0		PHR = 1
COP = 0		MOR = 1
CP = 0		PER = 2
		PSV = 1

비율, 백분율, 산출점수

R = 15   L = 0.67

EB = 2:2.5	EA = 4.5	EBPer = NA	FC :CF+C = 1:2
eb = 3:4	es = 7	D = 0	Pure C = 2
	Adj es = 6	Adj D = 0	SmC':WSmC = 2:2.5

COP = 0			AG = 0
GHR:PHR = 2:1			
a:p = 2:3			
Food = 0			
SumT = 0			
Human Cont = 3			
PureH = 1			
PER = 2			
Isol Indx = .20			

Afr = 0.50
S = 2
Blends / R = 2/15
CP = 0

FM = 1	SumC' = 2	SumT = 0
m = 2	SumV = 1	SumY = 1

a:p = 2:3	Sum6 = 5	XA% = .73	Zf = 9	3r+(2)/R = .40
Ma:Mp = 0:2	Lv2 = 0	WDA% = .85	W:D:Dd = 5:2:8	Fr+rF = 0
2AB+Art+Ay = 0:15	WSum6 = 14	X−% = .27	W:M = 5.2	SumV = 1
MOR = 1	M− = 0	S− = .25	Zd = −4.0	FD = 0
	Mnone = 0	P = 7	PSV = 1	An+Xy = 2
		X+% = .53	DQ+ = 3	MOR = 1
		Xu% = .20	DQv = 0	H:(H)+Hd+(Hd) = 1:2

PTI = 1	DEPI = 5*	CDI = 3	S−CON = 7	HVI = No	OBS = No

있는 것을 보고 놀랐다. Anna는 창의적이고 기발한 자원이 적었다. 정서 자극을 회피했지만, 그럼에도 정서 자극의 영향을 받았다(형태를 근거로 한 색채반응과 형태를 덜 근거로 한 색채반응의 비율 $FC:CF+FC=1:2$, 정서비율$-Afr=.50$). 그녀는 세계를 이해하기 위해 자원을 찾고자 할 때, 특히 상황이 정서적일 때 힘들어했다. 그녀의 로르샤하 반응은 처음 만났을 때 본 지적이고 재치 있는 모습과는 대조적이었다. 나는 이 불일치를 탐색해 보고 싶었다.

두 번째 회기를 시작하면서 Anna는 "스트레스가 많았던 로르샤하"에 대한 생각을 멈출 수 없다고 했다. 그리고 상상하는데 어려움이 있다고 했다. 로르샤하 결과를 논의할 때 Anna는 화를 냈고 눈물을 흘렸다. 다음 대화가 이어졌다:

Patrick: 얼마나 힘들지 이해가 돼요. 어떠세요?

Anna: 얼마나 형편없는지 충격적이에요. 전 똑똑한 편이었어요. 그런데 간단한 그림도 생각을 못했어요. 내가 못한 건 사실이에요.

Patrick: 흥미롭네요. 당신의 로르샤하를 보면 혼란이 느껴져요. 나는 당신을 재치 있고 예리한 사람으로 알고 있었는데 어떻게 해서 더 볼 수 없는지가 궁금해요.

Anna: 왠지 아세요? 이건 새로운 게 아니에요(Anna는 눈물을 글썽였고 목소리가 부드러워졌다). 나는 일 때문에 여행을 많이 다녔죠. 가을엔 뉴잉글랜드 해변에 자주 갔었어요. 그곳은 평화로웠죠. 과거엔 아무리 스트레스를 받아도 해변에 있는 나를 그려보는 것이 가능했어요. 나는 언제든 갈 수 있었어요. 그런데 실직 후엔 그러지 못했어요. '자신'을 잃었다는 걸 알았지만, 그것이 얼마나 힘들지는 몰랐어요.

Patrick: 그래요. 그 해변은 평화로운 곳이었군요. 지금 그곳을 떠올릴 수 있겠어요?

Anna: (눈물을 글썽이며)아니요. (대화를 멈췄고 눈물을 흘렸다.) 저는 잉크반점에서 어떤 것도 볼 수 없었어요. 내가 어디에 있죠? 누구죠? 나는 죽었거나 잠들어 있는 것 같아요. 이 검사를 할 때 나를 이해하는 것은 내 몫이었어요. 언제나 그런 느낌을 갖고 있었지만, 그것을 받아들이는 게 어려웠어요. 나는 그냥 여기 없는 것처럼 느껴져요. 살아있는 게 아니에요. 이렇게 느끼는 것은 우울보다 더 큰 문제인 것 같아요. 깨어날 수 있도록

　　　　　도움이 필요해요.

Patrick: 그래서 당신은 힘들었던 로르샤하 경험을 통해 자신을 인식하게 되었군요. 그리고 접촉하지는 못했지만 여전히 거기에 있는 당신을 알아차렸군요.

　Anna: 네.

Patrick: 당신의 로르샤하 반응을 어쩔 수 없이 생각하게 되네요. 마지막 반응은 일반적으로 "끝맺음"과 관련이 있어요. 그리고 그것은 "나를 볼 수 없지만, 사실 나 여기 있어."를 의미하는 것처럼 보여요. 당신의 끝맺음 반응은 여기서 우리가 이야기를 나누고 있다는 것을 반영해요. 당신은 X번 카드에서 "나무에 잎이 있어요. 그것은 매달려 있어요. 죽었어요. 그리고 떨어지길 기다리고 있어요."라고 했어요. 어떤 이유로 이 반응을 한 거죠?

　Anna: 사실 저는 여기 있어요.

평가 회기에서 Anna는 집중을 못했고, 자기 처벌적이었으며, 자신을 비난했다. 그러나 심리치료는 우울을 넘어 직면을 요구했다. Anna와 함께 한 심리치료는 도전이 되었다. Anna는 회복력과 용기를 갖고 있었다. 이 경험 후 그녀는 회기에서 알게 된 것을 받아들였다. 로르샤하의 내용과 과정을 관찰한 것은 그녀가 힘들어하고 있다는 것을 수용하게 했다. 이 논의는 고통을 명료화 했고 개입의 핵심을 확인해 주었다.

❤️ **학습포인트**

일상의 경험에 집중하는 것은 평가 동안 밝혀지는 주제를 깊이 있게 해준다.

심리치료 동안 평가결과 통합하기

심리치료 회기는 느리게 진행되었지만 시간이 지나면서 Anna는 가족관계, 결혼생활의 희생에 대한 분노, 의미 있는 직업을 찾는 데 방해가 되는 것에 대해 이야기 했다. 우리의 치료 동맹은 굳건해 보였지만, Anna는 주제를 깊이 있게 탐색하지 못했다. 그녀는 단지 인지적 수준에서 심리치료의 해석을 이해했다. 그리고 정서적인 것은 받아들이지 않았다. Anna는 6개월간의 심리치료 내

내 자신의 로르샤하에 대해 언급했다. 그녀는 더 이상 우울하지 않았고 자기 비난도 줄었다.

상태가 좋아졌음에도 Anna는 두 번 정도 심리치료를 그만두고 싶다고 했다. 그녀는 어머니가 자신을 비난했고, 형제와 아버지를 돌보느라 자신의 삶을 제대로 살지 못했다는 것을 알게 되었다. 치료를 시작한 지 4개월쯤 되었을 때 그녀는 치료를 그만두겠다고 했다. Anna는 치료 전에 했던 문장완성검사에서도 비슷한 주제를 적었었다. 그녀는 그 주제를 통해 자신의 현 상황과 가족력에 초점을 맞추는 게 중요하다는 것을 알았다. 그러나 Anna는 가족 내에서 자신의 역할에 대해 논의하는 것을 회피했다. 하지만, 그녀는 문장완성검사(표 9.2 참조)를 통해 자신의 비판적인 특성이 어머니에게서 온 것이라는 사실을 알았다. 결국 그녀는 심리치료를 계속하기로 했다.

치료 후 여섯 달이 되었을 때 Anna는 다른 사람의 요구를 충족시키기 위해 욕망을 억제했던 자신에게 화가 났다. 남편에 대해서는 더 화가 났다. 남편은 움츠려드는 그녀를 비난했다. Anna는 심리치료를 받는 것에 죄책감을 느꼈고, 자신을 비난했고, 갈팡질팡했다. 그녀는 다시 심리치료를 그만두겠다고 했다. 나는 Anna의 그러한 반응을 예상했었다. 그녀는 즐거웠던 몇 가지 일을 떠올렸다. 그리고 심리치료를 그만두어야 할지를 고민했다. 그녀는 나에 대한 감정을 어떻게 해야 할지 확신이 없는 것 같았다. 우리는 다음 대화를 했다.

Patrick: 힘이 든다는 게 이해가 돼요. 하지만 당신은 절벽에 서있는 것처럼 보여요. 저는 지금 그만두는 게 시기상조라는 생각이 들어요.

Anna: 알아요. 당신이 말한 게 사실이에요. 꿈을 꾸고 있다는 생각이 들어요. 그런데 꿈을 기억할 수가 없어요. 잘하고 있다는 생각은 들어요. 하지만 다시 나빠질까봐 두려워요.

Patrick: 그럴 것 같아요. 하지만 잘 할 수 있을 거예요. 예전에 로르샤하 검사로 힘들어했을 때 치료를 그만두지 않았던 걸 기억할 거예요. 그 때 당신은 중요한 걸 발견했어요. 만약 그때처럼 이번에도 중요한 발견이 기다리고 있다면 어떻게 할 건가요?

Anna는 심리치료를 계속하기로 했다. 그리고 한 달 뒤 이 상황을 다시 평가하기로 했다.

Anna의 재인식

다음 회기 때 Anna는 즐거워 보였다. 그녀는 꿈을 꿨다고 했다. 아래 꿈의 내용이 있다.

나는 오래된 집에 있었어요. 돌아가신 분의 유품을 정리하는 일을 하게 되었어요. 그 분은 나이가 지긋하고 나에게 중요한 분이었던 것 같았어요. 유품을 살펴보고 있는데, 내가 원하는 것 중에 어떤 것은 새 것이었지만 어떤 것은 나의 과거와 관련된 것이었어요. 나는 그것을 가질 수 있었어요. 하지만 먼저 회계사와 의논을 해야 했어요. 그 회계사 이름은 Patrick J. Fulkerson 이었어요.

Anna의 꿈은 자신을 찾는 힘이 회복되고 있다는 것을 보여줬다. 우리는 즐거움을 경험하는 능력과 그녀를 비난했던 어머니와의 관련성에 대해 이야기했다. 그리고 꿈에 나타난 회계사의 이름과 나의 이름이 비슷하다는 것을 발견했다. Anna는 심리치료가 자신의 욕구와 즐거움을 경험하는 능력을 연결하는 역할을 한 것을 알았다.

Anna는 몇 달간 계속 꿈을 꿨다. 그리고 새로운 전일제 일자리를 얻었다. Anna는 회기에 집중했다. 남편과의 관계도 좋아졌다. 심리치료를 한 지 여덟 달 무렵 Anna는 근심어린 모습으로 회기에 왔다. 그녀는 울고 있었다. 그리고 어느 날 자신을 힘들게 했던 첫 번째 회기가 떠올랐다고 했다. 회기 중 그녀는 창가에 서서 눈을 감았다. 그녀는 어느 가을날 파도 소리를 들으며 자신이 좋아했던 뉴잉글랜드 해변에 앉아있는 공상에 빠졌다. Anna는 나를 보며 흐느꼈다. "내가 깨어났어요. 내가 돌아왔어요." 나는 이 순간을 보며 평정을 유지하려 했다.

Anna와 나는 석 달을 더 만났다. 나는 가장 도움이 되고 기억에 남은 순간이 언제였는지를 그녀에게 물었다.

Patrick: 치료 중 가장 도움 되었던 게 무엇이었나요?

Anna: 많은 게 있었어요. 고통 속에서 나의 역할을 이해했고, 나의 배경이 어떻게 영향을 주었는지, 그리고 당신과 나의 관계에 대해서도 알게 되었어요.

Patrick: 당신에게 중요했던 회기가 있었나요?

Anna: 믿지 않으시겠지만, 검사 결과를 보며 함께 했던 회기가 기억이 나요. 그때 많이 힘이 들었어요. 다시는 로르샤하를 하고 싶지 않았어요. 나를 드러내는 게 싫었지만 나의 행동을 이해할 수 있었어요. 당신을 믿을 수 있었어요. 그리고 내가 어떤 사람인지를 이해하기 위해 당신이 애썼다는 것도 알았어요. 믿거나 말거나 로르샤하는 내가 당신과 함께 하는 것이 안전하다는 것을 알려줬어요. 그 경험은 치료를 중단하려고 했을 때 그만두지 않게 지켜줬어요. 그 회기가 없었다면 지금처럼 되지 못했을 거예요. 그리고 내가 어디서 출발했는지 지금 내가 어디로 가고 있는지를 알 수 있었어요. 이 사실이 놀라워요.

이것은 치료자로서 내가 경험했던 가장 보람된 순간 중 하나였다. 나는 협력적 평가가 Anna를 그렇게 만들었다는 것을 듣고 기뻤다. 이후로도 나는 협력적 평가 후 내담자들에게서 Anna의 사례와 같은 변화를 경험했다. Anna는 나에게 경청해주고 존중해줘서 고맙다고 했다. 이 사례는 협력적 평가가 치료적 효과를 얻을 수 있고 치료를 원활하게 한다는 것을 보여주었다.

학습포인트

심리평가는 (1) 치료자가 내담자와 협력하고, (2) 검사 결과를 함께 논의하고 투명성을 유지하며, (3) 결과가 내담자의 실제 삶에 기초하고, (4) 자신의 삶에 대한 전문가로서 내담자의 능력을 존중하면서 진솔하게 치료자 자신을 보여줄 때 가장 치료적일 수 있다.

요약과 결론

Anna와 함께한 평가는 치료 과정을 원활히 하는 협력적 평가의 특징을 보여 주었다. 다음은 Anna와의 평가에서의 요점이다. 첫째, *협력적 평가는 치료적 동맹을 촉진하고 원활히 하며 라포와 신뢰감, 공감을 제공한다*(Fischer, 1985/1994, 2000). Anna는 이를 증명했고 평가 후 치료에서 나를 신뢰했다. 아울러 초기면담에서 협력적 평가는 치료적 동맹을 향상시킨다는 것을 보여 주었다(Hilsenroth, Peters, & Ackerman, 2004).

둘째, *협력적 평가는 평가자와 내담자가 함께 하는 것을 장려한다.* 협력적 평가에서 내담자는 평가질문을 적극적으로 탐색하도록 요청받는다. 그러면 삶에 대한 호기심을 개발할 수 있다. 이는 자신을 탐색하고 심리치료를 중단하지 않고 지속하는 비율을 향상시킨다(Ackerman, Hilsenroth, Baity, & Blagys, 2000).

셋째, *협력적 평가는 일상에 기반하여 세상에 쉽게 다가가 이해하기 쉬운 엿보기를 제공한다.* 따라서 평가자와 내담자는 복잡한 심리 구조를 살펴 볼 수 있다. 이에 평가자와 내담자는 개인의 상황과 평가 상황을 함께 나누는 언어를 개발할 수 있다. 심리 현상을 논의할 때 서로 이해할 수 있는 용어를 사용하는 것은 심리치료를 효과적으로 만든다(Frank, 1961).

넷째, 특별한 질문이 협력적 평가에서 탐색되기는 하지만, 평가 결과가 미리 정해져 있지는 않다. 초기면담 동안 통찰은 주의 깊은 탐색을 통해 나타난다. 기대하지 않았지만 개인적 경험으로 증명되는 결과는 예외로 나타난다기보다는 규칙적으로 나타난다. 이런 결과는 평가자와 내담자에게 인상을 수정할 것을 요구한다. 협력적 평가는 미지의 것에 개방적 태도를 모형으로 하는 심리치료에 도움이 될 수 있다. 나의 결론은 다음과 같다: *심리치료 전에 실시한 협력적 평가는 심리치료에 유용하고 치료적 동맹을 향상시킨다.*

이 관찰은 협력적 평가가 심리치료를 원활하게 한다는 지표가 된다. 그리고 협력적 평가가 효과가 있다는 것을 보여준다. 그러나 그것은 치료에서 비슷한 시도를 하려는 평가자에게 달려 있다. Finn(2007b)은 제한적 평가를 넘어서도록 격려하는 다음의 도전을 제시했다:

얼마나 많은 평가자들이 피드백을 하지 않고, 기술적인 전문 용어와 의미 없는 미사여구로 가득한 길고 획일적인 보고서를 쓰는지 아는가? 심리학자가 평가에 정말 필요한 일을 하는 대신, 타당도 척도를 개발하기 위해 얼마나 많은 노력을 기울이는지 아는가? 전문가로서 조용히 앉아 비인간적이고 해를 주는 겉만 번지르르한 심리평가 훈련을 계속할 것인가? 만약 우리가 심리평가의 힘과 잠재성을 모른다면 분명 이렇게 될 것이다.(pp. 20−21)

Anna와 함께 한 작업은 협력적 평가의 힘이 어떻게 심리치료에 기여할 수 있는지, 그리고 어떻게 삶을 바꿀 수 있는지를 보여주었다.

10장

심한 학대에 대한 치료적 평가: 과거에 살고 있는 여성

CAROL GROVES OVERTON

정신건강의학과 의사는 치료적/협력적 평가 후에 환자들이 자신감과 희망이 생기고 치료 동기가 높아졌다고 했다. 그리고 환자들이 논의하고 싶은 문제를 가져왔다고 했다. 정신건강의학과 의사는 3년 동안 치료해 왔던 환자를 나에게 의뢰했다. 이 환자는 두 명의 정신건강의학과 의사가 12년 동안 치료를 했었다. 정신건강의학과 의사는 환자에게 진전이 없다며 힘들어하고 있었다.

내담자의 배경

Julie는 17살처럼 보이는 35살 여성이다. 나는 의도적으로라도 이 여성을 35살이라고 생각했다. 그녀는 어린 시절 부모에게 성적, 육체적, 정서적 학대를 받았다. 부모는 Julie가 5살 때 양육을 포기했다. Julie는 "이제야 너를 없앴다!"고 엄마가 소리 쳤던 것을 기억했다. 그녀는 위탁가정에서 1년을 지냈다. 그런데 안정될 무렵 부유한 가정으로 재입양 되었다. 그녀는 새로 입양된 가정에 대해 이렇게 말했다.

양엄마는 나를 더럽다고 씻겼어요. 과거를 지우려고 했어요. 양엄마는 내가 가져온 것을 모두 버렸어요. 이름을 바꾸려 했지만 내가 싫다고 했어요. 그리고 자신과 닮아 보이도록 머리를 기르게 했어요. 양엄마가 무서웠어요. 나는 물에 들어가는 게 두려웠어요. 그리고 나를 더럽다고 해서 기분 나빴어요. 더럽다는 게 수치스러웠어요.

Julie의 바람과 달리 양엄마는 그녀를 자신의 복사본처럼 만들려고 했다. 두 사람 사이에는 다툼이 끊이지 않았다. 양엄마는 Julie가 "얌전한 아이"이기를 원했다. 그러나 Julie는 운동을 좋아했고 여성스럽지 않았다. 그녀는 고등학교 때 다리를 다쳐 수술을 받았다. 더 이상 운동을 할 수 없었고 다리를 절었다. 그녀는 운동할 때가 제일 좋았다고 했다. 운동은 그녀의 유일한 탈출구였다.

Julie는 다리를 다친 후 우울해졌고 학대의 기억이 떠올랐다. 다른 사람은 믿지 않았지만, 2년 동안 만났던 정신건강의학과 의사는 신뢰했다. 그러나 정신건강의학과 의사가 다른 곳으로 가게 된 뒤 우울이 심해졌고 10년 넘게 정신건강의학과 치료를 받았다.

내가 Julie를 처음 만났을 때 그녀는 혼자 아파트에 살았고 비용은 양부모가 대고 있었다. 그녀는 주요우울장애, 기분부전장애, 회피성 성격장애와 해리성 정체감 장애 진단을 받았다. Julie는 외로웠고 대인관계를 회피했다. 파트타임 일을 했고 그 외 시간은 혼자 지냈다. 그녀는 자신이 "멍청해서" 실직할 거라 생각했고 해고를 두려워했다. 그리고 학대에 대한 생각에 사로잡혀 물밀 듯 밀려오는 나약함과 위험에 압도당했다.

한편, Julie의 외상을 살펴보려 했던 정신건강의학과 의사는 저항에 부딪혔다. Julie는 "어떻게 학대받은 기억을 잊을 수 있을까요?"라고 나에게 물었다. 그리고는 다음과 같이 말했다: "지금도 나를 괴롭히는 6살 때 기억이 떠올라요. 악몽이 나를 지배하고 있어요."

Julie는 양엄마가 자신을 통제하는 것을 싫어했다. Julie와 함께 입양된 언니는 그녀에게 다음과 같이 말했다. "엄마가 원하는 대로 할 필요 없어." 하지만, Julie의 답은 "그러지 않으면 내가 망가질 텐데?"였다. 그녀는 자존감이 낮았다. 그 이유는 친엄마가 Julie를 "바보 천치"라 불렀기 때문이었다. 그녀는 아직도 자신을 그렇게 믿고 있었다.

이전의 평가

12년 전 정신병원을 드나들었을 때 Julie는 WAIS-R(Wechsler, 1981), 로르샤하 (1921; Exner, 2003), 주제통각검사(TAT; Murray, 1943), MMPI-2(Butcher, Dahlstrom, Graham, Tellegen, & Kaemmer, 1989), Bender-Gestalt 검사(Bender, 1938)를 했다. 다음은 심리평가 보고서에서 발췌한 내용이다:

Julie는 평균 지능의 여성으로 오랫동안 몸에 밴 우울한 성격 특성이 있다. 최근에는 스트레스가 가중되어 우울이 심해졌다. 그리고 부정적으로 세상을 보고 있어 지각이 편향되어 있다. (중략) Julie는 불안과 불신으로 사람을 대했고 위험한 환경에 노출되면 자신을 약하다고 느꼈다. 피해를 입을지 모른다는 불안은 회피적인 성격 형성에 영향을 주었다.

심리학자는 그녀를 회피성 성격장애와 주요우울장애로 진단했다. 하지만, 주요우울장애가 호전되어도 기분부전장애는 지속될 거라 예상했다.

현재의 치료적 평가

Julie는 과거 평가 결과를 알지 못했다. 그리고 지능이 평균이라는 것도 몰랐다. 나는 우울 때문에 지능검사 결과가 실제보다 과소평가된 것 같다고 한 이전 심리학자의 의견에 동의했다. 아울러 과거 검사 결과와 비교할 수 있으리라는 기대로 지능검사를 실시했다. 또한 그녀에게 "멍청이"가 아니라고 알려주고 싶었다. 그래서 로르샤하, 주제통각검사, 초기기억검사(Bruhn, 1992), MMPI-2, 심리치료 파일(Ryle, 1990)을 실시했다.

Ryle(1990)이 개발한 심리치료 파일(The Psychotherapy Profile)은 잘 알려져 있진 않지만 유용한 도구이다. 이 검사는 함정, 딜레마, 장애물-사람들이 원하는 것을 얻을 수 없고 변화시키기 어려운 행동-로 구성되어 있다. 나는 함정과 딜레마를 이용하여 일인칭 시점으로 글을 쓰게 한 뒤 함정을 추가했다. 함정은 아무리 노력해도 좋아지기는커녕 악화만 되는 악순환을 의미한다. 다음 예를 보자.

낮은 자존감 때문에 다른 사람이 나에게 화를 낼까봐 걱정돼요. 그리고 나를 지루해하고 바보처럼 볼까 염려스러워요. 그래서 나는 사람들의 호의에 반응하지 않아요. 사람들은 나를 좋게 보지 않아요. 그러면 나는 바보 같다고 확신해서 더 고립되고 자신감을 잃어요.

Ryle에 따르면 내담자가 행복하지 않으면 자신을 나쁘게 보기 때문에 실제로 그렇게 행동하게 된다고 했다. 이러한 선택을 딜레마라 부른다. 사람들은 종종 이런 식으로 세상을 보고 있다는 것을 모르고 이것이 유일한 선택인 것처럼 행동한다. 다음 예를 보자.

나는 늘 우울해요. 그렇지 않으면 거절당하거나 다른 사람에게 상처를 주고 일을 엉망으로 만들어요.
　나는 원하는 것을 얻으면 아이 같이 유치해지고 죄책감을 느껴요. 하지만, 원하는 것을 못 얻으면 화가 나고 우울해져요.

내담자는 목록을 읽으며 자신에게 해당되는 것과 해당되지 않는 것을 찾아보았다. 나는 이 패턴이 무엇인지를 알게 되면 자신에게 해당되는 다른 패턴을 찾아보자고 했다.
　이 장에서 나는 심리치료 파일, WAIS-R, 로르샤하를 이용한 상담에 초점을 맞추었다.

WAIS-R을 이용한 치료적 개입

🍃 학습포인트

　Finn(1996)은 내담자가 알고 있는 내용부터 피드백을 했다. 그리고 "내담자가 받아들이는 결과부터 시작해서 자신의 자아상에 도전하는 결과로 옮겨가라."고 했다(p. 64). Julie는 자신의 부적절한 모습을 받아들이지 않았다. 그래서 나는 Finn의 권유에 따라 긍정적인 WAIS-R 결과부터 시작해서 엄마와 갈등했던 과거로 갔다.

과거 Julie의 WAIS-R 결과는 언어성 IQ 99, 동작성 IQ 102, 전체 IQ 101로 모두 평균 수준이었다. 현재는 언어성 IQ 106, 동작성 IQ 117, 전체 IQ 112로 전체 IQ는 과거보다 높았다.

나는 이것이 12년 전에 했던 검사와 같은 것이고 과거와 현재를 비교할 수 있다고 말했다. 그리고 Julie에게 결과를 요약한 표를 보여주었다. 현재는 평균 이상의 지능이지만 과거에는 평균 수준이었다. 나는 Julie가 과거에 우울했기 때문에 심리학자도 결과가 실제보다 낮게 측정되었을 거라고 생각했다는 것을 알려 주었다.

Carol: 우울할 때와 그렇지 않을 때 생각에 차이가 있나요?
Julie: 우울할 때는 생각하기가 힘들어요. 어떨 때는 아무 생각도 안나요.

우리는 현재 결과—평균 이상의 지능—가 더 정확하다는 것에 동의했다.

Carol: 지능검사를 실시했던 다른 심리학자와 나, 그리고 어머니 중 누가 당신의 지능을 잘 알고 있다고 생각하세요?

Julie는 이 질문을 듣고 감동을 받은 것 같았다. 그리고 웃으며 수긍했다.

나는 결과표를 제시했다. 그리고 이 표는 현재 결과를 자세히 요약한 것이라고 말했다. 아울러 WAIS-R의 소검사 결과도 보여주었다. 오른쪽 칸은 지능의 범위를 의미하고 왼쪽 칸은 각 범위에 해당하는 사람들의 백분위라고 알려주었다. 그리고 16%의 사람들은 평균 이상의 점수를 획득하고, 68%의 사람들은 평균 점수, 16%의 사람들은 평균보다 낮은 점수를 획득한다고 설명했다. 그녀의 여섯 개 소검사는 평균 수준을, 네 개의 소검사는 84%의 사람들이 얻은 점수보다 높았다.

나는 각 소검사를 소개했다. 그리고 유사성 검사에서 Julie가 얼마나 잘했는지, 그것이 어떤 의미인지를 알려주었다. 아울러 과거 자신의 지능에 대해 비난했던 말을 언급했다.

Carol: 본인의 말에 대해 어떤 생각이 드세요?

Julie: (웃으며) 어리석었다는 생각이 들어요. 다 틀렸어요! (중략) 나를 최악으로 생각하는 것 같아요. (울면서 미소를 지음) 사실 검사 결과는 제가 들었던 말 중에 최고의 칭찬이었어요.

이 개입이 Julie의 자존감 문제를 해결하진 못했지만 자신을 다른 관점으로 볼 수 있게 했다.

로르샤하를 이용한 치료적 개입

Julie의 로르샤하는 외상 경험자(표 10.1)의 결과와 비슷했다. Julie는 *Lambda* (1.38)가 높았고 반응에는 어린 시절 학대와 관련된 내용이 있었다. 아래는 Julie 의 반응 중 일부이다.

II번 카드: 얼굴 같아요. 아! 끔찍해요. 내 머릿속에 있는 것처럼(*질문단계*: 눈, 얼굴, 입, 피가 보여요. 내 머릿속에서 있는 것처럼...그 사람[친엄마]이 내게 양탄자를 뒤집어 씌웠어요. 절 비웃으면서요).

III번 카드: 이건 피예요. (*질문단계*: 얼룩진 피 같아요. 보통 얼굴에 흐르는 피나 아래로 흘러내리는 피는 이것보다 진하거든요. 누가 막 밟고 지나간 것 같아요[엄지로 문지른 것 같아요].)

VII번 카드: 마주 보고 있는 두 여자 같아요. 이건 칼날인데 이 여자의 머리에 꽂 혀있네요. 만약 몸을 찌르면 온전하지 않을 거예요.

X번 카드(뒤집으며): 이것은 눈과 입 같아요. 좀 무섭네요. (*질문단계*: 보라색과 붉은색이 섞인 멍 같아요[무서워요?]. 생긴 모양이나 눈썹을 보면 아빠 같아요. 아빠는 절 겁주곤 했죠. 아빠는 눈이 컸고 눈썹이 짙었어요.)

표 10.1   첫 번째 로르샤하의 종합체계 구조적 요약

반응영역	결정인	반응내용	접근방식

결정인 혼합 / 단일

반응영역:

```
Zf        = 10
ZSum      = 28.5
ZEst      = 31.0

W  = 8
D  = 7
W+D = 15
Dd = 4
S  = 3
```

DQ
```
+    = 4
o    = 13
v/+  = 0
v    = 2
```

형태질

	FQx	MQual	W+D
+	=0	=0	=0
o	=9	=1	=9
u	=3	=1	=1
−	=7	=1	=5
none	=0	=0	=0

결정인 (단일)
```
M  =3      H   =2
FM =0      (H) =0
m  =0      Hd  =4
FC =1      (Hd)=4
CF =3      Hx  =1
C  =0      A   =6
Cn =0      (A) =0
FC'=0      Ad  =0
C'F=0      (Ad)=0
C' =0      An  =2
FT =0      Art =0
TF =0      Ay  =0
T  =0      Bl  =3
FV =0      Bt  =0
VF =0      Cg  =0
V  =0      Cl  =0
FY =0      Ex  =0
YF =0      Fd  =0
Y  =0      Fi  =0
Fr =0      Ge  =0
rF =0      Hh  =0
FD =1      Ls  =0
F  =11     Na  =0
           Sc  =1
           Sx  =1
           Xy  =0
(2)=2      Id  =1
```

접근방식
```
I    :  WS.WS.W
II   :  DdS:W
III  :  D.D
IV   :  W
V    :  W.W
VI   :  Dd.D
VII  :  W
VIII :  D.Dd
IX   :  D
X    :  Dd.D.D
```

특수점수

	Lv1	Lv2
DV=	0×1	0×2
INC=	0×2	0×4
DR=	2×3	0×6
FAB=	0×4	2×7
ALOG=	0×5	
CON=	0×7	

```
Raw Sum6 = 4
Wgtd Sum6 = 20

AB = 0      GHR = 1
AG = 1      PHR = 9
COP= 0      MOR = 7
CP = 0      PER = 0
            PSV = 0
```

비율, 백분율, 산출점수

```
R =19          L = 1.38

EB=3:3.5   EA=6.5    EBPer=NA     FC :CF+C =1:3        COP  =0             AG =1
eb=0:0     es=0       D = +2      Pure C =0            GHR:PHR =1:9
Adj es=0   Adj D =+2              SmC' : WSmC =0:3.5   a:p  =0:3
                                  Afr =0.46            Food =0
                                  S =3                 SumT =0
FM =0  SumC'=0   SumT= 0          Blends / R =0:19     Human Cont =10
m  =0  SumV=0    SumY= 0          CP =0                PureH = 2
                                                       PER = 0
                                                       Isol Indx =0.00
```

```
a:p =     0:3      Sum6  =4     XA% =0.63     Zf =10          3r+(2)/R =0.26
Ma:Mp = 0:3        Lv2   =2     WDA% =0.67    W:D:Dd: 8:4:7   Fr+rF =0
2AB+Art+Ay = 0     WSum6 =20    X-% =0.37     W:M=8.3         SumV =0
MOR    =7          M− =1        S− =1         Zd=−2.5         FD =1
                   Mnone =0     P =5          PSV =0          An+Xy =2
                                X+% =0.47     DQ+ =4          MOR =7
                                Xu% =0.16     DQv =2          H:(H)+Hd+(Hd)=2:8
```

```
PTI =3      DEPI = 5      CDI =2      S−CON =4      HVI =No      OBS =No
```

나는 로르샤하의 외상내용 지표(Armstrong & Loewenstein, 1990)에 따라 Julie의 로르샤하를 채점했다. .3 이상은 개입이 필요하다는 것을 의미한다. Julie의 점수는 .74였고 과거 점수도 동일했다.

> ### 🌱 학습포인트
>
> 외상내용 지표는 성학대를 당한 환자를 대상으로 검증되었다(Kamphuis, Kugeares, Finn, 2000). TCI에서 양성은 다른 상태(예, 경계성 성격장애나 정신증)도 고려할 수 있기 때문에 로르샤하나 TCI는 성학대의 객관적인 증거로 사용하기가 어렵다. TCI에서 양성은 추가 검증이 필요하다는 것을 의미한다.

Julie와 로르샤하 검사에 대해 이야기하면서 나는 그녀의 마음속에 벽이 있고 그 너머에 고통스러운 기억이 있는 것 같았다. 나는 그 기억이 벽을 뚫고 넘어오면 실제로 지금 일어나는 것처럼 느껴지고 불안해지거나 공황 상태가 될 수 있다고 말했다. 이러면 정확하고 비판적인 사고가 어려워진다. 그리고 제 기능을 할 수 없고 외부 세계에 관심을 가지지 못하게 된다. 로르샤하 결과는 이 모든 것을 보여 주었다.

나는 Julie에게 로르샤하 검사가 개인의 성격을 반영하지만, 지나치게 간섭을 받으면 그렇지 않을 수도 있다고 설명했다. 나는 그녀에게 로르샤하 검사를 다시 해 보자고 했다. 이번에는 과거의 이미지를 떨쳐내고 눈앞의 잉크 반점, 즉 카드에 집중하라고 했다. 카드는 어떻게 보였을까? 나는 두 번째 로르샤하에서 두 가지 의문을 제기했다. 첫째, Julie는 자신의 성격을 압도하던 생각과 이미지를 떨쳐낼 수 있을까? 둘째, 이런 이미지를 통제하면 이를 성격에 적용시킬 수 있을까? 그리고 제대로 기능할 수 있을까? Julie는 이 실험에 동의했다.

> ### 🌱 학습포인트
>
> 나는 두 번째 로르샤하 검사를 하면서 더 자세한 지시와 함께 그녀가 현재에 잘 집중할 수 있는지를 살펴보았다. 만약 환자가 제대로 한다면 이는 환경을 경험할 수 있는 능력이 있다는 것을 의미한다(Peters, Handler, White, & Winkel, 2008).

표 10.2	두 번째 로르샤하의 종합체계 구조적 요약

반응영역	결정인	반응내용	접근방식

반응영역

Zf   = 11
ZSum   = 35.0
ZEst   = 38.0

W = 6
D = 7
W+D = 13
Dd = 2
S = 1

DQ
+   = 7
o   = 7
v/+ = 1
v   = 0

형태질

	FQx	MQual	W+D
+	=0	=0	=0
o	=13	=2	=12
u	=2	=0	=1
−	=0	=0	=0
none	=0	=0	=0

결정인

혼합   단일

FM.FC.FC'
FM.CF.FC'

M =2   H =2
FM=1   (H) =0
m =0   Hd =0
FC =1   (Hd)=0
CF=0   Hx =0
C=0   A =9
Cn=0   (A) =0
FC'=0   Ad =0
C'F=0   (Ad)=0
C'=0   An =1
FT=0   Art =0
TF=0   Ay =0
T =0   Bl = 0
FV=0   Bt =1
VF=0   Cg =0
V =0   Cl =0
FY=0   Ex =0
YF=0   Fd =0
Y =0   Fi =0
Fr=2   Ge =0
rF=0   Hh =1
FD=0   Ls =3
F=7   Na =1
         Sc =1
         Sx =0
         Xy =0
(2)=2   Id =0

접근방식

I   : Dd.W
II : D
III : DD
IV : W.W
V   : W
VI : Dd.D.D
VII : D
VIII: WS.W
IX : D
X   : D

특수점수

	Lv1	Lv2
DV=	0 × 1	0 × 2
INC=	0 × 2	0 × 4
DR=	2 × 3	0 × 6
FAB=	0 × 4	0 × 7
ALOG=	0 × 5	
CON=	0 × 7	

Raw Sum6= 4
Wgtd Sum6= 20

AB = 0   GHR = 3
AG = 0   PHR = 0
COP= 2   MOR = 0
CP= 0   PER = 0
            PSV = 0

비율, 백분율, 산출점수

R =15   L = 0.88

EB=2:2.0   EA=4.0   EBPer=NA
eb=3:2   es=5   D =0
           Adj es=5 Adj D =0

FM =3   SumC'=2 SumT= 0
m =0   SumV=0   SumY= 0

FC :CF+C =2:1
Pure C =0
SmC':WSmC =2:2.0
Afr =0.36
S =1
Blends / R =2:15
CP =0

COP =2   AG =0
GHR:PHR =2:0
a:p = 2:3
Food =0
SumT =0
Human Cont =2
PureH = 2
PER = 0
Isol Indx =0.40

a:p =   3:2   Sum6 =1
Ma:Mp = 1:1   Lv2 =0
2AB+Art+Ay = 0   WSum6 =4
MOR   =0   M− =0
                 Mnone =0

XA% =1.00
WDA% =1.00
X−% =0.00
S− =0
P =7
X+% =0.87
Xu% =0.13

Zf =12
W:D:Dd = 6:2:7
W:M=6.2
Zd =−3.0
PSV =0
DQ+ =7
DQv =0

3r+(2)/R =0.73
Fr+rF =2
SumV =0
FD =0
An+Xy =1
MOR =0
H:(H)+Hd+(Hd) =2:0

PTI =0   DEPI = 3   CDI =3   S−CON =4   HVI =No   OBS =No

두 번째 검사 결과, Julie는 다른 이미지의 영향에서 벗어나 잉크 반점 자체에 집중할 수 있었다. 어려운 일이었지만 Julie는 해냈다. 두 번째 피드백 회기에서 우리는 첫 번째와 두 번째 로르샤하 결과를 비교했다(표 10.2). 나는 두 번째 로르샤하가 과거 결과와 차이가 있는지를 물었다.

Julie: 두 번째 로르샤하 검사에서 더 열심히 했어요.

Carol: 그렇군요. 두 번째 검사에서 당신은 "노력하셨군요." 하지만 첫 번째 검사에서는 "수동적이었죠." 당신은 노력을 하면 사고를 통제할 수 있어요. 반면 수동적일 때는 머릿속에 떠오르는 걸 따라갔죠.

아래는 두 로르샤하 결과를 비교한 부분이다.

첫 번째 검사에서 Julie의 *Lambda*는 1.38이었고 *D*와 *조절된 D*는 +2이었으며, *es*는 0이었다. 두 번째 로르샤하 검사(표 10.2)에서는 *Lambda*가 0.88, *D*와 *조절된 D*는 0이었고, *es*는 5였다. 첫 번째 로르샤하에서 Julie는 외상 기억을 마음 속 벽 너머에 두고 싶었지만 기억이 벽을 뚫고 나왔다. 첫 번째 검사 결과는 감정의 고리가 끊어졌다는 것을 보여 주었다. 즉, 외상 기억에 집중함으로써 외부 세계와 연결되지 못했던 것이다. 그래서 외부 세계에서 무슨 일이 일어나는지를 몰랐고 고립되어 있었다. 하지만 Julie가 노력할 때는 외부 세계에 초점을 두었다. 초점이 변하자 Julie는 실제 세계를 경험할 수 있었다. 실제 세계를 자각하는 것은 내면에 초점을 돌릴 수 있는 방법이 되었다.

Julie의 첫 번째 로르샤하에서는 혼합 반응이 없었고 네 개의 *DQ+*와 두 개의 *DQv*가 있었다. 두 번째 로르샤하에서는 두 개의 혼합반응이 있었고, 일곱 개의 *DQ+*와 한 개의 *DQv/+*가 있었으며, *DQv*는 없었다. Julie는 사고와 감정이 과거 기억에 지배당하지 않으면 세상을 보는 시각과 감정이 다양해졌다.

첫 번째 로르샤하에서 Julie의 *X-%*는 0.37이었고 *WSum6*은 20이었다. 반면, 두 번째 로르샤하에서 *X+%*는 0.87이었고 *WSum6*은 4였다. 그녀는 수동적인 상태에서 기억의 지배를 받으면 있는 그대로 대상을 보지 못했다. 즉, 논리적이고 분명한 사고를 못했다. 두 번째 로르샤하 검사에서처럼 노력하는 상태일 때는 대상을 있는 그대로 보고 논리적이고 분명하게 사고할 수 있었다.

첫 번째 로르샤하에서 6개의 마이너스 반응 중 다섯 개는 인간과 관련 있었고 여섯 번째 마이너스는 가상 동물반응이었다. Julie는 두 개의 *Pure H*, 네 개의 *Hd*, 네 개의 *(Hd)* 반응이 있었다. 여섯 개의 마이너스 반응 중 네 개는 *MOR*로 채점되었고 모든 특수점수는 인간과 관련이 있었다. 두 번째 로르샤하에서는 마이너스 반응이 없었고, 두 개의 *Pure H*와 한 개의 특수점수(*FAB1*)가 있었으며, *MOR*는 없었다. Julie는 어린 시절 학대의 경험으로 다른 사람에 대한 시각이 염세적이었다. 그녀는 방어적이었고 타인의 의도를 의심했다. 이런 태도로 인해 존재하지 않는 위협이나 위험을 보게 되었다. 또한 타인과 관련된 생각을 할 때는 논리적이거나 분명한 사고를 하는 데 어려움이 있었다. 하지만 실제 일어나고 있는 상황에 집중할 때는 분명하고 논리적인 사고가 가능했다. 그녀는 왜곡하지 않고 보통 사람들처럼 대상을 볼 수 있었다.

첫 번째 로르샤하에서 *Ma:Mp*는 0:3이었다. 두 번째 로르샤하의 *Ma:Mp*는 1:1이었다. Julie는 수동적 상태일 때는 타인이 자신의 결정을 대신 내려주거나 문제를 해결해주길 바랐다. 하지만 두 번째 로르샤하에서처럼 노력하는 상태일 때는 문제나 상황에 어떻게 대처하는 것이 가장 좋을지를 생각할 수 있었다. 이는 Julie가 겪은 아픔과도 관련 있었다. 그녀는 엄마가 자신을 통제한다고 믿었다. 하지만 이로 인해 상황을 어느 정도는 통제할 수 있었다. 우리는 이 결과를 치료에 적용해 보았다.

첫 번째 로르샤하에서 *MOR*은 7, *An*+*Xy*는 2, *H:(H)*+*Hd*+*(Hd)*는 2:8이었다. 두 번째 로르샤하의 *MOR*은 0, *An*+*Xy*는 1, *H:(H)*+*Hd*+*(Hd)*는 2:0이었다. Julie가 겪은 어린 시절의 부정적 경험은 가치관을 왜곡했다. 그녀는 자신을 상처 입고 약한 존재로 보았다. 하지만, 세상에서 어떤 일이 일어나는지에 집중하자 자신을 지배하고 있던 왜곡된 생각에서 벗어날 수 있었다.

첫 번째 로르샤하에서 *FC:CF*+*C*는 1:3이었고, 피와 관련된 반응과 한 개의 피멍 반응이 있었다. 두 개의 *CF* 반응은 마이너스 형태질이었다. 두 번째 로르샤하는 *FC:CF*+*C*가 2:1이었고, "붉은 나비", "장미 꽃잎", "선홍빛의 뜨거운 지구의 중심에 있는 눈 덮인 산" 반응이 있었다(*FAB1*). 마이너스 색 반응은 없었다. Julie는 강한 감정을 통제하는 데 문제가 있었다. 의식하고 있는 경험 속으로 과거 기억과 이미지가 들어오고, 존재하지 않는 위협을 느끼거나 대상을 왜곡해서 볼 때 힘들어했다. 그러나 세상을 바라보는 데 집중하자 감정은 정상적으로 되었다(조절할 수 있는 적절한 감정).

첫 번째 로르샤하에서 H:(H)+Hd+(Hd)는 2:8, COP는 1, AG는 1, GHR:PHR은 1:9, M과 FM쌍은 한 개의 AG과 COP가 있었다. 두 번째 로르샤하에서는 H:(H)+Hd+(Hd)는 2:0, COP는 2, AG는 0, GHR:PHR는 3:0이었고, M과 FM쌍은 두 개의 긍정적 상호작용(코를 문지르는 강아지와 어울려 춤추는 소녀들)이 있었다. Julie는 방어적이었고 타인을 불신했다. 사교적인 상황을 불편해 했고 좋은 일이 일어날 거라 기대하지 않았다. 하지만 과거 자신을 학대했던 사람과 현재의 사람이 같지 않다는 생각을 할 수 있었다. 이렇게 되자 있는 그대로 사람을 보았고, 사람들과의 교류도 괜찮아졌으며, 나아가 긍정적이고 신나는 일이 생기겠다는 기대를 하게 되었다.

Julie는 두 번째 로르샤하에 나타난 변화를 기뻐했다. 과거의 기억을 저편으로 밀어놓는 것이 어렵지만 가능한 일이라는 것도 깨달았다. 노력하면 제대로 기능할 수 있다는 사실도 알았다. 그녀는 자신을 도와 줄 기술을 배우고 싶어 했다.

우리는 로르샤하(1921)가 설명하고 Schachtel(1966)이 발전시킨 개념으로 첫 번째 로르샤하 결과를 논의했다. 이론적 관점은 다음과 같다.

로르샤하(1921)는 색, 인간 움직임, 형태가 필수적인 세 능력을 표현한다고 보았다. (1) 색은 감정적 관계를 나타낸다. (2) 움직임은 내면을 바라보고 살필 수 있는 능력이다. (3) 형태는 논리성과 훈련된 사고방식을 의미한다. 로르샤하는 발달의 최종 목표가 이 세 가지 능력을 최대한 발달시키는 것에 있다고 했다. 하지만 하나의 발달이 다른 능력의 발달을 방해해서는 안 된다고도 했다. 예를 들어, 형태가 지나치게 발달할 경우 내면(움직임)과 외부(색) 세계의 발달을 저해함으로써 경험하는 능력을 잃게 된다. 따라서 이 세 가지 능력 사이에는 긴장이 존재한다. 그림 10.1은 이 세 능력 간의 관계와 긴장을 설명하고 있다.

| 그림 10.1 | 기본 성격 모형 |

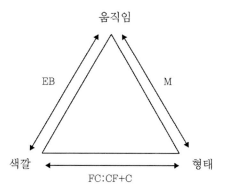

FC:CF+C 비율은 색과 형태(형태 간 논리적 관계 포함)의 능력을 의미한다. 색이 감정적 관계를 나타낸다는 로르샤하의 말에 따라 나는 *FC:CF+C* 비율이 대인관계에서 느끼는 감정의 범위를 반영한다고 보았다(Overton, 2000). 종합 체계에 기술된 대로 각 모드는 특정 감정을 나타낸다. 감정의 강도는 형태와 지각된 관계의 논리를 압도하고 혼란스러운 상호작용을 만들어 낼 수 있을까? 또한 형태와 색 간의 조화는 적합하고 조절 가능한 감정적 교류를 가능하게 할까? 인간 움직임 반응은 움직임과 형태(형태 간 논리적 관계 포함)에 대한 조화이다. 개념화는 현실적이고 논리적일 수 있을까? 움직임(내면의 능력)은 형태를 압도해 현실과 논리를 넘어설 수 있을까? *EB* 비율은 색과 움직임에 대한 조화이다. 성격의 초점이 개인의 생각을 발전시킬 수 있을까? 그리고 다른 사람과 감정적 관계를 형성할 수 있을까? 마지막으로 모든 경험 유형과 성격은 이 세 가지 조화를 통해 나타난다.

내향–외향차원(*EB*)에 덧붙여, Schachtel(1966)은 로르샤하가 확장–축소 차원을 반영하며, 이것이 움직임과 색 반응 간의 관계를 나타낸다고 했다. 경험 유형의 확장–축소 차원은 지각적이고 비판적인 지능(F로 나타남)을 통한 감정의 폭을 의미한다(*M과 C로 나타남*). Schachtel(1966)은 "관계의 질은 경험의 폭을 좌우한다."(p. 77)고 했다. 이러한 유형의 사람(*M과 C* 반응 합에 의해 반응이 좌우되는 사람)에 대해 로르샤하는 다음과 같이 말했다.

이 유형의 사람들은 논리적 훈련에 따라 구분된다. 하지만 이 훈련을 하면 내면세계와 외부세계와의 관계적 특징이 감소한다. 다시 말해 온전히 경험할 수 있는 능력을 잃어버린다.(p. 92).

로르샤하의 축소 유형은 종합체계 내에서 높은 *Lambda* 값으로 나타난다.

이 측면에서 첫 번째 로르샤하 결과를 보면, Julie의 *M* 반응은 내면세계가 개념화에 미치는 영향력을 보여주었다. 그리고 이것은 현실 검증력과 논리에도 영향을 주었다.

> **I번 카드**: 무서운 마스크, 눈, 입. 할로윈이 생각나요. 마녀 같기도 해요. (*질문단계*: 마녀의 모자 같아요. 눈 모양이 무서워요[*무서워요?*]. 무서워요. 미치광이나 화난 사람 같아요. 미치광이라면 저의 엄마일 수도 있겠네요.)
>
> **III번 카드**: 이건 사람이에요. 이건 사람에게 뜯긴 심장(또는 마음)같아요. 다른 사람의 심장(마음)도 있고... 두 사람은 서먹한 것 같아요. (*질문단계*: 마주 보는 심장?) 이건 하트 모양이네요.
>
> **VIII번 카드**: 이것은 슬픈 눈처럼 보여요. (*질문단계*: 슬퍼 보여요. 반쯤 감긴 눈 같기도 하고요.)

형태질의 범위는 정상에서 마이너스였고, *M*반응은 특수점수를 수반했다. Julie의 *FC:CF+C* 비율은 1:3이었다. 여기에는 대인관계에서 경험했던 강하고 통제 불가능한 감정이 반영되었다. 그 이유는 Julie가 다른 사람에게 어린 시절 학대자의 이미지를 덧씌웠기 때문이었다. Julie의 *Afr*는 .46으로 사회적 회피를 의미했다. *M+*, *C*반응과 *F*반응 간의 관계는 *F*의 불균형을 반영하며, Julie가 삶을 온전히 즐길 수 있는 능력이 없다는 것을 나타낸다. Julie의 경우 이 불균형은 형태가 움직임과 색 능력을 압도했다. 그녀는 고통스러운 기억에서 벗어나기 위해 그 기억을 벽 너머에 가두었다. 그리고 그 과정에서 자신이 가지고 있던 성격의 원천마저 함께 가둬버렸다. 결국 Julie는 '형태' 안에 남겨져 외부 세계에 관심을 갖지 않게 되었다.

나는 첫 번째 로르샤하에 대해 이야기를 나누면서 로르샤하가 독창성, 관계 추구, 훈련된 사고에 대한 개인의 능력을 보여준다는 생각이 들었다. Julie가 세상과 어떻게 연결되어있는가를 포함한 개인의 기능은 여기서 비롯되었다. 나는 그림 10.1을 설명하며 이 세 가지 능력에 대해 이야기했다. 관계 추구(색)는 개인이 얼마만큼 다른 사람과 친밀한 관계를 맺고자 하는지를 의미한다. 독창성 (움직임)은 다른 사람이 어떻게 생각하든 자신의 생각을 추구하고 발전시켜 나가는 데 얼마나 동기화 되어 있는지를 반영한다. 즉, 얼마나 자유롭게 상상력을 발휘해 독창적인 아이디어를 내고 문제를 해결하는지, 얼마나 자기주장을 할 수 있는지이다. 훈련된 사고는 개인의 생각이 외부 기준에 얼마만큼 영향을 받는가이다. 외부의 기준에는 문화, 교육, 부모의 가치관과 훈육 등이 포함된다. 나는 Julie에게 이 모든 기준이 내면화 될 수 있지만 개인의 생각이라기보다는 외부에서 비롯된 것이라고 말했다. 마찬가지로 훈련된 사고는 논리성, 합리성, 현실감을 갖는 능력을 반영한다.

이 세 가지 능력은 상호작용하며 발달해 자신의 삶을 바라보는 시각을 형성한다. 이 세 가지 능력은 균형 있게 발달되는 것이 좋다. 두 가지 능력의 발달이 뒤처져 있고 나머지 하나가 비약적으로 발달하는 것은 좋지 않다. 그리고 이 세 가지 능력은 결코 정확히 균등하게 발달할 수 없다. 그리고 미세한 차이가 서로 다른 성격을 형성한다. 예를 들어, 어떤 사람은 다른 사람과 어울리는 것보다는 혼자 자신의 생각을 쫓고 발전시키는 것을 선호한다. 이런 사람은 독창성이 관계 추구 능력보다 더 발달했다고 볼 수 있다.

표 10.1에서 Julie는 자신의 성격이 어떤지를 살펴보았다(그림 10.2). 그 결과 삶과 경험을 위한 공간이 축소되어 있는 것을 발견했다. Julie는 어린 시절 학대에 대처하기 위해 그 경험의 영향을 받아 계속 학대의 기억을 떠올리면서 벽을 세웠다. 이때 독창성과 관계 추구 능력 역시 갇히게 되었다. 결국 자연스럽게 Julie에게 남겨진 것은 훈련된 사고였다.

Julie: (훈련된 사고 능력을 가리키며) 여기에 갇혀 있는 것 같아요! 나는 엄마가 시키는 대로만 했거든요. 제 안에 독창성이 사라진 건가요? 이제 더 이상 없나요?

Carol: 아니에요. 사라졌다면 훈련된 사고능력만 있어야 하는데, 그럼 로봇처럼 움직일 거예요. 유머 감각 없는 완전히 논리적인 존재로 말이에요.

그림 10.2 Julie의 성격 모형

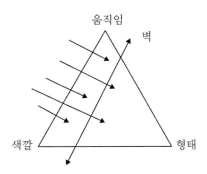

나는 Julie에게 독창성과 관계 추구 능력이 없어지지 않았고, 마음 속 벽 뒤에 갇혀 있는 것 같다고 말했다. 안으로 들어가 그것을 꺼내는 것은 Julie에게 두려운 일이었다. 독창성을 발휘하기 어려운 이유는 창의적인 생각을 깨우다 보면 고통스러운 기억, 감정, 경험도 같이 깨어날 것이기 때문이었다. 그래서 Julie는 자신의 자원과 능력(자가 독창성)을 깨우는 대신 다른 사람의 말에 순응하며 그들이 제시한 기준에 맞추었다. Julie는 원하는 것이 무엇인지 알지 못했고 자기주장을 망설였다. 관계 추구가 어려웠던 이유는 타인과의 관계가 어린 시절의 경험처럼 고통스럽고 상처투성이일 거라는 두려움 때문이었다. 그래서 Julie는 지나치게 경계했고 관계를 회피했다.

Julie의 성격 모형은 산만한 관념화와 공포 같은 고통스러운 기억이 마음 속 벽을 깨고 의식으로 들어오는 것을 보여주었다(이렇게 들어온 감정은 그림 10.2에서 벽을 뚫고 들어오는 화살표로 표현되었다). 이때 Julie는 모든 것이 실제처럼 느껴졌고 당장이라도 일어날 것 같은 불안을 느꼈다. 즉, '훈련된 사고'가 압도해서 분명하게 사고하기가 힘들었다. 그래서 비논리적이고 비현실적으로 사고했다. 특정 사건이 기억을 일으키면 낮 동안 이 기억이 들어왔고 밤에는 꿈속에서 그 이미지를 보았다. MMPI－2 결과를 보니 Julie가 얼마나 스트레스를 받고 있는지가 분명해졌다.

그녀가 이런 기억과 이미지를 통제할 수 있는 힘을 얻도록 돕기 위해 나는 몇 가지 방법을 소개했다. 사고정지(Thought Stopping, McKay, Davis, & Fannin, 1997), 주의 흩뜨리기, '명쾌한 사고 드릴'(McKay, Fanning, & Paleg, 1994), 현재와 과거를 혼동할 때 명심해야 할 목록(McKay et al., 1994)이 그 방법이었다. 나는 Julie가 통제력을 갖게 되면 치료자와 함께 천천히 마음 속 벽을 부수고, 그녀의 모든 면을 통합해서 장기적인 목표를 세워야 한다고 말했다. 그래야 삶의 공간이 확장되고 독창성과 관계 추구 능력도 발전시킬 수 있기 때문이다.

> **학습포인트**
>
> 강력한 감정 경험으로 현실 왜곡이 심각한 경우, 치료자는 편안함과 안전감을 주는 환경을 만들어 강력한 경험을 통제할 수 있도록 도와야 한다.

과거의 학대 넘어서기

Julie는 "어떻게 학대의 기억을 넘어 설 수 있나요?"라고 물었다. 그녀는 수동적이기보다 계속 노력하는 상태를 유지하면 침투적 사고와 반응을 한 쪽으로 밀어낼 수 있고, 외부 세계에 관심과 생각의 초점을 맞출 수 있다는 것을 알게 되었다. 덕분에 Julie는 자신에 대한 경험을 확장하고 자원을 사용하게 되었고, 세상과 풍부하게 관계를 맺을 수 있었다. 그리고 논리적으로 사고하게 되었고 대상을 현실적으로 볼 수 있게 되었다. Julie는 지능검사를 할 때도 노력하는 상태에 있었다고 했다. 왜냐하면 질문에 답하고 주어진 자료에 초점을 맞추어야 했기 때문이었다. 그렇게 노력하는 상태에 있었기 때문에 Julie는 평균 지능 이상의 결과를 얻을 수 있었다. 하지만 로르샤하에서는 이 상태를 유지하기가 힘들었다. 왜냐하면, 모호한 잉크 반점이 마음 속 벽 너머의 간섭을 야기했기 때문이었다. 로르샤하는 현실 세계(사람들로 가득한 세계)에 대응하는 것과 비슷했다. Julie가 로르샤하 검사에서 거둔 성공은 현실 세계에서도 잘 할 수 있다는

것을 시사했다. 아울러 그녀에게는 과거 기억의 침투를 통제할 수 있도록 도와
줄 몇 가지 기술이 있었다.

하지만 평가 결과, 자신의 삶을 옮겨가 주도하는 것에 양가감정이 있었다.
특히 TAT 이야기 중 하나(카드 13G)에서 이 양가감정이 드러났다. Julie는 미로
를 탈출하려고 애쓰는 소녀 이야기를 했다. 소녀는 출구에 가까워질 때마다 어
려움을 겪었고 다시 출발지로 돌아갔다. 나는 그녀가 이야기를 통해 말 하려는
것이 다음이 아닐까 생각했다.

> 나 자신의 일부는 밖으로 나가 삶을 되찾고 싶었지만 다른 일부는 나가고
> 싶지 않았다. 그래서 출구가 가까워지면 다시 처음으로 돌아갔다.

Julie를 그곳에 붙잡아 둔 것은 무엇이었을까? Julie는 삶의 주도권을 잡게 되
면 그것을 망치지 않을까 두려워했다. 그 두려움 때문에 그녀는 계속 노력하지
않았고, 수동적인 태도를 보였으며, 다른 사람에게 의존했다. 그녀는 어머니에
게 의존적이었는데, 그 이유는 어머니의 성격이 통제적이었고, 스스로가 통제감
을 가질 수 있는지를 의심했기 때문이었다. Julie는 어머니 때문에 자신의 삶에
통제감이 없었다고 말했다.

> 엄마에 대한 가장 처음 기억은 자신이 고른 옷을 나에게 입히고 머리 모양
> 도 엄마와 똑같이 만들었던 거예요. 사람들은 "아이가 어머니를 많이 닮았
> 네요."라고 했죠. 전 대학에 갈 때까지 제 옷을 골라본 적이 없었어요. 전
> 제 삶에 통제감이 없었어요. 제 삶이라기보다는 엄마의 삶이었죠. 전 엄마
> 를 기쁘게 해 주고 싶었어요. 엄마를 기쁘게 할 수 있는 유일한 방법은 엄
> 마 말을 듣는 거였으니까요.

또 다른 TAT 이야기(1번 카드)는 Julie의 통제감에 대해 많은 것을 설명해 주
었다.

> 소년은 바이올린을 보며 왜 엄마가 바이올린 레슨을 시키는지에 대해 생각

하고 있어요. 깊은 생각에 잠겨 있는데 한편으로는 지루해 하는 것 같아요. 소년에게 소원이 있다면 바이올린을 잘 연주하는 것과 그게 지금처럼 힘든 일이 아니길 바라는 거죠.

나는 Julie에게 이 그림은 새로운 것을 배우고 어려운 일에 도전해 마침내 성취하는 것에 대한 이야기라고 말해 주었다. 나는 이야기 속 소년이 자신의 상황 속에서 뭔가를 배우지 않고 통제 당하는 것을 거부했다는 것을 지적했다. 집중하는 것처럼 보였지만 실제로는 지루해 했는데, 그 이유는 뭔가를 하는 대신 지금과 상황이 달랐으면 좋겠다는 공상을 하고 있었기 때문이었다. 엄마는 소년의 이러한 태도에 화가 났을 것이다.

비록 본인은 깨닫지 못했지만, 이야기가 시사하는 바는 그녀에게 기회가 주어지면 이를 통제 당하거나 강요받는 상황으로 이해한다는 것이다. Julie는 아래 두 가지 딜레마가 자신에게도 적용된다고 말했다.

반드시 해야 할 일이라면 나는 하지 않을 것이다. 오히려 우울하게 굴복하거나 소극적으로 거부하는 것 같다(다른 사람의 기대가 너무 커서 일을 미루거나 회피한다).

결코 해서는 안 되는 일이라면 나는 할 것이다(다른 사람들의 규칙이 너무 엄격해서 나는 그 규칙을 깨고 해가 되는 일을 할 것이다).

Julie는 자신의 삶을 변화시키고 스스로 통제감을 가지고 싶었지만 막상 기회가 오면 모든 걸 망칠지 모른다는 두려움에 휩싸였다. 그래서 아무 것도 하지 않고 일을 미루거나 강박적인 행동을 했다. 그러면 어머니는 지금껏 회피했던 일을 해야 한다고 말했다. 이에 Julie는 통제 당한다는 느낌에 화가 나서 어머니가 하라고 한 일을 하지 않았고 소극적으로 반항했다. Julie는 이런 식으로 통제적인 어머니에게 복수를 했다. 두 사람 사이의 줄다리기는 Julie가 실제로 하고 있는 일을 깨닫지 못하게 했고, 일을 망치거나 아무 것도 하지 않는 것에 대한 공포에 굴복하게 만들었다. 나는 Julie에게 이렇게 말했다. "아무 것도 하지 않으려 하면 할수록 뭔가를 망칠지 모른다는 공포감은 커져요." Julie는 악순환의 고리에 대해 다음과 같이 썼다.

> 망칠지 모른다는 두려움 때문에 나는 삶을 주도하고 발전시킬 수 있었던 일을 하지 않았다. 그 때마다 엄마는 내게 그 일을 하라고 했다. 엄마의 방식대로 말이다. 나는 이렇게 통제 당한다는 사실에 화가 나 소극적으로 되었고 반항했다. 내 삶은 여전히 똑같다. 하지만 피하면 피할수록 내가 뭔가를 하면 망치지 않을까 하는 두려움은 커졌다.

Julie가 앞으로 나아갈 수 있는 한 가지 중요한 방법은 뭔가를 시도하는 것에 대한 공포를 다루는 것이었다. 이는 치료 회기 동안 함께 탐구하고 이해할 수 있는 주제였다.

이렇게 Julie와 나의 작업은 끝이 났다. 나는 평가 후 2년 간 Julie의 정신건강의학과 의사와 연락을 했다. 그는 Julie가 이 개입을 통해 학대 받은 기억을 잘 통제하게 되어 더 이상 정신병원에 입원하지 않게 되었다고 했다.

Julie에 대한 기록 복사본이 필요한 경우 cgoverton@verizon.net으로 메일을 달라.

2부

아동, 청소년, 성인 평가

11장

청소년의 치료적 평가:
이해받게 된 십대 입양 청소년

MARITA FRACKOWIAK

나는 동료 신경심리학자에게 협력적 평가를 의뢰받았다. 동료는 혼자 평가하기가 힘들다며 이렇게 말했다. "이 가족을 위해 신경심리평가와 종합심리평가를 하면 좋겠어요." 이에 나는 애착이론을 적용해 종합심리평가를 했고 동료는 신경심리평가를 실시했다.

첫 회기

내가 14살의 Mary를 만났을 때 내담자와 어머니는 슬퍼 보였다. Mary는 치료실을 불편해 했다. 방어적이었고 초조해했다. Mary는 어머니가 말할 때마다 눈을 치켜뜨고 "그만해."라고 소리를 질렀다. 나의 질문에는 "몰라요."라고 하거나 입을 다물었다. 그리고 불평하고 투덜거리며 치료실을 나가려 했다. 60대 어머니는 지쳐 보였고 딸의 행동에 휘둘렸다. 어머니는 딸을 바로 잡으려 할 때마다 불평과 무시에 부딪혔다. 시간이 지날수록 지쳤고, "보세요. 늘 이래요. 집에서는 더 심해요."라고 말했다. 그리고 얼마나 많이 반항하는지에 대해 이야기했다. 아울러 학습과 행동 문제에 관해서도 말했다. 아이에게 도움이 된다면 주거 시설에 보내는 게 어떨지도 물었다. 그리고 Mary가 점점 더 화를 많이 낸다고 했다. 나는 통제가 필요하다는 생각이 들었다. 그래서 Mary와 면담하는 동안 어머니에게 대기실에서 기다려 달라고 했다. 나는 어머니가 나간 후 Mary의 행동이 어떤지가 궁금했다.

어머니가 나간 후 Mary는 편안해 보였다. 치료실을 둘러보더니 게임 하나를 가져왔고 할 수 있느냐고 나에게 물었다. 나는 할 수 있다고 대답했다. Mary는 게임을 했고 우리는 자연스레 게임에 대해 이야기했다. 가장 좋아하는 게임은 Mancala(구슬로 하는 보드게임)라고 했다. 나는 이 게임을 몰랐다. 그런데 Mary가 게임에 대해 요모조모 설명하는 것을 보고 나는 깜짝 놀랐다. 행동은 말보다 많은 것을 보여 주었다. 그녀는 웃고 깔깔거렸고 게임에 졌을 때는 투덜거렸다. Mary는 조심스레 나를 탐색했다. 그리고 친밀한 관계를 원하는 것 같았다. 나는 눈이 마주칠 때마다 부드럽게 웃어주었다. Mary는 살짝 웃었지만 이내 먼 곳을 보았다. 나는 Mary에게 모성애를 느꼈다. 취약성을 알고 나니 Mary를 보호하고 싶어졌다. 그리고 게임을 함께 즐겼다.

나는 Mary에게 심리평가와 놀이치료나 그림치료를 해보자고 했다. Mary는 이에 동의했다. 나는 일반적으로 치료 질문과 목표를 내담자에게 생각해 보라고 한다. 우리의 목표는 Mary가 편안하고 안정되게 하는 것이었다. 나는 여러 가지 검사를 했고 어머니와 만나 발달력을 듣고 문제의 원인을 탐색했다.

어머니가 한 Mary 이야기

Smith씨는 아이를 입양하고 싶었다. 그래서 50세 때 동유럽국가에서 Mary를 입양했다. 당시 Smith씨는 미혼이었지만 오래 사귄 남자친구가 있었다. 그녀는 사업에 성공했고 어머니가 될 준비가 되어 있었다. 입양 당시 Mary는 삼촌과 숙모와 살고 있었다. Mary는 친모와 그녀의 남자친구에게 학대를 당했다. 양팔에는 상처가 있었다. 유리나 칼로 그은 것과 담배로 지진 자국도 있었다. 왼쪽 눈이 잘 안 보였고 왼쪽 귀에도 문제가 있었다. Smith씨에 따르면 Mary는 입양과정 중 서류가 미비 되어 열흘간 혼자 호텔에서 지내기도 했다.

미국에 도착했을 때 Mary는 사람에 대한 두려움, 남자에 대한 불안, 도벽, 다른 아이나 어른과의 싸움, 혼자 남겨질 것에 대한 걱정, 자해(머리를 박고 꼬집는 행동), 음식이나 물건 모으기, 몸을 앞뒤로 흔드는 행동 문제가 있었다. Smith씨는 Mary를 보살폈다. 그리고 다른 식구들과 잘 지낼 수 있도록 도와주었다. 아울러 장난감과 옷과 자기 방을 주었다. 몇 년 후 Mary는 문제가 있었지만 긍정적인 변화도 있었다. Mary는 음식을 모으지 않았고 몸을 흔들고 머리 박는 행동을 멈췄다. 가족과의 생활을 즐겼고 할머니와도 친해졌다. 학교에서의 활동도 좋아했다.

그러나 소통에 문제가 있었다. 친구를 오래 사귀지 못했고 어린애들과 어울렸다. 친구가 조금이라도 화를 내거나 싫은 소리를 하면 관계를 끝내버렸다. 혼자 있는 것을 무서워해 어머니를 부르거나 누군가와 통화를 해야 했다. 청소년기가 되면서 반항, 분노 등의 문제 행동이 나타났다. 그녀는 어머니 부탁을 들어주는 일로 다투는 일이 많았다. 행동은 통제되지 않았고 위험했다. 운전 중에 어머니를 때리거나 소리를 질렀고, 학교에서는 반항을 했다(수업 중에 시끄럽게 떠들었고, 선생님을 방해했으며, 친구들을 괴롭혔다). 물건을 부수고, 채팅방에서 만난 사람과 통화를 하고, 음식과 책을 다시 모으기 시작했다.

Mary의 문제는 심해졌고 어머니에 대한 공격성 때문에 청소년 정신건강의학과에 입원을 하게 되었다. Mary는 여러 치료자를 만났고 약물치료를 받았다. 나는 무엇이 Mary를 화나게 하고 입원까지 하게 했는지를 Smith씨에게 물었다. 아마 호르몬, 사춘기, 무엇을 하라고 강요한 것 등이 복합적으로 작용한 것 같다고 그녀는 말했다. 아울러 "Kate"가 오면서 더 심해진 것 같다고 했다. Kate는 Mary를 입양한 나라에서 온 교환학생이었다. Smith씨는 Kate를 입양하고 싶었다. Kate는 "멋진" 아이였다: 똑똑하고, 책임감 있고, 집안일도 잘 돕고, 같이 있으면 즐거웠다. Kate는 Mary보다 몇 살이 많아 그녀를 돌보기도 했다. Kate는 Mary의 "부적절한 행동"을 변화시키기 위해 Smith씨를 도왔다. Smith씨는 Kate를 입양하기 원했고 대학에 갈 기회도 주고 싶었다.

나는 Smith씨가 Mary를 사랑한다는 것을 알았다. 그러나 최선의 방법이 무엇인지를 생각해야만 했다. Smith씨는 Mary의 정서적 요구에 어떻게 반응해야 하는지를 몰랐다. 왜냐하면 방임되었던 어린 시절 때문에 다른 양딸이 오게 되면서 애착불안이 "촉발"되었기 때문이었다. Smith씨는 과거에 학대와 알코올 남용(치료로 수년 전부터 술을 끊은 상태였다)과 만성 우울이 있었다. 그녀는 "밧줄 끝에 매달린" 것처럼 도움이 절실했다. 나는 복합적이고 중요한 욕구가 있는 아이의 양육에 사로잡힌 어머니가 보였다. Smith씨에게는 양육 기술 부족으로 인한 좌절보다 연민이 느껴졌다. 그러나 판단하고 있는 내 모습도 보였다: "어떻게 이 어머니는 딸에게 뭘 해야 할지 모를 수 있지?" 이것은 좌절과 연민 사이에서 균형을 잡아야 하는 나에게 도전이 되었다. Smith씨처럼 나 역시 감정에 사로잡혀 있었다.

Mary 이야기

두 번째 만남에서 나는 인물화 검사(Draw-A-Person; DAP; Machover, 1949)를 해 보자고 했다. 이에 Mary는 응했다. 그러나 "모두가 나를 재촉한다."며 서두르지 말라고 했다. 나는 시간을 충분히 주겠다고 했다. 다음 대화가 이어졌다:

평가자: 이 사람에 대해 얘기해 줄 수 있니?

Mary: 이 아이는 나 같아요. 머리가 보라색이고 15살이에요. 이름은 Lina에요.

평가자: 밝은 색 옷과 보라색 머리가 좀 차갑게 보이네.

Mary: 네. 미칠 것 같아요.

평가자: 뭐가 이 아이를 미치게 하니?

Mary: 친구들이 꾀죄죄하다고 놀려요. 이 아이는 집이 없어요.

평가자: 끔찍하겠다. 힘들 것 같네.

Mary: 네. 우리 동네에 사는 건 따분해요. 거긴 애들이 없거든요. 가끔 다른 집에 놀러 가고 싶어요.

평가자: 외롭다는 말로 들리는구나?

Mary: 외로워요. 학교도 지루해요. 나는 책 읽고 게임하는 걸 좋아해요. 채팅하는 것도 재밌고요. 채팅을 하면 기분이 좋아져요. 채팅 방에서는 친구도 만들 수 있고 대화도 할 수 있어요. Kate가 비자 연장한 것 아시죠? 기간이 끝나면 돌아갈 거예요.

평가자: 그것에 대해 어떻게 생각하니?

Mary: 좋아요. 관심 받을 수 있잖아요. Kate는 17살이에요. 처음부터 나는 Kate가 싫었어요. 지금은 괜찮아요. 그런데 바뀌는 게 쉽지 않을 거예요.

이 짧은 대화는 다음 회기의 주제를 제시해주었다.

Mary는 혼자 있는 것을 무서워했고 친구가 없었다. 그녀가 다니는 학교는 작았고 요구가 많았다. 한 학급에 5명의 학생 밖에 없었고 Mary가 사는 곳에서 30분 정도 떨어져 있었다. 아이들과 친해질 가능성은 별로 없었다. Mary는 학교에서 한 여자 아이와 어울렸는데 이 아이는 Mary보다 어렸고 공부를 싫어했다. Mary는 어머니가 일하는 동안 오후 시간을 집에서 보냈다. 어머니와 함께 보낼 수 있는 방법은 사무실에서 어머니를 돕는 것이었다.

여름에 잠깐 사무실에서 파일 만드는 것을 도왔던 적이 있었는데 Mary는 그 일을 좋아했다. 내가 혼자 있을 때 어떻게 시간을 보내냐고 물었더니 채팅하는 게 재밌지만 어머니와 싸우게 된다고 했다. 왜냐하면 "온라인상의 만남"이 개인 정보를 노출시키기 때문이었다. 어머니와의 다툼에 대해서는 "어머니와 힘든 시간을 보내고 있어요."라고 했다. 싸움이 커지고 소리를 지르고 문을 쾅 닫아야 끝이 난다고 했다. 그리고는 서로를 저주했다. "화가 나지는 않아요. 그냥 슬프고 혼란스러울 뿐이에요. 그런데 어머니가 뭘 시키면 미쳐버릴 것 같아요."

Mary는 어린 시절 기억이 없다고 했다. 미국에 오기 전 숙모, 삼촌과 살았던 것만 어렴풋이 생각난다고 했다. 나는 자연스럽게 과거 이야기를 꺼낼 수 있도록 초기기억검사(Early Memories Procedure; EMP; Bruhn, 1992)를 실시했다. 이 방법은 어린 시절 기억 5개를 쓰게 하고 질문에 답하는 것이다. 그리고 각 기억의 명료도와 즐거움을 평정한다. 나는 Mary에게 어린 시절 기억을 쓰게 했다.

Mary의 초기 기억

Mary는 먼저 어머니와 크리스마스를 보냈던 6살 때 기억을 떠올렸다. 행복했다고 했다. 두 번째는 7살 때였다:

아이는 이게 무엇처럼 보이냐고 나에게 물었다(그녀는 소매를 걷어 손목의 상처를 보여주었다). 여기 처음 왔을 때 나는 '보육원'에 갔어요. 모두들 무슨 일이 있었는지 궁금해 했어요. 나는 개한테 물렸다고 했어요. 그러나 그건 칼로 그은 것이었다. (가장 뚜렷한 기억은 뭐니?) Mary는 오히려 되물었다. (가장 강한 느낌은 뭐니?) 혼란스러워요. (기억을 바꿀 수 있다면 어떻게 하고 싶니?) Mary는 대답을 하지 않았다. 그리고 그런 일은 없을 거라고 했다.

Mary의 세 번째 기억은 학교에서 선생님을 만난 것이었다. 입양되어 할머니를 만난 건 즐거웠고, 어머니의 남자친구를 만난 건 불행했다고 했다. 그리고는 최근 기억을 떠올렸다.

어머니 남자친구가 가고 어머니와 단둘이 있었어요. 2주 동안 어머니와 지내며 시내 구경을 갔어요. 투어 버스를 타고 구경을 다녔어요. (가장 뚜렷한 기억은 뭐니?) 둘만의 시간을 보낸 거요. (가장 강한 느낌은 뭐니?) 행복이요.

나는 이 작업을 통해 어머니와 함께 있고 보호받고 사랑받는다고 느끼는 것이 Mary에게 중요하다는 것을 알 수 있었다. 아이들은 상처를 받으면 믿음을 갖는데 시간이 걸린다. 따라서 한번이라도 그런 경험을 하면 위축된다(사람이 없을 때나 다른 사람에게 관심을 줄 때). 따라서 아이들은 상처받고, 외롭고, 심지어 미쳐버린다. 이런 감정은 고통이나 상처를 떠올리게 하기 때문에 강력할 수 있다. 나는 "혼란스러웠겠다. 오래 참아 왔구나. 꼭 화가 폭발하는 느낌이야."라고 공감했다.

Mary는 나의 설명을 듣고 이렇게 말했다. "어머니가 관심을 주지 않을 때는 화가 나요. 등을 돌리고 방으로 가버릴 때는 미치겠어요. 그러면 소리를 지르고 발로 차고 물건을 부수죠."

나는 Mary의 설명이 이해되었다. 하지만 이 행동이 어머니에게 어땠을지도 공감이 갔다. Mary는 욕구를 몰랐고 버려진 상처가 덧나는 정서를 경험했다. 자신을 표현하는 능력이 부족했고, 파괴적이고, 밉살스러웠다. 어떤 때는 위험했다. Mary의 행동은 방어를 강화시켰다. 그녀가 가여웠다. Mary는 유년기의 외상이 마음속에 있었다. 어리고 불쌍한 14살 아이가 보였다. 3번째 회기에서는 자기보고형 검사, 성인용 애착 투사 그림검사(Adult Attachment Projective Picture System), 로르샤하 검사(Exner, 2003)를 실시했다.

가족회기

나는 검사 후 청소년 상담의 일반적 과정인 가족 상담에 어머니와 Mary를 초대했다. 가족상담은 문제의 구조적 측면을 이해하는 데 도움을 준다. 그리고 회기 중 가장 많은 정보를 얻을 수 있고 가족의 변화도 이끌어 낼 수 있다. 나는 Roberts 통각검사(McArthur & Roberts, 1982)에서 슬픔과 분노와 관련된 카드 몇 장을 골랐다. 나는 Smith씨가 Mary의 고통에 어떻게 반응하는지를 보고 싶었다. 그리고 고통스러운 감정과 싸우기보다 긍정적 경험을 할 수 있도록 해주고 싶었다. Mary의 파괴적이고 반항적인 행동은 어머니도 어찌 할 수 없는 고통스러운 감정과 관련 있었다. 나는 어머니와 Mary에게 그림에서 일어나는 일과 각 인물의 생각과 감정을 이야기해 보도록 했다. 과제는 서로의 이야기에 동의하고 함께 작업하는 것이었다. Mary와 어머니는 3개의 이야기를 만들었다. (1) Smith씨는 Mary가 먼저 이야기 하도록 했다. (2) Mary가 이야기 할 때 어머니는 인내심을 갖고 기다렸다. (3) Smith씨는 Mary의 이야기에 실망을 했다. 그리고 피곤하고, 화나고, 혼란스러운 감정과 싸워야 했다. 아울러 Smith씨는 Mary의 감정에 머물기보다는 인지적으로 묻는 경향이 있었다. (4) Mary는 슬프고 괴로운 감정을 이야기했던 반면, Smith씨는 "행복한 결말"로 이야기를 끝냈다. (5) Smith씨는 Mary의 감정을 반영하지 못했다. Mary는 재미가 없어지자 지겹다며 언제 끝나는지를 물었다.

Mary가 차를 마시며 대기실에서 기다리는 동안 나는 어머니와 이야기를 했다. 나는 Smith씨에게 소감을 물었다. 어머니는 잘 되는 것 같은데 Mary가 좀 더 적극적으로 참여하고 불만이 없으면 좋겠다고 말했다. 그리고 이는 자주 있는 일이라고 했다. Smith씨는 이야기를 "행복한 결말"이 되도록 몰아가는 것을 알았다. 하지만 무엇이 그렇게 만드는지를 몰랐다. 나는 Smith씨가 애착과 적응에 초점두기를 원했다. 우선 Mary에게 더 관심을 주기를 바랐다. 그래서 "실험적인 시도"를 했다. Mary가 돌아 왔을 때 나는 다른 방법으로 작업을 했다. 나는 이 실험이 감정에 몰입하는 데 도움이 될 거라고 생각했다. 실험 동안 Mary는 아이처럼 행동했다. 그래서 Smith씨에게는 "감정에 머물도록" 했다. (1) 감정 반영하기: "아. 슬프구나."; (2) 공감하기: "힘들고 외롭겠다."; (3) 함께 느끼기:

"친구 말에 왜 화가 났는지 이해가 되는구나; 나 역시 누가 그렇게 말하면 화나겠다." Smith씨는 노력했으나 순서를 잊었다고 했다. 나는 그녀를 도왔다. 가끔 아이들은 "감정 머물기"를 어른들보다 잘 한다. 문제를 풀고 기분 좋게 바꾸라면 곧잘 해 낸다. 처음에 Smith씨는 어떻게 할지 몰랐지만 노력을 했다. Mary가 돌아온 후 우리는 3장의 카드로 이야기를 만들었다.

Mary는 방에서 무슨 일이 일어났는지를 몰랐다. Smith씨는 잘 해냈다. 편안했고, 집중했고, 교감을 했다. 그리고 코치했던 대로 감정에 머물렀다. Mary는 어머니 옆에 편하게 몸을 기대 카드를 보았다. 그리고 어머니 어깨에 머리를 기댔다. Mary는 집중하며 과제를 했다. 이야기는 긍정적이었다. (1) 인물이 경험한 감정의 범위; (2) 인물 간의 소통과 애착, 유대관계; 그리고 (3) 잘못을 바로잡고 사과하는 능력.

나는 Mary에게 처음과 어떻게 다른지를 물었다. 두 번째가 소통이 더 잘 되었다고 했다. 나는 상대가 피곤하고 화나고 불편할 때는 소통에 초점을 맞춰야 한다고 말했다. 어머니는 Mary가 반항할 때 참지 못하고 화냈다는 것을 인정했다. Mary는 어머니가 방에 들어와 소리를 지르고 뭘 하라고 하면 미칠 것 같다고 했다. 우리는 화가 날 때를 불에 비유한다(불이 붙는다). 다른 사람도 역시 빠르게 불이 붙는다. 둘 다 불이 붙으면 걷잡을 수가 없다. 나는 Smith씨가 불이 붙기 전에 침착하게 안정을 찾거나 불을 끄겠다고 말해 안심이 되었다.

Smith씨와의 중간평가

나는 '결과 논의' 회기 전에 Mary와 Smith씨를 따로 만났다. 나는 Smith씨의 감정이 걱정되었다. 그녀는 치료실에 올 때마다 지쳐보였다. 나는 그녀를 공감했다. Smith씨는 눈물을 흘렸다. 그녀는 "이틀에 한번은 술을 마셨어요. 얼마나 힘든지 상상도 못 할 거예요. 나는 벼랑 끝에 있어요."라고 했다. 강하고 독립적인 그녀가 한계에 이른 것 같았다. 심리평가를 받으러 왔을 때 그녀는 Mary의 보호와 이해를 원했다. 나는 어머니와 딸의 욕구가 균형을 잡을 수 있도록 "결과 논의" 회기를 준비했다. 그리고 서로 지지해 주기를 바랐다.

요약/ 논의 회기

나는 신경심리학자 동료와 결과 해석을 위해 만났다. 우리는 같은 그림을 보고 있었고 통합된 이야기를 만들었다. 서로의 생각을 나누었고 Mary의 욕구를 표현하게 했다. 신경심리평가 결과를 설명하기 위해 동료는 Smith씨와 짧은 피드백 회기를 가졌다. 나는 Mary와의 논의가 준 영향을 이해하기 위해 결과를 설명했다.

이야기 만들기

신경심리평가 결과

신경심리평가에서 Mary는 기억력, 언어 유창성, 읽기 능력, 단어인식, 철자에 강점이 있었다. 그러나 ADHD(주의력결핍 과잉행동장애) 관련 증상이 있었다. 산수장애, 쓰기장애, 비언어 학습에 어려움이 있었고, 우반구에 뇌기능장애가 의심되었다. Mary는 시공간 지각과 구체적 추상적 지각 통합에 문제가 있었다. 개념형성과 문제해결에도 어려움이 있었다. 아동용 웩슬러 지능검사-4판 (WISC-IV)으로 평가한 지능은 전체 IQ 79(8%ile), 언어이해 85(16%ile), 지각추론 77(6%ile), 작업기억 97(42%ile), 처리속도 78(7%ile)로 경계선 수준이었다. 과거의 신체 학대, 특히 왼쪽 머리를 다친 것이 청각 손상뿐 아니라 인지 결함에도 영향을 준 것 같았다. Mary에게는 어머니가 모르는 결함이 있었다.

성격/정서 검사결과: 정서적으로 압도된 가족

요약/논의 회기를 위해 Smith씨를 만났을 때 내가 초점을 맞춘 것은 어머니의 소진이었다. 나는 그녀가 겪은 일을 공감했다. 그녀는 눈물을 흘렸다. Smith씨는 Mary의 문제를 십대 소녀의 고집이나 반항이 아니라 어린 시절에 받았던 상처로 바라보기 시작했다. 이 회기의 목표는 Smith씨가 Mary의 내면을 좀 더 통합적으로 이해하는 것이었다.

만성 우울과 낮은 자존감

나는 Mary의 우울에 초점을 맞추었다. Smith씨에게는 Finn(1996)의 수준 1로 결과를 설명했다. 특히 로르샤하 검사와 BASC-2(행동진단검사), (로르샤하 검사 점수: *DEPI*=5, BASC-2 자기평가: 우울 93%ile; 부모평가: 우울 99%ile; Reynolds & Kamphaus, 2002)는 Mary의 증상을 반영했다. 그리고 만성적인 기분부전은 그녀를 비관적이고 무력하게 만들었다(*CDI*=4; *D*=-1; *Adj D*=-1). Mary는 무기력, 화, 폭발, 슬픔, 외로움, 울음, 무망감을 느끼고 있었다. 나는 Mary의 낮은 자존감과 상처받고, 불안해하고, 편안하지 못해 투쟁 중인 것을 로르샤하 검사(*MOR*=2, *3r+(2)/R*=0.13)와 BASC-2의 99%ile의 부적당감이 잘 보여준다는 생각이 들었다. 나는 Mary의 무가치감, 내재화 되지 못한 자존감에 대해 말했다. Smith씨는 동의했고 Mary는 자기를 비난할 때 무슨 일이 있었는지를 이야기했다. 나는 Mary가 다른 십대에 비해 자존감이 낮다는 생각이 들었다. 그녀는 다른 사람이 몰아가는 대로 행동했고 이로 인해 거절감을 느끼고, 결국 자신이 나쁘고 가치 없다고 생각했다. 내가 세운 가설에 대해 어머니는 안심하는 것 같았다. 그리고 이해가 된다고 했다. 사실 Smith씨는 Mary의 행동이 반항적이고 잔인하고 고집스럽다고만 보았고 나아질 희망이 없다고 생각하고 있었다.

구체적이고 왜곡된 사고와 감정 조절의 문제

평가를 통해 나는 Mary의 경직되고 확고한 사고체계를 발견했다(로르샤하 *보속반응*=1). 나는 Smith씨에게 Mary가 세상이나 다른 사람을 이분법적으로 해석하는 것 같다고 했다(예를 들어 친구 아니면 적, 좋거나 나쁘거나). 그녀는 상호 복잡한 면을 고려하지 않았다. 특히, 사람이나 사건에 대해 의견을 형성할 때는 일부 정보만을 이용했고, 불충분한 근거를 바탕으로 의사결정을 했다. Smith씨는 Mary가 친구의 말 한마디로 관계를 깨버리는 것을 예로 들었다. Mary의 왜곡된 생각에는 증거가 있었다. 그녀의 부정적 판단과 결정이 자신과 환경, 대인관계에 영향을 주었다(*GHR:PHR*=0:4; *COP*=0, *PureH*=1). Mary는 정보를 통합하지 못했다. 또한 부정확한 생각은 제시된 증거와 관계없이 "경직"되어 있었다.

마지막으로 Mary는 감정적으로 괴로웠고 스트레스 상황에 적절히 대처하지 못했다(감정조절: *FC:CF+C*=0:3; *PureC*=2). 나는 Mary의 행동과 반응을 해석할 때 신중해야만 했다. 반항적이거나 고집스러운 행동은 Mary의 경직된 사고에서 나온 것 같았다. Smith씨와 나는 Mary가 깊은 생각의 늪에 빠지는 것에 대해 이야기했다. Smith씨는 Mary가 고집이 센 것이 아니고 뇌에 문제가 있다는 것을 알게 되어 다행이라고 했다. 그리고 갈등의 순간 Mary와 싸우는 대신 참고 진정하는 것이 낫겠다고 했다. 회기 후 Smith씨는 "중요한 점은 Mary에게 말하는 것이고 좋은 해결책은 내가 가지고 있다."는 것을 깨달았다고 했다.

혼란스러운 애착

Smith씨와 나는 Mary의 애착에 대해 이야기했다. Mary의 애착 패턴은 성인용 애착투사 그림검사(Adult Attachment Projective Picture System; AAP; George & West, 2001)로 평가했다. 그녀는 불안정 애착이 형성되어 있었다. 유기감정, 배신, 슬픔(교환학생이 왔을 때와 어머니가 일할 때 혼자 남겨진 것) 등은 "Mary를 화나게 했고 상처를 주었고 관계 문제를 일으켰다." 애착이 제대로 형성되지 않은 아이는 스트레스를 받으면 욕구결핍과 집착 행동뿐 아니라 반항과 회피를 보인다. 때로 "접근-회피"가 나타난다(Main & Solomon, 1990). Smith씨는 Mary의 과거를 생각해 보면 불안정 애착이 형성된 것을 이해할 수 있다고 했다.

애착을 무시하는 사람은 다른 사람을 돌보는 것에 가치를 두지 않는다. 이것은 Mary가 애착혼란과 외상을 다루어 온 방어 전략이었다. 또한 Mary가 슬픔과 우울, 거절의 두려움, 가까운 사람에게 상처 받는 것으로부터 자신을 지켜온 방법이었다. 입양아들은 사랑하거나 사랑받는 것이 위험하다고 느낀다. 왜냐하면 언제 다시 버려질지 모르기 때문이다(Axness, 1998). Smith씨는 "Mary가 나를 사랑하지 않을까봐 두려웠어요. 지금은 Mary가 왜 나를 원했다가도 밀쳐냈는지 이해가 돼요."라고 했다.

나는 Smith씨에게 자신의 감정을 바라보고 지지를 얻는데 도움이 될 만한 개인치료나 집단치료를 권유했다. Smith씨는 동의했다. 끝으로 우리는 "Mary를 주거시설에 보내야 하는지?"에 대한 문제를 의논했다. 나는 몇 가지 방법을 모색했다: 과거의 외상은 신경심리학적 문제, 정서적 욕구, 어머니의 소진, 부족한 양육 기술 등이 영향을 주어 Mary에게 나타났다. 나는 어머니와 Mary 모두를 지원하는 외래환자 프로그램부터 시작해 보자고 제안했다. 주거시설에 보내는 것은 Mary나 다른 사람에게 좋지 않을 수 있다고 생각해 배제를 했다.

Mary와의 요약/논의 회기

어머니와 만난 후 나는 평가 결과를 검토하고 그림과 글자로 하는 꼴라주 작업을 위해 Mary를 만났다. Mary는 잡지에서 두 페이지를 뜯었다: "좋았어!"와 "도와주세요." 그리고 "주의 집중", "감정 표현하기" 등 여러 단어를 종이에 배치했고 장식을 위해 잡지에서 사진을 찾았다. 청소년과 하는 전형적인 치료적 평가는 아니었지만, 이 작업은 Mary의 인지적 제한 때문에 적절하다는 생각이 들었다. Mary는 그리고 만드는 것을 좋아 했다. Mary는 관계와 소통에 관한 작업을 흥미로워했다. 나는 어머니와 Mary에게 안정적인 환경을 위해 몇 주를 더 만났다. 우리는 일상을 꾸리고 환경에 대한 이해와 감정표현에 도움이 되는 작업을 했다. 치료자는 Mary와 작업했고 동시에 Smith씨와는 부모 코칭 회기를 했다. 나는 여러 달 Mary와 어머니를 보지 못했다. 그러나 정기적으로 치료자의 보고서를 읽을 수 있었다. 그들은 여전히 문제가 있지만 관계가 좋아졌다고 했다. 나는 Mary와 어머니가 갈등이 있고 그녀를 거주치료센터에 보내야 하는지에 대한 의문이 들더라도 함께 살아가는 길을 찾는 게 최선이라는 생각이 들었다.

🌱 학습포인트

1. 이런 평가는 입양의 개별성을 고려해야 한다. 따라서 입양 정보를 자세히 모으는 것이 중요하다. 이것 없이는 부모나 아이의 해결되지 않은 슬픔과 상실의 원인을 알 수가 없다.
2. 초기 상처 또는 초기 애착 외상의 이해는 입양이나 청소년 평가에 중요하다.
3. 복합 외상 사례에서 심리평가는 중요하다. 내담자를 알고 검사결과를 해석함으로써 "일상"을 이해하고 안심과 공감을 제공하고 가족에게 합리적인 기대감을 가질 수 있게 한다.
4. 인지 문제가 있는 청소년은 논의를 통한 평가보다 예술작업이나 이야기 나누기가 좋다.
5. 부모와 아이 관계를 동시에 개선시키는 것은 청소년의 치료적 평가에서 변화의 기초

가 된다. Mary나 어머니를 따로 작업했다면 성과가 도출되지 않았을 수도 있었다. 청소년의 치료적 평가 과정은 가족 모두에게 도전이 된다.

12장

아동과 협력적 스토리텔링 하기: 다루기 힘든 여섯 살 소년

LEONARD HANDLER

Herbert Potash, Guy Edlis, Barbar Handler, Howard Pollio, Justin Smith, Lotte Weinstein, 그리고 Tennessee대학 대학원생들에게 감사드린다. 그들의 제안이 원고에 많은 도움이 되었다.

협력적 스토리텔링

나는 이야기가 아동, 청소년, 성인에게 변화를 가져온다고 믿는다. 이 믿음은 정신분석학자들(예, Bettelheim, 1976; Bucci, 1995; Gardner, 1993; Luborsky & Crits-Christoph, 1990; Spence, 1982; Winnicott, 1971)과 이야기치료 연구자들(예, Barker, 1985; Lieblich, McAdams, & Josselson, 2004; McLeod, 1997; Mills & Crowley, 1986; Smith & Nylund, 1997; White & Epston, 1990)의 연구로 뒷받침 된다. 두 분야 연구자들은 어린 시절의 고통과 분노, 슬픔에 관한 이야기는 성인이 되어서도 부정적인 영향을 준다고 했다. 협력적 평가는 부정적인 이야기를 변화시킬 수 있다. 물론 가장 큰 변화는 두 접근을 함께 할 때 생긴다(Finn, 2007; Smith & Handler, 2009; Smith, Handler, & Nash, 2010; Smith, Nicholas, Handler, & Nash, 2011; Smith, Wolf, Handler, Nash, 2009; Tharinger, Finn, Wilkinson, & Schaber, 2007). 이 장의 Billy 사례는 협력적 평가의 힘을 보여준다.

Billy에 대해 이야기하기 전에 먼저 아동 청소년과 스토리텔링으로 협력적 평가를 개발한 과정을 소개하고자 한다. 1981년에 나는 아동을 치료하면서 전통적인 놀이치료가 별로 만족스럽지 않았다. 대부분 진행이 느렸고 껍질만 있고 알맹이가 없는 것 같았다. Altman, Briggs, Frankel, Gensler와 Panton(2002)도 비슷한 경험을 했다: "놀이에 한계를 두지 않는 치료자는 정서적 의미가 부족한 활동에서 관찰만 하고 있다는 것을 발견할 것이다."(p. 200).

전통적인 놀이치료자는 아동의 활동을 지시하지 않았다. 그리고 치료자의 역할은 아이의 놀이를 관찰하고 묘사하는 것에 제한되어 있었다(Axline, 1947/1989). 나는 이 방법의 한계를 발견했다; 아동은 자주 혼자 놀았다. 나는 다른 방법을 찾고 싶었다. 하지만 어떻게 어디서 그것을 찾을 수 있을지를 몰랐다. 그래서 그림을 평가도구가 아닌 치료기법으로 사용해 보았다. 아동에게 그림을 그리게 하고 이야기를 만들게 했다. 나는 그림에 중요한 내용이 가득하기를 기대했지만 역동적인 주제는 별로 없었다. 내가 바랐던 것은 상호 관계를 강조한 것이었다. 몇 년 후 Altinan 등(2002)은 내가 생각했던 것을 다음과 같이 썼다.

> 대인관계 치료자는 아이에게 의미를 주기 위해 희망과 두려움을 불러 일으켜야 한다. 변화가 있으려면 치료자와의 상호작용 속에 예상치 못한 일이 일어나야 한다. 그러면 아이의 내면은 변화한다.(p. 11).

변화의 그날이 기억난다. 나는 겁 많은 다섯 살 여자 아이 Alice를 만났다. 엄마는 아이의 불안 때문에 치료실에 왔다(Handler & Hilsenroth, 1994). Alice는 긴장한 채 치료실 앞에 서 있었다. Alice가 두세 살 무렵 엄마는 몸이 아파 일년 동안 입원을 했었다. 엄마는 죄책감 때문에 Alice가 원하는 것을 다 해주었다. 나는 어떻게 하면 좋을지를 생각하며 Alice를 만났다. 나는 그녀에게 그리는 것을 좋아하는지를 물었다. Alice는 "네."라며 고개를 끄덕였다. 그래서 나는 "아무도 본 적도 들은 적도 없는 상상의 동물을 그려보라"고 했다(Handler, 2007, p. 60). 내가 Alice에게 지시한 바는 그림을 상상과 연관 짓는 것이었다(Handler, 1999). Alice는 빠르고 충동적으로 그림을 그렸다. 그녀는 고리에 작은 점을 찍었다. 나는 동물에 대해 물었다. 그녀는 점을 가리키며 말했다. "이 작은 물고기는 엄마 물고기 안에 갇혀 숨을 쉴 수 없어 죽어가고 있어요." 이는 엄마와 연결되고 싶어 하는 Alice의 마음을 나타냈다(Handler, 2007, p. 60).

나는 Alice에게 메시지가 담긴 이야기를 했다. "[점을 가리키며] 아기 물고기는 엄마 물고기 안에 갇혀 숨을 쉴 수 없어 죽어가고 있구나. 하지만 도우미 물고기가 와서 엄마 물고기를 열면 아기 물고기는 자유롭게 될 거야!"(Handler, 2007, p. 60). 그제야 Alice는 활짝 웃었다. 그녀는 그 이야기를 다시 해 줄 수 있냐고 물었다. 나는 다시 이야기를 해 주었다. Alice는 들어올 때와는 다른 모습으로 치료실을 나갔다. 엄마와 나는 이야기를 나누었고 엄마는 태도를 바꾸게 되었다. 나는 Alice의 긍정적인 반응과 이야기를 다시 해 달라는 요청을 통해 이 접근이 효과적이라는 생각이 들었다.

다음 회기 때 Alice는 활기차게 다른 그림을 그렸다. 이번에는 고리에 구멍을 그렸다. Alice는 다음과 같이 말했다. 내용은 아기 물고기가 엄마 물고기의 보호를 받아 자유롭게 밖으로 헤엄쳐 나오는 것이었다. Mahler(1975)에 따르면 이는 정상적인 분리 개별화 과정을 반영했다. 아울러 Alice가 내 메시지를 수용했다는 것을 의미했다. Alice와의 경험 후 나는 다른 아이와도 놀이를 해보았다. 나는 Billy에게 상상 동물화를 사용해 보기로 했다.

Billy 이야기

나는 대부분의 치료에 상상 동물화를 사용한다. Billy는 작고 창백한 검은 머리의 여섯 살 소년이었다. 그는 나이에 비해 왜소했지만 영리했다. 복잡한 문장을 유창하게 말했고 지구가 어떻게 물리적으로 움직이는지를 잘 알고 있었다. Billy 엄마는 대학 미술 강사였고 아빠는 의사였는데 최근 Oregon주에서 Tennessee주로 이사를 왔다. 그리고 Billy는 두 살 어린 여동생이 있었다.

엄마는 Billy를 마치 어른에게 대하듯 했다. 엄마는 Billy가 말을 듣지 않는 이유를 이해하지 못했다. 예를 들어, 엄마는 잠자리에 들 시간이라는 말을 질문 형식으로 했다: "잠자리에 들 시간 아니니?" Billy는 엄마를 무시했다. 그러면 엄마 목소리는 커졌다. 하지만 Billy는 "아니. 자야 할 시간 아니에요."라고 대꾸를 했다. 그녀는 화가 나 소리를 쳤다. 그러면 Billy는 귀를 막고 몸을 앞뒤로 흔들며 귀청이 찢어질 듯 소리를 질렀다. 결국 엄마는 때렸고 Billy는 울었다. 엄마는 Billy를 "의심스럽다."고 했다. 그는 반항을 했고 숙제를 하지 않았다.

Billy의 가족은 건강한 반영("적절하게 아이의 성과를 확인하고" 이로 인해 "만족"을 경험하는 것으로 정의된다[Silverstein, 1999, pp. 51~52])이 부족했다. 칭찬과 격려, 긍정적 피드백 대신 분노와 처벌이 있었다. 보통의 아이에게 보이는 당당함 대신 Billy의 행동은 부정적 환경에서 발생하는 감정에 대한 방어가 나타났다.

Billy는 교묘하게 조종하고 저항했다. 그래서 확고하지만 부드러운 제재가 필요했다. 그러나 나는 Billy 반응의 원시성 때문에 조작적인 자폐 행동으로 빠질 것이 염려가 되었다. 그는 학교에서도 잘 적응하지 못했다. 친구가 자신이 원하는 것을 가지고 있으면 빼앗아 버렸다. 친구가 저항하면 Billy는 폭력을 썼다. 또 여자아이를 가위로 위협해 퇴학을 당할 뻔했다. 나는 그의 행동이 분노 때문이 아니라 지배 욕구와 2~3살 아이가 보이는 미숙함 때문이라는 생각이 들었다: "내가 갖고 싶으니까 이건 내 꺼야. 내가 가질 거야."

엄마는 제재를 하지 않았다. 내가 Billy를 본 후 엄마와 나는 효과적인 제재 방법에 대해 생각했고 긍정적이고 지지적인 양육기술을 적용해 보았다. 엄마는 몇 주 후 Billy가 얌전해졌다고 했다. 그녀는 자신이 배운 것처럼 남편도 양육기술을 배울 수 있는지를 물었다. 나는 양육기술을 개선하기 위해 남편과 만났다. 아빠도 Billy를 제재하지 않았고 효과적으로 양육하는 방법을 몰랐다.

Billy는 치료 회기에서 자신의 소망이 이루어지기를 바랐다. 그는 내가 원하는 것을 거부했고 자신이 원하는 것을 주장했다. 일반적으로 나는 아이에게 활동을 선택하게 하지만 이것이 Billy에게는 좋지 않았다. 활동을 허용하는 것은 집에서 했던 것과 비슷했다. 첫 번째 회기에서 Billy는 제안을 거부했다. 의자에 웅크려 앉아 손가락을 빨았다. 그리고는 입을 다물어 버렸다; 나는 이 방법이 옳은지 의구심이 들었다; 나는 더 나은 방법이 필요했다. Billy는 회기의 마지막 10분 동안 열심히 말했지만 그가 원하거나 내가 원하는 것은 할 수 없었다.

다음 회기에서 나는 본 적도 들은 적도 없는 상상의 동물을 그려 보라고 했다. Billy는 공을 들여 "머리가 셋 달린 동물"(그림 12.1 참고)을 그렸다. 나는 동물에 대해 이야기를 만들어 보라고 했다. 이야기는 다음과 같다:

그림 12.1 머리가 셋 달린 동물

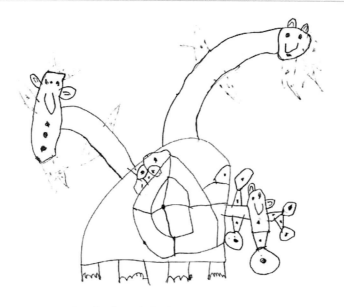

오른쪽과 왼쪽 위에 척추가 지워진 것을 보라

Billy: 옛날 옛적에 머리가 셋 달린 동물이 살았어요. 그런데 사자 한 마리가 왔어요. 사자는 그 동물을 무서워했어요(Billy는 잘난 체하며 웃었다). 그때 머리가 셋 달린 동물이 말했어요. "왜 나를 무서워하니?" "너에게 가시가 있기 때문이야!" 끝이에요.

H박사: "(마지못해) 글쎄. 잘 모르겠네."

Billy: "음(Billy는 불안해서 몸을 앞뒤로 흔들었다) 사자에게 말했어요. 무서워할 필요 없어. 해치지 않을 거야."

H박사: 사자가 말했어. "너는 나쁜 것처럼 보여. 가시로 상처를 줘서 나를 잡아먹을 것 같아."

Billy: "이 가시는 나쁜 동물로부터 나를 보호하기 위한 거야."

Billy는 집에서처럼 자신의 약점과 방어를 상징적으로 표현하고 있었다. 그는 선택할 것이 별로 없었다. Billy는 화가 나서 가시에 대한 비난을 거부했다.

그는 부모와 권위상을 의미하는 위험한 동물로부터 자신을 보호해야만 했다.

　나는 머리가 셋 달린 동물(아마 Billy를 나타내는)에게도 책임이 있다는 생각이 들었다. 그래서 위험한 사자가(아마 나나 어른을 나타내는) "통제"를 하지 않아도 괜찮다는 것을 보여주기 위해 상황을 바꿔 보았다.

> H박사: [확고하지만 부드럽게] 사자가 말했어. "나는 정글의 왕이야. 그렇기 때문에 모두 내 말을 들어야 해. 내가 하라는 대로 해야 해. 내가 규칙을 만들면 따라야 해. 그래야 친구가 될 수 있어. 너를 보호하기 위해 가시는 필요 없어. 왜냐하면 내가 너를 보호할 거니깐. 그것이 왕이 하는 일이니깐."
>
> Billy: 하지만 동물은 사자 말을 듣지 않았어요. 나는 귀를 그렸지만 이것은 내 이야기가 아니에요.
>
> H박사: 사자는 "내가 한 말을 듣기 원해."라고 말했어.
>
> Billy: 그래요. 이제는 귀가 있기 때문에 더 잘 들을 수 있어요.

　나는 부모의 보호 기능을 설명하는 내 메시지를 듣고 Billy가 이해를 할 수 있어 기뻤다. 한편으로는 내가 요구한 것을 저항 없이 수용해서 놀랐다. 첫 번째 회기의 저항을 고려하건대 너무 쉽게 받아들인다는 생각이 들었다.

> H박사: "그래." 사자는 말했어. "나는 정글의 동물과 머리가 셋 달린 동물을 보호할 거야. 그러니 가시를 버리고 내가 그 일을 할 수 있도록 해줘. 그러면 그것을 어떻게 할지 가르쳐 줄게. 그리고 네가 크면 그건 네 차례가 될 거야."

　나는 성숙한 어른이 되는 준비를 강조하기 위해 전통적 부모의 역할을 덧붙였다. 나는 Billy에게 미래에는 특별한 장소가 있을 거라고 말해 주었다. 그리고 성장하고 성숙하는 것을 보는 데 전념했다. 그러나 Billy는 자신의 보호 입장이 타고난 것이지 학습된 것이 아니어서 수정할 수 없다고 했다.

> Billy: 이 가시는 타고났어. 그것을 버릴 순 없어.
>
> H박사: "글쎄" "가시 덮개를 만드는 건 어때? 그러면 아무도 찌르지 않을 거고 그

　　　걸 가질 수 있을 거야."
　Billy: 덮개를 씌우면 떨어져서 안 돼.
H박사: "어떻게 하면 좋을까?"
　Billy: 가시를 제거할 수 있는 기계를 만드는 거야.
H박사: "음." "내가 그런 기계를 가지고 있는 사람을 알고 있어. 그가 가시를 제거
　　　하고 필요할 때를 대비해 보관해 줄 거야."
　Billy: 글쎄. 나쁜 동물이 숨어 있을지도 모르니 *버리고 싶지는 않아!*

"문은 닫혔고" 협상은 끝났다. 나는 Billy의 거부가 얼마나 멀리 왔는지 보고
싶었고 부모도 같은 생각인지 궁금해졌다. 이후에 엄마는 그랬다고 말했다.

H박사: "가시가 삐져나오면 안 되니까 다른 방법을 생각해 보자." 사자가 말했어.

놀라운 일이 일어났다. 방어(가시)를 제거하는 문제에 Billy는 순응했다. 그는
확고한 경계가 있으면 화를 내기보다 즐거워했다. 이것은 확고함과 지지가 가
정과 학교에서 도움이 된다는 것을 시사했다.

　Billy: 총을 쏘면 뾰족한 가시가 떨어질 거예요. 이제 박사님 차례예요.
H박사: 네가 안전하게 목표물에 총 쏘는 것을 도울게. 그러면 가시가 떨어질 거야.
　Billy: 좋아요. 박사님 생각대로 해요(그는 웃었다). 그렇게 해요(노래를 부르며 손
　　　가락으로 걷는 시늉을 했다). 안전하게 목표물을 찾습니다. 이제 총을 쏩니
　　　다. 준비. 시-작! (총 소리를 내며 지우개로 가시를 지웠다. 그림에서 지워
　　　진 가시와 머리에 그려진 귀를 보라).
H박사: 사자가 말했어. 머리가 셋 달린 동물아. 네가 자라면 나는 왕이 끝나고 네
　　　가 정글의 왕이 될 거야. 네가 다음 차례야. 필요한 경우를 위해 내가 가시
　　　를 보관해 줄게.

엄마는 Billy가 회기 후 주말 내내 집에서 무지개와 하트를 그렸다고 했다.
그리고 말을 잘 들었다고 했다. 나는 Billy의 이야기를 엄마와 공유했고 그들 사

이의 통제에 관해 논의했다. 그리고 저항과 지지를 받을 때 순응하는 것에 대해 이야기했다. 아울러 가정과 학교의 위협으로부터 자신을 보호할 필요성에 대해서도 나누었다. 엄마는 Billy가 가정에서 상처받았다고 느낀 것을 슬퍼했다.

　Billy의 치료가 모두 결실이 있는 것은 아니었다. 치료를 시작하고 몇 달 후 그는 색종이 조각으로 원 동물을 만들었다. 사자는 그것을 정글 쓰레기라며 모든 구멍을 막아야 한다고 했다. Billy는 구멍 하나는 열어줘야 한다고 했지만 사자는 "안 된다."고 했다; 사자는 원 동물에게 복종하던가 아니면 정글을 떠나라고 했다. 그러자 Billy는 가방 하나를 그렸고 떠나겠다고 했다. 원 동물은 떠나면서 큰 소리를 냈다. 사자는 정글에서는 조용히 해야 한다고 했다. 그러나 원 동물은 뿔피리를 그려 시끄럽게 연주를 했다. 그러자 사자는 스컹크를 보내 원 동물에게 악취를 뿜었다. 원 동물은 냄새를 씻기 위해 샤워기를 그렸다. 회기를 끝내기 전에 사자는 20마리의 스컹크를 보냈고 원 동물은 사자에게 미쳤다고 말했다.

　몇 달 후 Billy는 배에 입이 있는 동물(그림 12.2 참고)을 그렸다. 이 이야기는 다른 이야기에 비해 협력이 적었다. 오히려 상호 스토리텔링에 가까웠다. 아마 둘 다 공유해야 할 정보를 이미 가졌기 때문에 그랬다는 생각이 들었다.

그림 12.2　입이 큰 동물

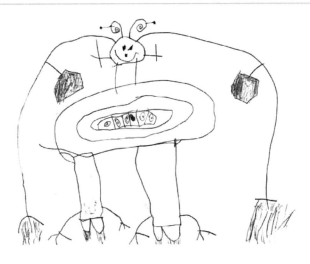

긴 팔과 손을 보라

H박사: 옛날 옛날에

Billy: 상상의 동물이 살았어요. 그는 아침 점심 저녁에 개구리를 먹었어요. 어느 날 상상의 동물은 사자를 만났어요. 동물은 사자를 무서워했어요. 그때 작은 개구리가 입 밖으로 튀어나왔어요. 사자는 무서웠어요. 입 밖으로 작은 것이 나왔지만 사자는 그걸 먹었어요. 끝.

H박사: 다른 이야기를 해볼까. 옛날에 입이 큰 동물이 있었어. 동물은 늘 배가 고팠어. 동물은 개구리뿐 아니라 모든 것을 먹고 싶었어. 그런데 음식이 별로 없었어. 다른 동물들이 음식을 다 먹어 버려 화가 났어. "내 음식 어디 있어?" 소리를 치니 사자가 왔어. 그는 사자를 무서워했어. 사자가 말했어. "왜 나를 불렀냐?" "왜냐하면 네가 정글의 왕이기 때문이야!" 입이 큰 동물이 말했어. "그렇지." "내가 널 도와줄 거야. 하지만 내가 말하는 것과 네가 생각하는 게 다를 수 있어. 난 네가 배고프단 걸 알고 있으니까 도와줄 거야." 사자는 입이 큰 동물에게 어떻게 음식을 얻을 수 있는지를 알려주었어. 결국 입이 큰 동물은 음식을 얻을 수 있었어. 그리고 튼튼하게 자랐고 사자를 도와줬어.

Billy: (입에 팔과 손이 달린 입이 큰 동물을 그리며) 이제 새에게서 음식을 가져올 수 있을 거야. 손이 없을 때는 할 수 없었지만 근육이 커졌어. 근육이 강해서 이젠 음식을 가질 수 있어. 선을 긋고는 "이게 뭔지 말해줄까. 어떤 거든 이 안에 들어오면 부서질 거야. 안전하고 싶으면 이 안으로 들어오지 마."

이상한 사자 이야기에서 Billy는 사자를 무서워하면서도 관심 있어 했다. 이야기는 사자의 협력적인 메시지와 입이 큰 동물이 스스로 먹을 것을 구하고 강하게 자라 사자의 근육과 비교되는 것에서 Billy의 특징을 나타냈다. 그러나 그는 선을 그으며 이야기를 끝내버렸다(안전해질 수 있게). Billy는 어른을 믿지 못하는 것 같았다.

몇 달 뒤 Billy는 빛이 나는 동물을 그렸다. 이야기는 자신의 능력과 우리의 관계를 말해주는 것 같았다. 그는 빛이 나는 동물에게 몇 가지를 물었다. "만약 밤에 자라면 그건 어둠이야." (웃으며) 사자에게 말했어. 빛이 나는 동물은 빛이 필요하지 않아. 어디 있든 간에 Billy는 사자에게 도전해. "그래. 난 그걸 해야 돼." 반면 사자는 빛이 나는 동물에게서 빛을 빼앗으려 했어. 그리고 그것을 다른 등불로 대체했어. 왜냐하면 빛이 나는 동물이 느끼기에 등불이 안전하기 때문이야. 그러나 나는 사자가 그것을 모두 가질 수 없다는 것을 강조했어. 빛이 나는 동물은 사자의 의견에 동의했어. 사자는 빛이 나는 동물을 칭찬했어. "좋아. 우리는 어둠을 무서워하는 동물을 안전하게 지켜 줄 거야."

빛이 나는 동물은 자신의 몸을 꾸밀 거라고 했다. 사자는 말했어. "만약 장식을 해서 더 밝아지면 우리 주위에 모일 거고 우리는 너를 정글의 왕이라 부를 거야." 이 때 Billy는 커다란 목을 그렸다. 사자가 말했어. "빛이 나는 동물아. 넌 정글의 왕이 될 때까지 조금만 기다리면 돼. 그래서 너는 지우는 게 나아." Billy는 그걸 지웠다. 그러나 아침에 빛이 나는 동물은 의문스러운 빛을 발견했어. 그가 허락하지 않아도 그건 빛나고 있었어. 사자가 말했어. "슬프게도 네가 더 자라려면 5~10년이 걸릴 텐데 너는 의문스러운 빛으로 자랐어. 그래서 자라도 넌 정글 왕이 될 수 없어. 난 슬퍼."

> Billy: "좋아." 빛이 나는 동물이 말했어. 난 정글의 왕이 되기엔 너무 늦었어. "점점 나빠지고 있어." 그리고 모든 동물들은 자러 갔어(코고는 소리를 내며). 수탉이 울었어. 아침이야! 그리고 사자는 의문스러운 빛을 껐어. 그리고 그것은 다른 것으로 자라나지 않았어(지금은).
>
> H박사: 사자가 말했어. "네가 다른 것으로 자라지 않는 것이 좋을 것 같아. 너는 정글의 왕이 될 거야."

Billy는 사자의 의견을 시험했고 그것이 정당하다는 것을 찾아냈다. 그리고 사자의 규칙을 따랐다.

몇 달 후 엄마는 여전히 Billy가 집중을 못하고 공격적이라고 했다. 왜냐하면 Billy가 엄마의 의견을 무시했기 때문이었다. 엄마는 소리를 쳤고 Billy도 고함을 질렀다. Billy와 나는 역할극을 했다. 나는 좀비가 되었다. 그리고 Billy는 두 살 아기 역할을 했다. 우리는 엄마가 묘사한, 내가 더 이상 화내지 않는 이야기를 연기했다. 대신에 나는 긍정적으로 행동했고 Billy도 이를 받아들였다. 우리는 Billy가 만든 동물을 믿기로 했다.

Billy: 난 빛이 나는 동물에게 이름을 지어주었어(그림 12.3을 보라). 예전에 빛이
　　　나는 동물은 빛을 만들 수 있었어. 빛이 나는 동물은 자신이 강하다고 생각
　　　했어. 그는 모두를 이길 수 있어(Billy는 웃으며 이야기를 계속했다). 너 이
　　　게 뭔지 아니?(그는 삐뚤빼뚤하게 선을 그렸다.) "이게 빛이야....!"

H박사: 사자는 말했어. "너는 이제 빛이 필요 없어."

Billy: 그래. 그게 필요한 이유는 동물들로부터 보호하기 위해서야. 너는 동물을
　　　없앨 수도 없고 그건 위험해.

H박사: 뭐가 동물을 강하고 위험하게 만들었니?

Billy: 태어날 때부터야. 어떤 동물은 태어날 때부터 강하고 위험해.

| **그림 12.3** | 빛이 나는 동물 |

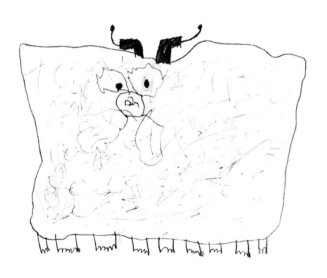

Billy의 이야기는 아빠와 엄마로부터 들은 것이어서 추상적일 수 있었다. 난
Billy의 이야기를 상상해보았다. 그는 동물들의 공격에서 살아남으려 했을 것이
다. Billy의 상상 속에서 부모는 큰 힘을 가졌고 원하면 뭐든지 할 수가 있었다.

Billy는 나를 믿기로 했다: 사자는 성난 동물로부터 그를 지킬 책임이 있었다.

> H박사: 사자가 말했어. "난 아무 동물이나 조련해. 강하든 위험하든 상관없어. 난 그들을 안전하게 할 수 있는 방법이 있어. 그게 아무리 위험하든지간에"
>
> Billy: 에에에엥!?(놀라 관심을 보이며) "그럼" 빛이 나는 동물에게 말해봐. "난 이름을 바꿀 거야. 내 이름을 '모든 걸 할 수 있는 사자'로 바꿀 거야."
>
> H박사: "좋아." 사자가 말했어. "난 그걸 할 거야. 난 동물들을 안전하게 하는 방법을 알고 있어."
>
> Billy: 그 빛은 스스로 할 수가 없어. "너는 힘이 있어야 돼." 빛이 나는 동물이 정글의 왕에게 말했어.
>
> H박사: 그래서 사자는 햇님을 불렀어. "햇님. 빛이 나는 동물 위의 햇빛이 모든 힘을 가지고 있기 때문에 내가 자랐을 때 그 힘은 사라져요." 사자는 자랐고 빛이 나는 동물 위에서 햇빛을 많이 받았어. 그리고 빛은 빠르게 사라졌어. "난 언제나 네 옆에 있을 거야. 그리고 안전하게 지켜줄 거야. 어떤 동물도 널 해치지 못하게 할 거야. 난 너를 동물의 땅으로 돌려보낼 거야."
>
> Billy: (노래를 부르며) 이제 내 이름은 "모든 걸 할 수 있는 사자야."

이 협력적 이야기에서 나는 Billy가 부모와 어른을 이용하여 전지전능하게 방어를 할 필요가 없다는 생각이 들었다. 부모가 보다 협력적인 양육 기술을 배울 수 있도록 함께 작업하지 못했다면, 나는 결코 그러한 보호를 하지 않았을 것이다. 이 회기의 요점은 Billy가 사람을 믿게 되었다는 것이다. 그는 가정과 학교에서 잘 지내게 되었다.

이제 Billy는 화를 조절할 수 있었다. 그는 모든 것을 알지 못하고 힘이 세지 않아 가끔은 도움이 필요하다고 했다. 예를 들어 그는 막대사탕을 먹는 동물을 그렸고, 여러 동물들이 성장하기를 바랐다. 그리고 다른 동물들과 함께 하고 싶어 했다. Billy는 다른 동물들이 오로지 자신만을 위하기를 원했다.

> H박사: 사자는 말했어. "넌 참 멋져! 정글 동물들을 기쁘게 했어! 넌 이기적이지 않아." 너는 챔피언! 정글의 왕이야. 네가 빠르게 배우고 성장하면-만약 네

가 이 일을 계속 하면-너를 정글의 왕으로 만들어줄게. 어떠니?"

Billy: "멋져. 하지만 *나는 왕이 될 수 없어. 왜냐하면 정글의 법칙을 모르거든.* 그리고 내가 할 수 있는 것은 막대사탕을 만드는 것과 그것을 나눠 주는 거야. 나는 오직 그것 중 하나만 할 수 있고 그것이 나를 기쁘게 해. 오직 하나"

H박사: "그래 좋아." 사자가 말했어. 너는 정글의 왕이 되기 위해 무엇을 해야 할지 모를 거야. 하지만 내가 너에게 가르쳐 줄게. 매주 우리는 만날 거야. 네가 성장하면 너는 무엇을 해야 할지 알게 될 거야. 우리는 무엇을 해야 할지에 대해 이야기 할 수 있어.

Billy는 그 접근에 관심이 있었고 자신이 다 알고 있지 않다는 사실을 받아들였다. 게다가 더 이상 나누기를 바라지 않았다. 그는 원했던 것을 다루기 전에 다른 사람의 감정을 고려하지 않고 요구했다.

9~10달 치료는 계속되었고 Billy는 한층 더 성장했다. 하지만, 엄마는 Billy가 아빠의 말을 잘 듣지 않는다고 했다. Billy는 Tubers와 Zots 장난감을 가지고 놀았다: 이것은 길고 중간 크기의 탄력 있는 플라스틱 여러 색깔의 "튜브"로 되어 있다. 나는 Billy에게 상상의 동물을 만들어 이야기를 만들어 보라고 했다. Billy는 아주 큰 동물이라는 이름의 동물을 그렸다. 아주 큰 동물은 최근 아빠와의 부정적 상호관계에서 나온 것 같았다.

Billy: 옛날 옛적에 아주 큰 동물이 있었어. 그는 다른 동물보다 컸어(노래를 부르며). 만약 네가 무언가를 안다면 나에게 알려줘. 사자가 말했어. "왜 너는 다른 동물보다 크니?" "그렇게 태어났나봐." 아주 큰 동물이 말했어. "넌 정글에서 다른 동물보다 커지고 싶니?"

H박사: (가짜로 놀라면서) 정말?

Billy: 아주 큰 동물은 그러고 싶었어. 그는 사실을 이야기 했어. 그는 정말로 그러고 싶었어. 그리고 아주 큰 동물은 정글의 문으로 갔어. 거기에는 소음을 내는 샤워기 동물이 있었어. "그만 시끄럽게 해. 내가 너를 여기 들어오게 해줄게." 아주 큰 동물이 말했어.

H박사: 사자가 말했어. "아주 큰 동물아. 너는 매우 커. 하지만 정글의 모든 동물

들을 책임질 필요는 없어. 그것은 나의 일이야. 모든 동물들은 여기서 환영을 받을 수 있어. 그들은 스스로 행동하고 모든 동물과 잘 어울려. 나의 규칙을 따르고 잘 어울리면 동물들은 환영을 받을 거야. 그렇지 않으면 슬플 거고 가라고 말하겠지.”

Billy: 끝이에요.

Billy는 힘과 통제에 대한 욕구와 권위상과의 협력에서 열정적이고 긍정적인 피드백을 바라고 있었다. Billy는 다시 빛이 나는 동물을 그렸다(그림 12.4를 보라). 그리고 우리는 협력적으로 이야기를 만들었다.

그림 12.4   빛이 나는 동물

“1등”이라고 말하면서 Billy가 자신을 위해 그린 리본이 붙은 메달을 보라

Billy: 옛날 옛적에 빛이 나는 동물이 살았어. 빛이 나는 동물은 빛을 만들고 작은 전구도 만들었어. 밤에 빛이 나는 동물은 정글에서 다른 동물이 볼 수 있도록 도와줬어. [나를 가리키며] 너는 사자야.

H박사: 사자는 말했어. “빛이 나는 동물아. 너는 멋져! 도와줘서 고마워!”

Billy: 천만에 [흥얼거리는 노래를 열 번이나 불렀다.] 빛이 나는 동물은 행복했어.

그리고 다른 동물에게 물어봤어. "사자에게 가서 나를 좋아한다고 물어봐 줄 수 있니?"

H박사: "네가 직접 말해도 되잖아? 가서 말해봐."

Billy: 좋아[그는 사자에게 걸어갔다.] 사자야. 너는 나를 좋아해?

H박사: "당연하지! 물론." 사자가 말했어. "너는 착해. 다른 동물에게 도움을 주잖아. 나는 이기적이지 않고 다른 동물을 도와주는 동물을 좋아해."

Billy는 사자에게 그를 위해 해줄 것이 있냐고 물었다. 사자는 그가 아기 동물에게 관심을 줄 수 있는지를 되물었다. Billy는 사자의 제안을 받아들였다. 사자는 말했어:

H박사: "빛이 나는 동물아. 너는 정말 대단해! 너에게 특별한 메달을 주고 싶어."

Billy: 오예! 메달이야! 메달이야! 메달이야! (Billy는 들떴고 메달을 계속 그렸다. 그리고 축하 노래를 불렀다.)

논 의

Billy와 나는 일 년 넘게 치료를 했고 회기 중 상상동물게임을 했다. Billy의 모든 이야기에는 사자가 나왔다. 그는 더 이상 통제하지 않았고, 사자를 도왔으며, 사자에게 존경을 표현했다. Billy는 더 이상 집과 학교에서 문제를 일으키지 않았다. 그리고 기말시험에서 두 과목이나 "A"를 받았다.

숨겨진 메시지와 이야기의 협력적 사용은 상징적 메시지 전달과 수용에 도움이 되었다. 우리는 문제의 원인을 찾을 수 있었다. Billy는 깊이 있는 몇 가지 상징적 메시지를 주었다. 하지만, 내가 Billy의 상징적 메시지를 들은 것처럼 그도 그 메시지를 "들었다." 우리는 긍정적인 성장과 발전을 위한 방법을 발견하게 되었다. 우리의 이야기는 Billy의 문제 행동을 해결하는 데 도움을 주었다. 부모님도 Billy의 문제 행동을 재구성 할 때와 같은 방법을 사용하게 되었다.

상상동물게임을 평가와 치료 방법으로 사용한 것은 의미가 있었다. 이것은 치료의 발전을 알 수 있게 했다. Billy의 경우 3개의 게임을 사용했다: 나는

Billy의 자폐적인 행동과 가족 붕괴를 가장 큰 문제로 보았다. 게다가 상상동물 게임을 Billy의 부모님에 대한 두려움과 욕구를 이해하기 위해 사용했다. 그리고 치료의 발전을 위해 이야기를 이용했다.

나는 Billy와 가족과의 작업에서 네 가지 목표를 세웠다. 첫 번째 목표는 집과 학교에서 충동조절장애로 생각되었던 Billy의 문제를 도와주는 것이었다. 두 번째는 부모에게 Billy의 문제 행동의 원인을 이해하고 그를 좀 더 가족구성원으로 경험할 수 있게 하는 것이었다. 세 번째는 부모의 행동을 변화시키고 아이와 가족이 발전할 수 있게 양육 방법의 상호 관계를 긍정적으로 바꾸는 것이었다. 네 번째는 부모의 양육 기술을 발전시키고 의사소통하고 협력을 할 수 있게 하는 것이었다.

Billy의 행동은 빠르게 변했다: 그가 발견한 능력은 친근함과 동정심이었다. 이는 그의 이야기와 그가 나를 대하는 데서 나왔다. 자신을 조절하고 충동조절장애를 줄이기 위한 그의 반응은 협력적이었다. 대부분의 이야기에서 나는 Billy의 성공을 칭찬했고 안심시켰다. 이는 Billy가 어른에게 상처 받지 않고 어른이 될 수 있는 능력을 가지고 있다는 메시지가 되었다(Kohut, 1971, 1977). 나 또한 그가 그렇게 되도록 지지했다. 이런 사실은 Billy에게 전달되었다. 나는 우리가 만든 이야기와 그 속에 숨겨진 의미를 나누었다. Billy의 부모는 만족해 했다.

Billy가 통제하려는 것에 대한 나의 반응은 안전과 애착과 보호 욕구에 대한 인식을 강조하는 것이었다. *괴물이 사는 나라*(Sendak, 1963)라는 책의 Max처럼 Billy는 과대성과 통제에 대한 욕구를 드러냈다. 이 책에서 Max는 황금 왕관을 쓰고 야생 동물을 지배하는 것으로 묘사된다. Max처럼 Billy도 집에서 엄마에게 양육을 받기 위해 왕의 지위를 포기했다. Billy는 어른들이 때로는 호의적이고 도움을 준다는 것을 알았다. 그리고 Billy의 성장과 발전을 위해 관심이 많은 것도 알게 되었다. 그래서 그는 전능하고 과장된 힘과 통제 방어를 포기할 수 있게 되었고, 자신의 나이에 맞는 기술을 사용하게 되었다. 그는 이제 어른을 믿게 되었다. Billy는 말했다. "사자처럼 해봐." 그의 기분은 좋아졌고, 더 활기차졌다. Billy의 어른의 권위에 대한 두려움은 협력의 열망에 대한 방법을 통해 바뀌게 되었다. 그리고 다른 사람과의 긍정적 상호관계를 즐기게 되었다. 특히 권위적 위치에 있는 어른들에게 말이다.

　　Billy의 사회적이고 학교에서 얻은 성취에 대해 칭찬받고 싶어 하는 욕구는 두 번째 빛이 나는 동물이 사자에게 메달을 주었을 때 즐거워 한 것에서 분명하게 나타났다. 여러분은 빛이 나는 동물에서 Billy가 흥분했던 것을 기억할 것이다－"오예! 메달이야! 메달이야! 메달이야!" 그가 메달을 그릴 때 말이다. 그는 축하 노래를 불렀다.

　　Billy의 부모는 아들의 반항에 책임이 있었다. 부모는 Billy가 자신들의 삶을 힘들게 한 것에 화가 났다. 하지만 그의 행동을 비난할 수 없었다. 치료가 끝난 후 나는 Billy가 부모에 대한 두려움과 어른들에게 상처 받은 걸로 보여 지길 원하는 욕구를 이해하게 되었다. 그들은 과거의 화에 대해 알게 되었다. 이것은 "가족에게는 화의 악순환"이었고, 부모는 어렸을 때 Billy에게 너무 관대하게 하고 싶은 대로 해줬다는 것을 인정했다. 그들은 기계적으로 가족 문제를 다루어 왔다는 것 또한 알게 되었다. 그리고 치료과정에서 그들을 지지하고 확신시켜 주는 나의 역할의 중요성도 깨닫게 되었다. 그들은 치료과정에서 "믿음"과 "경청"의 중요성을 알게 되었다.

　　나는 Billy 엄마에게 다음과 같은 편지를 받았다.

　　당신을 만나러 왔을 때 우리는 도움이 필요했습니다. 우리의 양육은 너무 관대했습니다. Billy는 쉬운 요구도 꺼려했습니다. 신발 신는 것과 손 씻는 것도 싸움으로 번졌습니다. 소리치고 화가 나 생겨난 싸움 말입니다. 학교에서 Billy는 선생님 말을 듣지 않았습니다. 그런데 Billy는 지난 시험에서 두 과목이나 A를 받았습니다. 우리가 변화를 위해 무엇을 하면 될까요? H 박사님 감사합니다.

　　우리는 Billy가 화를 조절하는 것과 일상의 중요성을 강조했습니다. 그리고 한계를 정했습니다.[그는 필요했습니다] 집과 학교에서 필요한 구조화는 [그리고] 기대와 규칙입니다. 그는 두려워했습니다. 하지만 지금은 별문제가 없습니다. 부모의 목표는 예측가능하게 북돋아 주고 긍정적인 자기 유대감을 발달시켜 주는 것입니다. 나는 부모의 행동이 해야만 하는 것에 대한 싸움이 아니라는 것을 배웠습니다. 목표 중 하나는 권위와 다른 사람들의 협박과 체벌에 대한 두려움으로부터 자신을 지키는 것입니다. 이것은 존중에 대한 것이었습니다. 그리고 책임과 격려, 아이가 사랑 받고 있다고 느끼게 만드는 데 집중하고, 일상의 명확한 한계를 정하는 것이었습니다.

치료를 통해 Billy의 기분이 좋아진 것을 보기 위해 나는 그림 12.1에서 상상 동물의 걱정 어린 얼굴과 Billy가 마지막으로 그린 행복하게 활짝 웃고 있는 햇님, 달님, 동물(그림 12.5를 보라) 사이의 차이를 살펴보라고 말하고 싶다. 만약 Billy가 이 마지막 장을 쓰는 지금 나와 함께 있었다면 그는 이렇게 말할 것이다. "끝이야." 나는 이렇게 말할 것이다. "그래, 끝났어!"

그림 12.5 햇님과 달님 동물

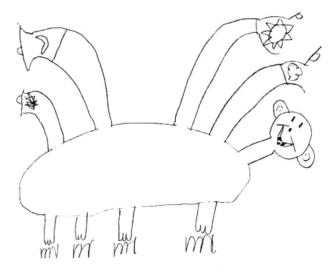

햇님과 달님, 동물이 행복해하며 웃고 있는 것을 보라

학습포인트

협력적 스토리텔링의 성공 요인은 다음과 같다:

1. 자녀와 임상가 사이의 자발적이고 창조적 분위기를 허용하는 장난스럽고 위협적이지 않은 관계를 형성한다.

2. 치료적 이야기를 만들 때 임상가는 아동의 가족이나 다른 중요한 인물을 상징하는 외재화의 과정을 사용한다. 외재화는 아동의 생각, 느낌, 행동을 그들 자신의 것으로 보지 않고 이야기 속의 캐릭터로 보게 한다. 예를 들어, Alice가 물고기를 자신으로 표현한 것처럼.

3. 이야기에서 아동은 가족의 맥락 안에서 자신을 상징적으로 표현한다. 아동의 문제는 상징적이어야 하고 공감적 이해의 메시지와 문제 해결을 제공하는 이야기와 대응되어야 한다.

4. 아동이 이야기를 만드는 것을 돕기 위해 이야기를 만들기 전에 먼저 가족 역동을 평가해야 한다.

5. 임상가의 이야기는 문제를 상징화하고 아동에게 건강하고 긍정적인 해결책을 제시해야 한다.

6. 임상가의 이야기는 아동을 지지하고, 격려하고, 긍정적으로 신뢰하는 것이어야 한다. 그리고 가능하면 아동이 "건강한" 성인으로 발전할 것이라는 확신을 제공해야 한다.

7. 치료적 이야기에서 임상가는 자신의 마음에 아이와 가족 문제의 이미지를 가지고 있어야 한다. 이것은 임상가가 아동에게 치료적으로 반응하는 데 도움이 된다. 따라서 창의적인 대화와 상상력이 풍부한 방식으로 협력적으로 대화에 참여해야 한다.

8. 아동의 이야기가 복잡할지라도 최우선이 되는 주제에 초점을 맞추어 이야기를 만들어야 한다. 따라서 명확하게 주제를 선택해야 한다.

9. 부모와 다른 가족과 함께 아동의 이야기와 문제를 공유한다(Tharinger, Finn, Austin, Gentry, et al., 2008을 보라).

13장

로르샤하를 이용한 심리치료: 자살 위험이 있는 여성과의 협력적 평가

NORIKO NAKAMURA

동양과 서양의 만남

스위스에서 개발되고 서양에서 발달한 로르샤하는 1925년 처음 일본에 소개되었다. 심리학자인 Yuzaburo Uchida박사가 *Psychodiagnostik*을 출판하면서 일본의 로르샤하 연구는 시작되었다(Sorai & Ohnuki, 2008). Uchida의 첫 논문 "성격유형에 따른 실험심리 연구"는 1930년에 발표되었다. 이후 로르샤하는 일본에서 폭넓게 사용되기 시작했다.

"동양과 서양의 만남"이라는 제목은 낯선 문화와의 접촉을 의미한다. 또한 "동양과 서양의 만남"은 로르샤하에 대한 나의 관점을 반영한다. 나는 공통의 가치나 경험에 대해 어떤 가정도 세우지 않았다. 대신 내담자를 이해하고 치료하기 위해 협력적으로 로르샤하를 이용했다(Nakamura & Nakamura, 1999a, 1999b).

이 장은 자살충동에 사로잡힌 Mariko에 대한 협력적 평가 사례를 다루었다. 그녀는 병원에 너무 자주 입원을 해 병실이 예약되어 있을 정도였다. 로르샤하는 치료 동안 그녀의 긍정적인 면과 부정적인 면을 객관적으로 볼 수 있다는 점에서 성격의 구조를 잘 이해할 수 있는 도구였다. 나는 로르샤하를 통해 그녀의 강점을 알고 치료 계획을 세울 수 있었다. 평가 중 피드백 회기는 자신을 이해하고 회복하는 데 도움이 되었다. 그녀는 이를 통해 잃어버린 길을 찾을 수 있었다. 그리고 그녀는 협력적 평가가 어떻게 도움이 되는지를 보여주었다. 나는 특히 초기 검사와 2년 후 검사 결과 변화에 주목했다.

제기된 문제

정신건강의학과 의사는 나에게 심리평가를 의뢰했다. Mariko는 고등학교 때 경계성 성격장애 진단을 받았다. 그리고 심한 불안과 짜증으로 친구들과 어울리지 못했다. 결석을 자주 했고 손목긋기와 약물남용 같은 자해행동이 있었다. 자살시도는 해리 상태에서 일어났고 그 사실을 기억하지 못했다. 정신건강의학과 의사는 정체감, 자기감정/존재감 상실을 그녀의 문제로 보았다. Mariko는 개인치료를 받았지만 오래 가지 못했다. 나에게 의뢰되었을 때는 항우울제와 신경안정제를 복용하고 있었다. 그녀는 자살 예방을 위해 매일 약을 먹어야 했다.

배경정보

Mariko는 21살이었고 여동생과 남동생이 있었다. 부모는 50세에 고졸이었다. 아버지는 자영업을 했고, 어머니는 시간제 일을 하고 있었다. Mariko는 영리하고 예의가 발랐었다.

그러나 13살 때부터 15살 때까지 상실의 경험이 그녀에게 부정적인 영향을 주었다. 중학교에 입학한 13살 때, 자신이 제일 좋아하는 가수가 목을 매달아 자살을 했다. 그 때문에 그녀는 우울해졌다. 이후 Mariko는 자살한 가수의 노래와 비슷하게 성장을 하기 싫다는 내용의 노래를 부른 가수의 팬이 되었다. 하지만 일 년 뒤 그 가수도 심장마비로 사망을 했다. 이후 Mariko는 살아갈 이유를 잃어버렸다. 하지만 자신의 영혼을 구원해 준 세 번째 가수를 만나게 되었다. 그러나 그 역시 두 번째 가수가 죽고 난 1년 뒤 약물남용으로 자살을 했다.

Mariko가 세 번째 가수를 잃었을 때는 최악이었다. 그녀는 학교에서 어려움을 겪었다. 불량 학생들은 Mariko를 괴롭혔다. 아무도 도와주지 않고 따돌림을 당했다. 그녀는 공부에 전념했지만 상황은 악화되었다.

Mariko가 15살 때 자살한 가수는 그녀가 살아온 유일한 이유였다. 세 번째 상실 후 Mariko는 손 떨림, 현기증, 심계항진을 겪었고, 약물치료를 위해 정신건강의학과를 방문했다. 그녀는 살아있는 게 잘못 된 것이니 죽어서 자신이 좋아하는 사람들이 있는 곳으로 가고 싶다고 했다. Mariko는 손목을 그었고 약물을 남용했다. 여러 번 다리 난간에 섰고 산 속을 헤매는 등 위험한 상황에서 발견되었다. 하지만 어떻게 그곳까지 갔는지를 기억하지 못했다.

Mariko는 15살부터 21살 때까지 심리치료와 정신건강의학과 치료를 받았다. 이 기간 동안 자살시도와 우울로 여러 차례 입원을 했다. 나에게 의뢰되기 전까지 짧게는 3일, 길게는 3달 동안 4번을 입원했다. 입원 동안 한 간호사의 지지로 그녀는 살기로 결심을 했다. 부모와 정신건강의학과 의사의 도움으로 그녀는 나와 치료를 시작하게 되었다.

평 가

실시된 검사

3년 동안 나는 Mariko와 세 번 검사를 했다. 첫 번째는 21살 때 로르샤하와 기분상태 프로파일(Profile of Mood States; POMS; Pollock, Cho, Reker, & Volvavka, 1979), 투사그림검사(과일나무, 집, 사람, 가족), 웩슬러 성인용 지능검사-III(Wechsler Adult Intelligence Scale-III; WAIS-III; Wechsler, 1997), Uchida-Kraepelin(U-K) 검사(Kasjwago et al., 1985)를 실시했다. 초기 면담은 90분을 했고 일주일에 한 번 3주간 면담을 했다. 두 번째로 Mariko는 22살 때 다른 심리학자에게 검사를 받았다(내가 그녀의 치료자였기 때문에 생길 수 있는 편견을 피하기 위해). 그때는 WAIS-III와 Kraepelin 검사는 하지 않았다. 마지막으로 1년 뒤 23살 때 U-K 검사를 제외하고 처음에 했던 검사를 다른 심리학자가 실시했다. 각 검사는 피드백 회기가 있었다.

첫 번째 재검사는 Mariko가 요청했는데 입원을 하지 않고 약물치료를 할 수 있는지, 그리고 자신이 얼마나 변했는지를 확인해 보고 싶어서였다. 시간과 비용 문제 때문에 WAIS-III와 U-K 검사는 하지 않았다. 치료가 진행되고 증상이 호전됨에 따라 그녀는 시간제 일을 상근 업무로 바꾸고 싶어 했다. 나는 상근 업무가 가능한지를 알아보기 위해 WAIS-III를 포함한 두 번째 재검사를 실시했다.

피드백

나는 로르샤하 피드백 회기를 개인은 50분, 부부나 가족은 90분을 한다. 그리고 로르샤하 구조적 요약의 7개 군집 자료를 내담자에게 보여준다. 결과에서 강점은 녹색으로 주의점은 노란색으로 표시한다. 그리고 예후와 내담자 반응이 자료에 부합되거나 과거와 달라진 점은 화살표를 사용한다.

Mariko의 초기 평가 결과

로르샤하

240명의 정상 성인 중 2.5%만이 자살지표가 양성(8점 이상)이었다(Nakamura, Fuchigami, & Tsugawa, 2007). Mariko의 *자살지표*(8점)는(표 13.1) 위험군에 있었고 만성적이고 심각한 상태였다. 게다가 *DEPI*는 6점이었고 13개 항목 중 8개가 양성이었다. 그 중 5개는 정서 문제가 있어 약물치료가 필요한 상태였다.

아울러 *HVI*가 양성이었는데, 그녀는 외부 위협으로부터 자신을 보호하려고 애쓰고 있었다. 그럼에도 $Zd = -7.5$는 그녀의 부주의와 학습 문제를 반영했다. 그녀는 문제를 회피했고 정보를 적절히 처리할 수 없었다. Mariko의 혼돈과 공황상태는 정보처리 능력의 부족 때문이었다.

이러한 위험에도 긍정적 자원은 있었다. $EA = 22.5$가 보여주듯 일상의 문제에 대처할 자원이 있었고 복잡한 세계에 개방적이었다(*Lambda* = 0.35, 표 13.1). 그녀는 자신만만했고(*D*와 *AdjD* 둘 다 +4와 +5) 스트레스에 강했다. 정보처리는 적극적이었고($Zf = 25$, $W = 23$, $DQ+ = 13$) 현실 검증력은 잘 기능하고 있었다($XA\% = 0.77$, $WDA\% = 0.80$, $X+\% = 0.55$, $P = 9$).

이런 긍정적인 면이 사회생활에 도움이 되었고 문제를 가려주었지만, 이면의 삶은 혼란스러웠다. 통제 불가능한 감정($CF = 7$, $C = 1$, $FC = 2$)과 혼란($C = 4$, *Vista* = 1, *Color*−*shading blends* = 3)을 드러냈고, 정서 유발 상황을 직면하지 않고 억제했다(*Afr* = 0.41). 이러한 역동은 성격에서도 나타났다. 예를 들면, *FM*이 하나 밖에 없는 것은 비현실적인 자아와 자유 의지의 단절을 의미했다. 또 다른 예는 자아상에서도 나타났다. 쌍반응은 과대한 자아상을 의미하는데 쌍반응이

표 13.1 Mariko의 첫 평가의 구조적 요약

반응영역		결정인	반응내용	접근방식	
		혼합 단일			
Zf	= 25	FC'.M M =5	H =10	I :	W.WS.WS.WS
ZSum	= 77.0	M.m FM=1	(H) =3	II :	W.W.W
ZEst	= 84.4	CF.M.m m =0	Hd =1	III :	D.Dd.D.D
		M.FY.FC.Fr FC =1	(Hd)=4	IV :	W.W
W = 23		M.CF CF=2	Hx =0	V :	W.W.W
D = 7		FC'.FD C=1	A =3	VI :	D.W.W
W+D = 30		M.FD Cn=0	(A) =0	VII :	W.W.W
Dd = 1		FC'.M FC'=0	Ad =0	VIII :	W.W.W
S = 3		M.Fr C'F=1	(Ad)=0	IX :	W.D.W
		CF.m C'=0	An =0	X :	D.W.D
		FV.CF FT=0	Art =2	**특수점수**	
DQ		CF.YF.m TF=0	Ay =0	Lvl	Lv2
+ =13		T =0	Bl = 2		
o = 14		FV=0	Bt =2	DV=1 1×1	0×2
v/+ = 0		VF=0	Cg =0	INC=1 1×2	0×4
v = 4		V =0	Cl =1	DR=6 6×3	0×6
		FY=0	Ex =1	FAB=0 0×4	2×7
형태질		YF=0	Fd =0	ALOG=0 0×5	
FQx MQual W+D		Y =0	Fi =1	CON=0 0×7	
		Fr=0	Ge =0	**Raw Sum6** = 10	
		rF=0	Hh =3	**Wgtd Sum6** = 35	
+ =0 =0 =0		FD=0	Ls =1		
o =17 =9 =17		F=8	Na =0	AB = 0	GHR = 10
u =7 =3 =7			Sc =2	AG = 0	PHR = 8
− =6 =1 =5			Sx =0	COP= 0	MOR = 5
none =1 =0 =1			Xy =0	CP = 0	PER = 1
		(2)=8	Id =6		PSV = 0

비율, 백분율, 산출점수

R =31   L = 0.35

				COP =0	AG =0
EB=13:9.5 EA=22.5	EBPer=1.4	FC :CF+C =2:8		GHR:PHR =10:8	
eb=5:7 es=12	D =+4	Pure C =1		a:p =5:13	
Adj es=8	Adj D =+5	SmC':WSmC =4:9.5		Food =0	
		Afr =.41		SumT =0	
		S =3		Human Cont =18	
FM =1 SumC'=4	SumT= 0	Blends / R =12:31		PureH = 0	
m =4 SumV=1	SumY= 2	CP =0		PER = 1	
				Isol Indx =0.16	

a:p = 5:13	Sum6 =10	XA% =0.77	Zf =25	3r+(2)/R =.45	
Ma:Mp = 2:11	Lv2 =0	WDA% =0.80	W:D:Dd= 23:2:7	Fr+rF =2	
2AB+Art+Ay = 2	WSum6 =35	X−% =0.19	W:M=23:13	SumV =1	
MOR =5	M− =1	S− =0	Zd =−7.5	FD =2	
	Mnone =0	P =9	PSV =0	An+Xy =2	
		X+% =0.55	DQ+ =13	MOR =5	
		Xu% =0.23	DQv =4	H:(H)+Hd+(Hd)=10:8	

PTI =1	DEPI = 6	CDI =3	S−CON =8	HVI =Yes	OBS =No

있는 것치고는 *자기중심지표*가 0.45로 낮았다. 하나의 *Vista*와 두개의 해부반응 (*An*)을 포함한 다섯 개의 *MOR* 반응은 초자아의 상처를 나타냈다.

Mariko는 긍정적인 면에도 불구하고—로르샤하 검사에서 나타난 역동적 강점과 적응—겉으로 보이는 모습은 달랐다. *FAB2*=2 특수점수와 *WSum6*=35가 보여주듯 내면은 혼돈으로 가득했다. 보통 특수점수는 사고의 이탈을 의미하지만, Mariko의 경우 *FAB2*와 6개의 *DR* 반응은 상처받은 감정을 나타냈다. 두 개의 *FAB2*와 두 개의 색채음영 혼합반응은 혼란을 반영했다(예를 들어, *R7*, II번 카드: "머리 없는 사람이 자신의 머리를 찾고 있다." [질문단계] "비현실적으로 보인다. 나는 내가 아닌 다른 사람을 찾고 있다. 얼굴은 창백하고 빨간색인데 몸통은 다르다. 그래서 머리가 있는지를 확인하기 위해 거울을 보며 나를 찾고 있다."). 그녀의 *DR* 반응은 불행의 증거였다(예를 들어, *R3*, I번 카드: "이것은 악마가 조각된 도장 같다." [질문단계] "이것은 내 안의 악마 형상이다. 나쁜 짓을 할 때마다 심장에 도장이 찍힌다."). 특수점수는 정서적 어려움이 관념화에 주는 영향을 나타냈다.

불행히도 Mariko는 적대적이었고, 불행한 역동을 수동적으로 보았고(*a:p*=5:13, *Ma:Mp*=2:11), 현실에 직면하지 않았다. 수동성은 자신에 대한 이해를 방해했다. Mariko는 과부하 상태라는 것을 알지 못했다. 그녀는 자신이 누구인지를 몰랐다. 자신에게 두 가지 다른 면이 있다는 것을 알았지만 전체 그림을 보지 못했다. 통제하지 못했고 자원을 활용할 수 없었다. 그녀는 손목을 긋고 다리 난간에서 뛰어내리려 했고 그런 사실을 기억하지 못했다.

POMS

기분상태 프로파일(Profile of Mood States; POMS; Pollock et al., 1979)은 Mariko의 혼란스러운 감정을 반영했다. 6개 척도 중 혼란(84T), 긴장—불안(77T), 우울(75T)이 위험 수준에 있었다. 피로(68T)와 활력(36T)은 주의 수준에 있었다. 폭력—적대감(52T)만 평균 수준이었다.

WAIS-III

Mariko의 언어성 IQ는 118(소검사 평균 12.3)이었지만, 동작성 IQ는 87(소검사 평균 9.7)로 낮았다. 이는 완벽주의를 반영했다. 반응이 느렸고, 정답을 두 번이나 확인했으며, 평균보다 점수가 낮았다. 언어능력에 비해 동작성 소검사 점수는 최고점인 빠진 곳 찾기(14)부터 최저점인 기호쓰기(5)까지 편차가 있었다.

그림

나는 Mariko에게 그림을 그려보라고 했다: 과일 나무, 사람, 집, 가족. 나는 과일 나무의 첫 번째 재검사와 두 번째 재검사 결과를 비교해 보았다. 첫 번째 평가(그림 13.2를 보라)에서 Mariko는 야자수를 그렸는데 야자수는 나무 그림에서 일반적인 것이 아니다.

U-K 검사

Mariko의 수행 능력은 정상 범위에 있었다(보통 사무직은 최소 1,000점이 필요한데, Mariko는 1,183점이었다). 그녀는 집중력, 안정성, 학습 효율성이 좋았다.

🌱 학습포인트

U-K 검사는 30분 동안 빠르고 정확하게 연속 덧셈 계산을 한다. 용지에는 수평으로 배열된 무작위 한 자리 숫자 15줄이 인쇄되어 있다. 1분마다 피검자는 현재 줄의 위치와 상관없이 새로운 줄부터 시작해야 한다. 각 줄은 계산할 것이 많아 1분이 지난후 지시받기 전까지 한 줄을 완성할 수 없게 되어 있다. 검사는 두 번씩 15분을 하고 사이에 5분 휴식이 있다. 수행 곡선(표 13.1)은 얼마나 과제에 에너지를 썼는지를 이해하는 데 유용하다. 비록 검사(Kraepelin 연산 검사[1902]에 기반한)가 오래되기는 했지만 타당하고 정확하다.

피드백

나는 Mariko에게 피드백 회기에 누가 참여하면 좋겠는지를 물었다. Mariko는 어머니가 참석했으면 좋겠다고 했다. 결과 설명에 정해진 순서는 없지만 보통은 쉬운 것부터 복잡한 결과순으로 한다. Mariko는 기분상태 프로파일부터 했는데 간단하고 이해하기 쉬워 시작하기에 좋았다. 그리고 3명이 함께 결과를 보았다.

POMS

나는 기분상태 프로파일부터 시작했다. Mariko는 불안정했다. 이는 평가 당시 Mariko의 감정 상태를 나타냈다. 3개 영역은 다른 색으로 표시되어 있다: 빨간색, 노란색, 흰색은 각각 위험, 주의, 정상을 의미한다. 정상 범위는 흰색 영역에 해당한다. 일하거나 공부를 하지 않고 외부 스트레스가 없는 21살의 여성치고 Mariko의 프로파일은 놀라웠다. 6개의 감정 중 5개가 위험과 주의 영역에 있었다. Mariko는 혼란, 긴장, 불안, 우울의 영향을 받았다. 게다가 다른 두 점수도 주의 영역에 해당했다: 피로와 활력. 이 둘은 에너지가 부족한 상태를 의미했다. Mariko는 나의 설명에 관심을 보였고 머리를 끄덕이며 "맞아요. 생각한 대로예요."라고 했다. 그녀는 이전 치료자에게 자신의 혼란을 설명하는 것이 어려웠는데, 이것이 문서화 되어 있어 다행이라고 했다. 그녀는 과거에 치료자가 자신의 문제를 제대로 설명하지 못한 것이 불만스러웠었다. 어머니는 Mariko가 왜 자주 병원에 입원했는지를 이해할 수 있었다.

WAIS-III

다음으로 WAIS-III 결과를 보았다. 언어성 IQ 118은 예상대로였다. Mariko와 어머니는 가장 높은 점수가 이해검사인 것을 보고 이것이 그녀를 잘 반영한다고 생각했다. Mariko는 산수와 순서화 수행이 좋지 못했다. 노력에도 불구하고 실수를 했다. 어머니는 Mariko의 일상을 보면 기호쓰기 점수가 낮은 것이 이해가 된다고 했다. Mariko와 어머니는 그녀가 학교에서 그림그리기와 바느질이 왜 느렸는지를 알 수 있었다. Mariko는 집중은 잘 했다. 하지만, 시각-운동 협응 속도가 느렸다. Mariko는 빨리 할 수가 없었다. 모든 행동이 그러했다. 예를 들어, 치료가 끝난 후 코트를 입고 치료실을 나갈 때까지 다른 내담자보다 3배나 시간이 더 걸렸다. 우리는 이를 통해 그녀가 시간 압박이 있는 일에 적합하지 않다는 것을 알 수 있었다.

U-K

다음으로 나는 어머니에게 U-K 곡선(그림 13.1)을 보여주었다. Kraepelin 결과

는 그래프로 되어 있어 이해하기가 쉬웠다. 그녀의 에너지 수준은 기대 범위
(1,183점)에 있었다. 아울러 수행 곡선은 과제를 잘 하고 안정적이라는 것을 보
여주었다.

로르샤하

마지막으로 본 결과는 로르샤하였다. 나는 7개 군집을 다음 순서로 설명했
다: 통제, 정서, 대인관계, 자아상, 그리고 처리(=인지적 삼제)는 정보가 외부에

그림 13.1 Mariko의 U-K 그래프

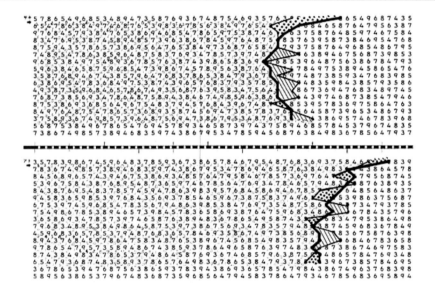

각주: 위 그림은 Mariko의 결과이다. 짙은 선은 기준선이고 옅은 선은 Mariko의 결과이
다. Mariko는 첫 3분 동안 기준점에 도달하지 못했다. 이후에는 기준선(그늘진 부
분)을 넘어섰다. 이는 그녀가 노력하는 사람이라는 것을 보여준다. 또한 기준선과
Mariko의 결과에는 별 차이가 없었다. 이는 그녀가 뭔가를 꾸준히 할 수 있다는
것을 나타낸다.
　한편, 검사 후반부에는 수행이 짙은 검은 선인 기준선에 도달하지 못했다. 후반
부에 수행이 느렸던 것은 새롭고 익숙하지 않은 상황에서 방어적이고 망설이며
초초한 것을 의미한다. 그럼에도 Mariko의 결과는 정상 범위에 있었다. 이는 그녀
가 에너지를 갖고(1,000개 이상의 응답) 집중과 의지로 꾸준히 일을 할 수 있음을
보여준다.

서 내부로 전해지는 방식이고, 중재는 어떤 정보를 들여보낼지에 대한 결정이며, 관념은 결정한 결과에 이름을 붙이는 것이라고 설명했다. 그리고 이해를 돕기 위해 은유를 썼다.

나는 통제군부터 보았는데 이것은 비행기 조종석과 같다고 설명했다. 나는 각 군을 살펴보면서─긍정적인 결과부터 시작─Mariko의 내면이 얼마나 복잡한지에 대해 말했다. 높은 EA(22.5)는 Mariko의 내적 자원을 의미했다. 이것은 그녀의 좋은 IQ와 어린 시절 바른 행동과 학구적인 면으로 확인되었다. 부정적인 측면에서 $Zd=-7.5$인 것은 정보를 얻는데 성과 없이 에너지를 많이 소모하고 있다는 것을 반영했다. 이것은 채로 물을 모으고 구멍 난 풍선을 부는 것과 같다.

Mariko와 어머니는 피드백 회기에서 중요한 점을 찾을 수 있어 기뻤다. 왜냐하면 전에는 그녀를 이해하기 힘들었기 때문이었다. Mariko는 본인의 자원과 능력을 발전시킬 수 있었다. 그녀는 자신이 왜 그렇게 행동했는지를 이해하게 되었다. 이것은 삶에 대한 통제를 회복하는 출발점이 되었다. 이후 Mariko는 Tokyo로 와 치료를 본격적으로 시작했다.

치료 동안의 변화

치료 동안 우리는 7개 군집을 검토했다. Mariko는 McDonald 시간제 일을 열심히 했음에도 힘들어했다. 그녀는 자신을 비난했다. 나는 이전 로르샤하 자료($Zd=-7.5$)를 그녀에게 보여주며 시간 압박이 덜한 일자리를 구하는 것이 나을 것 같다고 말했다. 이후 그녀는 옷가게에 취직을 했다. 그곳에서는 인정을 받을 수 있었다. 로르샤하 결과는 Mariko가 정규직은 부담이 된다는 것을 이해하는 데 도움이 되었다. 그래서 그녀는 시간제 일을 하기로 했다.

로르샤하 결과에서 그녀는 복잡한 특성이 있었다. 살림꾼 같은 특성(다른 사람의 피드백을 받기 전에는 몰랐다)이 많았지만 자신을 과소평가 했다. 이는 다른 사람과의 비교 때문에 생긴 것 같았다. 예를 들어 그녀는 언니가 자신보다 매력적이고 부모님도 그렇게 느낀다고 생각했다. 가혹한 비교였다는 나의 지적을 받은 후 그녀는 집에서 앨범을 찾아보았다. 예상과 다르게 그녀는 자신이 더 매력적이라는 것을 알게 되었다.

첫 번째 검사

30회기 후 Mariko가 재검사를 받았을 때 극적인 변화가 일어났다. 그녀의 자아상은 향상되었고(MOR이 5에서 3으로 감소), Vista 반응은 0으로 떨어졌다. Zd는 −7.5에서 −3.0으로 상승했는데 이는 통제를 잘 하고 있음을 반영했다.

협력적 피드백 동안 Mariko는 새로운 변화를 보고 기뻐했다. 하나의 재질 반응이 있었고, 하나의 음식 반응, 그리고 Afr은 0.41에서 0.50으로 향상되었다. 이것은 그녀가 다른 사람의 지지를 받고 자신에게 가까이 오도록 허용할 필요가 있음을 인지하고 있다는 것을 나타냈다. 그녀는 점차 다른 사람에게 의지하고 관계를 공유했다.

Mariko는 직업에서 쉬운 점과 어려운 점을 발견했고 경험을 통해 배울 수 있었다. 이것은 효과적이었다. 그녀는 이전 직장인 McDonald로 돌아갔다. 하지만 손님이 적고 바쁘지 않아 서두르지 않아도 되는 오전 5~8시에 일을 했다.

표 13.2 Mariko의 첫 번째 재검사

비율, 백분율, 산출점수					
R = 27	L = 0.17		FC:CF+C = 0.9 Pure C = 2 SmC':WSmC = 4:10.0 Afr = 0.50	COP = 1 GHR:PHR = 10:5 a:p = 11:6 Food = 1	AG = 4
EB=11:10.0 eb=6:6	EA=21.0 es=12 Adjes=8	EBPer=N/A D=+3 Adj D=+5	S = 2 Blends:R = 12.27 CP = 0	SumT =1 Human Cont = 14 Pure H = 10 PER = 2 Isol Indx = 0.07	
FM=1 m=5	SumC=4 SumV=0	SumT=1 SumY=1			
a:p = 11:6 Ma:Mp = 7:4 2AB+Art+Ay = 4 MOR = 3	Sum6 = 5 Lvl−2 = 1 WSum6 =19 M− = 0 Mnone = 1	XA% = 0.78 WDA% = 0.81 X−% = 0.15 S− = 0 P = 9 X+% = 0.56 Xu% = 0.22	Zf = 23 W:D:Dd = 21:5:1 W:M = 21:11 Zd = −3.0 PSV = 0 DQ+ = 12 DQv = 3	3r+(2)/R = 0.48 Fr+rF = 2 SumV = 0 FD = 3 An+Xy = 3 MOR = 3 H:(H)+Hd+(Hd) = 10:4	
PTI = 1	DEPI = 5	CDI = 1	S−CON = 6	HVI = No	OBS = No

이른 시간이었기 때문에 급여도 만족스러웠고 "사람이 적은" 시간에 일하는 것이 좋았다. 이 결정은 John Exner가 말한 "신데렐라 증후군"의 수동적 스타일 (Exner, 2005)을 그녀가 지워가고 있음을 보여주었다. 이것은 첫 번째 재검사에서 $Ma{:}Mp$ 비율이 7:4(이전 평가의 2:11과 비교)인 것으로 입증되었다. 그녀는 활동적으로 되었고 1년 전과 달라졌다.

주목할 점은 긍정적 변화뿐 아니라 유지되거나 부정적으로 변한 것도 있었다. FM은 1이었고, m은 4에서 5로 증가했다. 예상과 달리 $Lambda$는 낮아졌다 (0.35에서 0.17). 이 변화는 Mariko가 나를 포함한 다른 사람의 요구에 맞추려고 애쓴 결과일 수도 있다. 아울러 두 번째 감정상태 프로파일은 거의 변화가 없었다. 이 결과는 그녀가 좋지 않은 상황에 있는 것을 다른 사람들이 알아주길 원한다는 것을 나타냈다.

결과를 본 후 나는 그녀에게 외식을 하고, 쉬고, 돈이 들어도 자주 부모님 집에 가고, 자신을 위해 새로운 방법을 찾으라고 조언했다. 수동성 때문에 그녀는 친구들의 걱정을 전화로 들어주었는데 나는 상태가 향상되기 전까지는 이것을 하지 않는 게 좋겠다고 했다. 표 13.2를 보라.

두 번째 재검사

로르샤하

두 번째 재검사 때 Mariko는 더 이상 약을 먹지 않았다. MOR 반응은 5에서 3으로 떨어졌고 죽음, 악령, 악마에 대한 언급이 사라졌다. 새로운 MOR 반응은 "울고 있는 두 사람"(Ⅱ번 카드)과 같이 덜 심각하게 표현되었다. 나는 이것이 건강한 반응이고 Mariko가 현실 세계에 살고 있다는 생각이 들었다.

Mariko의 자살지표($S{-}Con$)는 8에서 3으로 떨어졌고 $DEPI$는 양성이 아니었다. 그녀는 분명 우울과 자살의 위기에서 벗어났다. 이 두 지표가 빠르게 변할 거라 기대하지 않았지만 결과는 2년간 55회의 치료 회기의 효과로 나타났다.

다른 변화는 첫 번째 재검사 때 0.17이었던 $Lambda$가 0.69까지 올라갔다. 그녀는 덜 복잡해졌고($Blends$가 12에서 5로 떨어짐) 더 이상 생각과 감정을 혹사시키지 않았다(EA가 10.5로 하락). 처음 결과에서 +4점인 D와 +5점인 $AdjD$는 자신감이 넘쳐 한계를 보지 못한다는 것을 나타냈다. 하지만 재검사 점수는 0점과 +1점이었는데 이것은 그녀가 현실 속에 있다는 것을 반영했다.

Mariko는 첫 번째 재검사에서 *HVI*가 양성이 아니었다. 이것은 좋은 결과가 아니었다. 왜냐하면 "달팽이가 남긴 점액의 흔적"을 본 것에 기반을 둔 1점이 재질반응(*T*)에 좌우된 것이기 때문이었다. 그러나 두 번째 재검사에서 *HVI*가 양성으로 바뀌었고 이것은 그녀가 대처 유형으로 돌아왔다는 것을 보여주었다.

정보처리에서는 첫 번째 재검사에서 −7.5였던 *Zd*가 +1.0으로 바뀌었다. 더군다나 *W:D:Dd* 점수는 극적으로 향상되었다. 이것은 그녀가 정보를 잘 수집하고 안정적으로 자신을 믿을 수 있다는 것을 보여주었다. 이것과 관련 된 것은 그녀의 자아상이었다(2개의 반사반응은 0으로 떨어졌다). Exner(2005)는 13~14살은 반사반응이 안정적이어서 자기중심성에서 벗어나 다른 사람을 생각하기 시작하는 때라고 했다. 나는 Mariko가 첫 번째 가수를 잃었을 때를 살펴보았다. 그 결과 그녀는 다른 사람을 신뢰하는 힘을 키울 수 있었다. 또한 독특한 사람에서 보통 사람으로 자신에 대한 인식을 바꾸게 되었다. 그녀는 자신과 다른 사람에 대한 인식이 건강한 균형을 이루게 되었다[자기중심성 지표(*Egocentricity Index*)=0.37]. 표 13.3을 보라.

표 13.3 Mariko의 두 번째 재검사

비율, 백분율, 산출점수				
R = 27	L = 0.69	FC:CF+C = 1:4	COP = 0	AG = 1
		Pure C = 2	GHR:PHR = 6:3	
		SmC':WSmC = 2:5.5	a:p = 4:6	
EB=5:5:5	EA=10.5 EBPer=N/A	Afr = 0.50	Food = 0	
eb=5:5	es=10 D=0	S = 2	SumT =0	
	Adjes=7 Adj D=+1	Blends:R = 5.27	Human Cont = 9	
		CP = 0	Pure H = 3	
			PER = 1	
FM=2	SumC=2 SumT=0		Isol Indx = 0.07	
m=3	SumV=1 SumY=2			
		XA% = 0.70	Zf = 13	3r+(2)/R = 0.37
		WDA% = 0.77	W:D:Dd = 7:15:5	Fr+rF = 0
	Sum6 = 2	X−% = 0.22	W:M = 7:5	SumV = 01
a:p = 4:6	Lvl−2 = 0	S− = 0	Zd = +1.0	FD = 1
Ma:Mp = 2:3	WSum6 =8	P = 4	PSV = 0	An+Xy = 3
2AB+Art+Ay = 3	M− = 1	X+% = 0.52	DQ+ = 8	MOR = 3
MOR = 3	Mnone = 0	Xu% = 0.19	DQv = 4	H:(H)+Hd+(Hd) = 3:6
PTI = 0	DEPI = 4	CDI = 2	S−CON = 3	HVI = Yes OBS = No

POMS

이 검사에서 Mariko의 에너지는 증가했고, 우울은 감소했으며, 점수는 정상 범위에 있었다.

WAIS–III

반응은 느렸지만 Mariko의 동작성 IQ는 25점이나 올랐다. 집중력과 시각 – 운동 협응 능력도 향상되었다.

그 림

나는 세 번 실시한 과일나무 그림 검사를 서로 비교했다(그림 13.2부터 13.4 까지). 첫 번째와 두 번째 그림은 크기와 모양이 비슷했다. 나무 종류는 달랐지 만 둘 다 뿌리가 없었다. Mariko는 첫 번째 재검사 때 나무에 뿌리가 없는 것이 아플 때 일하지 못하는 자신과 같다고 했다. 두 번째 재검사 때는 벚나무를 그

그림 13.2 Mariko의 첫 번째 그림 "과일 나무"

렸는데 큰 가지, 튼튼한 뿌리, 열매가 많은 건강한 나무를 그렸다. 건강한 나무에 대한 언급은 감정상태 프로파일의 활력 점수와 관련이 있었다.

내담자 피드백 질문지 결과

나는 두 번째 재검사 피드백 회기가 끝난 후 Mariko와 어머니에게 평가 피드백 질문지 작성을 부탁했다.

"평가는 당신의 기대를 충족시켰습니까?"라는 질문에 Mariko는 다음과 같이 답했다. "나는 여기 오기 전에 무엇을 원하는지 몰랐습니다. 그런데 평가는 나에게 도움이 되었습니다. 나는 평가를 신뢰했고 실망하지 않았습니다." "평가를 생각하고 있는 사람에게 뭐라고 말하겠습니까?"라는 질문에는 이렇게 답했다. "이곳은 무엇을 해야 하고 무엇을 하지 말아야 하는지를 말하는 곳이 아닙니다.

그림 13.3 Mariko의 두 번째 그림 "과일 나무"- 첫 번째 재검사

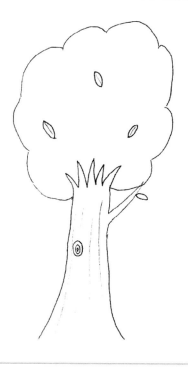

여기는 생각을 정리하는 곳입니다." 마지막으로 그녀는 이렇게 말했다: "내가 고향에 있었을 때는 무엇을 말하든 그것은 무의미했습니다. 하지만, 여기서는 수용되고 존중받는 느낌이 들었습니다. 새로운 관점을 얻었고 매 회기가 가치롭게 느껴졌습니다."

　　Mariko의 어머니는 이렇게 말했다: "치료자의 정기적이고 과학적인 상담과 사람들의 지지가 합쳐져 이렇게 된 것 같습니다. 이 중 하나라도 없었다면 지금의 Mariko는 없었을 겁니다." 이 말—Mariko는 어머니와 친구 그리고 치료자에게 지지를 받았다—은 옳았다. 피드백 회기는 Mariko가 자신을 이해하고 우리가 서로 다른 분야의 전문가라는 것을 알게 해 주었다. Mariko는 자신에 관한 전문가, 어머니는 Mariko의 보호 전문가, 그리고 나는 치료 전문가였다. 다른 배경을 가진 세 명의 전문가가 같은 언어와 피드백 회기로 동일한 관점을 공유하는 것은 흔치 않은 경험이다.

그림 13.4　Mariko의 세 번째 그림 "과일 나무"– 두 번째 재검사

결론

나는 치료를 위해 검사 결과를 어떻게 이용했는지를 소개했다. 이 경험은 Finn(2007)이 말한 것처럼 우리가 같은 방향으로 가기 위해 전망대에 서있는 것과 같다. 협력적 평가는 효과적이었고 Mariko의 삶을 변화시키는 데 도움이 되었다. 그 결과 Mariko는 자신의 감정을 조절하고 잘 기능할 수 있었다.

나는 첫 번째 재검사 결과에서 로르샤하의 *Lambda* 값이 낮고, 감정상태 프로파일이 위험 영역에 있는 것에 놀랐다. 왜냐하면 Mariko는 자신이 좋아졌다고 말했기 때문이었다. 그러나 나는 그녀가 빠르게 변할 수 없는 심각한 사례라는 것을 알았기에 극적인 변화를 기대하지 않았다. 그럼에도 불구하고 도전의식이 생겼고 열심히 치료를 했다. 결국, 두 번째 재검사 결과에서는 긍정적인 변화를 보였다.

이 사례에서 Mariko는 나와 함께 한 치료가 도움이 되었다고 했다. 그 이유는 가족의 지지를 얻었고 부모님이 치료를 의심하지 않았기 때문이었다. 이후 나는 다른 내담자에게도 이 방법을 적용해 보았다. 그리고 치료는 정신적 현실적 지원이 있을 때 효과적이라는 것을 알게 되었다.

🌱 마지막 학습포인트

1. 심리치료 전의 평가는 치료에 사용할 수 있는 지도를 제공한다. 그리고 평가 결과에 대한 논의는 내담자의 삶을 이해하는 데 도움이 된다.

2. 심리치료 중 재검사는 치료 과정을 보고 더 작업해야 하는 부분을 찾을 수 있게 한다. 과거 결과와 비교하기 위해서는 해당 치료자가 아닌 다른 사람이 평가하는 것이 좋다. 왜냐하면 과거 치료 관계가 로르샤하 같은 검사에 영향을 줄 수 있기 때문이다(Exner, Armbruster, & Mirtman, 1978).

3. 청소년과 청년, 특히 자신이 누구인지 혼란스러워 하는 사람은 심리평가에서 많은 도움을 받을 수 있다. 이것은 자아 개발에 효과적이다. 평가는 "그들이 누구인지"를 말해 줌으로써 일상생활에 도움을 줄 수 있다.

14장

입양 아동의 협력적 평가: 문제 행동에 대한 새로운 이해

CAROLINE PURVES

L. M. Montgomery가 쓴 *빨간 머리 Anne*(1908)은 입양된 고아가 어려운 상황을 이겨내는 과정을 다룬 이야기이다. 상상력이 풍부한 Anne은 부모를 잃고 오빠, 언니와 함께 농장 일을 돕는다. Anne은 고아원에서 요구한 어린 소년이 아니었지만, 결국 사람들의 마음을 사로잡고 사랑을 받게 된다.

왜 1950년대 이전의 입양 아동이 관심을 받는 걸까? 그들은 부모가 질병이나 자살로 사망하거나 양부모에게 학대를 받았다. 예를 들어 Richard Rhodes가 쓴 *세상의 빈자리: 미국의 아이들A hole in the world: an American boyhood*(1990)을 보라. 당시 아동들은 종교 단체에서 운영하는 고아원에 보내졌다. 그리고 2차 세계대전 동안 여성들은 일을 해야 해 아동들을 다른 곳에 보내는 것이 일반적이었다. 유럽의 많은 아동들은 여러 곳으로 보내졌다. 런던이나 도시의 아동들은 시골로 갔고 낯선 사람과 함께 전쟁이 끝날 때까지 그곳에 있어야 했다.

하지만, 아동의 이주는 옛날이야기이다. 그럼 오늘날의 입양 아동은 과거의 아동과 다른가? 이 분야 전문가들은 그렇다고 말한다. 보통은 아동이 겪은 외상 자체가 다르다고 한다. 건강한 가정의 부모는 고통스럽고 무서운 일로부터 자녀를 보호하고 두려움을 억제할 수 있게 지지를 한다. Winnicott가 말한 "좋은" 부모는 자녀의 요구를 충족할 수 있도록 보살핀다. 따라서 억제되지 않은 충동이나 사회, 문화, 가난으로부터 자녀를 보호한다(Winnicott, 1975).

요즘의 입양 아동은 대개 부적절한 부모 때문에 생긴다. 입양 아동은 적대적인 세상에서 자신을 방어할 수 있는 안전한 환경이 부족하다. 그리고 많은 경우 부모는 적대적이고 무심한 세상의 일부가 된다. 더 깊은 상처는 심리적 외상과 함께 부모의 약물 남용으로 체내에 약물이 축적된 채 태어난다. 따라서 처음부터 생긴 취약성은 양육으로 해결할 필요가 있다. 불행히도 부모가 자녀의 요구를 충족시키지 못해 이런 양육이 불가능 할 수도 있다. 문화, 계급, 가난, 인종과 개인의 성격 간의 접점을 살펴보려면 Neil Altman의 *내면 세계 분석가The Analyst in the Inner City*(2010)를 참고해 보라. 그는 사례를 통해 세대 간 외상 전달을 다루었다.

Tanisha 사례

의 뢰

사회복지사 Lamb는 10살의 아프리카계 미국인 소녀를 나에게 의뢰했다. Lamb는 소녀의 문제를 이해하는 데 도움이 필요했다. 사실 Tanisha는 문제가 많았다; 절도, 폭행, 분노, 반항, 부적절한 성행동. Lamb는 양부모와의 관계를 방해하는 Tanisha의 불안과 불안정 애착유형에 대해 알고 싶었다. 3년간의 치료에도 Tanisha는 변하지 않았다. 그는 Tanisha에게 선천적인 문제가 있는지가 궁금했다.

Tanisha의 배경은 앞서 언급한 사회 가정 문제의 축소판이었다. Tanisha의 엄마는 수년 동안 발작장애를 앓았고 불법 약물로 증상이 악화되었다. Tanisha가 5살 때 엄마는 발작으로 입원을 했고 그녀를 돌볼 사람이 없어 Tanisha는 보호 조치를 받았다. 가족은 오래 전부터 노숙을 했다. 그리고 아동방임으로 다섯 번이나 신고를 당했다. Tanisha의 엄마는 자신과 Tanisha를 도와 줄 치료 프로그램에 참여하지 않았다. 결국 Tanisha는 입양이 되었다.

Tanisha의 입양 과정을 읽는 것은 고통스러웠다. Tanisha는 네 번이나 파양이 되었다. 이것이 문제였다. 입양에 대한 그녀의 반응은 분명했다. 처음에는 잘 지내는 것처럼 보였다. 사회복지사는 잘 적응한다고 했고, 교사는 그녀의 변화에 대해 말했다. 그러나 이런 장밋빛 그림은 빠르게 바뀌었다. Tanisha의 활기찬 모습은 정반대로 변했다. 그녀는 대놓고 거짓말을 했다. 그리고 성문제를 일으켰다. 가족은 참았지만 무기력과 절망(또는 분노)에 빠졌다. 결국 Tanisha는 파양되었다.

친부모에게 받은 문제는 고통과 혼란을 가중시켰다. Tanisha가 입양되었을 때 친모는 Tanisha를 만나지 않고 있었다. 부모는 노숙을 했지만 Tanisha는 가끔 엄마와 연락을 했다. Tanisha가 7살 때 엄마는 죽은 채 발견되었다. 사인은 약물남용이었다. 이후로 이모가 Tanisha를 돌보았다. 그러나 아빠가 나타나 재결합을 약속했다. 하지만 입양 가정에서 학대를 받았다고 거짓말을 하도록 시켜 Tanisha는 혼란에 빠졌다. 이후 Tanisha는 거짓말과 절도를 했고 만나는 것을 거부하는 아빠에게 욕을 해댔다. 사회복지사에게 보고된 바로 아빠는 "Tanisha가 18살이 되면 데리고 가겠다. 그땐 아동보호서비스가 필요 없으니까."라고 말했다고 한다. Tanisha는 이모와 3년을 지냈다. 이모와 치료자의 헌신적인 도움에도 그녀는 변하지 않았다.

평가 당시 Tanisha는 네 번째로 입양이 되었다. 나는 보고서를 읽으며 등골이 오싹해졌다. 보고서에는 Tanisha가 새 가정과 학교에서 잘 적응하고 있다고 되어 있었다. 첫 번째 회기 즈음 Tanisha는 양자매의 부활절 바구니에서 사탕을 훔쳤다. 이에 화가 난 양엄마가 벌을 준 후 평화는 사라졌다. 양엄마가 화났던 이유는 Tanisha의 바구니에 사탕을 많이 넣어 주었음에도 그런 행동을 했기 때문이었다. Tanisha는 사탕을 훔칠 이유가 없었다. Tanisha의 말에 따르면 아이들이 학교에 사탕을 가져왔고, 그녀의 사탕은 집에 있었는데 자신도 부활절 사탕을 받았다는 것을 보여주고 싶었다는 것이었다. Tanisha는 거짓말했던 것은 말하지 않았고 벌 때문에 얼마나 충격을 받았는지에 대해서만 이야기했다.

평가 회기

Tanisha는 검사에 집중하지 못했다. 우리가 먼저 다루어야 할 과제는 가정 내 갈등이었다. 그녀는 내가 양엄마에게 개입하면 모든 게 괜찮아질 거라는 환상을 갖고 있었다. 나는 양엄마와 이야기는 하겠지만 그녀가 바라는 대로 되지 않을 수도 있다고 말했다. 우리는 이야기를 나눴으나 그녀가 바라는 대로 되는 않았다. Tanisha는 엄마에게 화가 났지만, 여전히 자신을 좋아한다는 말을

듣고 다시 평가에 집중했다. 그녀는 다음 질문을 했다:

"어떻게 변할 수 있나요?" "해야 할 일을 어떻게 할 수 있나요?"

부활절 사탕 사건은 Tanisha의 내면을 이해하는데 여러 가설을 세워 보게 했다. 첫째로 그녀는 충동성 때문에 신중하게 행동하지 못했다. 그녀는 바구니를 보았고, 사탕을 원했고, 결과를 예상하지 못했으며, 만족 지연에 어려움이 있었다. 사탕이 가득한 바구니가 집에 있었지만, 즉시 사탕을 원했다. 세상에 대한 왜곡과 양엄마를 위해 살지 않겠다는 끔직한 생각을 고려컨대 그녀는 객관적 항상성이 잘 발달하지 않은 것 같았다. 엄마가 눈앞에 없으면 아이의 마음에서 엄마는 사라졌고, 엄마의 마음엔 아이도 없었다. 자신을 방어하기 위해 만든 이야기는 진실을 이겼다. 화는 났지만 양엄마가 자신을 돌보겠다는 이야기를 들은 후 Tanisha는 안정을 찾았다.

회기는 여러 검사로 구성되었다. 나는 인지검사와 투사검사로 질문을 했다. 그녀는 아동용 웩슬러 지능검사-III(Wechsler Intelligence Scale for Children-III; WISC-III; Wechsler, 1991)의 소검사, 선 추적 검사 A와 B(Trail Making Test; TMT; Reitan, 1958), Bender-Gestalt 검사(Bender, 1938), 집-나무-사람 검사(Buck, 1966)와 역동적 가족화 검사(Burns & Kaufman, 1970), 로르샤하 검사(Exner, 1993), 주제통각검사(Thematic Apperception Test; TAT; Murray, 1943)와 아동용 주제통각 검사(Children Apperception Test; CAT; Bellak & Bellak, 1998)를 했다. 검사는 두 회기에 걸쳐 실시되었고 과제를 끝내기 위해 격려와 지지가 필요했다. Tanisha는 생각나는 대로 말을 했다. 이는 관심을 끌려는 행동이었다. 그러나 주의력 부족에도 열심히 했고 결과는 타당했다.

검사 결과

Tanisha의 WISC-III의 전체 지능은 평균 하 수준이었다. 가장 높은 점수는 유사성과 토막짜기였다(환산점수는 12점, 10점, 평균 10점). 반면 사회적 상호작용을 평가하는 이해와 차례 맞추기는 평균보다 낮았다(환산점수 4점). 이는 규칙과 관습에 대한 상식과 사회적 상호작용에 관한 인지가 왜곡되었다는 것을 의미했다.

지각 왜곡은 현실감이 손상된 로르샤하 반응에서 나타났다. 특히, 기괴한 지각이 문제가 아니라, 맞는지 여부를 고려하지 않고 지각 대상을 잉크 반점에 끼워 맞추는 것이 문제였다. 예를 들어 IX번 카드에서 그녀는 가운데서 척추를 봤지만 이것을 분홍 영역까지 확장시켜 이상하게 지각했다. 전체 반응은 "게에요. 엉덩이도 있어요."였다. 그리고 이것을 분홍 영역까지 확장시켰다. 그녀는 마이너스 형태질에 과학 내용반응이 있었다. 이는 자신을 불안하게 만드는 반응이었다. 예를 들어 IV번 카드에서는 변기에 소변보는 사람, VI번 카드에서는 작은 날개가 있는 곤충을 공격하는 새를 보았다.

불쾌한 정서는 투사적 이야기(TAT와 CAT 카드)에서 두드러졌다. 두 번째 카드에서 그녀는 "이것은 모두 슬픔에 관한 것이에요."라고 했다. 슬픈 감정은 보속 반응으로 나타났다. Tanisha는 난데없이 결말을 행복하게 끝을 냈다. 예를 들어 의자에 앉아 담배 피는 사자 그림을 보고는 "갑자기 슬펐는데 왜 그런지 모르겠어요. 사자는 아무 잘못도 안 했는데 걱정되는 표정을 지어요."라고 이야기를 마무리 지었다. 이것은 부활절 바구니 사건에 대한 당혹스러움을 반영했다.

Tanisha의 슬픔은 다른 그림에서도 나타났다. 바이올린을 보며 앉아 있는 소년이 그려진 TAT 카드에서 "소년은 바이올린을 연주하고 싶지만 할 수가 없어요. 그래서 슬퍼요. 바이올린은 탁자 위에 있어요. 소년은 연주를 할 수가 없어요."라고 했다. 나는 좀 더 말해달라고 했다. "다음에 무슨 일이 일어나니?" "연주가 힘들어 바이올린 선생님에게 도와 달라고 해요. 선생님은 도와주고 소년은 잘 배워요."

고통스러운 감정과 문제에 대한 해결책이 Tanisha에게는 없었다. 불안정한 감정은 그냥 일어났다. 애착 연구에 따르면 불안정한 감정과 모든 것을 좋거나 모든 것을 나쁜 것으로 보는 분리는 불안정 애착 아동에게 흔히 나타난다. 분리는 좋은 감정과 나쁜 감정을 동시에 가질 능력이 없다는 것을 말한다. 일반적으로는 두 가지를 다 담을 수 있는 능력을 긍정적으로 본다. 애착이론을 더 깊이 이해하기 위해선 *애착이론, 학대 아동과 가족을 위한 지지Attachment Theory, Child Maltreatment and Family Support*(Howe, Brandon, Hinings, & Scholfield, 1999)

와 *외상 치유하기: 애착, 마음, 몸, 그리고 뇌Healing Trauma: Attachment, Mind, Body and Brain*(Siegel & Solomon, 2003) 등을 참고하라.

좋은 감정과 나쁜 감정의 분리는 그림 검사에서도 관찰되었다. 나무 그림에서는 자아의 무의식적 표현으로 100년 된 "쓰러진" 오크나무를 그렸다. 그러나 동적 가족화(Kinetic Family Drawing; KFD)에서는 행복한 가족을 그렸다: 엄마, 아빠 그리고 리본이 달린 큰 선물을 받은 딸. 죽어가는 나무와 행복한 가족의 대조가 눈에 띄었다. 이 분리는 일상에서도 일어났다. Tanisha는 가족이 자신을 원하지만 결국은 거절을 한다고 말했다.

로르샤하 반응은 아동용 웩슬러 지능검사가 평균 하 범위에 있는 아동에 대해 많은 정보를 주었다(구조적 요약은 표 14.1 참고). 구조적 요약에는 생각할 것이 많았다. 첫째, 그녀의 높은 *Lambda*(2.17)는 복잡성에 대해 폐쇄적이고 단순하게 지각한다는 것을 보여주었다. Tanisha는 극단적이었다. 게다가 *XA%*와 *WDA%*는 유의하게 낮았다. 이는 잉크 반점에 맞는 반응을 찾는 것이 쉬운 경우에도 왜곡하는 경향이 있다는 것을 보여주었다. 그녀는 환경에 대해 복잡한 관점 없이 현실을 왜곡하고 있었다. 대부분의 사람들에게 쉬워 보이는 것이 그녀에겐 분명하지 않았고 튼튼한 기초를 만들어 주지 않았다.

대인지각에서는 하나의 좋은 인간반응과 두 개의 좋지 않은 인간반응이 있었다(*GHR:PHR=1:2*). 세 개의 공백 반응과 공격(*AG*) 반응은 자신이 실패자이고 이방인이라고 느끼는 경향과 공격성을 보여주었다. *FC:CF* 비율(*형태 색깔 vs 색깔 형태*)이 1:2인 것은 그녀가 감정 조절을 잘 하지 못한다는 것을 나타냈다. Tanisha는 잘못된 인지와 충동성 때문에 성급하게 결론을 내렸다.

Tanisha의 *W:M* 비율(전체 반응과 인간 움직임 반응의 비율)이 16:1인 것을 주목하라. *W:M* 비율은 "성취 비율"이라 불리며 이상적으로는 2:1이다. 이는 단순화된 흑백논리로 세상을 보고, 반항적이고, 단절되었다고 느끼며, 그녀가 얼마 되지 않는 자원으로 의미를 부여하기 위해 노력하는 사람이라는 것을 보여준다. 게다가 *대응결핍지수(CDI)*가 양성인 것은 스트레스를 다루는데 어려움이 있고, 일반적인 요구에 대한 무력감이 있다는 것을 반영했다. 로르샤하의 구조적 요약은 Tanisha가 외부와 내부 세계에서 겪는 요구에 적절히 대처하지 못한다는 통찰을 주었다.

표 14.1 Tanisha의 구조적 요약

반응영역		결정인		반응내용	

결정인: 혼합 / 단일

반응영역		혼합	단일		반응내용	
Zf	= 16	CF.m	M = 0		H = 1	
ZSum	= 55	M.m	FM = 1		(H) = 0	
ZEst	= 52.3	Cf.m	m = 0		Hd = 1	
			FC = 1		(Hd) = 0	
W	=16		CF = 0		Hx = 0	
D	= 2		C = 0		A = 5	
W+D	= 18		Cn = 0		(A) = 0	
Dd	= 1		FC' = 0		Ad = 3	
S	= 3		C'F = 0		(Ad) = 1	

특수점수

		Lv1	Lv2
DV	= 0	0×1	0×2
INC	= 0	0×2	0×4
DR	= 0	0×3	0×6
FAB	= 0	0×4	0×7
ALOG	= 0	0×5	
CON	= 0	0×7	

반응내용 (결정인 단일)	
C' = 0	An = 2
FT = 0	Art = 1
TF = 0	Ay = 0
T = 0	Bl = 1
FV = 0	Bt = 0
VF = 0	Cg = 0
V = 0	Cl = 0
FY = 0	Ex = 1
YF = 0	Fd = 0
Y = 0	Fi = 0
Fr = 0	Ge = 0
rF = 0	Hh = 0
FD = 1	Ls = 0
F = 13	Na = 1
	Sc = 5
	Sx = 0
	Xy = 0
(2) = 0	Id = 1

Raw Sum6 = 0
Wgtd Sum6 = 0

AB	= 0	GHR	= 1
AG	= 1	PHR	= 2
COP	= 0	MOR	= 0
CP	= 0	PER	= 0
		PSV	= 0

DQ

+	= 4
o	= 14
v/+	= 0
v	= 1

형태질

	FQx	MQual	W+D
+	= 0	= 0	= 0
o	= 5	= 1	= 5
u	= 8	= 1	= 7
−	= 8	= 2	= 7
none	= 0	= 0	= 0

비율, 백분율, 산출점수

R = 19	L = 2.17	FC:CF+C = 1:2	COP = 0	AG = 1
EB = 1:2.5	EA = 3.5 EBPer = N/A	Pure C = 0	GHR:PHR = 1:2	
eb= 4:0	es = 4 D = 0	SmC':WSmC = 0:2.5	a:p = 2:3	
	Adj es = 2 Adj D = 0	Afr = 0.46	Food = 0	
		S = 3	SumT = 0	
		Blends / R = 3:19	Human Cont = 2	
		CP = 0	PureH = 1	
			PER = 0	
FM = 1 SumC' = 0 SumT = 0			Isol Indx = 0:11	
m = 3 SumV = 0 SumY = 0				
		XA% = 0.63 Zf = 16	3r+(2)/R =0.00	
		WDA% = 0.61 W:D:Dd = 16:2:1	Fr+rF =0	
a:p = 2:3 Sum6 =0		X−% = 0.37 W:M = 11:4	SumV =0	
Ma:Mp = 0:1 Lv2 =0		S− = 0 Zd = +2.5	FD =1	
2AB+Art+Ay = 1 WSum6 =0		P = 3 PSV = 0	An+Xy =2	
MOR =0 M− =0		X+% 0.42 DQ+ = 4	MOR =0	
Mnone =0		Xu% 0.21 DQv = 1	H:(H)+Hd+(Hd)=1:1	

PTI =2	DEPI =4	CDI =4	S−CON =N/A	HVI =NO	OBS =NO

나에게 특별히 다가온 것은 친구의 부재였다. 보통 10살의 아이는 9명 정도의 친구가 있다(Exner, 1993). 하지만 Tanisha는 친구가 없었다. 구조적 요약에서 *자기중심성지표*는 0이었다! 여기에 주의를 기울일 필요가 있었다. 나무와 사람반응은 많았지만 자신에 대한 표상은 제한적이고 튼튼하지 않았다. 그녀는 어릴 때 엄마에게 사랑을 받지 못했고 다른 사람들이 자신을 위해 존재한다는 인식을 가지지 못했다. 그녀는 애착의 어려움과 불완전한 자기 인식으로 내면의 발달이 잘 이루어지지 않았다. 그리고 다른 사람과 편하게 관계하고 세상을 합리적이고 객관성과 현실성을 갖고 바라볼 수 있는 능력이 훼손되어 있었다.

Tanisha를 위한 피드백 이야기

이 평가에서 어려웠던 점은 Tanisha가 (a) 압도되지 않고, (b) 자신을 이해하고, (c) 희망을 가질 수 있게 결과를 설명할 방법을 찾는 것이었다. 그리고 Tanisha 주변의 어른들에게 그녀의 문제를 유발하는 역동을 이해하게 도와주는 것이었다. 시간이 많지는 않았지만 나는 관련된 사람에게 정보를 잘 전달하고 싶었다. 나는 평가가 Tanisha와 보호자에게 협력적 경험이 되기를 원했다.

우선, 아동을 위해 피드백 이야기를 만들 때는 약간의 가벼움이 필요하다. 아동에게 어려운 주제는 실제 생활이 잘 반영되도록 해야 한다. 그러나 갈등이 많은 정보는 쉽게 받아들여지지 않고 어른에게 제공된 피드백 역시 잘 수용되지 않는다. 나는 많은 양의 정보를 힘들어하는 Tanisha에게 무엇이 도움이 될지 생각해 보았다. 그녀는 실용적이고 내면에 와 닿는 것에 잘 반응할 것 같았다. 그 때 마침 친구의 부재가 단서로 다가왔다. 이것은 의미 있는 발견이었고 다른 검사와 함께 Tanisha의 내면을 생각해 볼 수 있는 기회가 되었다. 우리는 친구의 부재와 현실 왜곡을 알게 해준 다른 검사 결과(*PTI* 2점, 차례 맞추기와 이해의 낮은 점수, 그리고 요구에 대처할 수 있는 자원 부족(*W:M*=16:1))에 주목했다.

나는 동료들과 논의 끝에 다음 이야기를 만들었다:

새끼 오리 Matilda

Tanisha를 위한 이야기

1장: 오리 Matilda를 만나다

Matilda를 아는 대부분의 새와 동물은 그녀를 Tilly라 불렀다. Tilly는 호수에 살았고 반은 물이고 반은 모래가 있는 학교에 다녔다. 어떤 학생들은 호수에서 물장난 치는 것을, 몇몇은 풀과 모래에서 돌아다니는 것을 좋아했다. Tilly는 학교가 좋았고 공부도 열심히 했다.

Tilly는 어리지 않았다. 부드럽고 뽀송한 솜털이 빠지면서 매끈하고 부드러운 깃털이 자라고 있었다. 몸은 부드럽고 매끈했으며 몸 색깔은 옅은 노란색에 빛이 나는 갈색의 혼합이었다. 재미있는 것은 그녀의 내면에도 다른 사람들이 모르는 혼합이 있었다. 내면은 새끼 오리였지만 큰 오리로 자라고 있었다. Tilly의 모습은 때에 따라 달랐다. 어떨 때는 다 큰 오리 같았고 다른 때는 어린 오리 같았다. 이는 선생님과 부모님을 어리둥절하게 했다. Tilly조차도 어떤 모습이 나올지를 몰랐다.

2장: 학교 운동장에서의 문제

점심시간이었다. Tilly와 Jemima가 이야기를 하고 있었다. 그때 Jemima의 친구 Keesha가 다가왔다. "꽥. 안녕. Jemima." Keesha는 Jemima의 날개에 부리를 문지르며 말했다. Tilly는 순간 뭔가를 느꼈다. 그리고 이 이상한 느낌을 없애기 위해 뭔가를 해야 했다. 그렇지 않으면 Jemima가 가버릴 거라는 생각이 들었다. 그래서 "안녕."이라는 말 대신 소리를 지르며 Jemima의 물갈퀴를 밟았다.

깃털이 날렸고 크고 화난 울음소리가 운동장에 퍼졌다. 그때 운동장 책임자였던 칠면조 부인이 달려왔다(그녀는 몸집이 커 빠르진 않았다). "당장 멈춰. 새끼 오리들. 골골, 골골, 골골! Matilda. 교무실로 와."

"억울해요." Tilly는 소리를 쳤다. "Keesha가 끼어들었어요. 내 잘못이 아니에요!" 하지만 칠면조 부인은 Tilly의 말을 듣지 않았다(Tilly는 속으로 "평소랑 똑같아."라고 생각했다. 그녀는 울었고 크게 말할 힘도 없었다).

기러기 교장 선생님은 Tilly를 보고 한숨을 쉬었다. "Matilda."(교장 선생님 은 학생의 정식 이름을 부르는 신념이 있었다). "어떻게 하면 좋겠니? 이번 달에 만 벌써 네 번째야."

"아니에요. 교장 선생님.""세 번째에요. 그리고 제 잘못이 아니에요. 정말 억 울해요."

"어허." 기러기 교장은 말했다. 그녀는 학생이 대꾸하는 것을 좋아하지 않았 다(Tilly는 어른 오리와 다른 새들이 대꾸하는 것을 좋아하지 않는다는 것을 알 았지만 화가 나서 참을 수가 없었다). "Matilda. 나는 네가 다른 오리와 싸울 때나 어른 오리에게 대꾸할 때 행복하지 않다고 생각한다. 이제 방법을 찾아야 겠다. 엄마에게 Tortuga박사님과 약속을 잡으라고 할 거다. Tortuga박사님은 경험이 많으시니 도움이 될 거야."

"헉, 헉, 꽥, 꽥" Tilly는 소리를 질렀다. 그녀는 생각했다. "믿음이 안가. 기 분도 안 좋아. 하지만 난 용감하고 튼튼한 오리야. Tortuga박사님이 나를 도와 줄 거야."

3장: Tortuga박사를 방문하다

Tilly와 엄마는 호수를 건너 Tortuga박사 사무실로 갔다. 나무 아래 큰 방까 지 뒤뚱뒤뚱 걸어갔다. Tortuga박사는 나이가 많았다. 그녀는 두꺼운 껍질이 있 는 큰 거북이었다. 그녀는 작은 금테 안경 위로 Tilly를 보았다. 엄마 오리는 왜 왔는지를 설명했고 Tilly가 행복한 오리가 되길 바란다고 했다. Tortuga박사는 고개를 끄덕였다. "그래." 그녀는 느리게 말했다. "도움이 필요하구나. 자. Tilly 야. 시작하자. 넌 용기가 있니?"

Tilly는 무슨 뜻인지 몰랐다. 그래서 그냥 자신이 용감한지를 보여주기 위해 그렇다고 답했다. 어이쿠. 세상에. 그녀는 학교에서처럼 질문에 답은 했지만 사 실대로 말하지는 않았다. 카드를 보고 이야기를 꾸몄고 그림을 그렸다. 그리고 학교에서 일어난 일을 말했다. 모든 것이 끝났을 때 Tortuga박사는 금테 안경을 통해 그녀를 보았다. "그래." 그녀는 느리게 말했다. "뭐가 문제인지 알겠다. 너는 심각한 안보임을 겪고 있구나."

"안보임? 뭐라고요? 꽥. 꽥!" Tilly는 소리를 질렀다. "발음도 못하겠어요. 무슨 뜻이에요?"

Tortuga박사가 말했다. "그 뜻은 안보이게 될지도 모른다는 두려움이 있다는 거야. 네가 사라지고 다른 사람들이 너를 볼 수 없을지도 모른다는 걱정을 하고 있다는 말이지."

"오 이런. 꽥, 꽥, 꽥." 한동안 Tilly는 침묵했다. 무슨 말을 해야 할지 몰랐다. 머릿속이 복잡했고 어지러웠다. Tilly는 잠시 뒤 안정을 찾았다. "진짜에요? 내가 죽어요?"

"그래. Tilly야. 심각해. 하지만 죽지는 않아. 이 병은 고칠 수 있어." Tilly는 Tortuga박사의 말을 알아들을 수 있었다. "네가 볼 수 있도록 친절한 올빼미 선생님이 도와 줄 거야."

"오! 올빼미 선생님 알아요. 만난 적이 있어요. 올빼미 선생님이 안보, 안보, 이름이 뭐든 나를 도와 줄 수 있다는 말이죠?"

"그래. 그리고 엄마 오리와 선생님도 너를 도울 거야. 네가 특별한 오리가 되도록 할 거야. 그러면 친구들과도 재미있게 놀 수 있고 행복한 오리가 될 거야."

Tilly는 기분이 좋았다. 그리고 슬픈 감정은 사라지고 좋은 감정이 많아질 수 있겠다는 생각이 들었다.

끝. (Matilda의 변화는 시작되었다.)

Tanisha와 어른들에게 피드백 이야기 전달하기

Tanisha를 위한 이야기는 만들어졌다. 문제는 이야기를 어떻게 전달할까였다. 일반적으로 보건복지부와 관련된 평가보고서는 평가를 의뢰한 사회복지사에게 준다. 그리고 사회복지사는 누가 사본을 받고 어떻게 결과를 전달할지를 결정한다. 운 좋게 Lamb부인과 나는 과거에 같이 일한 적이 있었다. 그녀는 협력적 평가 모형을 알고 있었다. 이 모형은 보호자와 아동에게 직접적인 도움 외에도 사회복지사와의 관계도 제공한다. 비록 그들이 아동을 잘 알지만, 판사와 변호사는 사회복지사의 의견보다 심리평가보고서를 신뢰하는 경향이 있다. 그들이 평가에 협조적으로 참여하는 것은 치료자에게 도움이 된다. 그리고 아동과 가족이 친밀한 관계를 유지하는 데도 좋다.

결과를 전달하는 데는 세 가지 방법이 있었다: (1) Tanisha와 양엄마를 함께 만나는 것; (2) Tanisha를 제외하고 전체 팀과 결과를 논의하는 것; (3) Tanisha만 만나는 것. 우리는 먼저 Lamb부인과 Tanisha를 잘 아는 사회복지사, 그리고 치료자와 팀 미팅을 하기로 했다. 팀은 Tanisha와 직접 연관된 사람들이었다. 회기의 목적은 팀이 복잡 미묘한 그녀의 성격을 이해하는 것이었다. Tanisha는 요구가 많았고 어른들의 인내를 시험했다. 하지만 나는 그들이 Tanisha의 성격을 이해해서 절망으로 겁먹은 그녀의 내면을 볼 수 있기를 바랐다. 아울러 양엄마가 Tanisha의 행동을 이해하고 양육에 융통성을 갖길 원했다. 또한 그녀를 "호전" 시켜야 한다는 부담을 가진 치료자가 행동 교정을 덜 걱정하고 Tanisha의 외로움과 공허함에 보다 초점을 두기를 바랐다. 피드백 회기는 Tanisha를 공감하는 데 목적이 있었다. 공감은 그녀를 대할 때 좀 더 창의적일 수 있게 도와주었다.

Tanisha와 관련된 어른들은 생각보다 많았다. Lamb부인 외에도 양부모, 치료자, 사회복지사(법원의 아동 대변인)가 참석을 했다. 나의 본래 의도는 평가질문으로 논의를 하는 것이었다. 하지만 나는 다르게 했다. 나는 각자에게 Matilda 이야기의 사본을 주었다. 처음의 웃음과 어리둥절함 이후 사람들은 침묵을 했다. "이건 Tanisha 이야기야. 정말로."라며 양엄마는 웃었다. 동의의 끄덕임, 웃음, 그리고 깊은 침묵은 Tanisha에 대해 이야기하면서 있었던 분위기였다. 충동적이고 요구 많은 행동의 원인이 되었던 Tanisha의 역동을 이해하기 위해 나는 검사 결과를 설명했다. 우선 심각한 환경에 대한 인식 부재를 알리기 위해 지능 수준과 이해와 차례맞추기 점수를 보여주었다. TAT 1번 카드에 나타난 욕구는 수동성과 관련이 있었다: 소년은 바이올린을 연주하고 싶지만 배울 수가 없어요. 그래서 슬퍼요. 기분이 나빠요. 바이올린은 탁자에 있어요. 소년은 연주를 할 수가 없어요. 어쩔 수 없어요. 양엄마는 이 결과를 뒷받침하는 예를 들었다.

약한 자아, 충동과 인지적 어려움, 그리고 우울과 불안은 Matilda 이야기의 은유 덕분에 쉽게 이해가 되었다. 이야기는 저항과 방어를 넘어 Tanisha를 공감하고 효과적으로 답하는 방법을 생각나게 했다.

나는 결과를 Tanisha에게 전달하기 위해 약속 시간을 잡았다. 평가에 대해 이야기하는 동안 양엄마는 Tanisha와 있었다. Tanisha가 피드백을 위해 방문했을 때 그녀는 먼저 질문을 했지만 자신의 강점과 약점, 그리고 결과에 대해 신경을 쓰지 않았다. 그녀의 질문은 "어떻게 행동을 변화시킬 수 있을까?"였다. 그녀는 내가 검사 결과의 자세한 내용은 생략할 거라 생각했는데 그렇게 하지 않아 불안해했다. 대신, 나는 팀과 했듯이 오리 Matilda 이야기를 전해주었다. 그녀는 이야기를 소리 내어 읽었지만 계속 읽지는 못했다(한 장 정도의 분량이었기 때문에). 그녀는 나머지 부분을 읽어달라고 했다. 이야기를 읽은 후 그녀는 감동한 듯 했다. 몇 가지는 자신의 모습 같다고 했다. Tanisha는 Matilda에게서 자신의 모습을 볼 수 있었다. "여기에 힌트가 있었어요." 그녀는 흥분하며 말했다. 그리고 Tortuga박사는 나일 수도 있다고 했다. 부엉이 선생님은 치료자일 것이라고 했다. 그녀는 이야기 사본을 갖게 되어 기분이 좋다고 했다. Tanisha는 작별인사를 했고 웃으며 나를 안았다.

결 과

협력적 평가 경험이 Tanisha의 삶을 바꾸어 놓았다. 나는 이 경험이 보호자에게 Tanisha가 구제 불가능한 나쁜 아이라는 생각이 변할 수 있도록 하는 새로운 시각이 되길 바랐다. Tanisha를 돕기 위해 공유된 지지와 공감은 가족에게도 이어졌다. 하지만 우울, 충동, 절망과 자아 구조의 미숙한 발달 때문에 변화는 Tanisha에게 평생 과제가 되었다. 특히, 입양 아동과 양부모의 배치는 매우 중요하다.

Tanisha의 경우 협력적 평가는 양엄마의 이해가 필요했다. 그러나 Tanisha의 성행동과 경직된 기대는 양엄마의 진실된 마음을 넘어섰다. 결국 양엄마는 파양을 했다. 행복한 결말이 아닐지라도 평가가 쓸모없는 것은 아니었다. 잠시라도 Tanisha는 보호자의 이해를 받았고 그녀의 이야기는 자기 인식과 통제감을 주었다.

학습포인트

1. 협력적 평가는 일반적인 평가보다 창의성을 요구한다. 문제가 있는 입양 상황에서 이런 시간과 노력이 가치가 있을까 의문스러울 수도 있다. 입양 아동은 자신이 제대로 보살핌을 받지 못한다고 생각할 수 있고 그렇게 느끼기도 한다. 아동도 성인만큼 이해 받기를 원한다. 입양 아동은 방어적일 수 있다. 하지만, 종종 자신이 존재하지 않는 것처럼 느끼기 때문에 더 많은 이해가 필요하다. 결과를 이해하기 쉬운 방식으로 전달하는 것은 그들에게 의미 있는 선물이 된다. 이것은 아동의 깊은 불안을 발견하고 수용하는 방법이 된다.

2. 입양 아동 평가에서 팀의 역할은 무엇인가? 입양 아동과 관련된 여러 인물이 참여하는 것은 시간이 걸리고 귀찮은 일이지만 도움이 많이 된다. 부모가 아동의 과거력을 알고 있는 것만큼 한 사람이 모든 것을 알기가 어렵다. 체계 안에서 각자의 역할을 하는 여러 사람들, 사회복지사, 치료자, 양부모, 또는 어떤 인물이든 간에 그들은 아동에 대해 일부만 알고 있다. 그러므로 아동의 행동을 그들의 렌즈로 밖에 볼 수가 없다. 평가 결과에 대해 이야기하기 위해 여러 어른들이 함께 하는 것은 아동이 누구인지 왜 이렇게 행동하는지에 대한 이해를 가능하게 한다. 이것은 또한 각자가 아동의 삶 속에서 담당하는 역할에 연민을 갖게 하고 각 사람의 이해를 돕는다. 일반적으로 아동을 위해 어려운 결정을 해야 하고 비교적 관련이 많은 사회복지사가 평가에 가장 협력적이다.

15장

10살 소년과 부모를 대상으로 한 치료적 평가: 무례함의 고통

DEBORAH J. THARINGER, MELISA E. FISHER AND BRADLEY GERBER

우리는 10살 소년과 엄마, 그리고 의붓아버지 사례를 통해 치료적 평가 모형을 소개하고자 한다. 본 사례는 치료적 평가 프로젝트(Therapeutic Assessment Project; TAP)의 일부이다(Hamilton et al., 2009; Thringer, Finn, Gentry, et al., 2009; Tharinger, Krumholz, Austin & Matson, 인쇄중). 이 프로젝트의 목적은 (a) 치료적 평가의 효과(과정, 결과, 내담자 만족도) 연구, (b) 치료적 평가자(대학원생) 실습, (c) 지역 사회에 치료적 평가를 무료로 실시하는 데 있다. 아동을 대상으로 한 치료적 평가 모형은 보통 2~3개월 동안 8~10회기로 구성되고 면담을 통해 배운 것을 실천할 수 있게 한다. 그리고 행동분석으로 가족과 아동에 대해 새로운 이야기를 만들도록 한다.

프로젝트는 심리학과 교수의 지도하에 두 명의 박사과정 학생이 실시했다. 프로젝트에 사용된 치료적 평가 모형은 한 명의 팀원이 아동을, 다른 팀원이 부모를 담당했다. 회의에는 아동과 부모가 함께 참여했다. 팀원은 본 논문의 2저자인 Melissa Fisher와 3저자인 Brad Gerber였다. 그리고 1저자인 Deborah Tharinger는 지도감독을 했다. Melissa는 아동을, Brad는 부모를 맡았고, 협동회의나 참관 형식으로 회기에 참여했다. 아동과 부모는 사전/사후 평가와 회기 후 면담을 했다. 프로젝트는 참가자 동의하에 진행되었고 출판 동의를 받았다. 참가자의 이름과 정보는 사생활 보호를 위해 수정했다.

본 사례는 치료적 평가 모형에 대한 13개 학습 포인트를 제시했다. 우선 (1) 평가질문을 하고, (2) 부모가 아동의 치료 과정을 관찰한 다음, (3) 아동을 대상으로 실험을 진행했다. 이후 (4) 가족회기를 하고, (5) 부모와 요약/토론회기를 한 다음, 편지로 피드백을 전달했다. 아울러 (6) 피드백을 아동과 부모에게 이야기 형식으로 전달했다. 마지막으로 사전/사후 평가를 하고 치료를 종결했다.

배경정보와 평가질문

유럽계 미국인인 David는 평가 당시 10살이었고, 친모 Karen, 의붓아버지 Carlos, 14살 친누나, 그리고 외할머니와 함께 살았다. David의 친모와 의붓아버지는 결혼한 지 1년이 되었다. Karen은 전 남편 John과 5년 전에 이혼을 했다. John은 다른 주에 살았고 분노조절장애와 지병이 있었다. John은 불안정한 정서와 질병으로 실직을 했고 경제적으로 어려움을 겪었다. David는 John과 연락을 하지 않았다. John은 David나 누나에게 돈을 빌리기 위해 가끔 전화를 했다. 그러나 그들도 여유가 없어 도와 줄 수가 없었다.

Karen은 아들의 무례한 행동과 감정 조절 문제를 해결하려고 지역심리건강센터를 방문했다. 그때 치료적 평가 프로젝트를 소개받았다. David와 Karen은 치료적 평가의 모든 회기에 참석했고, Carlos는 직장 때문에 몇 번만 참여했다. 첫 번째 회기에서 Karen과 Carlos는 치료자와 함께 평가질문을 만들었다. 두 번째 회기에서는 부모가 참여한 가운데 David도 평가질문을 만들었다. 부모의 질문은 다음과 같다.

> David의 정서 상태는 어떤가?
> (슬픈가? 학교 상담선생님이 말한 것처럼 아픔이 있나? 화가 났나?)
> 왜 David는 공격적이고 무례한가?
> 왜 David는 엄마와 소통하지 않나?
> 왜 David는 자발적이지 않고 보상을 주어야만 하나?
> 어떻게 엄마의 권위를 보여 줄 수 있나?
> David는 엄마의 결혼생활(이혼)의 영향을 받았나?
> David는 의붓아버지에 대해 어떻게 생각하나?

David는 다음 질문을 했다:

왜 가족들은 나에게 잘못했다고 하죠? 예를 들면, 물건을 잃어버렸을 때.

> 🌱 **학습포인트**
>
> 평가질문은 부모가 함께 참여하는 협력적인 방식으로 이루어진다. 따라서 평가질문은 검사와 개입 회기를 위한 과정과 부모에게 피드백을 위한 틀을 제공한다. 만약 아이가 질문을 하면 그 과정을 알려주는 게 도움이 된다.

평가회기와 부모의 관찰/진행

아동을 대상으로 하는 치료적 평가는 부모가 평가회기를 관찰한다. 평가자는 먼저 부모와 면담을 하고 부모가 다른 방에서 기다리는 동안 아동을 평가한다. 이후 결과를 분석하고 1~2주 후 피드백을 한다. Finn(2007)은 평가의 일반적 모형이 부모의 참여 기회를 제한한다고 생각했다. 그래서 평가 중 부모의 참여를 활용할 수 있는 방법을 고민했다. 결국 Finn은 아동을 검사할 때 부모가 평가 과정을 관찰하게 함으로써 아동에 대해 궁금했던 것의 답을 찾을 수 있었다. 부모는 아동이 문제를 해결하기 위해 애쓰는 모습을 보며 죄책감을 줄일 수 있다. 동시에 부모는 평가자가 아동의 문제 행동을 다루는 법을 관찰하면서 여러 가지를 배울 수 있다. 부모가 관찰을 하더라도 아동은 자신에 대해 이야기하는 것을 꺼리지 않고, 상담자와 강한 유대관계를 가지며, 자신의 이야기를 부모에게 전달하는 기회로 활용한다.

한 명의 평가자가 실시하는 치료적 평가에서는 부모가 방에서 관찰을 하거나 옆방에서 비디오를 본다. 두 명의 평가자가 실시할 때는 한 명의 상담자는 부모와 함께 일방거울 뒤에서 관찰하거나 옆방에서 비디오를 본다. 두 명의 평가자가 하는 치료적 평가는 부모와 대화가 가능하고 비디오 시청의 활용도도 높다.

> ❦ **학습포인트**
>
> 부모와 함께 관찰하는 작업은 아이와 소통하고, 아이를 새롭게 이해하며, 평가를 통해 진행 과정을 알 수 있게 한다. 이 과정은 부모가 진심으로 "이해한" 내용을 내면화하는 데 도움을 준다. 또한 임상가는 평가자가 아이와 관계를 맺고 부모와 자녀와의 관계를 강화시킨다.

이제 David의 사례를 통해 부모의 관찰/진행에 대한 내용을 구체적으로 설명하고자 한다. 엄마와 의붓아버지는 평가자인 Brad와 함께 옆방에서 비디오로 평가과정을 살펴보았다.

인물화 그리기

일반적으로 아동과의 치료적 평가의 첫 번째 회기에서는 구조화되지 않은 평가, 예를 들어 인물화 그리기를 실시한다(Tharinger & Roberts, 인쇄중). David는 직장에서 일하고 있는 아빠의 모습을 그렸다. David는 아빠가 피곤해서 가족과 시간을 보내지 못해 슬프다고 했다. 또한, 아빠가 건강이 좋지 않고 일을 늦게 마친다고 했다. 내가 그에게 아빠가 다친 적이 있냐고 물었더니 예전에 누나와 등산을 갔을 때 아빠가 크게 다칠 뻔 한 적이 있다고 답했다.

엄마는 화면으로 평가 과정을 지켜보며 David가 아빠의 슬픔에 책임을 느끼고 건강을 걱정하는 것 같다고 했다. 엄마는 아빠에 대해 느끼는 아들의 감정을 알 수 있었다. 아울러 아들의 어릴 적 스트레스를 이해할 수 있었다.

인물화 그리기를 마친 후에는 역동적 가족화 검사(Kinetic Family Drawing; KFD)를 실시했다. David는 자신을 포함해 사촌과 엄마를 그렸다. 그와 사촌은 비디오 게임을 하고 엄마가 팝콘을 주는 그림이었다. David는 엄마에게 버려진 느낌을 받고, 엄마는 "내가 만든 팝콘을 좋아하면 좋겠다."라고 생각하고 있다고 했다. David의 반응은 엄마에 대한 분리 감정을 표현하고 있었다. 누나, 할머니, 의붓아버지는 그림에 없었다. 이는 가족 구성원과의 갈등과 거절을 시사했다. 그림에서 엄마가 어떻게 묘사되는지를 확인한 후 Brad는 이를 엄마와 아들 간의 정서적 거리를 이야기할 수 있는 기회로 삼았다. 이는 엄마가 작성한 평가질문(왜 David는 엄마와 소통하지 않나?)에도 포함되어 있었다. 이 그림은 엄마와 아들과의 관계 회복의 중요성을 깨닫는 계기가 되었다.

David에게 가족의 어떤 점을 바꾸고 싶냐고 물었을 때, 그는 가족이 더 활동적이고 함께 보내는 시간이 많았으면 좋겠다고 했다. 그는 가족의 일상을 각자 자기 일을 하고 소통하지 않는 모습으로 묘사했다. 그리고 가족 중 자신만 밖에 있고 친구 집에 간다고 했다. 화면으로 이 내용을 본 엄마는 너무 바쁘고 피곤해서 아들과 함께 보내기가 어려웠다고 했다. 그녀는 아들이 밖에서 많은 시간을 보낸다는 것을 알고 있었다. 이것은 아들과의 관계 개선을 위해 더 많은 시간을 보내야 한다는 것을 말할 기회가 되었다. Brad 또한 엄마가 처음 말한 평가질문(왜 David는 엄마와 소통하지 않나?)과 David가 생각하는 것이 다르다는 것을 언급했다. 이는 부모의 평가질문을 이해하는 데 도움이 되었다.

연이어 David는 집을 그렸다. 집은 할머니의 30년 된 이동식 주택이었다. 가장 큰 침실이 자기 방이고 물건으로 가득 차 있다고 했다. 그는 다른 사람과는 살고 싶지 않아 다른 방을 게스트 룸이라 불렀다. 정원이 있고 나무 대신 벽돌로 지으면 좋겠지만 그래도 행복한 집이라고 했다. 튼튼한 재료로 집을 짓고자 하는 그의 바람은 가족이 견고해지기를 바라는 마음을 반영했다.

Carlos는 "가족이 함께 살지만 유대가 없고 쉽게 무너질 수 있는 관계라 생각해서 이런 그림을 그린 것 같아요. 아들은 견고한 가족, 견고한 기초, 견고한 집을 원하지만 불안하게 느끼는 것 같아요."라고 말했다. Karen은 집이 약해 보인다며 폭풍우를 어떻게 견딜지가 걱정된다고 했다. Carlos는 어렸을 때의 집은 안정적이고 튼튼했다면서 David가 이곳저곳을 이사 다닌 것에 대해 어떻게 느꼈을지를 몰랐다고 했다. Brad는 이를 통해 Karen과 Carlos가 David의 아픔과 미해결된 감정을 공감하도록 도왔다.

학습포인트

그림과 관련한 이야기는 비구조화되어 있고 개방적이기 때문에 아이를 위한 훌륭한 작업이 될 수 있다. 이 방법은 안면타당도가 있고 아이와 가족의 대화를 격려하며 관찰 과정에 참여하는 부모에게 좋은 기회가 된다.

자기보고형 검사

그림 검사를 끝낸 뒤 David는 Beck Youth Inventories를 작성했다. David는 슬픔, 짜증, 공격, 초조함의 문항에는 답을 하지 않았다. Karen은 David가 솔직하지 않은 것 같다고 했다. Brad는 이에 대해 David가 감정을 감추고 있을 수도 있다고 했다. David는 외현화 행동을 부인했다. 이는 엄마의 평가질문 중 하나였던 집에서 보이는 공격 행동의 주제로 이어졌다. Brad는 이를 통해 아들의 공격적이고 무례한 행동으로 어떤 결과가 발생하는지를 알 수 있었다. 이는 가정에서 훈육이 일관되게 이루어지지 않은 것을 반영했다.

🌱 학습포인트

자기보고형 검사는 다양한 정보를 준다. 아동이 과소 보고할 경우 자기보고형 검사는 방어적인 갑옷에 창문을 제공하고 부모가 관여할 수 있는 좋은 기회가 된다. 그리고 "진실을 말하지" 않으려는 아이의 주요 관심에 대해 논의할 수 있게 한다.

문장완성검사

두 번째 회기에서는 문장완성검사를 실시했다. 문장완성검사는 David와 부모의 평가질문을 바탕으로 치료자가 만들었다. David는 대부분의 문장을 간단하게 적었다. 그의 답은 집에서 다툼이 적었으면 좋겠고, 엄마, 의붓아버지와 즐거운 활동에 대한 소망과 비난 받았던 것에 대한 좌절 등을 담고 있었다. David는 또한 아버지를 상실한 것에 대한 고통을 다음과 같이 표현했다("아빠가 South Carolina로 갔을 때 마음이 아팠어요.") 아울러 *"부모님에게 얌전한 것보다 선생님이나 친구들 앞에서 얌전하게 행동하는 것이 쉬워요. 학교나 친구 집에서 문제를 일으키면 혼날 것을 알고 있기 때문이에요."*라고 말했다. 이는 엄마의 평가질문에 대해 새로운 정보를 주었다.

David는 왜 집과 밖에서 다르게 행동하는지에 대해 이야기했다. 이를 통해 Brad는 집에서 규칙이 일관되게 적용되어야 할 필요성을 설명할 수 있었다. 이는 부모가 평가 과정에 참여함으로써 아동이 어떻게 부모가 작성한 평가질문에 답을 할 수 있는지를 보여주었다. 그리고 이것은 아동이 어떻게 생각하는지에 대해 평가자가 직접 말하는 것보다 효과적이었다. David는 무엇이 자신을 얌전하게 하는지에 대해 말했다. 그리고 Brad는 "비일관된 규칙은 반항으로 이어진다."는 내용을 부모에게 설명했다. 이를 통해 우리는 가정 규칙이 일관적이지 않고 David와 부모의 관계가 원만치 않다는 것을 알 수 있었다.

> 🌱 **학습포인트**
>
> 개별적인 문장완성검사의 구조는 평가질문을 직접 탐색할 수 있게 한다. 그리고 평가 질문은 가족을 이해할 수 있도록 평가 과정을 안내해 준다.

평가회기에서의 놀이

나는 아동과의 치료적 평가의 마지막 회기에는 놀이 프로그램을 한다(Tharinger, Christopher, & Matson, 2011을 보라). 평가회기를 마친 후 Melissa는 David와 15분 정도를 함께 놀았다. David는 캐치볼 같은 활동적인 놀이를 했다. 아울러 놀이를 주도하며 규칙을 만들어 Melissa에게 설명하고 시범을 보였다. 놀이 동안 David는 한 주간 있었던 일에 대해 이야기했다. 그는 자유롭게 농담도 했다. Melissa는 대화에 주의를 기울이며 화제와 관련된 질문을 건넸고, 긍정적인 행동은 칭찬했다. David는 놀이와 관심을 즐겼다. Melissa 또한 즐거웠다. 그의 놀이는 창의적이었고 재미있었다. 이 모습을 지켜보던 Carlos는 아들과 Melissa의 공감에 관심을 보였고, 그 모습이 아들과의 관계 형성에 참고가 되리라는 생각에 메모를 했다. 우리는 Carlos의 통찰과 관심에 고마움을 전했다.

> 🌱 **학습포인트**
>
> 놀이는 아동과 협력적 동맹을 맺을 수 있는 기회가 되고 아동이 치료 과정과 밀접한 관계가 있는 사고와 감정을 표현할 수 있게 한다. 놀이는 또한 즐거운 휴식이 되고 관찰하는 부모에게 건강한 상호작용의 모델이 된다.

통각카드 이야기

세 번째 평가 회기에서는 주제통각검사(Thematic Apperception Test), 가족통각
검사(Family Apperception Test), 아동용 Roberts 통각검사(Roberts Apperception Test
for Children)를 실시했다. 우리는 카드를 통해 David의 슬픔, 공격성, 또래관계에
대한 인식 등을 포함한 평가질문을 파악할 수 있었다. 이야기 중 하나는 Brad
와 Karen에게 규칙과 결과를 더 깊이 나눌 수 있는 계기가 되었다. David는
"엄마가 청소를 하라고 했지만 아이는 무시한 채 TV를 보고 있어요. 엄마가 올
라오는 소리를 듣고 청소를 하는 척 하지만 엄마가 방을 나가자 다시 TV를 보
았어요."라고 이야기를 꾸몄다.

Brad와 Karen은 이 회기를 보며 David의 이야기가 실제로 집에서도 있는지
를 물었다. 그의 이야기는 비일관적인 규칙이 어떻게 반항으로 이어졌는지에
대한 설명이 되었다. Karen은 현재 상황을 이해했고 앞으로는 일관된 규칙을
세워야겠다고 말했다. David의 다른 이야기는 슬픔, 고립, 절망을 스스로 해결
할 수 없다는 내용의 것이었다. Brad는 이를 통해 David의 취약점을 확인할 수
있었다. 또한 Karen에게 정서적 도움을 줌으로써 David가 어떤 일을 겪었고 그
것이 어떤 영향을 미쳤는지를 이해할 수 있었다.

> **학습포인트**
>
> 스토리텔링 기법과 평가질문과 관련된 통각카드의 사용은 아동의 현재 상태에 대한
> 인식과, 문제해결을 위해 내용과 형태를 설명할 수 있는 이야기를 구성할 기회를 제공
> 한다. 이야기는 종종 "거울 뒤에 있는" 부모와 유용한 논의를 가능하게 한다.

로르샤하

우리는 David의 정서 기능을 평가하기 위해 현실감 검사, 자기개념 검사, 로
르샤하 검사를 실시했다. 로르샤하 검사 반응은 David가 고립감과 정서적 스트
레스를 받고 있다는 Brad와 Melissa의 가설을 지지했다. David는 만성 우울
(DEPI: 6)이 시사되었다. 예를 들어, I번과 II번 카드에서 "낡은 헝겊," "더러운

헝겊"이라고 반응했는데 헝겊이 찢어지고 구멍이 나 있다고 했다. 이러한 반응은 그가 겪는 원초적이고 고통스러운 감정에 대한 비유였다. 이는 그가 스스로를 무가치하다고 여긴다는 것을 보여주었다. Karen은 David의 낙담에 찬 반응을 듣고는 아들이 감추고 싶은 슬픔이 있다는 것을 알게 되었다. 그러나 자기보고형 검사에서는 우울이 낮고 자존감이 높았다. Finn(1996)은 로르샤하 검사와 자기보고형 검사 간의 차이는 방어기제의 작용이며, 내담자는 이를 통해 내재된 고통을 피하려 한다고 말했다.

옆방에서 로르샤하 검사 결과에 대해 Brad와 이야기하던 Karen은 아들이 불안하고 내면에 상처가 있는 것 같다고 했다. 로르샤하 검사의 질문단계(Handler, 2007)에서 David는 외로움과 실망을 표현했다. 질문단계 반응을 듣던 중 Karen은 아들을 공감했고, 왜 아들이 그런 감정을 느끼는지를 고민했다. 그녀는 David가 가족이나 친구에게 소속감을 느끼지 못하는 것 같다며 자신이 경험한 것(이혼, 가정 폭력, 누나와의 갈등 등)이 상처와 외로움을 주었겠다고 생각했다.

🌱 학습포인트

통각카드에서 말한 이야기와 유사하게 부모는 로르샤하 반응에 대해 관심을 많이 가진다. 그들은 자신이 상상한 반응이 아동의 반응과 어떤 점에서 유사하고 다른지에 대해 언급한다. 그리고 특정 반응의 의미에 대해 물어 보기도 한다. 내용이 로르샤하 해석과 채점의 한 측면만을 반영할지라도 부모는 이를 통해 아동이 자신과 환경을 어떻게 지각하는지를 이해하게 된다.

초기기억검사

우리는 David의 어린 시절 경험, 자신과 가족에 대한 인식, 그리고 감정조절 능력을 더 잘 이해하기 위해 초기기억검사(Bruhn, 1990)를 실시했다. 그가 기억한 최악의 경험은 스케이트보드를 타다 팔이 부러졌을 때 일이었다. 그는 언덕에서 스케이트보드를 타고 내려오다 바퀴가 길 틈에 걸려 넘어져 팔을 다친 적이 있었다. 그는 아직 팔이 정상인 것 같지 않다고 했다. Karen은 이 이야기를 들으며 아들이 보호 장비 없이 스케이트보드 타는 것이 늘 걱정스러웠다고 했다. 하지만 스케이트보드 타는 것을 말리지는 않았다. 게다가 David는 스케이트 보드 안전장치를 신경 쓰지 않았다(예를 들면, 접지 테이프를 써서 스케이트보드에서 떨어지지 않는 장치를 할 수도 있었다). 그는 길 틈이 넓어 바퀴가 빠지지 않았다면 문제가 없었을 것이라고 했다. 이는 David가 엄마나 다른 누구에게도 의존하지 않는다는 것을 반영했다. 우리는 엄마가 이것을 알고 있을지가 궁금했다.

나는 David에게 엄마, 아빠, 의붓아버지, 그리고 누나에 대한 기억을 떠올려 보라고 했다. 처음에는 긍정적인 기억을 이야기하더니 나중에는 부정적인 기억에 대해 말했다. David는 상처 받았던 기억을 회상했다. Karen은 아들이 스트레스가 많았고 얼마나 부정적 사건이 많았는지에 대해 언급했다. 그녀는 아들이 긍정적인 기억에 대해 이야기를 한 후 부정적인 기억에 대해 말한다는 것을 알았다. Brad는 이를 David의 부정적인 태도에 Karen이 어떻게 반응해야 하는 지를 설명할 기회로 삼았다. 왜냐하면 Brad와 Karen은 David가 지나치게 부정적인 것 같다고 말했기 때문이었다. Brad는 어떻게 하면 David를 부정적인 것에서 벗어날 수 있게 할지에 대해 Karen과 이야기했다. Brad는 Karen에게 부정적 감정을 배척하기보다는 경청하고 수용할 것을 권유했다.

> **학습포인트**
>
> 아동에게 EMP를 사용하는 것은 통각카드나 로르샤하와 유사하게 아동의 마음을 이해하고, 부모를 관찰하는 데 도움이 된다. 이 과정은 논의를 활성화 시키는 경향이 있는데, 왜냐하면 부모도 그 기억의 일부를 알고 있기 때문이다.

가족과 관계형성하기

우리는 검사/관찰 회기 후 검사 결과를 평가질문과 관련지었고 가족과 관계를 통해 배운 것이 있는지를 확인했다. 평가자는 가족에 대해 알게 된 결과를 요약/토론회기 중에 설명했다. 치료적 평가에서 Melissa는 David를 긍정적으로 보았다. 그녀는 David가 밝고, 관계 중심적이며, 재미있고, 자신을 잘 알고 있다고 생각했다. 그는 질문에 잘 대답했고 과제도 잘 했다. 또한 David가 잘 포기하지 않는다고 했다. 비록 어려움은 있었지만, 그는 건강한 회복력과 독립적인 모습을 보여주었다.

Brad와 Melissa는 Karen에게 동정심을 느꼈다. 왜냐하면 그녀가 어린 시절 독재자 같은 아버지에게 상처를 받았기 때문이었다. Karen에 대한 지지와 이해를 통해 Brad와 Melissa는 어린 시절의 경험이 그녀의 발달과 자녀양육에 영향을 준 것을 이해하게 되었다. Karen은 격한 감정에 휩싸였고 두서없이 이야기했다. 주제(이야기)가 고통스럽고 견디기 어려울 때는 이야기 주제를 바꾸었다. Karen이 평가회기를 관찰할 때 Brad는 그녀를 지지했다. 이는 아들에 대해 동정심을 가지는 데 도움을 주었다. Carlos가 평가회기에 참여했을 때 그는 아내를 지지했다. 우리는 이러한 지지가 David의 감정 "컵"이 넘칠 때 "컵 받침"이 될 수 있으리라 생각했다.

Brad와 Melissa는 Carlos가 통찰력이 있고 잘 이해할 수 있는 사람이라는 것을 알았다. 예를 들어, Brad와 Melissa가 우화를 섞어 피드백을 할 때 Carlos는 적절한 은유를 썼다. 그는 Brad와 Melissa가 표현한 것을 이해할 수 있었다. 이것은 아내를 차분하게 했다. 하지만 그가 전체 회기의 절반밖에 참가하지 못한 점은 아쉬웠다.

David와 Brad의 치료 관계는 Karen이 David의 다른 면을 보는 데 도움이 되었다. 그녀는 David가 Melissa에게 긍정적으로 반응하고 그녀의 요구에 잘 따르는 모습을 보았다. 특히 Brad와 Karen의 치료 관계는 David의 치료적 평가를 통해 드러난 여러 주제, 즉 관계의 의미(규칙이 없는 관계는 저항으로 이어짐), 구조와 일관성의 중요성, David의 불행한 삶을 공감할 필요 등을 논의하는 데 도움이 되었다.

🏷️ 학습포인트

관계 형성은 TA에서 핵심이 된다. 평가자는 부모 및 아동과 밀접한 관계를 형성시키는데 시간과 주의를 기울일 필요가 있다. 부모와 관계를 맺는 것은 신뢰와 안정감을 형성해서 그들의 배경정보와 생활을 더 많이 공유할 수 있게 해준다. 이를 통해 임상가는 무엇이 그들의 세계관을 형성하게 했는지를 잘 이해할 수 있게 된다. 아동과의 관계 형성은 평가 과정을 편안하게 하고 긍정적으로 반응할 수 있게 한다.

가족 개입 회기

가족 개입 회기에서는 가족이 과제를 통해 상호작용하고 함께 활동한다. 이 방법을 통해 평가 팀은 가설을 검증하고 가족의 행동 패턴을 살펴볼 수 있다 (Tharinger, Finn, Austin, et al., 2008). 평가 팀은 회기를 통해 부모가 자녀 문제에 대한 역할과 영향에 관해 체계적인 피드백을 받을 준비가 되었는지를 파악한다. 그런 다음 요약/토론회기 계획을 설명한다.

가족 개입 회기를 준비하며 우리는 David의 문제가 역기능적 가족구조, 일관성 부족, 긍정적 감정 강화 부족 등에 기인한다고 가설을 세웠다. David가 느끼는 거절, 혼란, 불안은 Karen과 Carlos가 말한 분노와 무례한 행동으로 드러났다. 우리는 Karen과 Carlos가 David와 함께 시간을 보내고 즐기면, 사랑받고, 수용되고, 안전하다는 느낌을 가지는 데 도움이 되리라 생각했다. 또한 부모의 행동이 사랑과 염려로부터 온 것을 David가 알면, 부모에게 관심을 가질 거라 여겼다. David가 Melissa와 함께 한 놀이를 긍정적으로 받아들였던 점을 고려했을 때, 이것이 Karen과 Carlos에게도 도움이 될 거라는 생각이 들었다. 또한 놀이를 통해 Karen이 감정에 휩싸이거나 좌절하지 않고 David와 소통할 수 있으리라고 보았다. Brad와 Melissa가 Karen과 Carlos에게 가르쳐준 것은 David의 긍정적인 행동을 칭찬하고, 아이가 활동을 주도할 수 있도록 하며, Carlos가 Karen이 David와 함께 노는 것을 지원하는 것이었다.

가족 개입 회기를 시작하며 Melissa는 David에게 방에 있는 장난감으로 놀이를 해보자고 했다. David는 세 가지 놀이를 했다. Melissa가 놀이 규칙을 설명한 뒤 Brad, Karen, Carlos가 다른 방에서 보는 가운데 놀이를 했다. 그 다음 David는 엄마와 놀았고, Carlos는 Karen이 아들과 잘 놀 수 있도록 도와주었다(예를 들면, Karen이 자신의 생각을 놀이에 적용하려 하면 제지하는 역할을 했다). Carlos는 이를 어려워했고, 종종 아들과 Karen의 관계에 개입하려 했다. Brad와 Melissa는 그런 행동을 제지했고, David와 노는 기술을 알 필요가 있다는 것을 강조했다.

Carlos는 이를 이해했고 Karen이 아들과 노는 것을 도와주었다.

　가족 개입 회기 마지막에는 David와 Carlos가 함께 놀았고 Karen은 Carlos를 도와주었다. Carlos는 아들이 정한 규칙을 이해하는 게 어려웠지만, David가 규칙을 다시 설명할 때 Karen은 Carlos가 잘 이해하도록 도와주었다. Carlos와 David는 잘 놀았고 Karen은 Carlos에게 이것은 그냥 놀이니깐 심각하게 생각할 필요는 없다고 말했다. 회기가 끝난 후 David, Karen, Carlos 모두 놀이가 재미있었다고 했다. 그리고 Carlos는 자신이 Karen의 역할을 하기보다는 잘 돕기 위해 어떻게 행동을 바꾸어야 하는지에 대해 알게 되었다고 했다.

> **학습포인트**
>
> 　가족 개입 회기는 부모에게 제안된 개입을 지지적인 환경에서 실시할 수 있도록 한다. 계획회기에서 임상가는 "거울 뒤에서" 영상을 살펴본 후 긍정적인 양육 행동을 선택한다. 부모는 아동의 긍정적인 행동 관찰을 통해 성공 경험을 하게 된다. 임상가에게 이 회기는 가설을 검증할 기회를 제공하고, 부모 자녀가 효과적으로 관계할 수 있게 하며, 피드백에 대해 준비를 할 수 있게 해준다.

요약/논의 회기와 피드백 편지

　요약/논의 회기에서는 먼저 결과를 제시한 후 평가질문을 다루는 것이 효과적이다. 다른 경우에는 평가질문을 바탕으로 결과를 통합한다. Finn(2007)은 부모가 아이에 대한 관점이 불일치할 경우 결과를 수준에 따라 구조화했다. 아이의 평가를 지켜본 부모와의 상담이 좋았다면 부모는 결과를 들을 준비가 되었다고 본다.

　Brad와 Melissa는 요약/논의 회기 동안 Karen을 지지했다. 평가 결과를 부모에게 알려주었지만, Karen은 결과 통합을 어려워했다. 또한 Carlos가 회기에 참여할 수 없어 Karen은 남편의 지지를 받을 수 없었다. Brad와 Melissa는 구체적으로 피드백을 했고 David의 평가 반응을 첫 회기의 초기 기억과 관련지어 설명했다. 이 과정을 통해 Karen은 결과를 받아들이고 평가질문에 답을 할 수 있었다. Karen은 아들에 대한 과거의 관점과 행동에 관해 새로운 관점을 가질 수 있었다. 그리고 논의와 피드백 회기에 참여해 새로운 이야기를 받아들일 수 있었다. 몇 주 후 우리는 Karen과 Carlos에게 요약/논의 회기 결과가 담긴 편지를 보냈다. 아래에 편지 일부를 인용하여 평가질문을 어떻게 다루었는지를 소개했다.

David의 정서 상태는 어떤가?

평가 결과에 따르면 David는 슬픔과 분노를 경험하고 있습니다. 겉으로는 슬픈 것 같지 않지만, 반응과 이야기는 슬펐습니다. 이는 그가 슬픈 감정을 다루는 방식입니다. David는 감정을 표현하기보다는 담고 있었습니다. 로르샤하 검사에서의 반응은 우울한 아이의 반응과 비슷했습니다. 평가 결과와 당신이 말해준 내용에 따르면, David는 슬픔을 경험하는 것 같습니다. 우울한 아이는 슬픔을 여러 방식으로 표현합니다. 가끔 아이의 우울은 알아차리기 어렵습니다. 왜냐하면 우울을 슬픔, 짜증, 분노, 공격성이나 내향성으로 표현하기 때문입니다.

왜 David는 공격적이고 무례한가?

David가 왜 무례한지는 당신과 남편과의 관계와 관련 있습니다. 이것은 우리도 알고, Karen 당신도 알고 있던 내용입니다. 많은 경우 아이의 행동은 부모의 영향을 받습니다. 당신은 남편이 화내는 모습을 David가 많이 보았다고 했습니다. 당신은 아이가 얼마나 못되게 구는지에 대해 자주 언급했습니다. 그리고 당신은 자신만의 생각이 없다고 느꼈습니다. David는 이런 것의 영향을 받아 지시 받은 것을 따를 필요가 없다는 패턴을 형성한 것 같습니다. 다행인 것은 당신이 이것을 어느 정도 알고 있다는 겁니다. 그리고 이 문제를 해결하기 위해 한계를 정하고 무례한 행동은 제재했다는 겁니다. 이는 David가 지금까지 경험했던 것과는 달랐기 때문에 좌절했을 수도 있었을 겁니다. 왜냐하면 David는 자신이 하고 싶은 대로 할 수 있을 때까지 당신을 괴롭히는 것에 익숙했기 때문입니다. 인내와 시간이 필요합니다. 그리고 David의 행동이 바뀌기를 바랍니다.

David의 무례한 행동은 우울과도 연관되어 있습니다. 우울할 때는 많은 에너지를 요구하는 집안 청소 같은 일은 힘이 들 수 있습니다. 당신이 일을 부탁했을 때 David는 그것이 부담되었을 수도 있습니다. 아이는 일을 하는 대신 화를 내고 나쁜 말을 했습니다. 아이들은 우울할 때 종종 짜증을 냅니다. 이것이 David와도 관련이 있는 것 같습니다.

David를 돕기 위해 무엇을 할 수 있을까?

David를 위해 많은 시간을 함께 보내야 한다고 말했었습니다. 이것은 "규칙 없는 관계는 반항이다."라고 말했던 것과 같은 맥락입니다. 우리가 평가를 통해 배운 것은 David가 당신과 Carlos와 함께 하는 것을 소중히 여긴다는 것입니다. 우리는 David가 당신과 함께 할 때 차분해지는 것을 보았습니다. David와 함께 하면서 그에게 바랐던 존중을 받기 바랍니다.

> **학습포인트**
>
> 초기 평가질문에서 부모에게 구두 피드백과 문서 피드백을 하는 것은 자녀를 더 잘 이해할 수 있게 해주며, 왜 특정 방법이 필요한지를 설명해 준다. 부모가 정보를 더 잘 내재화하기 위해서는 질문에 대한 답변은 부모 자신의 말이나 관찰 동안에 들었던 설명을 포함해야 한다.

David, Karen, 그리고 Carlos와의 피드백 회기

우리는 평가 결과와 변화를 위한 약속을 바탕으로 David를 위해 이야기를 만들었다. 이야기의 가이드라인은 Tharinger, Finn, Hersh 등(2008)을 참고했다. 이야기는 소년과 엄마, 그리고 의붓아버지에 대한 설명으로 시작했다. 집에서 싸움이 많아 소년은 기분이 좋지 않았다. 그는 스케이트보드를 타며 기분 전환을 했고 해방감을 느꼈다. 가족들도 스케이트보드를 타며 기분이 좋아지기를 바랐다. 하지만, 가족들은 함께 하지 못했다. 소년은 기분이 좋지 않았다. 소년은 집안일, 숙제, 엄마나 의붓아버지가 시키는 일보다 스케이트보드 타는 것을 좋아했다. 집안일은 하지 않고 스케이트보드를 타고 싶었다. 이는 부모를 화나게 했다.

소년은 지역사회 센터에서 스케이트보드를 탔다. 그곳에서는 아이들이 묘기를 보여주는 공연이 예정되어 있었다. 공연에서 소년은 다리를 건너는 묘기를 하고 싶었다. 스케이트보드 강사는 묘기에 성공할 수 있는 기술을 가르쳐주었다. 소년은 가족이 와서 응원해주면 자신 있게 할 수 있을 거라고 생각했다. 강사와 소년은 부모님에게 어떻게 응원해달라고 말해야 할지를 고민했다. 소년은 강사에게 본인이 원하는 것을 이야기할 수 있어 좋았다. 그날 밤 저녁을 먹고 소년은 엄마와 의붓아버지가 스케이트보드 공연에 와서 봤으면 좋겠다고 말했다. 자신은 스케이트보드를 잘 타고 스케이트보드를 탈 때 기분이 좋다고 했다.

말하던 중 소년은 울었다. 엄마와 의붓아버지는 아들이 우는 이유를 알 수 없었다. 소년은 부모님에게 스케이트보드 타는 것을 보여주고 싶었다. 소년은 가끔 부모님이 자신과 함께 있는 것을 싫어하는 것처럼 느꼈다고 했다. 엄마와 의붓아버지는 소년이 함께 시간을 보내는 것을 좋아하는지를 몰랐다. 엄마와 의붓아버지는 바빠서 여유가 없었다. 그러나 소년과 함께 해야겠다고 결심했다. 그들은 소년에게 공연이 중요하다는 것을 알았고 공연에 가기로 했다. 소년은 엄마와 의붓아버지에게 응원해줄 것인지를 물었다. 그들은 그렇게 하겠다고 했다. 엄마와 의붓아버지는 묘기 연습하는 것을 도왔고 엄마는 스케이트보드를 타보기도 했다. 가족은 즐거웠고 가까워졌다. 소년은 집안일을 하기 시작했다. 공연 날이 되었다. 가족이 응원하는 가운데 소년은 스케이트보드로 다리를 건너 반대편에 안전하게 착지했다. 소년은 가족이 자신을 얼마나 생각하는지를 알았고 최고의 날이 되었다.

Brad와 Melissa는 David, Karen, Carlos에게 이 이야기를 해 주었다. 분위기는 좋았고 세 사람은 이야기를 즐겼다. David는 이야기 속 사건에 관심을 보였고 이야기가 자신의 이야기인줄 아는 것 같았다. Karen은 이야기를 듣는 중 눈물을 흘렸고 그녀도 이야기의 의미를 이해한 것 같았다. 흥미롭게도 David는 이야기에 빠진 내용이 있다고 했다. 그것은 주인공에게 있어야 할 슬픈 일이 없다는 것이었다. David는 긍정적인 해결을 경험하지 못했지만, 이야기 후반의 긍정적인 부분은 받아들였다. Carlos 또한 흔들리는 다리 비유를 든 이야기에 빠져들었다(이 이야기는 초기 면담 때 그가 했던 비유이다). 이야기는 Karen과 Carlos가 앞으로 어떻게 해야 하는지를 이해하고 체계를 만드는 것이 어떤 것인지를 알려주었다.

학습포인트

이야기는 아이에게 의미를 주고, 부모에게는 발견한 것을 요약하게 하고, 다음 단계로 안내하는 역할을 한다.

연구결과

연구결과는 치료적 평가가 David와 부모에게 긍정적 영향을 주었다는 것을 보여주었다. David와 엄마 모두 평가가 긍정적이었다고 했다. 평가는 David의 슬픔을 이해하고 동정심을 가지는 데 도움이 되었다. David의 분노에도 불구하고 관계는 개선되었다. David는 긍정적인 감정이 많아졌고 부정적인 감정은 줄어들었다. 아울러 가족 간의 소통도 증가했다. BASC−2(Behavioral Assessment System for Children−2)에서는 David의 문제 행동과 내재화와 외현화 증상도 감소가 되었다. 평가에 대한 부모의 경험 조사(Finn, Tharinger, & Austin, 2008)에 따르면, Karen은 평가 팀과 긍정적이고 협력적인 관계를 가졌다고 보고했다. 그녀는 함께 노는 법을 배웠고 평가를 통해 David의 행동을 이해할 수 있었다. Karen은 치료적 평가 중 비디오를 본 것이 좋았고 그것이 David를 이해하는 데 도움이 되었다고 했다.

요 약

이 장은 아동을 대상으로 하는 치료적 평가 모형을 소개했다. 그리고 사례와 학습 포인트를 통해 과정의 주요 부분을 강조했다. 평가 방법은 특수성이 있어 가족의 상황에 맞게 유연하게 적용할 필요가 있다. 아동을 대상으로 하는 치료적 평가는 관찰과 지지를 바탕으로 부모가 아이를 잘 이해할 수 있도록 해준다. 또한 평가자의 지지와 협력을 통해 아이는 직간접적으로 갈등을 부모에게 말할 수 있게 된다. 치료적 평가는 아이의 문제를 발견하고 가족관계를 이해하며 가족의 상황에 맞게 개입할 수 있는 강력한 도구가 된다.

16장

청소년 정신건강의학과 병동에서의
협력적 평가:
정신증이 있는 십대 소녀

HEIKKI TOIVAKKA

환자 대부분이 장애로 고통 받고 협조가 어려운 청소년 정신건강의학과 병동에서의 심리평가는 쉽지 않다. 이 장은 1990년대 후반 Tampere대학병원 청소년 정신건강의학과 병동에서 실시한 협력적 평가 사례를 소개했다.

일반적으로 청소년은 정신건강의학과에 입원할 때 동기에 문제가 있다. 최선은 청소년이 상황을 이해하고 "입원하고 싶지는 않지만 다른 방법은 없어."라고 말할 때이다. 청소년은 처음에는 도움을 요청하고 협력하려는 동기가 있다. 그러나 때로 건강관리전문가나 아동보호전문가의 지원을 받으면, 부모의 권위는 "난 하고 싶지 않은데 부모님이 그렇게 하라고 했다."라고 말하는 외부 압력으로 작용할 수 있다.

한편, 청소년이 정신보건법으로 입원하는 경우도 있다. 핀란드에서는 성인보다 청소년에게 정신건강의학과 치료가 광범위하게 이루어진다. 만약 청소년이 심한 정신장애(예, 신경성 식욕부진이나 자살 위험이 있는 주요 우울)를 앓고 있고 정신보건법에 명시된 기준에 해당하면, 강제로 정신건강의학과 치료를 받게 할수 있다. 성인은 정신장애가 있거나 부가적인 기준에 맞는 경우에만 강제로 정신건강의학적 보호를 받을 수 있다(Turunen, Valimaki, & Kaltiala-Heino, 2010).

치료적/협력적 평가가 반항적이고 비자발적인 내담자에게 어려울 수 있지만, 몇 가지 기법과 원칙은 유용하다(Finn, 2007, p. 263; Purves, 2002). 우선 의뢰를 받으면 내담자에게 연락해 면담을 할 수 있는지 여부를 묻는다. 그리고 심리 평가를 받아 본 적이 있는지를 확인한다. 평가 경험이 있다면 언제, 왜, 누가 실시했는지, 결과가 어땠는지를 묻는다. 가끔 평가자의 성별을 기억하지 못하는 경우도 있다. 그리고 대부분은 결과를 알려주지 않았다고 불평한다. 그러면 평가자는 적어도 지금은 다를 거라고 말해 준다.

만약 과거에 평가 경험이 없다면 시간을 더 들여 평가 과정에 대해 자세히 소개한다.

평가는 4~5회기 정도를 한다; 어떻게 회기가 진행될지를 알려주고 검사를 한다. 그리고 자료를 수집하고 의사와 내담자가 한 의뢰 질문에 대한 답을 찾는다. 그런 다음 피드백 회기를 한다. 피드백은 내담자가 한 질문에 답하고 평가자의 생각을 내담자에게 전달하는 것이다. 궁금하고 불확실한 게 있다면 질문을 받는다. 나는 그것이 가능한지 또는 왜 불가능한지에 대해 답을 한다. 때로는 내가 모르거나 답을 보류해야 하는 경우도 있다. 마지막으로 답변이나 제언을 담은 보고서를 작성한다. 보고서는 내담자에게 말했던 것과 동일한 방식으로 전달한다.

청소년은 보통 비자발적으로 병원에 오는 경우가 많다. 병원에 오는 동기는 자신에게 아무런 문제가 없다는 것을 증명해 줄 거라는 희망에 기초한다. 나는 다음과 같이 정의함으로써 협력의 가능성을 찾는다.

내가 사용하는 검사는 편견이 적다; 검사로 평가를 할 뿐이다. 내담자가 옳고 걱정할 이유가 없다면 결과로 그것을 알 수가 있다. 만약 그렇다면 의사와 부모에게 말한다. 나는 의견을 제시하지 않지만 알 필요가 있는 사람에게 평가 목적에 대한 의견을 알려준다. 그러나 결과를 주지는 않는다.

첫 만남에서는 다음이 중요하다. 우선 참여가 자발적이었는지를 묻는다. 가끔 청소년들은 "꼭 해야 합니까?"와 같은 질문을 한다. 이런 경우에는 다음과 같이 답한다. "내가 할 수 있는 건 별로 없단다. 우리는 함께 하는 거야. 거절해도 돼. 어떠니?" 그러면 보통 수용을 한다. 질문은 다음과 같다: "평가에서 궁금한 게 뭐니?" 대개는 즉각적으로 반응하기보다 말을 아낀다. "내가 누구냐고요? 어느 누구도 이런 질문을 한 사람은 없었어요." 내담자는 질문을 하는데 시간이 걸린다. 한 가지 방법은 "의사의 질문"을 받아들이거나 거절하는 것이다: "모든 사람들은 내가 우울하다고 말해요. 내가 우울하지 않은데 그게 가능한가요?" 때로 내담자는 놀랍게도 그 자체로 치료적 효과가 있는 초점화 된 질문을 하기도 한다.

비자발적인 내담자는 고민을 말하지 않으려 한다. 그때는 상황을 받아들이고 평가가 치료에 미치는 영향을 찾는다. 내담자에게 질문을 얻는 방법 중 하나는 질문의 예를 몇 가지 드는 것이다. 대표적으로 부모님과의 관계, 친구, 학교, 그리고 자신의 감정에 관한 것 등이다. 검사 동안 나는 협력적 관계를 유지하고 표준화된 절차를 따른다. 종합 평가는 내담자의 문제를 이해하는 데 도움이 된다.

피드백 요약 논의(Finn, 2007)에서는 문제를 어떻게 처리하고 중요한 문제가 무엇인지를 내담자에게 묻는다. 만약 내담자가 제안을 수용하지 않으면, 쉽게 받아들일 수 있도록 자신을 검증하는 "수준 1"의 결과로 시작한다(Finn, 2007). 적어도 청소년에게는 대화를 수정하여 결과를 말하는 것이 유용하다(White & Epston, 1990; 이 책에서 Handler가 쓴 부분을 참고하라). 나는 "정보를 주는 사람이 이 방의 빈 의자에 앉아 있다고 상상해 보자."라고 한다. 나는 그 사람에 대해 말하고 너는 들을 거야. 그리고 너의 경험이나 감정, 행동과 비슷한지를 물을 거야. 괜찮겠니?"라고 말한다. 정체성을 탐색하는 시기의 청소년은 "너는 이렇고, 저렇고?"처럼 다른 사람이 지시하는 말은 잘 듣지 않는다. 아마 그런 말을 세 번 정도 들은 후에야 "아니요. 난 그렇지 않아요."라고 말한다. 이 방법은 자신의 정체성을 다른 사람이 정의하는 느낌이 들지 않게 한다.

회기가 끝나면 다음 질문을 한다: "이 회기에서 도움이 된 게 뭐니?" "이번 면담에서 한 가지만 기억한다면 무엇이 떠오르니?" 추가 질문은 다음과 같이 한다: "내가 부모/의사/사회복지사에게 이 평가에 관해 말한다면 그들이 너를 위해 할 수 있는 게 뭐니?" 이것은 내담자와 더 큰 맥락 속에서 협력하는 방법이 된다.

청소년과 함께 한 상상 동물화

나의 심리평가 의뢰는 대부분 진단과 치료 계획에 관한 것이다. 나는 일반적인 방법을 사용한다: 면담, 자기보고형 검사, 신경심리검사, 로르샤하, 주제통각검사 및 그림검사.

상상 동물화는 보통 마지막에 한다. 나는 Handler박사에게 이 방법을 배웠다. 그의 작업 대부분은 아이들과 함께 한 것이다(Handler, 2007, 2009; Handler & Hilsenroth, 1994). 처음에 나는 청소년 평가를 할 때 Handler의 방법을 따라했다. 그러나 이후로 작업 특성과 상황을 고려해 구조화된 5단계 모형을 개발했다(Toivakka, 2005, 2009). 절차는 다음과 같다:

1. 내담자에게 종이와 연필을 주면서 "한 번도 본 적이 없는 동물을 그려볼까?"라고 한다(Handler, 2007). 시작을 위해 격려가 필요하지만 대부분은 바로 한다.

2. 다 그리면 동물의 이름을 정해 보라고 한다. 이름을 잘 떠올리지 못하면 예를 들어 준다. "어떤 이름은 그 동물에 관해 무언가를 말해 줄 거야. 예를 들면, '블루버드' 같은 것은 어떠니"; 어떤 경우는 '고양이'나 '개' 이름을 말해주기도 한다.

3. 다음으로 실제로 존재하는 동물인 것처럼 그림에 대해 묻는다(예, 내담자는 그 동물을 발견한 동물학자이고 나는 그 동물에 관해 기사를 쓰는 기자이다). 다음 질문을 한다. "어떤 종류의 동물이지?" 그런 다음 동물이 어디서 왔고, 어디에 살고, 무엇을 먹고, 습관과 천적, 그리고 자신을 보호하는 방법 등에 관해 묻는다.

4. 그런 다음 "이 동물에 관해 이야기 해 줄래? 옛날에 이런 동물이 있었는데... 이렇게 말하면 나는 적을 거야."라고 한다. 종종 격려가 필요할 때가 있다. 대부분의 청소년은 이전에 들었던 "사실"을 말하는 경우가 있다. 이런 경우 "좋아. 계속 해 볼까? 언제, 그래서 어떻게 되었지?"라고 한다.

5. 내담자의 이야기를 들은 후 "내가 이 동물에 대해 안 것을 한 번 볼까? 내가 이 동물에 대해 이야기해도 괜찮겠니?"라고 묻는다. 그리고 Handler

(2007)의 제안에 따라 내담자 이야기의 갈등과 해결책을 찾아본다. 이야기는 내담자의 이야기를 기초로 한다. 내담자는 이야기 구성을 도울 수 있는 다른 정보와 아이디어를 가지고 있다. 이야기는 내담자의 이야기를 기초로 하지만, 나의 이야기에 대해 내담자의 의견을 묻는다. 내담자가 내 이야기에 동의하거나 더 나은 이야기라고 하면, 이는 심리치료의 긍정적 지표가 되고, 또 다른 자기 기술을 고려한 것이 된다. 가끔 내담자의 이야기가 새로운 창을 찾을 수 있는 기회가 되지 않고 모든 것이 파괴되는 것으로 끝나는 경우가 있다. 그럼 다른 결말을 맺을 수 있도록 다른 것에 대해 이야기한다.

내담자가 내 이야기에 동의하면 도와달라고 한다. 아무런 생각이 떠오르지 않는다고 하면 다른 이야기를 강요하지 않는다. 이것은 대부분 시간제한 때문에 생긴다.

청소년의 상상 동물화에 대한 양적 연구는 거의 되지 않았다. 그래서 나는 개인적 경험에 따라 몇 가지를 말하려고 한다. 우선 쉬운 것부터 시작한다. 내담자는 아마 다른 검사를 하고 그림도 그렸을 것이다. 실제로 내담자의 90%가 상상 동물을 그리는 데 동의한다. 검사 실시를 거부하는 것은 동기 문제를 반영하며 이는 다른 검사 중에도 볼 수 있다. 또 일부 청소년들은 검사가 유치하다며 거부하기도 한다. 이름 짓기는 어려운 것 같다. 그림을 그린 사람 중 90%는 약간의 도움을 받아 이름을 지을 수 있다. 이름을 짓지 못하는 것은 정체성 문제를 반영하는 것으로 보인다. 가장 어려운 부분은 이야기를 만드는 것이다. 약간의 지지를 통해 3분의 2는 줄거리를, 5분의 1은 단편적인 묘사를 할 수 있다. 나머지 내담자는 아무 것도 말하지 않는다. 종종 이런 문제는 위축이나 불안, 회피와 관련 있는 것으로 보인다. 상상 동물화는 내담자의 자기―경험과 대인관계 및 치료관계, 예후와 애착 유형에 대한 정보를 제공한다.

Tea의 사례

문제 제시

Tea는 17세 소녀로 우울, 자해, 알코올 남용 문제로 의뢰되었다. 청소년 정신건강의학과 의사는 Tea에게 약물치료와 입원치료가 필요하다고 했다. Tea는 입원치료에 호의적이었다. 4주 후 Tea는 청소년 정신건강의학과 병동에 자발적으로 입원했다.

배경정보

나는 외래 기록과 Tea와 어머니와의 면담으로 정보를 얻었다. Tea는 두 자매 중 막내였고 언니는 3살이 많았다. Tea는 "눈처럼 순수했지만" 가족에게는 "검은 양"이었다. Tea가 7살 때 아버지는 뇌경색이 왔다. 그 때 집에는 Tea와 아버지만 있었다. 아버지는 마당에 있었고 어머니가 집에 왔을 때 남편은 바닥에 누워 있었다. Tea는 줄넘기를 하며 아버지에게 왔다. 아버지는 Tea를 좋아했었다. 하지만 아버지의 뇌경색 후 부녀 관계는 악화되었다. 아버지는 재활치료에도 불구하고 오른손이 마비되었고, 언어장애가 있었으며, 짜증을 냈다. Tea와 아버지는 늘 싸웠고 어머니는 둘을 화해시켜야 했다. 사고 당시 Tea는 구급차를 부르지 않은 것 때문에 죄책감을 느꼈다. Tea와 어머니는 친밀했고 Tea는 어머니에게 의존했다.

Tea는 초등학교 때 성적이 평균 정도였으나 중학교 때부터는 떨어지더니 두 번이나 시험에 낙제했다. 그녀는 13살 때부터 자해를 했다. 손목 자해와 diazepam을 과다 복용했다. 아버지는 Tea가 병원에 있을 때 그 소식을 들었다.

그녀는 술을 마셨다; 거의 주말마다 취해 있었다. 밤마다 2분의 1리터 정도를 마셨다. 깨어있는 동안에는 자신이 과민한 거라고 했지만, 술에 취해서 모르는 사람을 폭행하기도 했다. 경찰에게 대들어 유치장에 구금된 적도 있었다. Tea는 우울, 자살 충동, 음주, 공격성, 통제 부족이 걱정되었다.

병원에 있는 첫 주 동안 Tea의 행동은 직원들의 한계를 시험했다. Tea는 퇴행되었고 간호사들이 밤에 어두운 형상과 목소리로 자신을 위협한다고 무서워했다.

평가 의뢰

2주 후 Tea의 청소년 정신건강의학과 의사는 나에게 심리평가를 의뢰했다. 나는 진단과 치료 계획 수립을 위해 평가를 실시했다. 그리고 의사를 만나 평가 목표를 명확히 하는 협력적 작업을 했다(Finn, 2007). 그 작업은 Tea의 정신증의 양상을 밝혀내고, 그녀의 환각이 해리적 특성이 있는지를 확인하는 목적이 있었다.

Tea의 질문에 대한 초기 회기

나는 병동에서 Tea를 보았다. 하지만, 소개를 받은 후에야 대화를 할 수 있었다. 그녀는 5피트 6인치 키에 몸무게가 171파운드인 건강한 소녀였다. 단발머리에 귀걸이를 여러 개 달고 있었고, 아랫입술과 혀에는 피어싱을 했으며, 힙합 스타일의 옷을 입고 있었다. 나는 어떻게 평가가 진행되는지에 대해 알려 주었고 궁금한 게 있으면 질문을 해도 좋다고 했다. 그러나 그녀는 아무런 대답을 하지 않았다. 나는 의뢰서를 읽어 주었고 그녀는 이를 확인했다. 그리고 누락된 것이 있는지를 물었다. 그리고 "평가를 한다면 뭐가 궁금하니?"라고 질문을 했다. 나는 그녀의 환청과 환시에 대해 알고 싶었다. Tea는 그것에 대해 설명했다.

나는 이전에 이 문제에 대해 자세한 면담을 못 해 중요한 기회를 놓쳤었다. 그래서 다음 질문을 했다. "왜 설명을 듣고 싶니?", "답을 얻으면 어떨 것 같니?", "너의 우울과 통제 문제는 다른 것과 무슨 차이가 있니?", "최악의 결과는 뭐니?" 나중에서야 내가 실수를 했다는 것을 알았다. 당시는 내가 협력적/치료적 평가 원칙을 막 적용할 무렵이었고, 나는 그녀를 약간 두려워하고 있었다. 그건 사실이었다. 그래서 큰 목소리로 이렇게 말해야 했다: "네가 위험하다고 들었는데 내 안전에 대해 걱정해야 하니?"

평가회기

평가회기 동안 Tea는 협력했고 지시를 따랐다. 50분 정도 WAIS-R을 한 후 담배를 필 수 있는지를 물었다. 나는 검사 종류를 보고 결정하기로 했다. 그녀는 나를 쉽게 보고 있었다. 나는 계속 검사를 진행하기로 했다. 이후 Tea는 더 이상 나의 한계를 시험하지 않았다.

인지 평가

Tea의 인지 능력은 평균의 하단 수준으로 언어성 IQ 94, 동작성 IQ 94, 전체 IQ는 93이었다. WAIS-R의 소검사 환산 점수 범위는 5점(바꿔쓰기)에서 11점(빠진 곳 찾기)이었다. 그녀는 말이 약간 부정확했고, 두 번 이상 생각했으며, 단어를 섞어 말했다. 이 점에 대해 물었을 때 그녀는 저학년 때부터 단어를 섞어 썼다고 했다. 나는 어머니에게 Tea가 1~2학년 때 글을 잘 읽지 못해 치료 권유를 받았다는 것을 들었다.

당시에 적절한 도구가 없어 신경심리평가를 할 수 없었지만, 다른 곳에 가서라도 평가를 하도록 권유 받았다고 했다. 조현병 가능성에 대해서는 그녀의 작업기억, 선언기억, 주의력, 집행기능 등에 관해 더 많은 정보가 필요했다.

성격 평가

우리는 로르샤하(Exner, 2003)와 그림검사를 실시했다: 인물화검사(Draw A Person; DAP)와 상상 동물화(Handler, 2007). Tea의 로르샤하는 회피적(*Lambda*=6.00)이었고 28개의 반응을 했다. 기본 지표는 정신증과 편집증(*PTI*=4, *Hypervigilance Index*=양성)이 있었고, 자아 손상 지수(*Ego Impairment Index*)가 1.77로 재발 위험이 시사되었다(Perry et al., 2003; Stokes et al., 2003). 구조적 요약(표 16.1 참조)에 대한 자료가 많았지만 나는 주로 반응에 초점을 두었다. 우리는 질문단계 후 로르샤하 반응에 대해 이야기했다(Handler, 2009).

III번 카드, R8: 좋은 심장을 가졌다고 싸우는 두 여성이 있어요. [질문단계] 두 여성이 심장에 대해 싸우고 있다는 말이지. (말다툼?) 네. 서로 잡아당기고 있어요. (좋은 심장?) 이것은 붉은색이거나 검은색이기 때문에 좋은 거예요.

H.T.: 여자가 말을 한다면 뭐라고 할까?
  T: 심장을 반으로 나누자.

표 16.1　종합체계 5판 구조적 요약

반응영역

Zf　　= 11
ZSum　= 40.5
ZEst　= 34.5

W　　= 6
D　　= 18
W+D　= 24
Dd　= 4
S　　= 5

DQ

+	= 5
o	= 23
v/+	= 0
v	= 0

형태질

FQx	MQual	W+D
+ =0	=0	=0
o =9	=1	=7
u =9	=0	=8
− =10	=1	=9
none =0	=0	=0

결정인

혼합　　단일

Ma.FC.FC'

단일	
M = 1	
FM = 2	
m = 0	
FC = 0	
CF = 0	
C = 0	
Cn = 0	
FC' = 0	
C'F = 0	
C' = 0	
FT = 0	
TF = 0	
T = 0	
FV = 0	
VF = 0	
V = 0	
FY = 0	
YF = 0	
Y = 0	
Fr = 0	
rF = 0	
FD = 0	
F = 24	

반응내용

H = 2	
(H) = 2	
Hd = 1	
(Hd) = 3	
Hx = 0	
A = 12	
(A) = 0	
Ad = 6	
(Ad) = 0	
An = 3	
Art = 1	
Ay = 0	
Bl = 0	
Bt = 1	
Cg = 1	
Cl = 0	
Ex = 0	
Fd = 0	
Fi = 0	
Ge = 0	
Hh = 1	
Ls = 0	
Na = 1	
Sc = 2	
Sx = 0	
Xy = 0	
Id = 1	
(2) = 10	

접근방식

N	FV+VF+V+FD>2	
Y	Col−Shd Bl>0	
N	Ego,.31 or >.44	
Y	MOR>3	
Y	Zd> ±3.5	
Y	es>EA	
N	CF+C>FC	
Y	X+%<.70	
Y	S>3	
N	P<3 or >8	
N	Pure H<2	
N	R<17	
5	TOTAL	

특수점수

	Lv1	Lv2
DV = 0	0×1	0×2
INC = 2	2×2	1×4
DR = 0	0×3	0×6
FAB = 0	0×4	3×7
ALOG = 0	0×5	
CON = 0	0×7	

Raw Sum6= 4
Wgtd Sum6= 29

AB = 0		GHR = 4
AG = 1		PHR = 4
COP = 0		MOR = 4
CP = 0		PER = 0
		PSV = 0

비율, 백분율, 산출점수

R = 28　　　　　L = 6.00

EB = 2:0.5　EA = 2.5　　EBPer = NA
eb = 2:1　　es = 3　　　D = −1
　　　　　Adj es = 3　Adj D = 0

FM = 2	SumC' = 1	SumT = 0
m = 0	SumV = 0	SumY = 0

FC :CF+C = 1:0
Pure C = 0
SmC':WSmC = 1:0.5
Afr = .56
S = 5
Blends / R = 1:28
CP = 0

COP = 0　　　　　　　AG = 1
GHR:PHR = 4:4
a:p = 4:0
Food = 0
SumT = 0
Human Cont = 8
PureH = 2
PER = 0
Isol Indx = 0.11

a:p = 4:0　　　　Sum6 = 6
Ma:Mp = 2:0　　Lv2 = 4
2AB+Art+Ay = 1　WSum6 = 29
MOR 　= 4　　　M− = 1
　　　　　　　Mnone = 0

XA% = 0.64
WDA% = 0.63
X−% = 0.35
S− = 1
P = 6
X+% = 0.32
Xu% = 0.32

Zf = 11
W:D:Dd =
6:18:4
W:M = 6:2
Zd = +6.00
PSV = 0
DQ+ = 5
DQv = 0

3r+(2)/R = 0.36
Fr+rF = 0
SumV = 0
FD = 0
An+Xy = 3
MOR = 4
H:(H)+Hd+(Hd) = 2:6

PTI = 4	DEPI = 4	CDI = 3	S−CON = 6	HVI = YES	OBS = NO

Ⅳ번 카드, R11: 괴물이 다가 오는 것처럼 보여요; 환각 같아요. [질문단계] 손, 머리, 발, 꼬리. (괴물?) 찢어진 손, 큰 발, 작은 머리, 주둥이, 코 때문이에요.

H.T.: 만약 괴물이 말을 한다면?

T: 나를 무서워해라!

Tea는 위협을 느낀 괴물뿐 아니라 내부 갈등에 대해 말하고 싶은 것처럼 보였다; 여자들은 서로 가지고 싶어 하고 그들은 싸움으로 해결 방법을 찾을 거예요. 나는 이러한 반응에 대해 좀 더 말해달라고 했다. "그 여자에 대해 이야기해 줄래? 그들이 이 상황 속에 들어갔니? 그들의 다른 대안은 뭐니?" 이 반응들은 TAT의 이야기처럼 사용되었다(Handle, 2009).

Tea의 인물화(그림 16.1)는 자기상을 반영했다. 그리고 그녀는 그것의 의미를 잘 알고 있었다.

그림 16.1 Tea의 인물화

T: 17살 여자예요.

H.T.: 떠오르는 사람이 있니?

T: 나에요.

H.T.: 이 사람은 어떤 상태니?

T: 화나 있고 기분이 더러워요.

H.T.: 더 말해 볼까?

T: 무섭지는 않은데 할 테면 해 봐라 식이에요.

H.T.: 이 사람의 기분은 어떠니?

T: 매우 화나 있어요. 마치 누가 자신의 남자친구를 뺏거나 자신을 때린 것처럼.

H.T.: 알고 있는 사람 중에 떠오르는 사람이 있니?

T: 나요. 반항적인 모습이에요.

H.T.: 이 사람에게는 뭐가 필요하니?

T: 사랑과 배려요.

이는 Tea의 독립과 의존 사이의 갈등을 보여주었다. 나는 "일어난 일"에 대해 더 많은 것을 물어야 했다. 왜냐하면 아버지의 뇌경색을 제외하고 배경 정보가 없었고, 이것은 그녀의 외상 경험에 대해 단서를 주는 것처럼 보였기 때문이었다.

상상 동물화

Tea가 그린 상상 동물화는 "아무도 본 적도 들은 적도 없는 동물에 대한 것이었다." 그녀는 지체 없이 그림을 그렸다. Tea는 동물을 "Lollo"라고 불렀다. 이 단어는 핀란드어로 젤리, 지방, 혼돈을 의미했다. 그녀는 다음과 같이 말했다:

T: 육식을 하고 문어 같은 손으로 사냥을 해요. 바다에 살고 물고기와 사람을 먹어요. 더듬이로 세상을 인식하지만 볼 수는 없어요. 천적은 자기보다 큰 물고기예요.

H.T.: Lollo에 대해 좀 더 얘기해 줄래?

T: Lollo는 엄마 입에서 태어났어요. 엄마는 Tollo, 아빠는 Pollo예요. Lollo는 사냥하는 법을 배웠어요. 그리고 모든 것을 통제하고 싶었지만 그럴 수 없었어요. 이 동물은 컸지만 약했어요. 어느 날 Lollo는 상어에게 팔 하나를 물어 뜯겨 엄마에게 갔어요. 엄마는 다른 곳에 가서 새 팔을 얻어오라고 했어요. Lollo는 새 팔을 얻고는 만족했어요.

그림 16.2 Tea의 상상 동물화

Tea의 이야기는 병적이지 않았다. Lollo의 엄마는 사랑, 배려, 공감이 없었다. 오히려 공격 행동을 부추겼다. 부모의 이름은 "Tollo"와 "Pollo"로 Tea의 고집적인 경향을 반영했다. 나는 Lollo의 취약점과 욕구에 집중하기로 했다.

H.T.: 좋아. 내가 Lollo에 대해 말해 보려는데 괜찮겠니?

T: 네.

H.T.: Lollo는 크지만 약했고 그 때문에 힘이 들었어. 그래서 안전하게 숨을 수 있는 방법을 생각했어. 다음에는 어떻게 되니?

T: 피부가 자라요.

H.T.: 좋아. Lollo는 피부가 얇아 약하다고 느끼고 있어. 만지면 고통스러워. 그런데 피부가 두꺼워지면서 고통을 느끼지 않게 되었지. 그리고 통제하는 것이 더 이상 중요하지 않았어. 새 친구를 사귀었고 배려를 받았어. 그리고 다른 사람과 소통하는 것이 즐겁다는 것을 알게 되었지. 자! 어때?

T: 좋아요.

그런데 나의 계획에 약간의 문제가 생겼다. 그래서 나는 Tea에게 질문을 통해 문제를 해결하려고 했다. "다음에는 어떤 일이 벌어지지?" 나는 "피부가 자라는" 아이디어가 Tea에게 은유적으로 전달되어 외부 위협에 대한 편집증적인 감정을 그녀가 포기하기를 바랐다. 하지만 Tea는 자기 방어의 방법으로 강한 역할을 계속 고집했다. 그래서 나는 더 많은 질문을 했다: "무엇이 좋은 이야기이지?", "어떻게 Lollo는 피부가 성장할 수 있지?", "그것을 위해 가장 어려운 것은 무엇이지?", "누가 Lollo를 도울 수 있지?" 나는 Tea를 위해 동물을 안전한 장소로 데려오도록 반응을 유도했다.

실제로 이것은 우리가 함께 한 작업 중 가장 치료적이었다. 며칠 후 우리는 피드백 회기를 했다. 나는 평가 자료를 바탕으로 내 인상에 대해 어떤 생각이 드는지를 물었다. Tea의 로르샤하 프로토콜에서 "높은 Lambda"로 나타난 회피 경향을 기억해 보라. 당시 나는 단순하게 접근했지만 그것은 별 도움이 되지 않았다. 우리는 공통의 이해를 찾지 못했다. Tea는 내 생각에 반대하지는 않았다; 그녀는 대상과 자신의 경험 사이의 인식이 연결되지 않은 상태였다.

부모에 대한 피드백

일주일 후 Tea는 자해를 했다. 그녀는 불안했고 망상이 있었다. 그녀는 보호가 필요했다. 우리는 항정신병 약물 처방과 보호실 조치로 문제를 해결하려 했다.

병동 팀은 Tea의 부모와 함께 치료 계획을 논의했다. 분위기는 좋지 않았다. Tea의 어머니는 치료 팀에게 적대적이었다. 치료 팀이 딸에 대한 장점을 말했을 때 어머니는 오히려 오해를 했다. 불행히도 이런 일은 자주 일어난다: 우리는 좋은 점을 발견하려 했는데, 부모는 우리가 자신들의 걱정을 이해하지 못한다고 느꼈다.

회의는 막다른 골목에 있었다. 나는 Tea에게 상상 동물화를 보여주면서 이야기를 해 줄 수 있는지를 물었다. 그녀는 모두에게 그림을 보여주었고 Lollo에 대한 이야기를 큰 소리로 읽었다. 순간 침묵이 흘렀다. 어머니는 눈물을 흘렸다. "정말 슬픈 이야기구나." 그녀는 감정을 억누르며 말했다. 이후 분위기는 반전되었고 우리는 Tea를 도울 계획을 세울 수 있었다.

상상 동물화는 Tea의 치료에 효과적이었다. 하지만 그것이 자물쇠를 열 수는 없었다. 이후 나는 다른 사례에서도 같은 방법을 사용해 보았다. 자신의 딸이 상상 동물에 관해 슬픈 이야기를 할 때 자녀 문제를 이해하지 못한 부모는 그냥 웃기만 했다. 따라서 부모의 반응은 동기의 표시이거나 부족일 수 있다.

추수 회기

Tea는 3개월 후 퇴원을 했다. 병동에서는 협력적이었지만 가끔 도전적이고 반항적이었다. 그녀는 집단치료와 간호사 면담과 가족 면담을 했다. 항정신병 약물은 정신증을 감소시키는 데 도움이 되었다. 정신증은 호전되었지만 여전히 우울해 보였다. 그래서 항우울제가 추가되었다. 입원 동안 자해는 하지 않았다. 그녀는 집에서 주말을 보냈다. Tea와 아버지는 그녀에게 긍정적인 피드백을 했다. 집안 분위기는 좋아졌다. 어머니와의 관계도 호전되었다. 집에서 Tea는 친구와 있을 때 통제를 받았다; 가끔 술을 마셨지만 외래치료는 지속했다.

Tea의 의무기록지에는 10개월 후에 외래치료가 종결되었다고 적혀있었고, 연락처만 남아 있었다. 그리고 비교적 잘 지낸다고 적혀 있었다. 불안, 우울, 정신증은 호전되었다. 그녀는 해가 되지 않을 정도로만 술을 마셨다. 그리고 그녀의 정신증적 증상은 조현병의 징후라기보다는 보호와 안전을 찾으려는 높은 수준의 불안을 반영한다는 생각이 들었다.

요 약

청소년 정신건강의학과 환자와의 협력적 평가는 도전이 되고 보람이 되기도 한다. 하지만, 협력이 잘 되어도 평가 효과를 확신할 수가 없다. 결국 체계적인 평가 개입이 관건이 된다. 하지만 복잡한 문제는 내담자의 입원과 퇴원이 반복된다는 것이다. 만약, 시간이 있었다면 나는 Finn(2007)의 권고 사항을 따랐을 것이다: 평가 전에 부모와 면담을 하고 질문과 걱정을 탐색한다. 그 후 내담자와 부모의 질문에 답한 다음 평가질문에 대한 생각을 묻는다. 나는 Tea의 부모에게 피드백을 할 때 기존의 자료를 사용하여 더 많은 시간을 할애했다. 이 또한 지난 10년 동안 청소년 정신건강의학과 병동에서의 경험과 원칙, 협력적/치료적 평가 기술을 빌려온 것이다. 평가 결과는 유용했고 치료 계획도 좋았으며 내담자는 만족했고 효과도 지속되었다. Tea와 함께 한 작업에서 자기 비판적 관점은 협력적/치료적 평가에 대해 무엇을 배웠는지를 보여주었다.

학습포인트

다음 사항 중 일부는 앞에서도 소개했지만, 여기서는 입원 중 청소년 평가의 중요성을 강조했다.

- 청소년 내담자의 경우 자율성, 특히 비자발적인 내담자를 존중해야 한다. 가능하면 내담자에게 선택의 자유를 주고 지지해야 한다.
- 개인적으로 거부하지 않는 한에 있어, 평가 참여는 자발적이라는 것을 분명하게 전한다. 그러면 평가를 통해 내담자를 도울 수 있다.
- 청소년과 부모 사이에 갈등이 있는 경우 내담자의 측면에서 본 것을 부모에게 말하지 않아야 한다.
- 너무 쉽게 내담자의 생각을 이해하지 않는다. 청소년들은 자신을 이해하지 못한다고 불평을 한다. 그들은 즉시 이해받기를 원치 않는다. 그래서 어떤 것을 이해한다고 상상해 보고 내담자에게 기습적으로 질문하는 것이 좋다. 아울러 반응을 듣고 또 다른 질문을 하는 것도 도움이 된다.
- 내담자에게 자기 투사적으로 과대평가하지 않도록 주의한다. 느낌이나 생각에 대

해 묻는다면 "모른다."가 바른 답일 수도 있다.

- 부모와 다른 어른에게 하는 피드백은 내담자에게 도움이 된다. 평가자는 정기적으로 청소년의 발달 및 방법에 대한 지식을 배워야 한다. "매뉴얼에 따라" 검사를 실시하겠지만 협력적 관계에서는 규칙을 접고 즉석에서 준비할 필요도 있다.
- 장난은 새로운 이야기나 해결책을 찾는 데 도움이 되기도 한다.

3부

특수 적용

17장

양육권 평가의 대안이 되는 치료적 평가:
싸움을 멈출 수 없는 부모를 둔 청소년

F. BARTON EVANS

치료적 평가(Therapeutic Assessment; TA; Finn, 2007)는 생활을 변화시키는 잘 입증된 임상 피드백이다(Finn, 2007 참고). 연구는 청소년과 부모(Finn, 2007을 보라)뿐 아니라 문제 아동에게도(Hamilton et al., 2009; Handler, 2007; Smith & Handler, 2009; Smith, Handler, & Nash, 2010; Smith et al., 2009; Tharinger et al., 2008, 2009) 치료적 평가가 효과적임을 보여준다(Tharinger, Finn, Gentry, & Matson, 인쇄중).

이 접근은 Texas Austin의 TA센터에서 아동보호 부모양육계획평가(Child Custody/Parenting Plan Evaluation; CC/PPE)의 대안으로 그 효용성이 입증되었다(Finn, 개인 면담). 일반적으로 TA는 법심리학에서 잘 사용되지 않았다. 그리고 법적 상황에 얼마나 효과적인지도 잘 알려져 있지 않다.

많은 법심리학자들은 TA가 법의학적 평가와 상치된다고 생각해왔다(Greenberg & Shuman, 1997 참고). 하지만 TA는 소송 당사자인 부모가 갈등을 원만히 해결할 수 있도록 도와준다. 이 접근은 의심과 공감이라는 두 시선을 통합하고 변론의 중립성을 유지할 때 효과적일 수 있다(Evans, 2005 참고). 이장의 목표는 CC/PPE의 대안으로서 TA 모형을 소개하는 것이다.

아동보호/부모양육계획평가(CC/PPE)의 대안으로서 치료적 평가(TA)

Schutz 등(Schutz, Dixon, Lindenberger, & Ruther, 1989)이 개발한 CC/PPE는 합의 이혼에서 자녀와 관련한 사안에 대한 심리 상담을 제공한다. 이 법정 사안의 기준은 "아동에게 최선의 이익"(주요 고려사항으로 "양육권을 가지는")을 주는 것이다. 하지만 법체계의 적대적 특성은 소송에 불을 지필 수 있다. 그러나 CC/PPE는 부모 사이의 갈등을 줄여준다. 사실 이혼한 부모의 아이들에게 적절한 개입이 부족한 실정이다(참고 Baris et al., 2000; Garrity & Baris, 1997; Johnston, Roseby, & Kuehnle, 2009). 이를 위해 심리학 영역에서는 부모의 협력(Johnston et al., 2009; 참조 the Journal of Child Custody's의 양육협력에서의 특별 주제, Sullivan, 2008)이 있고, 법 영역에서는 협력적 변호사(Tesler & Thompson, 2006; Webb & Ousky, 2006)와 같은 방법이 있다. 두 방법 모두 도움은 되지만 부모 갈등의 파괴적 특성을 협력적 역할로 변화시키지는 못했다. 그리고 이혼 소송에서 자녀를 위한 근본적 문제를 해결하지 못했다.

CC/PPE(아동보호/부모양육계획평가)에서는 심리평가를 실시하지만, 부모의 피드백과 치료개입은 강조되지 않는다. 왜냐하면 가정법원 판사나 조사관도 상담을 하기 때문이다. 소송에서 법과 명령은 영향력이 있고, 법정은 심리학자의 의뢰인이 된다. 경험상 논쟁적인 이혼소송 중에 부모 사이에 갇힌 아이의 욕구는 소홀히 다루어지는 경향이 있다. 그리고 부모는 법정에서 결정된 합의를 지키지 않고 아이를 중간에 두고 파괴적인 소송을 하기 쉽다(Johnston et al., 2009).

이런 어려움이 있는 법 전문가를 위해 협력적 접근은 소송이 없는 법적 해결을 목표로 중재와 법률 서비스를 제공한다(Tesler & Thompson, 2006; Webb & Ousky, 2006). 협력적 법률 절차를 시작하기 전에 분쟁 당사자와 법적 대리인은 사건이 소송으로 가는 경우 대리인을 의뢰인과 만나지 않도록 한다. 변호사가 소송 대리인으로 대체되는 시점에서 소송과 관련한 결정이 나지 않는 한 이 협력은 계속된다. 협력적 법률 접근은 갈등을 줄일 수 있다는 점에서 중요하다. 아울러 협상이 실패할 경우 변호사는 소송에서 성과 보수를 받지 않는다.

TA는 이혼한 부모와 함께 하기 때문에 CC/PPE의 대안이 된다. TA는 분쟁 해결을 위해 부모에게 동기를 부여하고 심리평가를 자녀의 요구에 대한 부모의 "공감 돈보기"(Finn & Torisager, 2002)로 활용한다. TA는 부모와 자녀를 위해 협력적 부모 관계를 유지하면서 함께 문제를 해결해 간다. 그러기 위해 TA 평가자는 공통의 관심사를 찾아야 한다. 부모역할의 분리(예, 다른 부모를 "모두 나쁘다."고 봄)와 투사(예, 다른 부모의 잘못은 보고하고 자신의 잘못은 부인하는)는 갈등이 많은 이혼에서 흔하다. 또한, 협력적 관계를 통해 부모와 작업하는 것은 장기간의 소송으로 얻을 수 있는 것 이상으로 자녀에게 도움이 된다. 법원이 임명한 자녀 양육권 평가자가 어느 한쪽의 편을 들면, 평가자는 부모와 변호사의 강력한 흡인력을 경험한다. 모든 사람을 "같은 편으로 만듦"으로써 TA 평가자는 자녀의 요구에 관심을 가지고 양육 계획이 있는 부모를 돕는 데 유리한 위치에 서게 된다.

CC/PPE의 대안으로 TA의 세부 사항을 설명하는 것은 이 장의 범위를 벗어난다. 하지만, 사례를 들기 전에 먼저 TA의 장점을 제시하고자 한다(Evans, 2009 참고). 첫째, 이 모형은 부모와 자녀의 관심과 요구에 반응한다. TA는 법 기록과 부가적인 정보를 검토하는 데 시간이 많이 걸리지 않기 때문에 CC/PPE보다 비용이 적게 든다. 아울러 TA는 부모가 분쟁 결과를 통제할 수 있다. 그리고 부모와 자녀의 관심과 정서적 요구에 초점이 맞추어져 있다. 그래서 판사가 판결한 법적 합의보다 아이의 요구나 판단에 반응적이다.

또한 TA는 갈등이 적다. 부모의 불안과 정서 문제를 살펴 본 후, "좋은 부모/나쁜 부모"로 나누는 문제 해결의 핵심을 재설정하고 바꿀 수 있다. 종종 이혼소송에서 승소/패소의 특성은 양쪽 부모와 자녀에게 분리를 가져온다. 하지만, TA는 분리를 넘어 부모의 협력을 제공한다. 갈등이 많은 이혼에 대한 연구에서 흥미로운 것 중 하나는 협력적 부모는 "높은 갈등, 높은 협력"에서 아이의 조정에 긍정적으로 반응한다는 것이다(Garrity & Barris, 1997) 서로를 싫어하는 부모는 자녀의 요구에 협력하지 않는다. 반면, 자신을 중요하게 여기고 협상하는 부모는 자녀에게 강력한 메시지를 보내 긍정적인 결과를 가져온다.

둘째, CC/PPE의 대안인 TA는 변호사의 이익에 반응한다. 대부분의 변호사는 아이를 위해 긍정적이고 내구성 있는 계약에 관심이 많다. TA는 이혼 절차의 논쟁적 측면의 해결 가능성이 높다. 많은 변호사들은 CC/PPE 모형이 아이에게 최선의 이익을 제공하는 데 한계가 있다는 것을 알고 있다.

사실, 거실 가구와 퇴직 연금을 나누고 밤잠을 설치는 것보다 중간에 갇혀 고통 받는 아이의 문제를 다루는 것이 변호사에게는 더 큰 스트레스가 된다. 변호사는 갈등이 많은 법적 절차 때문에 생기는 소송과 관련된 아이의 피해를 최소화하고 싶어 한다. TA를 사용하여 양육 문제를 해결할 때 또 다른 긍정적인 결과는 재산과 기타 사항에 대한 협력이 증가한다는 것이다.

마지막으로 CC/PPE의 대안으로 TA는 심리학자의 이익에 반응한다. 심리학자는 TA를 활용해야 한다—치료적 평가의 긍정적 효과는 전문적인 만족감을 준다. TA 전문가는 법원의 작업에서 효과보다는 부정적인 무력감을 경험할 가능성이 많다. 나는 실무자에게 CC/PPE의 대안으로서 TA를 가볍게 여기지 않도록 조언한다. 법적 작업과 관련된 함정을 피하기 위해 CC/PPE의 법적 기초를 바탕으로 TA도 여러 지식이 요구된다. TA 변호사가 양육 계획에 관한 계약을 도운 내담자와 함께 작업하려면 가정법원의 중재(Folberg, Milne, & Salem, 2004)에 관한 전문 지식이 필요하다.

사례 연구

의뢰 상황

이 사례는 12년 동안 이혼 소송으로 15살 아들과 갈등하고 서로를 비난한 부모를 TA로 개입한 것이다. 나는 이 청소년의 양육계획평가를 의뢰한 변호사와 만났다. 그리고 언제나처럼 양쪽 변호사와 함께 논의했다. 변호사는 부모가 아들에 대한 면접권과 의사결정에서 12년 동안 갈등이 많았다고 했다. 나는 TA의 목적과 장점을 설명했고 양육권 평가 대신 치료적 평가를 제안했다. 나는 아이와 변호사에게 평가 결과가 주어지는 피드백 회기에 대해 설명했다. 피드백에서는 청소년의 요구에 반응하는 부모 사이에 합의가 이루어지기를 바란다. 나는 이후로 법정 증언에 대해 규칙을 세웠다; 그것은 내가 TA를 설명하는 증인이 아닌, 면접권과 의사 결정 책임에 관한 양육 계획을 제공하는 전문가로 호출될 수 있다는 것을 의미했다. 그래서 TA를 시작하기 전에 이에 대한 서면 합의를 변호사와 내담자에게 받을 필요가 있었다.

부모의 분쟁 해결의 목표는 청소년을 평가하고 자신의 요구와 문제에 초점을 두고 상호 합의하에 양육 계획을 세우려는 양쪽 부모를 지원하는 것이다. 다행히 두 변호사는 청소년에게 불필요하고 합의가 어려운 법원 작업을 중지 할 수 있는 방법을 찾고 있었다. 변호사는 고객에게 이 방법을 써보기로 했다. 며칠 뒤 변호사는 부모가 관심이 있어 한다고 연락을 해 왔다.

변호사, 부모와 함께 한 회의

나는 먼저 변호사와 부모(Fred와 Kim)를 만나 치료적 평가 방법과 목표에 대해 설명했다. 그리고 부모에게 아이에 대해 걱정하고 있는 것을 물었다. 부모와 함께 하는 피드백 회기에 변호사가 참가하면 양육권 평가에 대한 대안으로서 TA의 중요성은 커진다. 분리와 투사는 변호사뿐 아니라 부모 사이에서도 발생할 수 있다. 부모가 변호사와 상의하러 왔을 때 심리학자는 회의에서 부모가 수용한 CC/PPE 권고사항이 잘 지켜지지 않는 것을 발견하곤 한다. 마지막으로 부모는 TA 참여와 법정에 내가 참여하는 것을 허락하는 동의서를 작성했다.

나는 면접권과 의사결정 문제에 대한 논의보다 Kim과 Fred에게 갈등이 많았던 결혼생활에서 아들에 대한 걱정이 무엇인지를 먼저 물었다. 그들 모두 Ken이 불행하고 학교생활을 열심히 하지 않는다고 했다. 부모는 모두 12년 전 이혼 후 재혼을 했다. 아버지는 사회 접촉이 적은 블루칼라 일을 했다. 어머니는 책임이 많은 기술직 일을 했다.

면담 동안 Kim은 비판적이었다. 그에 비해 Fred는 잘 표현하지 않았고 조용했다. 나는 Kim의 말에 Fred가 주눅이 드는 것을 발견했다. Fred는 분노로 가득차 있었다. 부부 사이에는 긴장이 많았다. 나는 문제해결을 위한 질문은 하지 않았고, 각 부모와 따로 만나 고민에 대해 이야기했다. 또한 해결해야 할 문제의 공통분모에 자신의 질문을 통합하는 피드백 회기를 가지기로 했다.

사춘기 청소년과의 만남

TA의 첫 번째 단계는 각자 해결하고 싶은 문제를 살펴보는 것이다. 나는 키크고 늘씬한 사춘기 남학생 Ken을 만났다. 그는 방어적이었고 슬퍼 보였다. 그리고 자신에 대해 이야기하는 게 별 도움이 되지 않을 거라고 했다. 나는 Ken

을 이해하기 위해 도움이 필요하다고 말했다. 또한 나의 일은 옳고 그름을 결정하는 게 아니라 부모에게 필요한 것을 이해하는 것이라고 했다. 그러자 Ken은 마음을 열었다. 더듬거리고 힘들어했지만 고민을 말하기 시작했다.

Ken은 부모님의 싸움 때문에 불안하다고 했다. 싸움 후에는 슬프고 화가 난다고 했다. 지난 학기에는 8~9시간을 자고도 아침에 일어나는 게 힘이 들었다고 했다. 성적은 떨어졌고 야구를 잘 했음에도 팀에서 방출되었다. 아버지는 Ken에게 테니스를 못하게 했다. 테니스를 시작하게 된 것은 어머니 때문이었다. 최근까지도 여러 대회에 참가했고 청소년 선수권 대회 우승도 했었다.

Ken은 다음 질문을 했다:

1. 부모님이 싸울 때 무슨 말을 하고 어디로 가고 무엇을 해야 하나요?
2. 어떻게 견딜 수 있을까요?
3. 왜 나는 무기력할까요?

사춘기 아들의 평가 결과

나는 다음 다섯 가지 심리검사를 했다―로르샤하 종합 체계(CS; Exner, 2003), Roberts―2(Roberts, 1994, 아동용 Roberts 통각검사), MMPI―A(Butcher et al., 1992), 벡 우울 척도―II(Beck Depression Inventory―II; BDI―II; Beck, Steer, & Brown, 1996), 벡 무망감 척도(Beck Hopelessness Scale; BHS; Beck, 1988). MMPI―A는 Ken의 내면을 살펴보기 위해 실시했다. 그리고 개인의 암묵적인 정보를 끌어내기 위해 로르샤하 CS와 Roberts―2를 선택했다. 왜냐하면 Ken이 고통과 타인에 대한 관점을 표현하기 어려워했기 때문이었다. BDI와 BHS는 우울과 절망의 심도, 자살 사고와 행동 예측을 살펴보기 위해 실시했다.

MMPI―A에서 유의하게 상승한 척도는 없었다. 55T였던 우울을 제외하고 모든 임상척도는 50T이하였다. 로르샤하 검사는 반응이 25개였는데 사춘기 남자치고는 많은 편이었다. 그럼에도 *Lambda*(경험에 대한 개방성)가 3.17로 회피적이었고 방어적이었다. 놀랄 것도 없이 그의 *대응결핍지표*(사회기술과 성숙을 측정) 4와 *우울지표*(고통스러운 정서 경험을 측정) 5는 사회적으로 무능하고 화가 억압

되어 적응에 취약하다는 것을 보여주었다. 낮은 *자기중심성지표*[$3r + (2)/R = .08$]
는 빈약한 자기 개념과 무능을 시사했다. 로르샤하 검사에서 4개의 *전체인간반응*
(H) 중 3개는 *가상인간반응((H))*이었고, 나머지 하나는 *인간움직임반응(M)*(타인
에 대한 왜곡된 지각)이 있어 상호작용에서 소외가 반영되었다.

로르샤하 반응은 Ken이 부모와의 관계와 또래관계를 형성하는데 공감과 이해
가 필요하다는 것을 시사했다. 또한 *협력적 운동*(긍정적 사회관계)과 *공격적 운동*
(관계에서 적극성 인식)점수는 강한 공격적 관계($COP=0$, $AG=2$)가 본래 특성의
일부라는 것을 보여주었다. 아울러 *공격적 내용 반응*($AgC=6$)의 높은 점수는 분
노와 공격성을 통제하고 대인관계를 지배하는데 사용되는 그의 사고를 나타냈
다. 그리고 Ken은 방어적인 태도(*Lambda*)와 함께 정서 표현의 회피와 숨겨진
분노도 드러냈다(0.32의 낮은 *정서비율*로 설명됨).

Ken의 Roberts−2 이야기는 거절, 우울, 공격성, 불안이 주된 내용이었고 관
계에서 활기가 없었다. 그리고 해결되지 않은 문제에 대한 무력감, 분리가 시사
되었다. 아울러 다른 사람에 대한 신뢰나 지지와 관련된 이야기가 없었다. Ken
의 이야기에서 주로 어른은 아이와 싸웠고, 지지적이지 않았으며, 비판적이었
다. 우울을 평가하는 자기보고형 검사인 벡 우울 척도는 13점으로 가벼운 정도
의 우울에 해당했다.

무기력과 자신을 보호할 수 없다는 느낌과 절망의 마비 수준을 나타내는 벡
무망감 척도는 12점으로 절단점(8) 이상이었다. 나는 Ken이 걱정되었고 관계를
맺는 것이 어려웠다. 그리고 부적절성, 절망, 내면의 고통, 분노, 자살 가능성과
불안이 가득 찬 이 불안정한 청소년에게 어떻게 개입해야 할지가 고민이 되었다.

사춘기 아들에 대한 평가 개입

우리는 Ken과의 피드백 회기에서 무기력과 얼어붙은 정서에 대해 논의했다.
아울러 내면에 숨겨진 분노를 탐색하기 위해 로르샤하 반응을 살펴보았다. 나
는 '부모로부터 보호받지 못했다.'는 고통, 특히 그의 내면세계를 로르샤하 검사
반응을 통해 찾고 싶었다. 이러한 반응을 찾는 것은 그가 극단적인 회피와 정서
표현을 잘 하지 않는 것을 고려할 때 쉽지 않았다. 그러나 II번 카드에서 Ken은
자신을 상징적으로 보여주었다. 질문단계에서 그는 "그것이 소리치면서 열려있

는 입 모양처럼 보인다."고 했다. 이것은 로르샤하 검사에서 유일한 인간운동반
응이었다.

나는 이 반응이 일상에서 무엇을 의미하는지를 물었다. Ken은 이것이 "부모
님이 써 온 방법이에요. 부모님은 늘 싸웠어요. 무서웠어요. 나는 그만 싸우기
를 원해요. 학교에서 운동은 잘 했지만 이제 그만하고 싶어요."라고 했다. 우리
는 그의 로르샤하 검사를 통해 Ken이 무기력하고 부모의 싸움에 휘말려 있다는
것을 확인할 수 있었다. 나는 Ken의 무기력을 공감했다. 나는 그의 경험을 은
유적으로 표현했다: 부모 갈등의 총알이 머리 위로 날아다니는 동안 엎드릴 필
요가 있어. 말하기 위해 머리를 들면 죽을 수도 있어! 숨어 있는 것보다 멈추는
것이 방법이지만 혼자 할 수 있는 일은 아니야.

아니나 다를까 그는 자신의 감정에 대해 부모와 대화하는 것을 싫어했다.
그가 도움이 필요할 때 갈등을 줄이기 위해 나는 결과에 대해 함께 논의한 것
을 계약에 반영했다. 만약 부모가 자신 앞에서 다투지 않고 본인이 선택한 운동
을 하도록 허락하면, 학업과 심리치료를 하기로 합의했다(그는 지금까지 둘 다를
거부해 왔다). 부모는 아들 앞에서는 싸우지 않기로 했다. 나는 15년 간 부모 사
이의 갈등과 Ken의 위기의 불길을 낮출 수 있는 방법을 찾기가 쉽지 않았다.

평가 결과로 부모와 개별 회기

나는 관심사에 대해 이야기하고 심리평가로 해결하고 싶은 질문을 공식화하
기 위해 부모를 만났다. 나는 Finn이 제안한 부부를 대상으로 한 표준 TA 절차
를 변경해서 부모가 서로에 대해 이야기 할 수 있게 했다. 부모가 함께 하는 일
반적인 TA는 투사를 멈추고 내부의 변화에 초점을 두는 방법이어서 자신에 대
해서만 질문을 하도록 했다. CC/PPE의 대안으로 TA 개입을 공식화 한 부분은
부모가 계획과 분리의 구조를 평가하고 다른 쪽 부모에 대해 질문을 할 수 있
게 했다. 이것은 특별히 Ken에 관한 것이 아닌 한, 서로가 그런지 아닌지 여부
에 대한 질문을 공식화하기 위해 부모에게 질문을 해야 했다. 나는 그들의 내부
문제에 초점을 맞췄다. 부모는 개입이 아들의 행복에 도움이 되지 않을까봐 걱
정을 하고 있었다.

나는 각 부모에게 로르샤하(Exner, 2003)와 MMPI-2(Bucher, Dahlstrom, Graham,

Tellegen, & Kaemmer, 1989)를 실시했다. MMPI－2를 쓴 이유는 양육 평가의 90% 이상에서 사용되고 있고 규준 연구와 탄탄한 증거가 있기 때문이었다. 또한 Alex Caldwell의 양육 보고서가 대인관계 문제의 인식과 자기중심적 행동, 내향성/외향성, 그리고 부모 자녀 간의 결합의 질 등과 같은 양육 문제의 다양성을 반영하기 때문에 나는 MMPI－2를 매우 좋아한다. 로르샤하 검사는 양육 평가에 자주 사용되며 경험적 연구와 대중성(Evans & Schutz, 2008)이 검사 사용의 근거가 된다. 사실 Singer 등(2008)의 자녀 양육 평가에 대한 연구에서 로르샤하가 MMPI－2보다 갈등이 많은 이혼 부모의 특성을 잘 설명해 주었다.

Fred와 Kim은 각자 평가질문을 만들었다. 부모 모두는 답을 얻을 수 있으리라는 희망이 있었고 Ken의 문제와 관심을 잘 파악하고 있었다.

Kim의 질문

1. 무엇이 Ken을 표현하지 못하게 하나?
2. 왜 Ken은 학교에 적응하지 못하나?
3. 어떻게 하면 Ken이 행복해질 수 있을까?
4. 왜 Ken에 대한 관심이 줄어드나?

Fred의 질문

1. 왜 Ken은 불행할까?
2. 왜 Ken은 학교에서 형편없이 행동하나?
3. 왜 Ken은 쉽게 포기하나?

내가 Ken의 문제행동의 이유에 관해 물었을 때 놀랄 것도 없이 부모는 문제 행동의 원인을 서로에게 돌렸다. 어느 쪽도 자신이 Ken의 문제의 원인이라고 인정하지 않았다. 부모가 서로를 보지 않고 갈등을 회피하는 것은 그들을 위해 피드백 해야 한다는 것을 의미했다.

부모의 MMPI－2는 그들의 갈등을 이해하는 데 도움이 되었다. Kim은 정서 문제를 과소평가했다. 방어에도 불구하고 6번(편집증) 척도가 상승했는데(T=74), 정해진 예상과 독선 경향을 시사했다. Caldwell 양육 보고서 점수는 외현화, 통제감 상실과 과거의 잘못을 "용서하고 잊는" 경향을 드러내었다.

Fred도 MMPI-2에서 자신의 정서 문제를 부인했다. 이러한 패턴은 자녀 양육 문제에서 일반적으로 나타난다(Bagby, Nicholson, Buis, Radovanovic, & Fidler, 1999). 6번 척도는 60T로 상승했고 학대자의 투사에 따른 스트레스 가능성이 시사되었다. 그리고 거리두기와 불안 및 대인관계에서 미숙하고 부적절한 경향이 반영되었다. Caldwell 양육 보고서 점수 역시 자신의 관점에서만 사물을 보고 통제력 상실과 과거의 잘못을 "용서하고 잊는" 경향이 있다는 것을 보여주었다. Kim과 달리 Fred는 적절한 부모-자녀 관계를 형성하기 위한 능력이 평균 이상은 되었다.

로르샤하에서 각 부모는 사회 능력이 부족하고, 정서 상황을 회피하고, 자존감이 낮고, 정서비율이 저조했으며, 자기중심성지표와 대응결함지표에 문제가 있었다. 두 부모 모두 수동:능동 비율이 높았고, 사고가 경직되어 있었다. Fred는 좌절에 대한 내성이 낮고 분노에 취약하다는 것을 반영하는 S와 S- 반응이 상승했고, 대응능력이 -1(D/AdjD)이었다. 나는 이 패턴을 통해 임상적 인상을 확인할 수 있었다. 현실 왜곡과 예민성에 대한 Kim의 낮은 주의력은 오해와 약점을 해결하고 양육 계약의 내용을 명확하게 확인하기 위해 나에게 경고를 하고 있었다.

Fred는 충족되지 않은 친밀감의 욕구를 나타내는 재질반응이 많았다(T=3). Kim은 친밀감에 갈등을 보였다. 그녀는 가까운 대인 관계를 만드는 주의를 요구하는 재질 반응이 없었다. 하지만 높은 의존성 욕구를 나타내는 음식반응(Fd=3)과 구강의존척도 점수(.29)가 높았다. 분명 Ken은 Fred와 Kim의 내적 삶에서 중요한 역할을 했다. 그러나 그들은 아들과의 갈등에 따른 결핍을 이해할 수 없었다. 나는 Ken을 보호하기 위해 부모의 욕구도 활성화 하고, 긴장을 완화시킬 수 있도록 유용한 방법을 만들고 싶었다.

두 부모와 함께 한 평가 개입

TA는 취약한 청소년을 보호하기 위한 양육 계약으로 개발되었다. 그래서 나는 관련된 성인 모두가 그렇게 하길 바랐다. 그러면 가능한 많이 분리와 투사를 다룰 수 있다. 우선 부모와 변호사에게 상세하고 잘 만들어진 협의 없이는 방을 떠날 수 없다고 말했다. 그리고 Ken을 데려온 부모에게 감사를 표시했다. 아울러 Ken에 대한 질문이 서로 비슷하다는 점을 지적하면서 Ken이 심각한 고통 속에 있다는 것을 인식한 그들을 지지했다. 나는 그가 절망으로 가득 차 있어 그것을 수정하지 않으면, 도로로 뛰어드는 자해를 할 수도 있는 심각한 상황이라는 것을 강조했다. 부모 모두 침묵했고 아들을 걱정했다. 나는 Ken의 로르샤하에서 심각한 부분을 보여주었다. Ken은 폐쇄적이었고, 삶의 경험을 회피하고, 포기하며, 세상의 일부로서 자신의 건강한 감각을 개발할 수 없는 상태였다("자신을 표현하지 않음"). Ken은 "강력한 양쪽 화재에 사로잡혀" 생존이라는 측면에서 세계를 경험하고 있었다. 그래서 이 상황을 처리할 수 있는 유일한 방법은 땅에 계속 엎드려 있는 것이었다. 이런 상황에서 그는 감정적으로 풍부하고 성장하는 데 필요한 자신의 긍정적인 감각을 개발할 수 없었다.

마치 큐 사인이 난 것처럼 Fred와 Kim은 그들의 변호사를 무시하고 큰 소리로 Ken의 어려움에 대해 서로를 비난하기 시작했다. 그때 나는 서로에 대한 폭발적인 분노를 지적했고, Ken이 그들의 반응을 얼마나 정확히 예측했는지에 대해 말했다. 그리고 부부 갈등 때문에 Ken이 화재 속에 갇혀 있는 것이라고 전했다. 부모는 모두 침묵했다. 강력한 반영 후 나는 부모의 갈등이 자녀에게 미치는 부정적인 영향에 대한 연구 결과를 알려주었다. 하지만 그들이 이 사실을 알면, Ken을 지키는 방법을 찾을 수 있을 거라고 안심시켰다. 아울러 갈등이 많더라도 협력적으로 양육을 잘하면 아이에게 긍정적인 영향을 준다는 연구 결과도 알려주었다. 그러자 지금까지 묻혀있던 여러 문제가 나타났다. Fred는 "자신의 시간" 동안 Ken과 함께 있지 않았다는 것에 대해 걱정을 하고 있었다. 나는 그 시간은 Fred와 Ken의 시간이라는 것을 이해하는 데 도움을 주었다. 만약 Fred가 Ken이 자신의 삶을 살고("포기하지 않고") Ken의 관심의 수용에 관해 유연성을 가지면, Ken이 자신의 인생에서 원하는 것을 협상하고 표현하는 것을 배울 수 있으리라고 생각했다.

나는 Fred와 협력했다. 그것은 Kim을 동요시켰다. 그녀는 Fred에게 Ken은 자신의 선택이 필요하다고 말했다. 그리고 Fred가 편집증 환자처럼 Ken을 조종하려 했다고 주장했다. 그녀의 목소리에 담긴 분노와 공포, 경멸은 흥미로웠다. 나는 Kim에게 그녀가 Fred에 대해 흥미로운 가설을 가지고 있는 것 같다고 했다. 그녀의 MMPI-2에는 편집증 척도가 상승되어 있었다. 우리는 Fred가 편집증이라는 Kim의 믿음에 대해 어떤 결과가 나왔는지를 보기 위해 검사를 참고했다. Fred의 허락하에 나는 모두에게 그의 프로파일을 보여주었다. 그의 MMPI-2의 편집증 척도는 유의하게 상승되어 있지 않았다. 결과를 보고 잠시 쉬면서 나는 Kim의 MMPI-2를 가져와 척도 6이 상승된 그녀에게 오히려 "당신의 MMPI-2가 상당한 편집증임을 보여준다."고 말했다. 그녀의 충격이 채 사라지기 전에 나는 Kim에게 왜 사람들이 편집증 환자가 되는지를 알려주었다. 나는 MMPI-2의 Caldwell 적용 모형(2001)을 사용하여 그녀가 분노와 처벌이 자주 있는 가정에서 태어났는지를 물었다. Kim은 성장 과정에서 우는 일이 많았고 학대 가정에서 자랐다고 했다. 통제적인 아버지 때문에 예측할 수 없는 분노 폭발과 폭력으로 달걀 위를 걸어 다니는 것 같았다고 했다. 나는 Fred가 Ken을 통제하거나 공격할 가능성에 대해 그녀가 민감한 것은 전혀 놀라운 일이 아니라고 말했다. 그녀는 Ken에 대한 관심이 사라지는 것(그녀의 평가질문 중 하나)을 우려했다는 것은 염려할 필요가 없었다. 사실 그녀는 Ken에게 어떤 일이 있는지에 대해 무관심했다!

Kim은 눈물을 흘리며 Ken이 성장할 때 힘이 들었고 이것이 그에게 미칠 영향을 걱정했다고 말했다. 나는 그녀의 걱정을 반영하는 세 번째 평가질문을 했다. "어떻게 하면 Ken이 행복해질 수 있을까?"는 그녀의 관심을 반영했다. 그것은 생산적이고 긍정적이었다. 나는 그녀가 Fred와 했던 싸움으로부터 분리하는 방법에 초점을 맞추었다. 그리고 Fred가 Ken에게 폭력을 행사했는지에 대해 논의했다. 그녀는 짧은 결혼 생활에서 서로 공격적이었다 해도 그가 폭력을 쓰지는 않았다고 했다. 그녀는 비록 Ken을 보호하기 위해 싸운 것임에도 Fred와의 언쟁과 법정 갈등이 Ken의 행복에 도움이 되지 않았던 것 같다고 했다. 나는 Fred도 이러한 싸움에서 Ken을 보호하려 했지만, 중간에 끼인 Ken에겐 도움이 되지 않았음을 전했다. 이 시점에서 나는 "비난 대신 문제를 해결하는 것"이 좋겠다는 생각이 들었다. 쉬는 시간이 끝났을 때 나는 Ken에게 양육 계획 협상을 할 것을 제안했다.

요약: 부모와 변호사와 함께 한 양육 계획 협상

CC/PPE 대안으로 TA의 다음 단계는 양육 계획을 세우기 위해 부모와 변호사를 함께 지원하는 것이다. 여러 번 언급했듯이 변호사가 개입 과정에 없고 전적으로 부모 사이에서 양육 계획을 세우는 것은 좋지 않다. 왜냐하면 법적인 측면과 내재된 편 가르기와 조종의 문제가 소송 중 쉽게 갈등을 유발할 수 있기 때문이다. TA 전문가가 초기에 변호사와 협조적으로 일을 하건 아니건 간에 변호사는 법적 파급 효과와 양육 문제 해결의 중요한 이해 관계자이다. 변호사가 부모와 함께하는 작업에서 지지를 철회하는 것은 변호사가 TA의 결과로 혜택을 얻을 수 없음을 의미한다. 다행히도 이 사례의 경우 두 변호사(둘 다 아이가 있는 여성) 모두는 좋은 결과와 법정에서 부모 관계 유지와 분쟁 해결을 위해 노력했다.

양육권 분쟁 해결의 한 가지 방법은 Roger Fischer의 "원-텍스트 절차" (Fischer, Ury, & Patton, 1991을 보라)의 수용이었다. 이 방법은 이집트의 Anwar al-Sadat와 이스라엘 Menachem Begin 사이의 획기적인 협약으로 1978년 Camp Daivd에서 Carter대통령은 협상을 이끌어 냈다. 즉, 협상가는 (1) 기본 이익과 양육 계획에 대한 탐색; (2) 이러한 이익을 분석하여 협상가가 "최고의 방안"을 정리하여 초안을 작성하거나 제안. 이것은 작업문서일 뿐 확정된 것이 아니라고 강조; (3) 초안의 사소한 문제도 모든 당사자와 논의; 그리고 (4) 합의가 개선될 수 있다고 생각하지 않는 모든 당사자에게 개선 과정을 반복. 아울러 TA 전문가는 이 절차에 더해 현명하고 긍정적인 협상을 위해 그만둔다고 위협하는 투사, 분리, 실망에 적극적으로 반응해야 한다.

우리 성인 다섯 명은 Ken이 테니스를 하고, 심리치료와 과외를 하고, 부모는 자녀 앞에서 싸우지 않기로 합의했다. 우리는 Ken이 아버지와 함께 보내야 하는 주말에 테니스에 열중할 수 있는 시간 공유 방법을 만들었다. 어머니는 아버지가 주말에 테니스 게임에 참석할 때 그녀가 같이 있지 않는 것이 최선일 것이라는 데 동의했다. 변호사들은 이를 위해 비공식 문서를 작성했다. 그리고 부모 모두 문서에 서명을 했다. 모든 당사자는 공식적인 법원 아동 양육 계획이 이루어지는 더 큰 변화가 있기 전에는 공식 문서가 법원에 들어갈 필요가 없다는 것에 동의했다. 계약의 일환으로 모든 당사자는 더 이상의 법적 조치가 취해 지기 전에 법정 평가자와의 작업에 복귀하기로 합의했다. 추가적으로 이 계획 이 Ken의 입장에서 어려움이 발생할 경우 부모는 그들 세 명의 의견 차이를 해 결하기 위해 지원해 줄 평가자와 만나 작업을 하기로 했다. Ken과는 한 번 더 만날 기회가 있었지만 이 논의는 내가 부모와 만난 마지막 시간이었다.

추적 조사

추적 관찰은 TA 개입 1년 6개월 뒤 양쪽 변호사와 했다. 부모는 14년 만에 처음으로 서로에게 법적 조치를 하지 않았다. Ken은 학교를 잘 다녔고 운동도 잘했다. 나는 2년 후 변호사 한 명과 만났는데 부모가 더 이상 소송을 하지 않 았다는 것을 알게 되었다. 또한 Ken에 대해 어떤 문제도 들어 보지 못했다고 했다.

지난 여름 나는 Ken에게서 "뜻밖의" 전화를 받았다. 그는 취업 지원서에 자신 이 우울이나 정신질환이 없다는 내용의 소견서가 필요하다고 했다. 우리는 만나 이야기를 나누었다. 그는 부모가 자신 앞에서는 싸움을 하지 않았고(여전히 서로 를 싫어하지만) 상담이 그에게 특별히 도움이 된 것은 아니었지만 약속이 지켜졌 다고 했다. Ken은 여전히 말이 적었다. 그러나 자신에 대해 확고한 느낌을 가지 고 있었다. 그의 우울과 절망은 TA 후 해결되었고 성적도 올랐다. 그는 고등학교 에서 특별상을 받기도 했다. 테니스를 그만 두었지만 육상에서 두각을 나타내었 다. 나는 다음과 같은 결론을 내렸다. "Ken은 부모 갈등이 많은 상황 속에서 아 동과 청소년에게 있을 수 있는 우울 징후를 보였습니다. 그러나 그의 우울은 상 황에 따른 것이었습니다. 그는 여러 해 동안 우울하지 않았습니다."

법정 평가자의 개인적 인상

나는 다른 사람과 이 사건에 대해 이야기할 때마다 눈물이 난다. 그리고 TA 를 통해 대인관계 치료와 성격평가 개입과 법심리학을 경험하면서 내 작업의 여러 부분을 통합할 수 있었다. 나는 이 사례를 통해 창조성에 대해 관심을 가 지게 되었고, 나에 대한 연민의 회의적인 부분을 통합할 수 있었으며, 성격의 "수직적인 분리"를 치유받을 수 있었다. 이 과정에서 Steve Finn의 도움으로 소송에서 공격과 분리를 피하면서 창조적으로 성격을 평가하는 방법을 발견하게 되었다. 이 방법은 이혼의 아픔 속에서 자녀를 돌보는 방법을 찾기 위해 고군분투하는 부모를 치유할 수 있었다. 나는 갈등이 많은 이혼의 중간에 붙잡힌 아이들을 지키기 위해 TA가 새로운 방법으로 실시되기를 바라고 있다.

학습포인트

- TA는 이혼 부모 개입에서 CC/PPE의 긍정적인 대안이 된다. TA의 궁극적 목표는 취약한 청소년을 보호하면서 양육협상을 하는 데 있다.
- TA는 소송 중인 부모에게 권한을 부여하여 갈등이 많은 이혼의 논쟁 상황을 해결하는 데 도움을 준다. 아울러 부모의 분쟁 결과에 대한 통제권을 증가시킨다. TA는 갈등이 적고 실시가 쉽다.
- TA는 상호 합의하에 아동의 요구와 문제에 초점을 두고 양육을 계획하고 있는 부모를 지원한다. TA는 부모와 자녀의 관심과 정서적 요구에 초점을 둔다. 특히 판사가 부과한 법적 계약보다 아이의 요구에 반응한다.
- TA는 심리학자들이 최선을 다 하기를 바란다-긍정적인 치료 효과를 위해 치료와 평가를 하는 것-그리고 전문적으로 만족할 만한 결과를 요구한다.
- 실무자는 CC/PPE의 대안으로 TA를 실시할 때 법률 지식이 필요로 하므로 가볍게 대하지 않도록 주의해야 한다.
- 부모와 함께 하는 초기 피드백 회기에 변호사가 참여하는 것은 양육평가의 대안으로서 치료적 평가의 중요한 측면이 된다. 아울러 부모와 변호사는 함께 양육계획을 세울 수 있다.

18장

위기에 처한 부부의 치료적 평가: 공동 로르샤하를 통한 투사적 동일시의 해결

STEPHEN E. FINN

나와 동료들은 부부를 대상으로 치료적 평가를 해 왔다. 하지만 이 방법 (Finn, 2007)은 일부만 연구되었고 공식적으로는 하나의 연구가 발표되었다 (Durham–Fowler, 2010. 1장에 요약). 나는 이 장에서 치료적 평가로 개입했던 부부의 변화에 대해 썼다. 그리고 평가 개입으로 공동 로르샤하를 어떻게 사용했는지를 소개했다. 그럼 부부를 긍정적으로 변화시킨 요인에 대해 살펴보자.

의 뢰

Jane은 "Maria"의 자살 위험 때문에 나에게 의뢰를 했다. Maria는 44세로 4년 전 시작된 골반 통증 때문에 고통스러웠다. 그리고 치료를 받았음에도 증상이 호전되지 않았다. Jane은 2년 동안 심리치료를 받았고 의사는 통증의 원인을 심인성이라고 했다. 그러나 그녀는 "내 몸은 내가 안다.", "난 미치지 않았다."며 진단을 받아들이지 않았다. 고등학교 교사였던 Maria는 통증으로 무기력했다. 대부분의 시간을 집에서 보냈고, 25년을 함께 지낸 남편과 21살, 13살 두 딸과 살았다. 그녀는 통증 때문에 우울했고 가족에게 미안해 했다; 그리고 자신이 죽으면 모두 행복해질 거라고 생각했다. Jane은 Maria의 자살 위험을 평가하고 통증을 치료하기 위해 나에게 평가를 의뢰했다.

첫인상

Filippo Aschieri박사는 모든 회기를 내 옆에서 도왔다. 우리가 Maria를 만나러 대기실로 갔을 때 잘 차려 입은 한 여성이 앉아 있었다. 다른 쪽에는 한 남성이 책을 읽고 있었다. 남성은 우리를 보았지만 나는 그를 치료실에 다른 동료의 내담자로 생각했다. 우리는 소개를 했고 Maria는 조용히 인사를 했다. 그녀의 눈 밑에는 다크 서클이 있었다. 그녀는 의자에서 일어나 치료실로 가는 동안 한숨을 쉬었다. 나는 치료실을 찾은 이유를 물었다. 그녀는 남편에게는 문제가 없다고 했다. 나는 대기실에서 보았던 남성을 떠올릴 때까지 그녀가 말을 잘못한 게 아닌가라는 생각이 들었다. 서로 아무 관계가 없는 것처럼 행동한 그들의 모습은 인상적이었다. 나는 그 남성이 남편인지를 물었다. "네. 내가 우울해서 남편이 걱정하고 있어요." 나는 다음 질문을 했다. "남편이 상담에 참여해도 될까요?" 그녀는 동의했다. 나는 남편 이름(John)을 물었고 회기를 함께 하자고 했다. John은 치료실로 들어왔지만 의자 대신 소파에 앉았다.

초기 회기

Filippo와 나는 Maria에게 심리평가를 통해 알고 싶은 게 무엇인지를 물었다. 그녀는 "아무것도 없어요. Jane과 남편이 가자고 해서 온 거예요. 내 문제는 의학적인 거예요. 그런데 아무도 나를 믿지 않아요. 난 힘들게 살기 싫어요." 그녀는 골반 통증에 대해 이야기했고 의사들이 문제를 해결하려 했다고 말했다. John은 그녀의 말에 동의했다. 통증은 큰 딸인 Anna가 신경성 식욕부진으로 입원했던 4년 전부터 시작되었다고 했다. 산부인과 의사는 자궁 적출과 난소 절제술을 하면 통증이 해결될 거라고 했다. Maria는 조언을 따랐지만 통증은 계속되었다.

Maria는 통증이 어떻게 오고 사라지는지, 어떨 때 둔하고 "찌를 듯 한지", 그리고 아플 때는 어떻게 무력해지는지를 설명했다. 그녀는 수술이 소용없게 된 것을 자기 탓으로 돌렸고 죽는 게 낫다며 눈물을 흘렸다. John은 애처롭게 우리를 보았다. 나는 그들을 도와주고 싶었다. Maria가 울음을 그친 후 나는 말을 해도 괜찮은지를 물었다. 그녀는 고개를 끄덕였다. "Maria. 당신의 어려움에 대해 잘 들었어요. 어떤 말을 해야 할지 모르겠네요. 당신의 통증이 나아질 거라 확신할 수는 없지만 원인을 찾는 동안 잘 지낼 수 있게 도울 수는 있을 것 같아요. 힘들 때 도움이 될 무엇이라도 발견할 수 있다면 함께 치료를 해 보는 건 어떠시겠어요?" Maria는 눈물을 그쳤고 고개를 끄덕였다: John은 안심했고 고맙다고 했다.

이후 30분 동안 Maria는 다음 질문을 했다: "만성 골반 통증과 함께 할 수 있을까요?", "생식 기관의 상실을 슬퍼하는 게 도움이 될까요?", "남편과 친밀하지 않은데 결혼생활을 계속 할 수 있을까요?" 마지막 질문에 대해 Maria와 John은 2년 동안 부부관계를 하지 않았고 그녀는 남편이 떠날까봐 걱정이 된다고 했다. John은 부인했지만, Maria의 질문은 그녀의 고통과 절망을 극복할 방법을 물을 기회가 되었다. 그는 어려움을 겪고 있는 것을 인정했고, 그간 아내가 건강해지는 데 도움을 못 주었다고 했다. John은 아내를 위로하려고 하면, "자꾸 초점에서 벗어난다."고 했다. Maria는 고개를 끄덕였다. John은 자신이 무엇을 해야 할지 모르겠고 아내의 우울이 딸들에게 영향을 줄까봐 걱정이 된다고 했다.

나는 중요한 결정을 해야 할 시점에 있었다. "여러분을 도와주고 싶어요. Maria. 당신은 평가를 위해 좋은 질문을 한 것 같아요. 하지만 지금은 우리의 초점을 확대할 필요가 있어요. John. 당신에게 검사와 몇 가지 질문을 해도 괜찮을까요? 우리는 Maria를 만나겠지만 당신의 도움이 필요해요. 당신은 Maria의 질문을 들었어요. 어떠세요?" John은 동의했고 Maria에게 도움이 된다면 평가에 참여하고 싶다고 했다. Maria는 남편이 평가를 하겠다고 해서 기뻤다; 그녀는 이제껏 남편이 진심으로 자신을 도우려 하지 않았다고 했다. John은 다음 질문을 했다: "Maria의 통증이 호전되지 않으면 내가 그녀를 포기하지 않기 위해 무엇을 해야 할까요?" Filippo와 나는 John과 Maria를 위해 회기를 준비했다. 그들은 치료실을 나갔고 우리는 관찰한 것을 공유했다.

❤ 학습포인트

어떤 내담자는 배우자의 문제에 대해 심리평가를 원한다. 이런 경우 배우자를 개별적으로 평가하는 것보다 부부가 함께 평가를 하는 것이 좋다. 부부 평가는 내담자를 "환자"로 낙인찍지 않게 한다. 또한 내담자의 삶에 영향을 주는 요인을 평가할 수 있게 한다.

개별 회기

내가 다른 곳(Finn, 2007)에서도 쓴 것처럼 부부와 치료적 평가를 할 때는 공동 회기 후에 각 파트너를 개별적으로 만난다. 개별 회기의 목적은 배경 정보를 수집하고, 검사를 실시하고, 각 파트너가 부부문제에 영향을 준 것에 관해 가설을 세우기 위한 것이다. 아울러 서로에게 긍정적인 영향을 줄 수 있는 변화의 계기를 만들기 위한 목적이 있다.

Filippo와 나는 John과 Maria와 네 번의 개별 회기를 가졌다. 회기 동안 면담과 함께 미네소타 다면적 인성검사-2(Minnesota Multiphasic Personality Inventory; MMPI-2: Butcher, Dahlstrom, Graham, Tellegen, & Kaemmer, 1989)와 로르샤하(Exner, 1993), 그리고 초기기억검사(Early Memories Procedure; EMP)를 실시했다(Bruhn, 1992).

Maria와의 개별 만남

Maria는 평가회기에 대해 고마워했다. 초기 평가에서 우리는 그녀의 고통을 경청했다. 그녀에게 통증은 고통스러웠고 혼자라는 느낌은 그녀를 괴롭히는 예측 불가능한 것이었다. 우리는 "통증"과 "고통"을 구분했다. 후자는 그녀의 통증에 대해 정서적 지지가 없어 생긴 소외감, 부끄러움, 외로움을 의미했다. Maria는 통증이 진짜라 믿었고 의사들에게 악담을 했다. 또한 그녀는 John이 자신을 편하게 해주지 못한 것에 대해 말했다. 그는 항상 긍정적으로 생각하라면서 아내의 문제를 해결하려 들었다. John(그리고 가족)은 Maria의 낙천성을 그녀의 특성으로 알고 있었다. 그러나 Maria는 통증을 느낄 때마다 "숨겼다."고 했다. 왜냐하면 그래야 모든 게 좋아질 거라 남편이 생각할 것이고(그녀에 따르면), 그렇지 않으면 그녀에 대한 관심을 멈출 것이기 때문이었다.

Maria는 추가 질문을 했다: "고통스러울 때 언니와 함께 웃었던 것처럼 그렇게 되기 위해 John에게 필요한 것은 무엇인가요?" Maria는 언니(짧은 기간 떨어져 살았던)와 함께 있을 때가 즐거웠다고 했다. 나는 John과 어떤 점이 다른지를 물었다. "언니는 내 고통을 들어줬어요. 하지만 John은 그러지 않았어요." 이후 Maria는 질문을 John과 공유하기로 했다.

> ### 🌱 학습포인트
>
> 부부평가의 개별 회기 동안 파트너는 새로운 평가질문을 할 수 있다. 하지만, 질문은 파트너와 공유해야 한다. 그렇지 않으면 다른 파트너는 평가자가 어느 한쪽과 동맹을 맺었다고 느낄 수 있다.

MMPI-2

Maria의 MMPI-2 프로파일(그림 18.1)은 그녀가 얼마나 고통스러운지를 보여주었다. 타당도 척도는 높지 않았고 고통을 시사하는 2번 척도(우울증)가 상승되어 있었다. 그리고 9번 척도(경조증)가 낮아 무의식적 증상이 동반된 우울이 있었다. 1번 척도(건강염려증)와 3번 척도(히스테리)의 상승은 만성 통증과 신체 증상을 반영했다. 8번 척도(정신분열증)에서는 소외와 관련된 내용척도가 상승했고, 0번 척도(사회적 내향성)는 Maria가 얼마나 고립되어 있는지를 나타냈다. 그녀와 John은 사람을 거의 만나지 않았다. 친구가 없었고 주로 집에서 시간을 보냈다. 또 하나 흥미로운 척도는 4번 척도(반사회성)였다: Filippo와 나는 이 척도가 남편의 무관심에 대한 분노를 반영한다는 생각이 들었다. 이 분노는 우울 때문에 잘 드러나지 않았지만 그녀와 John은 분노를 자주 표현했다고 했다.

그림 18.1 Maria의 MMPI-2 프로파일

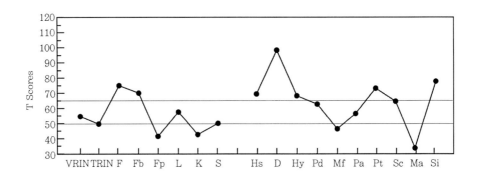

각주: VRIN=무선반응 비일관성; TRIN=고정반응 비일관성; F=비전형; Fb=비전형(후반부); Fp=비전형(정신병리); L=부인; K=교정; S=과장된 자기제시; Hs=1번 척도, 건강염려증; D=2번 척도, 우울증; Hy=3번 척도, 히스테리; Pd=4번 척도, 반사회성; Mf=5번 척도, 남성성-여성성; Pa=6번 척도, 편집증; Pt=7번 척도, 강박증; Sc=8번 척도, 정신분열증; Ma=9번 척도, 경조증; Si=0번 척도, 사회적 내향성. 출처. 이 그림은 *MMPI-2®(Minnesota Multiphasic Personality Inventory®-2) 실시, 채점과 해석 편람*에서 발췌했다. Copyright© 2001 미네소타대학교출판부. 미네소타 대학교 리젠트가 판권을 소유하고 있고 모든 권한을 보유하고 있음. 미네소타 대학교 출판부 승인하에 사용됨. "MMPI"와 "Minnesota Multiphasic Personality"는 미네소타 대학교 리젠트 소유의 등록 상표임.

로르샤하

Maria의 로르샤하는 짧지만 복잡했다. Maria의 지각에는 불안과 외상에 대한 내용이 있었다. 그녀는 II번 카드에서 피가 나는 골반을, X번 카드에서는 여자의 몸을 갉아 먹는 쥐를 보았다. 로르샤하 반응(*DEPI*=6)은 MMPI-2의 우울을 입증했고, 높은 외상내용지수(*TCI*=.86; Armstrong & Loewenstein, 1990)는 만성 통증과 수술로 입은 상처를 반영했다. 이 점수는 해리장애(Kamphuis, Kugeares, & Finn, 2000)의 범위를 넘어섰다. Maria는 심리적 외상에 대해 Filippo에게 물었다. 우리는 Maria와 그 질문을 다루려 했으나 그녀는 갑자기 화제를 바꾸었다. 초기 기억검사를 위해 Maria에게 물었을 때도 비슷한 모습이 있었다. Maria는 작업을

거부했다. 왜냐하면 이 작업을 하면 사람들이 골반 통증을 자신의 어린 시절과 관련지을 거라며 더 이상 검사를 하고 싶지 않다고 했다.

Maria는 로르샤하 검사가 끝날 즈음 통증을 호소했다. 그래서 확장된 질문을 하지 못했다. 우리는 검사가 어떻게 심리적 고통을 보여주는지에 대해 설명했다. Maria도 이에 대해 말했다. Maria는 안정을 찾았고 그 날 집에서 통증을 덜어 주는 Valium을 소량 복용했다고 했다. 의사는 통증 때문에 Valium(근육 이완제)을 처방했지만, 그녀는 자신의 통증은 "심인성이 아니라고" 했기 때문에 과거에는 복용을 거부했었다.

John의 개별 평가

John은 개별 회기에 왔다. 그리고 아내의 통증에 대해 이야기 할 수 있는 기회를 줘서 고맙다고 했다. John은 합리적이고 수용적이었다. 그는 자신의 감정을 표현하는 데 익숙하지 않았다. 그러나 Maria 주치의의 요구와 그녀의 진료예약 참석, 가정을 유지하고 딸들을 돌봐야 하는 것, 그리고 직장에서의 일 때문에 스트레스가 많았다고 했다. John은 가끔 Maria처럼 좌절했고 분노를 어떻게 해야 할지 몰랐다고 했다. 그는 이것이 Maria를 수치심과 자살로 몰아넣었을 거라고 생각하고 있었다. John은 3개의 평가질문을 했다: "스트레스를 관리하기 위해 어떻게 해야 하나요?", "Maria의 예후는 어떻고 이것이 우리 관계에 어떤 영향을 줄까요?", "고통에 상관없이 계속 함께 한다!라고 언제 Maria에게 말해야 하나요?"

이 질문은 John이 힘들었던 간병인에서 벗어나 자신의 욕구를 알기 시작했다는 것을 반영했다. 사실, Maria가 진료 예약일에 가지 않으려고 한 어느 날, John은 자신을 돌보지 않는 것은 잘못 된 거라고 아내에게 소리를 질렀다. 다음 회기에서 Maria는 이제껏 "John이 자신의 마음을 알고 있었다는 것"을 몰랐다고 했다. 그리고 최근에야 그가 다르게 보이기 시작했고, "그의 포옹이 좋아졌다."고 했다.

MMPI-2

John의 MMPI-2 프로파일(그림 18.2)은 그가 약간 힘들다는 것을 보여 주었다. S척도(과장된 자기 제시척도)가 상승한 것은 그가 최선을 다하고 있으며, 모든 것을 가진 것 같기 때문에 다른 사람의 부러움을 사고 있다는 것을 반영했다. 5번 척도(남성성, 여성성)의 상승은 예민성, 분노 표현의 어려움, 수동성과 관련 있었고, 주위에 압력을 가해 친밀한 관계를 맺을 수 있다는 것을 의미했다. 7번 척도(강박증)가 약간 상승한 것은 그가 Maria의 상황에 대해 느꼈던 걱정과 스트레스, 그리고 "신중한" 경향을 나타냈다. 0번 척도(사회적 내향성)가 중간 정도로 상승한 것은 고립을 반영했다; 앞서 언급한 대로 Maria처럼 그도 친구가 거의 없었다.

Maria의 높이 상승한 MMPI-2 프로파일에 비해 John의 프로파일은 대부분 정상 범위에 있어 비교가 되었다. 우리는 "보완적인" MMPI-2 프로파일의 의미를 생각해 보았다. 이것은 여러 면에서 부부를 이해하는 데 유용했다.

로르샤하

John의 로르샤하 반응 수는 평균 이상이었다. Filippo와 나는 John의 로르샤하 반응이 Maria의 로르샤하와 비슷해서 놀랐다. 예로 John은 피가 나는 골반을 보았다. John은 검사가 진행되어 감에 따라 흥분했고 공격적인 동물 반응이 나타났다. MMPI-2 프로파일과는 대조적으로 로르샤하 반응에서는 정서적 고통(걱정)이 시사되었다. 그리고 색채 반응이 많았다. 우리는 놀랐다. 왜냐하면 John은 꽤 이성적이었기 때문이었다. 하지만, 평가가 진행됨에 따라 이 반응이 점차 이해되었다. MMPI-2에 나타난 것처럼 John은 정서적으로 예민한 사람이었다. 하지만 그는 감정에 압도되었고 어떤 때는 자신의 머리를 닫아버렸다(이는 우리가 Maria의 남편에 대한 정서적 폭발을 이해할 수 있게 해주었다). 그리고 John은 Maria의 감정적 반응에 위축되었다. 이는 그녀를 슬프게 했다. John 또한 이것으로 상처를 받았다. 비록 부부 모두 나름의 사정이 있었지만, Maria는 더 고통을 겪고 있었다. Maria의 역할은 희생자와 동일시되어 John의 관심을 방해했다. 그리고 그것은 Maria를 고통스럽게 했다.

Filippo와 나는 검사를 마친 후 John의 로르샤하 반응에 대해 의견을 나누었다. John에게는 병적인 해부 반응이 있었다. 우리가 이를 언급하자 그는 갑자기 흥분했다. 그는 Maria의 상황에 대해 내가 아는 것보다 더 많은 영향을 받고 있었다.

그림 18.2 John의 MMPI-2 프로파일

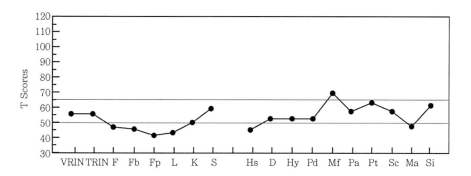

각주: VRIN=무선반응 비일관성; TRIN=고정반응 비일관성; F=비전형; Fb=비전형(후
반부); Fp=비전형(정신병리); L=부인; K=교정; S=과장된 자기제시; Hs=1번
척도, 건강염려증; D=2번 척도, 우울증; Hy=3번 척도, 히스테리; Pd=4번 척
도, 반사회성; Mf=5번 척도, 남성성-여성성; Pa=6번 척도, 편집증; Pt=7번 척
도, 강박증; Sc=8번 척도, 정신분열증; Ma=9번 척도, 경조증; Si=0번 척도, 사
회적 내향성. 출처. 이 그림은 *MMPI-2®(Minnesota Multiphasic Personality
Inventory®-2) 실시, 채점과 해석 편람*에서 발췌했다. Copyright© 2001 미네소
타대학교출판부. 미네소타 대학교 리젠트가 판권을 소유하고 있고 모든 권한을 보
유하고 있음. 미네소타 대학교 출판부 승인하에 사용됨. "MMPI"와 "Minnesota
Multiphasic Personality"는 미네소타 대학교 리젠트 소유의 등록 상표임.

학습포인트

　결혼 생활에 어려움을 겪는 부부에게 자기보고형 검사의 보완적인 프로파일은 흔한
것이 아니다. 이는 투사적 동일시를 반영할 수 있다. 투사적 동일시는 일부 부부에게
제한적으로 나타난다. 부부는 반대의 성격과 기질, 방어기제를 드러낸다. X파트너가
점점 비관적으로 되면, Y파트너는 점점 낙관적으로 된다. Y파트너가 점점 감정을 표현
하면, X파트너는 점점 이성적으로 된다. 이 과정은 부부 관계의 상호작용 속에서 각
파트너의 성격 특징을 반영한다.

부부 평가 개입 회기

📍 학습포인트

　부부 평가 개입 회기는 부부 문제를 체계적으로 이해하는데 도움을 준다. 왜냐하면 부부는 관계 밖에서는 서로에게 어떤 영향을 주는지를 잘 알지 못하기 때문이다. 파트너는 때로 배우자가 혼자라는 측면에서 구체적인 삶의 문제를 본다. 예를 들면 우리는 관계 문제로 싸운다. 그런데 나는 결코 다른 사람과 싸우지 않는다. 그러므로 당신이 싸움의 원인이다. 이러한 오류는 일반적이다. 그래서 이는 부부 평가 개입의 주안점이 된다.

　Filippo와 나는 John과 Maria에게 공동 로르샤하를 실시했다. 나는 이 기법을 다른 곳에서 충분히 설명했기 때문에 여기서는 자세히 다루지 않았다.

　Filippo와 나는 이번 회기(우리가 Maria와 John과 함께 작업을 한 지 몇 달 후)를 통해 부부에게 중요한 변화가 일어났다는 것을 알았다. Maria는 안정되었고 덜 절망했다. John은 따뜻해졌고 자신을 돌보았다. Maria는 적은 양의 Valium으로 만성 골반 통증을 줄였고 스트레스를 이겨냈다. 한 주 전에 Maria와 John은 주(지역)를 벗어나 골반 통증 전문의에게 진료를 받으러 갔다. 하지만 두 사람에게 진료는 별로 도움이 되지 않았다. 그 때 John은 아내를 아무렇게 대하는 의사에게 "함부로 말하지 말라면서" Maria를 지지했다. Maria는 John이 자신을 보호해 준 것이 기뻤다. 비록 의학적으로 도움이 되지는 않았지만 그들은 즐거웠고 마치 여행을 다녀 온 것 같았다. 우리는 이러한 경험이 도움이 되기를 바랐고 로르샤하가 그들을 이해하는 "기폭제"가 되기를 원했다. 그리고 그들이 서로를 얼마나 고통스럽게 했고, 상호작용이 Maria의 고통에 얼마나 도움이 되었는지 깨닫기를 바랐다. 아울러 건강하게 상호작용하기를 기대했다. 우리는 회기를 비디오로 녹화했다.

자유연상 단계

　한편, 공동 로르샤하 검사의 자유연상 단계에서 흥미로운 일이 있었다. 나는 부부에게 개별 로르샤하에서 혼자서 봤던 것을 부부가 함께 보도록 했다. "그들은 그렇게 하겠다고 했다." Maria와 John은 협력적으로 함께 했다. 웃으며 서로의 반응에 관심을 가졌다. 그들은 II번 카드에서 하나를 제외하고 몇 가지는 동의하지 않았다. 처음에 부부는 "두 사람이 함께 손을 잡고 있는 것"에 일치를 봤다. Maria는 다음 반응을 했다:

Maria: 회색은 골반이고 이것은 피예요. 그렇지 않아요?

John: 그래. 그것은 피네(D1의 빨간 색을 가리키며).

Maria: (D2의 위쪽을 가리키며) 그리고 이것은 난소예요.

John: 그래? 그런데 나는 나비가 보여(D3을 가리키며).

Maria: 나는 나비가 안 보여요.

John: 나비가 안 보여?(D3을 가리키며)

Maria: 네. 나비가 안 보여요.

John: 당신은 나비가 안 보이는군. 알겠어. 그런데 나비처럼 보이지?

Maria: 음...

John: 당신은 나비를 보고 싶지 않은 것 같아.

Maria: 네. 보고 싶지 않아요.

John: 알겠어(다른 것을 찾더니 카드를 Maria에게 주었다).

Maria: 나비를 포기하는 거예요?

John: 글쎄. 나는 나비처럼 보이는데 당신이 안 보인다니 어쩔 수 없지.

Maria: 그런데 우리는 답을 해야 해요.

John: 우리가 모든 것에 동의할 필요가 있나? 우리는 두 사람과 골반을 봤어.

Maria: 우리는 동의해야만 해요.

John: 알겠어.

Maria: 당신은 밖에서 나비를 많이 볼 거예요. 이제 나비는 포기해요!(웃음)

John: (웃음) 우리는 하이파이브 하는 두 사람과 골반을 봤어. 그런데 당신은 나비를 보지 않을 거지?(웃음)

Maria: 네.

John: 알았어. 우리는 나비에 대해 동의하지 않아요(Steve에게 카드를 줬다).

Maria: (카드를 받으며) 당신은 나비를 포기할 수 있어요. 자, 어서!(웃음)

John: (웃음) 그런데 우리는 모든 것에 동의할 필요가 있지?

Maria: 네. 자, 나비를 포기해요!(웃음). 그것은 골반이고 피가 나요.

John: 동의해. 그런데 나는 거기서 나비가 보여.

Maria: (어깨를 움츠리고 실망한 듯)

John: 우리는 동의하지 않을 수도 있어(카드를 다시 건네준다).

확장된 질문

자유연상 후에 Filippo와 나는 Maria와 John에게 잠시 쉬자고 했다. 그리고 우리는 관찰한 것에 대해 논의했다. 우리는 II번 카드의 의미가 자기에게 유리하게 포장된 것이라는 데 의견일치를 보았다. 그래서 비디오테이프의 해당 부분을 표시했다. 그리고 Maria와 John을 치료실로 데려왔다. 우리는 첫 번째 부분에 대한 반응을 묻는 것부터 시작했다. 그들은 작업을 즐겼다. 그리고 이것이 집에서의 생활을 반영하는데 일상적인 것이라고 했다. 우리는 테이프에 표시한 부분을 함께 보았다. Maria와 John은 웃었고 그들은 II번 카드를 서로 주고받고 있다는 것을 알게 되었다. 그것을 본 후 우리는 테이프의 그 부분에 대해 의견을 나누었다.

Steve: 무얼 봤나요?

Maria: 당신도 알다시피 나는 감정적이어서 사람들은 내가 남편에게 도움을 받는다고 생각해요. 그러나 남편은 자기가 하고 싶은 것을 결코 포기하지 않아요. 나는 그에게서 도움을 받지 못해요. 남편은 원하는 게 있으면 절대 포기하지 않아요. 그는 화를 내지 않고 이렇게 해요. 그래서 나는 강요를 할 수가 없어요.

Steve: 맞아요. 그것이 당신이 본 거예요. John. 당신은 무엇을 봤나요?

John: 모르겠어요. 내가 무엇을 본 건지 모르겠어요. Maria는 나비를 봤어요. 그리고 무엇이 나비인지를 알았어요. 그러나 나는 내가 들은 것으로 추측을 했어요. 그녀는 골반 통증에 대해 생각했고 그것에 대해 부정적이었어요. 나비는 아름답고 좋은 거예요. 그녀는 나비를 보고 싶어 하지 않았어요. 나는 그저 "여기에 나비가 있어."라고 말했을 뿐이에요. 그러나 나는 골반과 그녀의 상황을 무시하고 있다고 느꼈어요. 무언가 심각한 일이 계속되고 있었어요. 그래서 이렇게 말했죠. "봐, 나비잖아." 그녀는 내가 자신을 무시하거나 상황을 이해하지 않는다고 생각해요.

Steve: (Maria에게) 어때요? 그렇게 느끼시나요?

Maria: (고개를 끄덕이며) 그리고 이것은 일상에서도 일어나요.

Steve: Maria. 나는 당신이 보낸 메시지를 봤어요-어디보자 내가 그것을 바르게 이해했는지-John. 당신은 행복하지 않고 고통스럽기를 원하나요? 행복이 우선되어야 하지 않나요? 그게 맞지 않나요?

Maria: 네.

나는 인지한 문제를 제기한 뒤 화제를 바꿨다. 그리고 다시 카드로 작업을 했다.

Steve: 나는 무언가 재미있는 것을 봤어요. John. 당신은 상당히 빠르게 Maria가 나비를 보지 못한다는 것을 알았어요. 그리고는 관심을 끊었어요. Maria. 다시 직면해 보세요. 당신은 "나비를 신경 쓰지 않아요."라고 말할 수 있어요.

Maria: 정말 나는 그것을 보지 못했어요.

John: 우리가 그것을 다시 볼 수 있을까요?

Steve: 틀림없이 다시 볼 수 있을 거예요.

그리고 우리는 한 번 더 테이프를 보았다.

Steve: Maria. 어떠세요?

Maria: 나는 남편이 나비를 보기를 원하는 것 같아요. 잘 모르겠어요.

Steve: 당신은 어떠세요. John?

John: 내가 느끼기로 아내는 나비를 볼 수 있지만, 거기에 나비가 없다고 말하는 게 중요한 것 같아요. 지금 당장은 무언가 좋은 것을 보는 것이 어렵다는 것을 이해할 필요가 있을 것 같아요.

Steve: 이상하네요. Maria. 당신이 John에게 나비가 보이지 않는다는 것에 찬성하는지가 궁금해요. 아마 당신은 남편이 당신의 편에 서기를 원하는 것 같아요. 지난 주에 우리가 무언가에 관해 이야기 할 때 남편이 긍정적이지 않았던 게 기억이 나네요. 당신은 이것을 불편해 했고 당신은 남편이 긍정적이기를 바랬어요. 그래서 이런 식으로 말하는 것 같아요.

Maria: 나비를 포기하지 마라. 그래요. 그게 맞아요. 그가 긍정적이지 않으면 나는 힘들어져요.

Steve: 그렇지 않으면요?

Maria: 그렇지 않으면?

Steve: 그렇지 않으면 자신을 발견할 수 있을 거예요.

Maria: (고개를 끄덕임)

Steve: 그렇다 해도 그건 힘들 거예요.

Maria: 맞아요. 힘들 거예요.

이후 Maria는 통증이 별로 없었던 "좋았던 날"에 대해 말했고, 그 때 John은 모든 것이 다시 정상이 된 것처럼 행동했다고 했다.

Steve: 나는 당신의 관점에서 이럴 때 필요한 게 무엇인지를 생각해 보았어요. 당신이 피가 나는 골반을 봤을 때 당신은 남편이 함께 있기를 바랐어요. 그리고 남편은 그렇게 했어요. 당신의 반응에 남편은 동의했고, 아울러 피가 있던 위치를 가리켰어요. 멋졌어요, John. Maria! 남편은 그 자리에서 당신과 함께 했어요. 그런데 그때 당신이 *너무 빨리 떠나지 않았으면* 하는 아쉬움이 있었어요.

Maria: 네!

Steve: John! 당신은 나비를 언제라도 가져올 수 있어요. Maria! 당신은 "저기 나비가 있어. 그런데 지금은 우리 피가 나는 골반에 머무는 건 어때?"라고 말했어요(둘 다 웃음). 그러나 Maria! 당신에게 필요한 것은 피가 나는 골반을 잃어버리는 게 아니에요. 왜냐하면 당신이 그것을 잃어버리면, 남편도 그것을 잃어버리기 때문이요. 그건 좋지 않아요. John! 아내는 당신이 머물러 주기를 원해요. 그러면 당신은 아내를 자세히 볼 수 있을 거예요. 그녀가 약간이라도 자신을 돌아보면 긍정적으로 될 거예요. 그러나 너무 긍정적일 필요는 없어요. 그러면 아내를 잃을 거예요. 조금만 머물러도 괜찮을 거예요. 어떠세요?

Maria: 맞아요.

Steve: John. 어려울 거예요. 그리고 항상 할 수도 없을 거예요. 왜냐하면 당신도 감정이 있기 때문이에요.

Maria: 오!

John: 맞아요. 내가 "당신은 나비를 볼 수 있어."라고 말했을 때 그것은 나중에 그럴 기회가 있을 거라는 의도로 말한 거였어요.

Steve: 맞아요. Maria를 통증에 홀로 남겨두지 말아야 해요.

Maria: 그래요. 그건 최악이에요.

이 때 부부는 소파에 앉아 서로를 보았다; 관심이 많아진 것 같았다. 그리고 그들은 우리가 토론했던 양식을 어떻게 개발했는지를 궁금해 했다. 이것은 투사적 동일시 개념을 그들에게 상호작용으로 설명할 기회가 되었다.

Steve: 내가 당신의 생각을 해석해 볼 테니 어떤 생각이 나는지 말해 주세요?(둘 다 고개를 끄덕임) John. 당신은 조금 덜 감정적이어야 해요. 물론, 어려울 거예요. Maria. 당신은 화가 난 남편을 좋아하지 않죠. 그건 당신에게 상처가 되기도 해요. 그러나 당신은 그의 포옹을 좋아해요. 왜냐하면 그가 정서적으로 자신과 연결되어 있고, 당신도 그렇게 될 수 있기 때문이에요. 나는 이럴 때 당신이 감정을 통제할 수 있을지가 궁금해요.

Maria: 네.

Steve: 이런 방식으로 하면 남편이 감정적으로 될 때마다 당신은 점차 이성적으로 될 수 있을 거예요.

John: 무슨 말인지 알겠어요.

Steve: 나는 관계를 회복할 수 있을지가 궁금해요. 왜냐하면 이 부분에서 당신은 다른 사람이 가지지 않은 힘을 가지고 있기 때문이에요. Maria. John은 당신의 활기와 감정(정서)에 매력을 느꼈다고 했어요. 내 추측에 당신은 그의 안정성과 침착함에 매력을 느꼈다고 생각해요.

Maria: 맞아요. 그것이 나를 끌어당겼어요(John은 고개를 끄덕였다).

Steve: 그래요. 당신들은 서로의 성격에 균형을 맞추려고 해요(모두 고개를 끄덕임). 일이 잘 해결될 때는 서로에게 배울 거예요. 그러나 일이 잘못되면 한쪽을 더 고수할 수 있어요. Maria. 당신은 점점 더 감정적으로 되면, John이 점점 더 이성적이 되도록 자극했어요. John. 당신이 이성적으로 되면, Maria는 더 감정적으로 되었어요.

Maria: 맞아요. 우리가 행복했을 때는 많은 일이 있었어요. 남편은 장난도 치고, 말도 많고, 모험적이었어요.

Steve: 그래요. 그래서 남편이 멀어지는 것은 충격이었을 거예요. 아마 다른 일 역시 마찬가지 일 거예요. 당신의 큰 딸이 신경성 식욕부진을 앓은 것처럼.

Maria: 맞아요. 그 때 많이 힘들었어요.

Steve: 당신은 이제 평가를 통해 돌아오기 시작했어요. John. 당신은 감정의 중요성을 배우고 있어요. Maria. 당신은 침착해지고 이성적으로 남편의 관점에서 보게 되었어요. 그리고 최근 여행에서 당신이 겪었던 것은 스트레스 상황이었고 완벽하게 진행되지는 않았지만, 서로를 갈라놓을 수는 없었어요. 그렇죠?

Maria, John 둘 다: 네.

새로운 시도

그런 후 우리는 회기의 가장 감동적인 부분을 맞이했다. 나는 II번 카드를 부부에게 건네면서 그들이 보았던 골반의 고통스러운 이미지에 대해 다시 물었다. 나는 John에게 가능한 오래 Maria의 "고통에 머물" 수 있는지를 물었다. 나는 그가 고통 속에서 Maria와 동참하는 게 어떤지를 보고 거기에 충분히 머문다면, 그녀가 나비를 동원해 내면의 변화를 느낄 수 있을 거라고 생각했다. 하지만 변하지 않아도 괜찮을 것이다. 왜냐하면 나비는 이후에도 올 수 있으니까.

John: (II번 카드를 잡고) 이것은 골반 같아. 그리고 여기 피가 묻어 있어. 이것은 난소나 다른 것이 될 수도 있어. 이것을 보면서 나는 당신과 당신의 고통에 대해 생각했고 모든 초점을 여기에 두었어.

Maria: (울기 시작; 남편은 그녀를 안았다.) 그래. 이 모든 게 상처야(가리키며). 나는 난소가 없지만, 이건 상처야(심하게 울음).

John: 맞아(달램). 그건 큰 상처야.

Maria: 나는 난소가 없을지도 몰라.

John: 그래. 난소를 가지고 있으면 당신은 여전히 고통스러울 거야.

Maria: 이것은 아직도 상처야. 이 빨간색은 상처야.

John: 당신은 이것을 아직도 상처라고 생각해. A박사가 심인성 통증이라고 말한 게 생각나네.

Maria: 아니(화가 남). 그 이상이야(몸을 움직여 멀어짐).

Steve: John. 그것은 나비이기도 해요. 억지로 하지 마세요. 그냥 고통에 머무세요.

Maria: 알다시피 난 이제 에스트로겐이 나오지 않아. 그들이 모든 걸 뺏어갔어. 그럴 필요까지 없었는데!

John: 그래. 끔찍해(Maria에게 다가가 뺨에 가볍게 키스를 했다.).

그 때 나는 뺨에 John의 키스를 받은 듯한 느낌이 들었다! John은 Maria의 고통에 머물렀고 지지했다. 그들은 여러 이야기를 했다. Maria는 울었다. John은 몇 번 고통에서 벗어나려 했지만, 그 때마다 그는 거기에 머물며 나의 지지를 받았다. Maria는 안정되었고 피곤하다고 했다. 그리고 그들은 치료실을 떠났다. 그녀는 나비를 이끌어내지 못했어도 편안해 보였다. 우리는 일주일 후 요약/논의 회기를 하기로 했다.

요약/논의 회기

요약/논의 회기는 Jane의 치료실에서 했다. Filippo와 내가 대기실로 갔을 때 처음 평가 때와 다른 모습이 눈에 들어 왔다. Maria와 John은 2인용 의자에 같이 앉아 있었다. John은 Maria를 안고 킥킥거리며 잡지를 보고 있었다. 젊은 연인 같았다. 그들은 일주일을 잘 보냈다고 했다.

John은 먼저 자신의 검사 결과를 듣고 싶어 했다. 우리는 그가 스트레스와 외상을 경험하고 있고 우울의 가능성이 있다고 말해주었다. Maria는 그를 지지했다. 그녀는 남편이 자기 때문에 영향을 받은 것 같아 미안하다고 했다. John은 자신이 고통을 표현하는 방법을 몰랐기 때문에 그랬다고 했다. Maria 차례 때는 John 또한 아내를 지지했다. 그는 Maria의 "통증"과 "고통"의 차이를 이해할 수 있었다. John은 Maria를 지지했다. 그리고 그녀를 고통에 남겨 둔 채 떠나지 않겠다고 했다.

회기 후반에 우리는 공동 로르샤하로 탐색한 관계의 구조적 측면에 대해 이야기했다. John과 Maria를 여기로 인도했고 각자 "유인" 방법에 대해 배운 것을 Jane에게 설명했다. 그리고 지난주에 그들만의 방식으로 어떻게 "발견했고", "변화했는지"에 대해 말했다. 우리는 그녀에게 투사적 동일시를 설명했다. 그리고 두 달 뒤 추수 회기를 가지기로 했다. 그들은 고마워했다. Maria는 치료실 문을 닫기 전에 봉투를 건넸고 자신들이 나간 후 열어 보라고 했다.

Filippo와 나는 봉투를 열었다. 안에는 Maria가 이전에 거부했던 초기기억검사 자료가 있었다. 그리고 메모가 한 장 붙어 있었다: "나는 이제 이 메모를 당신에게 드릴 수 있어요. 왜냐하면 당신이 진지하게 나의 고통을 대했기 때문이에요." 우리는 Maria의 초기 기억에 대해 읽었다. 거기에는 Jane과 우리에게 공개하지 않았던 그녀의 외상이 적혀 있었다. 그녀는 17살 때 가족 모임에서 사촌에게 강간을 당했다(이것은 Maria의 딸이 신경성 식욕부진이 발생한 때와 같은 나이였다. 이때부터 Maria의 골반 통증은 시작되었다). Maria는 강간을 당했을 때 엄마가 했던 말을 썼다. "누구에게도 이것을 말해선 안 돼! 내 말 들려? 이 일은 결코 일어난 게 아니야!" Maria는 엄마의 반응으로 황폐화되었다.

추수 회기

두 달 후 나는 Maria와 John을 만났다(Aschieri박사는 Italy로 돌아가 회기에 참석할 수 없었다). 그들은 잘 지냈다. 나는 그들이 얼마나 행복한지를 보고 놀랐다. 중요한 발전은 Maria가 골반 통증을 경련에 의한 것으로 받아들였다는 것이었다. 그녀는 새로운 물리치료사를 만났다고 했다. Maria는 한 달 동안 물리치료를 받았고 통증은 줄어들었다. 아울러 최근에는 성관계를 했다고 했다. 그리고 John은 "당신! 선생님에게 보여 주고 싶지 않아? 보여줘!"라고 말했다. 그녀는 부끄러워하며 웃었다. Maria는 블라우스 단추를 풀었다. 그리고 목깃을 접어 자랑스럽게 가슴에 새긴 작은 나비 문신을 보여주었다. 우리 모두는 함께 웃었다. Maria는 말했다. "당신은 이 나비를 끌어낼 때까지 기다릴 수 있다고 했어요. 언젠가는 잘 느끼겠죠. 그래서 이렇게 했어요!" John은 미소를 지었다. 그들은 키스를 했다. 나는 감동했고 그들에게 감사를 표했다. 그들도 고맙다고 했다. Maria는 다음과 같이 말했다. "당신은 우리의 결혼을 되찾아 주었어요. 그리고 내 인생을 되돌려 줬어요. 아무리 해도 감사를 다 표현할 수가 없네요!" 우리는 포옹을 하고 작별 인사를 했다.

장기 추수 회기

몇 년 후 나는 Maria와 John이 잘 지내고 있다는 것을 Jane에게 들었다. Maria는 통증이 사라졌고 다시 일을 시작했다. 최근에는 새 집으로 이사를 했다. 큰 딸은 자신의 아파트로 옮겼고 대학에 입학했다. 둘째 딸은 학교에서 잘 지냈고 친구도 많았다. John과 Maria는 친구를 사귀었고 Maria는 한 달에 두 번 Jane을 만났다. Jane은 Maria의 어린 시절 작업에 대해 알려 주었다. 하지만 Maria를 치유한 것은 John과의 관계였다고 했다. Maria는 John이 자신의 통증을 진지하게 받아들였고 가족은 행복해졌다고 했다.

요 약

Jane은 개인을 위한 치료적 평가와 부부를 위한 치료적 평가의 차이에 대해 말했다. 다른 곳에서도(Finn, 2007) 언급했듯이 치료적 평가는 내담자와 관계를 맺는 새로운 방식이다. 치료적 평가는 이전에 저항했던 자신을 바라보고 인생의 목표를 달성하는 새로운 방법이 된다. 그리고 부부를 대상으로 하는 치료적 평가가 잘 되면, 새로운 안전 애착은 부부 사이에서 커진다. 평가자와 부부의 관계도 중요하지만 각 파트너가 서로를 이해하고 평가자의 지지를 느끼면, 이는 "긍정적인 삼각관계"가 형성되어 부부를 치유하는 데 도움이 된다. 평가자는 검사를 통해 부부가 서로를 정확히 보고 연민을 가지도록 돕는다. 그리고 새로운 관계에서 개인의 경험을 말하게 한다. 마지막으로 평가자는 부부관계에 대해 일관성 있는 이야기를 창조할 수 있도록 돕고, 왜, 어떻게 발전했는지, 문제의 원인이 무엇인지를 살펴보게 한다. 이 부부는 Fischer(1985/1994)가 "개인적으로 실행 가능한 방안"이라고 부른 관계 개선의 방법을 찾을 수 있었다. 부부는 평가를 떠나 삶의 문제 속에서도 성장하고 변화할 수 있었다. 평가가 기억에서 사라져도 그 영향은 계속될 것이고 통찰과 변화는 더 짜임새 있게 발전할 것이다.

19장

협력적 신경심리평가 사례 연구: 뇌손상 환자와 학습문제 아동

TAD T. GORSKE AND STEVEN R. SMITH

"뇌의 변화가 일상에 어떤 영향을 주는지를 모르면, 뇌 손상에 관한 정보는 별 의미가 없다."(Varela, Thompson, & Rosch, 1991; McInerney & Walker, 2002에서 인용)

세계보건기구(World Health Organization; WHO)는 전 세계 약 백만 명이 신경장애를 앓고 있는 것으로 보고했다(WHO, 2006). 신경장애는 간질, 뇌졸중, 치매, 파킨슨병, 외상성 뇌손상 등을 말한다. 소아기 신경장애는 자폐증, 주의력결핍 과잉행동장애, 난독증 같은 발달장애를 포함한다(National Institute of Neurological Disorders and Stroke, 2009). 신경장애로 인한 인지기능 손상은 일상에 영향을 준다. 자신과 세상을 바라보는 관점이 바뀌고, 감정, 사고, 행동, 일, 대인관계 및 건강과 인생관도 변화한다. 그리고 신경장애는 자존감, 자신에 대한 이해, 가족의 화목에도 영향을 준다(Cosden, Elliot, Noble, & Klemen, 1999).

인지 손상은 자신에 대한 관점이나 능력, 자아개념에 위협이 된다(Patterson & Saton, 2009). 신경학적 손상을 입은 사람은 종종 사건에 대한 기억이 없다. 사고가 일어나기 전후 몇 시간이나 몇 개월을 기억하지 못한다. 의식을 회복하면, 신체, 정서, 인지 변화를 알지만 왜 그런지는 모른다. 끔찍한 부상에 관해 이야기할 때도 사건에 대한 기억이 없기 때문에 무엇을 믿게 하는 게 어렵다. 결국 환자는 누군가 자신의 삶을 훔쳐 불구가 된 채 혼자 남겨졌다고 느낀다.

인지 손상 환자는 다음과 같은 도전에 직면한다. (1) 그들의 변화와 인식은 동일하지 않다; (2) 기능 상실에 따른 정서 변화; (3) 변화 이해하기; 이것은 "왜?"라는 질문과 싸우고 있다는 것을 의미한다; (4) 희망은 있지만 기능 상실과 자신을 잃은 것에 대한 슬픔; (5) 치료과정을 시작하기 위한 수용; (6) 새로운 삶의 의미와 목적 세우기(Howes, Benton, & Edwards, 2005; Parsons & Stanley, 2008; Patterson & Staton, 2009).

환자는 기능 향상을 위해 재활치료를 받는다. 따라서 심리치료와 신경심리치료는 재활에 중요하다. 심리치료는 환자와 가족의 정서적 요구를, 신경심리치료는 인지 손상을 다룬다. 손상은 장단기적으로 기능에 영향을 준다(Taylor, Livingston, & Kreutzer, 2007).

신경심리평가의 역할은 변하고 있다. 신경심리학자들은 기술적 상담자에서 삶의 동반자로 그 역할이 바뀌고 있다. 즉, 뇌-행동의 시각을 넘어 전체적인 관점으로 바라보기 시작했다. 전체적인 관점으로 보는 신경심리학자는 (1) 환자와 가족에게 적극적으로 협력한다; (2) 신경학적 장애가 있는 사람은 장애가 없는 사람과 같다고 믿는다; 그리고 (3) 치료 관계를 위해 정직과 배려로 상호작용을 한다; 아울러 (4) 이해할 수 있는 언어로 설명하고 실용적인 재활 계획을 개발한다. 그런 관점을 가진 신경심리학자는 환자와 가족이 문제를 이해할 수 있도록 돕는다. 그리고 이런 변화는 피할 수 없으므로 변화에 대처할 수 있어야 한다. 모든 환자는 중요하다. 따라서 그들의 실존적 문제를 존중해야 한다(Taylor, Livingston, & Kreutzer, 2007).

협력적 치료적 신경심리평가(CTNA)

우리는 협력적 치료적 신경심리평가모형(Collaborative Therapeutic Neuropsychological Assessment; CNTA; Gorske, 2008; Gorske & Smith, 2009)을 소개하고자 한다. 이 모형은 내담자와 가족을 신경심리평가 결과를 이용해 협력적 피드백 과정에 참여시킨다. CTNA는 치료적이고 협력적인 평가모형(Finn, 1996, 2007; Fischer, 1994)이다. 그리고 내담자 중심의 피드백을 위해 동기강화상담의 원리를 적용한다(Miller & Rollnick, 1991/2001). CTNA는 협력을 촉진하고 감정을 이해하며, 내담자의 질문에 대한 답변과 개인의 경험을 검사 결과와 통합한다. 그리고 내담자와 가족에게 검사 결과에 대한 객관적 피드백을 제공하고 신경심리평가 과정을 설명한다. 따라서 CTNA는 실존적 문제를 다루고 미래와 개인과 가족을 위해 새로운 의미를 만든다.

　CTNA는 2단계로 되어 있다: 공동 면담과 치료 피드백. 면담의 목표는 환자의 인지 문제의 심도와 특징을 이해하고 환자와 가족을 위해 실용적이고 정서적인 결과를 제시하는 것이다. 환자는 인지기능에 문제가 있기 때문에 강력하고 실질적인 지지가 중요하다. CTNA는 인지 문제와 정서 문제 사이의 미묘한 상호작용을 고려해야 한다. 예를 들어 신경심리학자는 알츠하이머병 환자의 기억문제와 지남력 상실을 묻는다. CTNA 전문가도 환자의 기능 상실과 배우자/보호자와의 관계에서 오는 스트레스를 걱정한다. CTNA는 정서와 상관관계가 있는 병, 장애, 상해의 결과를 주 증상만큼 중요하게 본다.

　CTNA의 두 번째 단계는 피드백 회기이다(Gorske & Smith, 2009). 치료적 평가보다 CTNA는 전문성이 있고 피드백의 각 단계마다 환자의 관점을 포함하고 있다. 검사 결과는 환자(또는 가족)가 이해할 수 있는 언어로 제시한다. 따라서 동기강화상담처럼 검사 결과를 일상에서 어떻게 볼 수 있는지 예를 들어 달라고 한다. 따라서 환자나 가족에게 복잡하게 적힌 권고 사항을 주는 것보다 실질적인 도움이 되는 개입을 하는 것이 낫다. 그들은 작업요법이 필요하다는 것을 모를 수 있다. 이를 통해 그들은 손 기술 훈련이 필요하다는 것을 알게 될지도 모른다.

　CTNA는 기존의 신경심리학적 관점과 달리 환자 중심적이고, 섬세하고, 전체적으로 접근하기 위해 치료적 평가 과정을 포함하고 있다. 그래서 환자를 적극적인 협력자, 전문가, 자신의 상태를 잘 아는 사람으로 본다. 평가는 표준화된 방식으로 실시되고 채점되지만, 결과 제시는 환자 가족의 질문에 유연하게 답할 수 있도록 되어 있다. CTNA의 최종 목표는 환자와 가족의 걱정을 줄이고 미래의 가능성에 대한 개인적 의미와 현실성을 평가하는 것이다.

Walter 사례

　나(Gorske박사)는 2009년에 Pittsburgh의료원 뇌손상재활센터에서 Walter를 만났다. Walter는 중장비에서 떨어져 뇌 손상을 입은 40대 중반의 유럽계 미국인이었다. 그가 응급실에 왔을 때 Glascow 혼수척도(두부 손상으로 인한 의식의 명료도를 평가)는 7점이었다. 이는 심한 두부 손상으로 의식 명료도가 낮은 것을 의미했다. 뇌 CT에서는 양측 전두엽에 출혈과 뇌의 뒤쪽에 혈종(뇌 조직 아래 혈 덩어리)이 있었고, 양측 측두엽과 전두엽에는 뇌진탕, 좌측 후두부에는 경막외 혈종이 관찰되었다. 그것은 경막(뇌의 거친 외막)과 두개골 사이에 혈종이 있다는 것을 의미했다. 또한 Walter는 좌측 두정엽과 양측 후두엽에 두개골 골절이 있었다. 그는 외상 치료 후 안정을 찾았고 8일 뒤 재활치료실로 옮겨졌다.

Walter를 처음 만났을 때 그는 심한 두통으로 약물치료를 받고 있었다. 그래서 정신상태 평가가 어려웠다. 다른 의료진의 피드백과 Glaveston 지남력 기억검사(외상후 기억상실, 인지, 뇌 손상을 측정하는 검사(점수=39; 76점이면 정상))를 통해 그가 심한 외상후 기억상실(뇌 손상 정도에 따른 혼란과 기억상실 상태를 의미)이 있음을 알 수 있었다(Levin, O'Donnell, & Grossman, 1979). 며칠 후 Walter의 점수는 79점까지 올라갔다. 이후에는 85점까지 상승했다. 그는 외상후 기억상실 때문에 입원했고 신경심리치료를 시작했다.

Walter의 검사 결과는 재활 환자가 보이는 일반적인 수준이었다. 그는 읽기검사와 쓰기 정보를 처리하는 속도, 글자 유창성(글자로 단어를 생성하는 능력), 집중력, 시각 추적, 그리고 고차적 문제 해결능력과 논리적 추론능력에 손상이 있었다(모든 점수가 1% 이하였다). 그리고 범주 유창성(동물과 같은 범주에서 단어를 생성하는 능력), 시공간 능력(복잡한 도형을 그리는 능력)과 시각기억(일련의 도형을 기억하는 능력)에서 경도에서 중등도의 손상이 있었다. 학습과 언어 정보를 기억하는 능력은 평균 수준이었지만, 언어능력은 심하게 손상되어 있었다. 그는 사고 25일 만에 퇴원했고 독립적인 생활을 할 수 있었다. 그러나 인지 손상으로 뇌 손상 재활 프로그램에 참여해야만 했다.

퇴원 후 몇 달 뒤 나는 Walter를 만났다. 그는 재활 프로그램에 참가했고 치료를 잘 받고 있었다. 그러나 자신을 비관했다. 그는 자신을 "정서 훈련 만신창이"라 불렀다. 그는 수면에 문제가 있었고 걱정이 많았다. 그리고 인지 문제를 부인했다. 그는 괴로워했다. 왜냐하면 만성 통증으로 정상적인 생활을 할 수 없었기 때문이었다. Walter는 물리치료와 언어치료를 받았다. 그리고 호전을 보인다는 피드백을 받았다. 그러나 재활 프로그램에서 벗어날 수 없을 거라는 두려움이 있었다. 재활치료사는 그가 목표를 달성할 때마다 다른 목표를 제시했다

(Walter가 목표를 달성했기 때문에 치료사는 다음 목표를 세워야 했다). 이 문제를 논의했을 때 Walter는 자신이 얼마나 걱정을 많이 하고 있는지 분명히 알게 되었다. 그는 프로그램을 계속 해야 했고 다른 사람들은 자신을 "환자"로 볼 거라고 생각했다.

　검사 결과, Walter의 정신상태는 정상이었다. 그는 정확하게 년, 월, 일 그리고 검사를 언제 받았는지를 기억했다. 그러나 세 단어 기억 과제에서 한 단어를 실수했다. 만약 실수를 하지 않았다면 처음처럼 기민하고 협조적이었을 것이다. 그러나 검사가 진행될수록 그는 정서 증상을 부인했고 걱정을 했다. 그는 검사 결과로 재활 프로그램을 받을 수 없게 될까봐 두려워 했다. 그것은 사실이 아니었다. 그는 지나치게 "실수"에 신경을 썼고 검사가 진행될수록 산만해졌다. Walter는 수행을 잘 했다. 하지만, 토막짜기에서 복잡한 도안을 성공했음에도 혼란스러워했다. Walter는 "실수" 한 뒤 화를 냈고 협조를 하지 않았다. 그리고 "난 절대 나가지 못할 거야."라고 말했다. 신경심리학자는 검사를 잠시 멈추고 도움을 구하기 위해 내 방으로 왔다. 내가 Walter를 만났을 때 그는 혼란스러워 보였다. 그래서 그에게 무슨 생각을 하고 있고 어떤 감정이 드는지를 물었다.

　　　Walter: 그들(재활 프로그램)이 나를 놓아주지 않을 거예요. 난 결코 나가지 못할 거예요.
　Gorske박사: Walter씨. 그렇게 생각하는 이유가 있나요?
　　　Walter: 난 실패했어요. 난 알아요. 그들은 나를 영원히 여기 있게 할 거예요.
　Gorske박사: 당신은 두렵군요. 실패하면 문제가 있는 것이고 그건 그들이 오랫동안 여기 있게 한다는 뜻이니까요.

(Walter는 고개를 끄덕였다.)

　Gorske박사: Walter씨. 제가 당신의 검사 결과를 봐도 될까요? 사람들은 대부분 검사를 잘 못해서 재활치료실에 있지 않으려고 해요. 검사는 목표를 달성했다는 증거예요. 당신이 준비되었다고 생각되면 그들은 퇴원시켜줄 거예요.

Walter는 뭔가를 깨달은 듯 고개를 끄덕였다.

Gorske박사: 또 다른 게 있어요. Walter씨. 나는 검사 결과를 봤어요. 당신은 상
당히 잘하고 있어요. 모든 게 정상이에요. 잘하고 있어요.

획일화를 깬 것은 보상을 받은 듯 했다. Walter는 점차 안정되었다. 하지만
여전히 불안해했다. 그 때 나는 망상이나 정신증이 있는지를 알아보기 위해 정
신상태 검사를 했다. 재활 프로그램에서는 그런 증상이 보고되지 않았었다. 나
는 계획을 바꿔 Walter가 재활심리학자인 M박사와 상담을 하도록 했다. Walter
는 다음 주에 오기로 했고 나는 M박사와 이런 상황에 대해 이야기를 나누었다.
나는 다음 주에 상담을 하고 그의 기대를 알기 위해 생각과 반응을 의논하
면 좋겠다는 생각이 들었다. 그들은 검사를 준비했다. 그리고 검사를 통해 부정
적 사고와 기대, 그리고 걱정이 들 때 안정을 찾기 위해 인지적이고 행동적으로
걱정을 줄이는 전략을 가르쳤다. 그리고 Walter의 걱정에 대처하기 위해 실험을
했다. 이것은 어쨌든 그가 한번은 해야 할 일이었다.
Walter는 일주일 후 검사를 했다. 그는 자신을 괴롭히는 정서와 생각에 대해
피드백을 받았다. 편해 보였고 용기를 얻은 듯 했다. 검사 동안 실수도 했다. 그
러나 열심히 할 수 있도록 주의를 전환시켰다. 이는 Wisconsin카드분류검사에
서 드러났다. 이 검사는 평가자의 피드백에 기초를 둔 문제해결, 추리력, 판단
력을 평가하기 위해 전산화된 검사였다. 검사에서 그는 틀렸는지 맞았는지에
대한 피드백을 받았다. 처음 Walter가 틀렸다는 피드백을 받았을 때 그는 걱정
을 했다. 하지만, 격려를 받고는 안심했다. 그리고 능숙한 책략을 사용할 수 있
었다. Walter의 검사 프로파일은 평균 범위에 있었다. 시각기억, 단어유창성, 명
명하기(그림을 보고 이름을 부르는 능력)는 평균 이하였는데 기대에 부응하는 수
준이었다. 동물 범주 유창성에만 약간의 손상이 있었다. 분명 입원 당시보다 좋
아졌고 평균 정도의 수행을 했다.
몇 주 후 우리는 검사 결과에 대해 나누었다. 나는 인지 프로파일을 보여주
었다. Walter는 자신이 잘 했다는 것에 놀라워했다. 우리는 Walter의 기대와 인
식에 관해 이야기했다.

Walter: 전 잘하려고 했어요. 이제껏 실패하지 않았죠. 고등학생 때도 잘했어요. 대학을 가고 싶었지만 전 일이 하고 싶었어요.

Gorske 박사: 그건 당신이 다루기 힘든 것은 실패한다는 말 같이 들리네요.

Walter: 네. 당신은 절대 그렇지 않겠죠. 과거에는 실패하면 고쳐나갔기 때문에 문제가 없었어요.

Gorske 박사: 지금은 다른가요?

Walter: 네. 절벽에 있는 것 같아요. 통제할 수 없는 느낌이에요.

Walter가 묘사한 자신의 성격과 뇌손상의 영향은 뇌 손상 재활에서도 관찰되었다. 외상 전에 Walter는 자신에 대해 높은 기대를 가지고 있었다. 사고 전의 이런 기대는 걱정을 불러 일으켰지만 그는 잘 조절했고 적응했다. 그러나 뇌손상은 걱정에 대한 통제감을 뺏어갔다. 게다가 외상을 통제할 수 없다는 느낌은 불안을 심화시켰다. Walter는 좋아지지 않을 거라는 비극적인 생각을 바꾸기 위해 걱정을 다루는 법을 배워야 했다. 우리는 그 방법에 대해 이야기를 나누었다. 그리고 재활 프로그램의 안전성 안에서 M박사와의 작업을 일상에 적용해 보았다.

신경심리평가 결과는 Walter가 자신의 경험과 수행에 질적인 차이가 있다는 것을 보여주었다. 협력적 접근은 Walter의 반응을 고려했고, 그의 기대가 어떻게 정서 반응을 만들어내고, 뇌 손상 회복에 관여하는지에 대한 통찰을 주었다. 검사 점수는 이런 문제를 다루는 자극으로 쓰였다. 또한 이는 Walter가 배운 기술을 쓸 수 있는지에 대해 실험실 역할을 했다. M박사는 불안을 줄이는 전략의 일반화를 위해 재활에 적용할 권고사항에 동의했다.

나는 이틀 후 M박사와 피드백에 대해 논의했다. M박사는 Walter가 과거보다 재활 프로그램에 더 잘 참여하고 협조적이라고 했다. 검사 전에 Walter는 불안과 짜증, 동요를 보였다. 입을 닫았고 성급하게 검사를 포기했다. 그리고 의학적 조언에 반발하며 재활 프로그램에 참여하지 않겠다고 했다. 문제는 그의 걱정과 비극적인 생각에 있었다. 그러나 Walter는 불안관리전략을 통해 비극적 생각을 바꿀 수 있었다. 이후 재활과정에 적극적으로 참여하게 되었다. 특히, 인지영역에서 빠르고 확실한 효과를 보였다. 정서와 인지에 어려움이 있던

Walter는 뇌 손상 재활의 모범이 되었다(Bradbury et al., 2008; Hanna-Pladdy, Berry, Bennett, Phillips, & Gouvier, 2009).

Walter 사례는 뇌 손상 재활에서 협력적 신경심리 접근의 힘을 보여주었다.

이 접근은 인지 기능에 대한 정보를 제공하고 응용을 용이하게 했다: Walter 는 기능이 호전되었다. 중요한 점은 그가 검사 결과를 통해 정서를 다룰 수 있었 다는 것이다. Walter의 사례는 희망이 없다는 생각에 도전을 한 것이 중요했다.

개선 전략을 제시하고 변화를 위한 방법을 발견했다: Walter는 인지 재활 프로 그램에 참여했지만, 그에게 중요한 것은 정서 관리였다. 검사는 안전과 힘이 되 는 환경에서 걱정에 대처하고 자신의 반응을 시험하는 실험실이 되었다.

정보 제공을 위해 개인의 경험과 반응을 다루었다: 나는 환자와의 상호작용에 균형을 맞추었다. Walter와의 상호작용은 검사 경험과 과거와 현재 삶과 관계된 것에 초점을 두었다. 이러한 접근은 전체적으로 보는 관점을 뇌 손상으로 고통 받고 있는 것과 구분해 주었다.

재활 프로그램을 통해 개인에게 동기를 부여했다: Walter의 걱정과 불안은 인 지 통합을 방해했다. 그의 불안을 확인하고 말하는 것은 이러한 문제를 치료에 포함시키고 인지 과제를 통합할 수 있게 했다.

포괄적이고 미래 지향적 관점을 유지했다: Walter는 자신의 목표와 방향이 더 나아질 것이라고 믿었다. 그는 과거 재활의 경험을 통해 미래의 삶을 생각할 수 있었다.

대부분의 사람들은 여생동안 뇌 손상의 후유증으로 고군분투할 것이다. Walter 또한 그럴 것이다. 그러나 도전은 그들의 삶을 통합하고 결국 인정받게 될 것이다(Finn, 2003). 통합적 신경심리 접근은 뇌와 행동과의 관계 분석을 넘 어 치료자와 환자를 상호경험에 참여시킨다. 그 경험은 치료와 성장을 위해 신 경심리 정보를 사용하도록 도와줄 것이다.

학습포인트

1. 인지기능에 대한 정보를 제공할 때는 개인의 경험에 초점을 둬야 한다. 예를 들면, 복잡한 문제를 피드백을 할 때는 다음과 같이 묻는다. "이것이 당신의 경험과 일치하나요?", "이걸 어떻게 보나요?", "당신은 어떻게 이 검사를 끝냈나요?", "이 기술이 당신의 일상에서 어떤 식으로 나타나나요?" 이러한 질문은 환자가 자신을 위해 검사 결과를 적용하는 데 도움이 된다. 그리고 치료 개입을 위해 사용될 수 있다.

2. 신경심리검사 피드백을 할 때는 가급적 전문 용어를 사용하지 않는다. 예를 들면, "언어학습과 기억" 대신 "말하고 듣는 것을 기억하는 능력"이라고 표현한다. 이 것은 협력적인 피드백을 위해 필요하다. 특히 이것은 환자가 피드백을 결정하는 권한이 있다고 느끼게 한다.

3. 피드백 동안 정보도 중요하지만 내담자 중심의 면담 기술은 협력을 위해 필수적이다. "유도-제공-유도"를 이용한 동기강화상담은 이러한 피드백 과정에 도움이 된다. 우선, 치료자는 검사 경험에 대해 환자의 정보를 유도한다. 그 다음 치료자는 인지기능에 관한 정보를 제공한다. 마지막으로 치료자는 피드백에 대한 환자의 반응을 유도한다. 모든 과정에서 치료자는 감정이입, 개방형 질문, 내담자 중심의 언어와 요약 같은 내담자 중심의 언어 기술을 사용한다. 이는 내담자의 의견을 듣고 피드백 하는 동안 가치를 부여하는 언어 기술이 된다(Miller & Rollnick, 1991/2001).

4. 신경심리평가 결과는 개인 인식의 스냅촬영 같은 것으로 전체적 관점으로 접근해야 한다. Walter가 인지에 문제가 있었지만 이는 걱정 증폭에 기여하는 부정적 자아 개념과 관련 있었다. 뇌 행동 관계는 삶의 경험과 통합되어야 한다. 그런 경험은 환자의 갈등을 극복하고 대처 방안을 제공한다. 개입은 뇌와 행동과의 관계를 다루고 삶을 풍요롭게 한다.

아동을 위한 CTNA: Ilyssa 사례

Ilyssa는 10살 난 유럽계 미국인으로 나(Smith박사)의 심리평가센터를 방문했다. 그녀의 소아과 전문의였던 N박사는 Ilyssa의 인지기능과 학교에서의 문제행동을 걱정했다. N박사는 Ilyssa가 5학년 때부터 산만했고, 엉뚱한 행동을 했으며, 과제를 제 시간에 못했다고 했다. 그녀는 Ilyssa가 인지장애가 있다면 그것이 학교생활에 어떤 영향을 주는지를 궁금해 했다.

Ilyssa는 조숙하고 발랄하며 매력적이고 유쾌했다. 그녀는 두 아이 중 첫째였고 부모는 결혼 12년차였다. 부모 모두 대학교육을 받았고 전문직에 종사했다. Ilyssa는 열 달을 다 채워 태어났고 출산 합병증, 심각한 질병이나 결핍, 학습 문제없이 건강하게 자랐다. 부모는 Ilyssa가 좋은 친구들이 있지만 점차 소외되는 것 같다고 했다. Ilyssa는 가정학대나 폭력, 외상의 경험은 없었다.

Ilyssa는 보통의 학생이었고 집에서도 평범했다. 그러나 숙제를 할 때는 반항을 했다. 반항 후에는 심하게 울었다. 한 번은 부모가 그녀를 달랬는데 상황이 안 좋아졌다. Ilyssa는 6살 난 남동생에게 책을 집어 던졌다. 그녀는 정서적으로 아빠를 닮았고 언제나 아빠의 작은 딸이었다.

엄마와 아빠는 딸의 반항에 대해 관점이 달랐다. N박사처럼 엄마는 Ilyssa가 학습장애나 인지에 문제가 있는 것으로 생각했다. "박사님. 아이가 얼마나 반항하는지 한 번 보셔야 해요. Ilyssa는 이해하지 않으려 해요. 내 여동생은 난독증이 있었어요. 난 Ilyssa가 같은 문제가 있는지가 걱정돼요." 하지만, 아빠는 관점이 달랐다. "Ilyssa는 5학년 공부가 어려운 것 뿐이에요. 잘 배우지 못한 거예요. 언젠가는 잘 할 거예요." Ilyssa는 나에게 공부가 어렵고 뒤처지는 느낌을 받는다고 말했다.

나는 CTNA로 Ilyssa와 부모에게 평가질문을 했다. 그리고 서로 정보를 공유하지 못하도록 질문을 세분화했다. 그들은 다음 질문을 했다:

> Ilyssa: 왜 학교는 날 힘들게 하죠?
>
> 엄마: Ilyssa에게 학습장애가 있나요? 어떻게 하면 행동을 통제할 수 있을까요? 치료가 필요한가요?
>
> 아빠: Ilyssa를 어떻게 잘 가르칠 수 있을까요?

Ilyssa는 활발하고 의욕적이었다. 아동용 웩슬러 지능검사-Ⅳ(Wechsler Intelligence Scale for Children-Ⅳ; WISC-Ⅳ)를 할 때는 집과 학교생활에 대해 이야기했다. 그녀는 자신이 바보처럼 느껴지고 숙제가 어려울 때마다 부모님이 밀어붙여 힘이 든다고 했다. 그녀는 자신이 일으키는 문제를 남동생은 일으키지 않기 때문에 부모님이 남동생을 더 좋아한다고 생각했다.

산수검사를 할 때 Ilyssa는 "전 산수 실력이 형편없어요."라며 그만두고 싶어 했다. 나는 다른 검사를 끝낸 후 다시 산수검사를 했다. "몇 가지를 다시 해 보면 좋겠는데 여기엔 비밀이 있단다. 이 검사는 산수에 관한 게 아니란다. 이것은 주의 깊게 듣고 생각하는 능력에 관한 거란다. 쉬울 거야." 그녀는 검사를 어려워하지 않았다. 그리고 정답을 많이 맞혔다. 검사가 매뉴얼대로 실시되지는 않았지만 수행에 변화를 보인 것이 중요했다.

우리는 네 영역을 평가했다: 인지신경심리, 성취, 정서와 성격, 그리고 행동 영역. 인지신경심리평가는 평범했다. 처리속도가 평균 이하였던 것을 제외하고 대부분은 평균 수준이었다. 청각 언어기억, 실행기능, 시공간 처리 능력은 뛰어나지 않았다. 웩슬러 개인 성취 검사-Ⅱ(Wechsler Individual Achievement Test-Ⅱ; WIAT-Ⅱ; Wechsler, Psychological Corporation, 2002) 점수는 편차가 있었다. 비단어 부호화와 한 단어 읽기(예, Gray Oral Reading Test-4; GORT-4; Wiederholt & Bryant, 2001)에 약간의 손상이 있었다. 비슷하게 읽기 점수는 유창성과 이해력이 저조했다.

정서와 성격평가[예, Roberts-2, Roberts & Gruber, 2005; Rorschach, Exner, 2003; 청소년 성격검사(Personality Inventory for Youth; PIY; Lachar & Gruber, 1995)]에서 Ilyssa는 자원이 풍부하고 사회 지향적이었다. 거기엔 인지 붕괴나 사회적 염려의 징후도 없었다. 그러나 걱정과 죄책감이 있었다. 풍부한 자원에도 불구하고 자신을 표현하거나 위험을 감수하는 데 제한이 있었다. 약간 우울했지만(예, PIY에서 *심리적 불편감 상승*, Rorschach *MOR=3*) 장애 수준은 아니었다.

Ilyssa의 자기보고형 점수와 달리 행동 평정 척도는 눈에 띄었다. 나는 부모에게 아이와 의논하지 않고 아동용성격검사(Personality Inventory for Children; PIC-2, Lachar & Gruber, 2001)를 작성하게 했다. Ilyssa 엄마의 결과에는 병적 문제와 우울, 걱정, 사회 부적응이 보고되었다. Ilyssa는 친구를 사귀는 데 어려움이 있었고, 우울했고, 행복하지 않았다. 아울러 신체증상과 사고장애 증상이 높아 걱정이 되었다(예, PIC-2 *신체 염려* =75T; *현실 왜곡* =70T). 그러나 아빠의 결과는 모든 척도가 평균 이하였다.

나는 Ilyssa와 부모에게 따로 피드백을 했다. Ilyssa는 결과에 관심이 많았다. 나는 Illysa가 적은 정보로도 결과 피드백을 통합할 수 있을 거라 생각했다. 그리고 그녀에게 똑똑한 아이라고 말해주었다. 사실 그녀는 또래들보다 수행을 잘 했다.

그런 후 나는 읽은 것 중 무엇이 자신에게 해당하는지를 물었다. 그녀는 "꽤 어렵네요."라고 했다. 사실 그녀는 똑똑했지만 다른 아이들보다 잘 읽지 못했다. 나는 그녀가 난독증이 있다고 설명했고 "뇌가 글자와 단어를 다르게 인식하는 것 같다."라고 했다. 나는 사이클 선수인 Lance Armstrong이 난독증이었던 것을 아느냐고 물었다. 그녀는 안다고 했고 여러 대회에서 우승했다는 것도 알고 있었다. "알다시피 Lance Armstrong은 여러 대회에서 우승했지만, 다른 선수들에 비해 빠른 선수는 아니었어. 만약 자신에 대해 실망했다면, 아마 우승을 못했을 거야. 그래서 Lance는 미래에 대해 생각하고, 레이스를 계획하고, 스스로 할 수 있다고 믿었지. 그는 앞으로 나아가기 위해 노력했고, 결국 그는 우승할 수 있었어." 나는 Ilyssa가 Lance처럼 행동할 필요가 있고 좀 더 노력하면 멋지게 할 수 있을 거라고 말해 주었다. 그녀는 기분이 좋아보였다. 그리고 저녁마다 숙제를 하려고 많은 시간을 할애할 필요는 없을 것 같았다.

나는 Ilyssa의 부모에게 좀 더 정서적이고 관계 중심적인 피드백을 했다. 부모는 난독증 진단을 듣고 놀라지 않았다. 그리고 학교에서 Ilyssa의 자원을 활용할 수 있겠다는 말에 안심을 했다. 나는 난독증 증상이 심각하지는 않으며 그래서 크게 문제 삼을 필요는 없다는 것을 강조했다.

우리는 인지와 신경심리적 양상에 대해 논의했다. 나는 두 부모가 각기 작성한 PIC-2 프로파일을 보여줬다. 나는 무엇이 평가에서 차이를 만들었는지를 물었다. 엄마가 먼저 말했다: "전 Ilyssa와 많은 시간을 보냈어요. 남편은 내가 했던 것을 보지 못했죠. 제가 생각하기에 그것은 Ilyssa와 시간을 함께 보낸 것 때문인 것 같아요." Ilyssa의 아빠가 끼어들었다. "그게 맞을지도 몰라요. 나보다는 당신이 훨씬 힘들 거야." 그들은 서로를 존중했다. 그리고 관점이 다르다는 것을 인정했다. 나는 이것이 흔한 일이며 부모는 여러 이유로 자녀에 대해 다른 관점을 가진다고 설명해 주었다.

나는 PIC-2 점수의 의미를 고려해서 판단을 유보했다. 그리고 그것에 다른 의미가 있는지를 생각해보게 했다. "어머님. 평가 점수는 Ilyssa가 많은 부분을 극복하고 노력했는지를 말해줍니다. 또한 아빠가 잘못 생각했다는 것을 보여줍니다. 아버님. 당신의 점수는 엄마가 잘못되었고, 거짓말을 하고, 딸에 대해 나쁘게 생각한다는 것을 말해줍니다. 그리고 Ilyssa가 했던 만큼 고군분투 할 필요가 없다는 것을 보여주기도 합니다." 나는 평가 점수가 사실에 관한 것이 아니라고 말했다. 그러나 서로 다른 관점은 아이와 소통하게 한다고 했다; 그리고 점수의 차이는 아이를 혼란스럽게 할 거라고 이야기했다. 이런 정체성, 능력, 잠재력에 대한 혼란이 Ilyssa를 힘들게 할 거라고 말했다. 결국 그녀는 불확실한 힘과 싸워야 하는 현실 속에 있었다.

논의를 통해 학교에서 Ilyssa는 작문 과제의 감소, 보충학습, 시험 제한의 도움을 받았다. 그녀는 심각하지 않았기 때문에 입원을 하지는 않았다. 피드백 일주일 후 Ilyssa의 부모는 그녀의 도전을 위해 "통일된 메시지"를 그녀에게 전달했다. 중요한 것은 그들이 Ilyssa에 대한 관점을 하나로 모아 말한 것이었다.

🌱 학습포인트

- 인지/기능과 정서 결과 사이에는 연결점이 있다. 그래서 인지 능력의 변화와 손상에 대해 주변에서는 다르게 느끼는 경우가 있다. 정서적 결과는 종종 인지적 사안보다 부정적인 경향이 있다.
- 부모와 자녀 관계는 정체성 발달에 영향을 준다. 아이는 자신이 얼마나 잘하는지 못하는지에 관한 메시지를 외부에서 듣는다. 이런 메시지가 혼란스럽고 뒤죽박죽일 때는 두려울 수가 있다.
- 임상가의 일은 아이의 메시지를 부모에게 통역하는 것이다. 치료적 평가와 CTNA의 원리는 이런 통역의 과정을 도울 수 있다. 인지적, 사회적, 체계적, 그리고 교육적 영향은 복잡하다. 그러나 폭 넓은 이해는 명확성과 일관성을 이끈다. 이런 명확성과 일관성은 더 좋은 결과를 낳는다.

요 약

이 장의 목표는 치료적 평가(Finn, 2007)와 협력적 평가(Fischer, 1994, 2000)를 신경심리평가에 적용하는 것이었다. CTNA는 임상가에게 환자와 가족의 협력적 신경심리평가를 시작하는 시점을 제시한다(Gorske & Smith, 2009). CTNA 접근법은 학습장애, ADHD, 약물남용, 정신병 같은 경우에도 유용하다. 비록 CTNA 접근이 모든 상황에 도움이 되는 것은 아니지만, 여러 상황에 적용할 수 있는 이론적 기반이 있다. CTNA는 신경심리평가를 통해 환자와 가족에게 도움을 줄 수 있다.

후기

미래를 위해!

CONSTANCE T. FISCHER, LEONARD HANDLER, STEPHEN E. FINN

책을 편집하는 데 많은 노고가 있었다. 저자들의 작업은 감동적이고 인상적이었다. 우리는 자신을 돌아보고 훈련하면서 치료적 평가의 진면모를 발견할수 있었다. 아울러 이해하고 도우려는 평가자의 개방성과 배려, 창조성, 그리고부드럽게 내담자를 대하는 방식에 감명을 받았다. 평가자들은 내담자를 돕고문제 해결을 위한 방법을 찾고자 했다. 그리고 평가를 천편일률적으로 하지 않았다. 최근에 협력적/치료적 평가(Collaborative/Therapeutic Assessment; C/TA)를 접한 평가자도 있었지만 그들은 오랫동안 관련 분야의 전문가들이었다. 우리는각 보고서의 여러 면이 인상 깊었다. 각 장은 그 사례들을 소개하고 있다.

I부는 성인을 대상으로 한 평가이다. 1장의 *Judith Armstrong*의 사례에서 내담자는 심리적 외상으로 해리가 있었다. Judith는 치료 계획을 개별화하기 위해외상과 강점을 평가했다. Judith는 평가 내내 협력적이고 치료적이었다. *Marc Diener, Mark Hilsenroth, Thomas Cromer, Frank Pesale, Jennelle Slavin−Mulford*는 간이증상검사와 대인문제검사로 C/TA를 실시했다. "초기 면담과 심리평가에서 임상가의 활동이 긍정적 치료 동맹과 관련 있다는 것을 보여준" 표(표 3.1을보라)는 유용했다. 이는 우울한 내담자를 위한 평가에도 도움이 되었다. *Diane Engelman*은 자살을 시도한 여자와 협력적으로 신경심리평가를 했다. 그리고 프리랜서 극작가인 *J. B. Allyn*과 내담자에 대한 보고서를 우화로 만들었다. Engelman과 Allyn은 성인을 위한 피드백 이야기를 만든 최초의 사람일 것이다.

장교후보생학교 입교 예정이었던 내담자와 *Connie Fischer*와의 협력은 평가목표를 정한 후 실시되었다. 그들은 2회에 걸친 면담을 통해 내담자가 제시한 목표를 달성할 수 있었다. 한편, 내담자와의 소통에 대한 *Chris Fowler*의 관점은 평가를 통해 입증되었다. 반복적으로 자살시도를 한 여성에 대한 치료에서 Chris는 로르샤하 내용 분석을 통해 내담자의 역동을 살펴보았다. *Jan Kamphusi*와 *Hilde de Saeger*는 C/TA를 통해 내담자가 아버지에 대한 분노를 알고 창조성을 회복할 수 있도록 도왔다. *Hale Martin*과 *Erin Kacklin*은 C/TA에서 지도감독자의 역할에 대해 기술했다. Hale과 Erin은 건강, 문화, 학습 문제가 있는 남자의 사례에서 확장된 로르샤하 질문으로 어떻게 내담자를 이해할 수 있는지를 보여주었다. *Patrick McElfresh*는 치료 전에 실시한 협력적 평가가 사례설계, 치료계획, 치료역동을 어떻게 다루었는지에 대해 설명했다. Patrick의 로르샤하에 대한 협력적 접근은 치료를 통해 증상을 호전시켰다. 그리고 내담자가 과거의 무력감과 자기비난에서 벗어날 수 있도록 도왔다. *Carol Overton*은 심한 학대를 받은 여성이 자신의 정서를 돌아 볼 수 있도록 Ryle의 심리치료 파일을 선택했다. Carol은 정서에 압도된 내담자를 돕기 위해 확장된 로르샤하 질문을 이용했다.

II부의 아동, 청소년, 성인 평가에서 *Marita Frachowiak*은 유기된 과거력이 있는 14세 소녀에게 성인용 애착투사 그림검사를 실시했다. Marita는 화내는 것을 "불이 난 것"에 비유했다. 그리고 감각을 확장해서 Roberts 통각검사의 소녀 이야기를 행복하게 끝맺을 수 있게 했다. 아울러 어머니가 정서 반응에 머물 수 있도록 도왔다. *Len Handler*는 상상 동물화와 이야기를 통해 다루기 힘든 6살 소년의 사례를 소개했다. Len은 자신의 상황을 이해한 소년에게 이야기를 들려주었다. 이야기는 새로운 상황에 적절히 대처하고 실행 가능한 방식을 발견할 수 있도록 도와주었다. *Noriko Nakamura*는 젊은 여성과의 심리치료에서 로르샤하를 이용한 협력 과정에 대해 기술했다. 이를 통해 치료 중에 심리평가가 어떻게 협력적으로 적용될 수 있는지를 보여주었다. *Caroline Purves*는 미운 오리새끼 Matilda 이야기에서 로르샤하 점수 3R＋(2)/R을 "안보임"이라는 은유를 통해 10살 소녀에게 들려주었다. 이야기는 소녀에게 치료적 메시지를 전해주었다.

*Deborah Tharinger, Melissa Fisher, Bradley Gerber*는 10살 소년을 돕기 위해 가족 개입 회기를 실시했다. 평가자/치료자는 비디오를 이용했고 부모와 상담을 했다. 그리고 팀원들은 협력적으로 작업을 했다. 가족은 소년에 대해 새로운

것을 알고 이해하게 되었다. *Heikki Towakka*는 입원한 청소년에게 Handler의 상상 동물화와 스토리텔링 기법을 적용했다. 그는 정신증이 있는 10대 소녀와 자신의 경험을 공유했다. 막다른 곳에 있던 가족/치료 팀 회의에서 Heikki는 그림을 보여주고 이야기를 공개해도 되는지를 소녀에게 물었다. 이후 분위기는 반전되었고 소녀는 도움을 받을 수 있었다. *Barton Evans*는 C/TA가 아동보호 상황에 사용될 수 있다는 것을 알려주었다. 이혼한 부모의 아들은 부모의 다툼에 영향을 받았다. 아내가 남편을 "편집적"이라고 비난했을 때 Barton은 남편의 MMPI-2 편집증 척도가 상승되지 않았다는 것을 알려주었다. 그런 다음 편집증 척도가 상승한 아내의 MMPI-2 프로파일도 제시했다. 이후 가족은 지지적으로 되었고 처음의 생각을 변화시킬 수 있었다. *Tad Gorske와 Steven Smith*는 협력적 치료적 신경심리평가모형을 개발했다. Tad는 동기강화상담으로 뇌손상 환자가 재활에서 능동적 역할을 하도록 보살피고 힘을 불어넣었다. Steven은 난독증을 앓고 있던 10살 소녀의 사례를 소개했다. Steven은 소녀에게 Lance Armstrong에 대해 들어본 적이 있는지를 물었다. 소녀는 들어 보았다고 했고 Steven은 어떻게 Armstrong이 느리지만 경주에서 이겼는지를 설명했다. 그녀는 Steven의 말을 이해했다. *Steve Finn*은 만성 통증으로 의뢰된 여성을 평가했다. Steve는 치료적 부부평가에 남편을 초대했다. Steve가 사용한 공동 로르샤하는 부부에게 전환점이 되었다. 남편은 아내를 정서적으로 지지하는 방법을 배웠고 아내는 자신의 고통을 남편이 이해했다는 것을 알게 되었다. 부부의 역동이 변하자 아내의 통증은 줄어들었다.

여러 장에서 받은 인상을 살펴보자. 내담자의 상황과 의뢰이유, 평가방법과 이론이 달랐어도 우리는 C/TA가 성공적으로 실시된 것에 놀라지 않았다.

평가자들은 표준화된 방식으로 검사를 했고, 성격과 정신병리에 정통했으며, 내담자가 학습한 것을 고려해 평가를 개별화했다. 평가가 몇 회기에 걸쳐 진행될 때는 도구를 적절히 선택했다. 그리고 평가에 앞서 계획했던 주제 탐색에 변화가 필요할 때는 계획과 접근을 수정했다. 저자들 어느 누구도 그렇게 말하지 않았지만 모두가 평가를 유연하게 했다.

기본적으로 공유된 부분은 내담자와 평가자가 사는 세상과 인간에 대한 마음이었다. 평가자는 내담자와 정서적으로 연결되고 싶어 하고 "내담자의 눈으로"

보길 원한다. 평가자가 내담자의 언어를 사용하면 공통의 기초를 세울 수 있다. 내담자의 삶에 대한 평가자의 관심은 삶을 대하는 방식에 호기심을 갖게 한다.

협력적 평가자는 피드백 회기를 마지막이라고 생각하지 않는다. 평가는 일방적이지 않고 내담자의 삶에 대한 이해와 의미를 공유한다. 이해와 관심은 과정을 통해 공유되고 명료화되고 수정된다. 내담자는 공동발견자이다. 그래서 평가를 통해 자신이 이해받았다고 느낀다. 심지어 초반에 저항적이었던 내담자도 나중에는 적극적으로 평가에 참여하게 된다.

평가자는 이론, 연구, 진단적 문헌 등을 이용하지만 그들의 초점은 분류가 아닌 개인의 삶이다. 때로 여러 자료를 구조화하는 도구로 심리적 구성개념을 이용하기도 하지만 내담자를 구성개념에 따라 유형화하고 설명하기 위해 한계를 두지 않는다. 대신 초점, 논의, 제언은 내담자의 삶에 기초한다. 평가자는 평가를 통해 "그들이 살고 있는 곳에서" 내담자를 만난다. 평가자는 과거와 현재를 내담자의 맥락 속에서 이해한다. 그리고 내담자의 일상에 초점을 두고 훈련을 개별화시켜 나간다.

평가자는 내담자에 대해 배웠던 것을 공유하도록 강요하지 않는다. 단지 동의한 문제만 공유한다. 그리고 내담자의 중요한 정보에 대해서는 비밀을 지킨다. 내담자와 평가자는 핵심을 공유한다. 그러나 가끔은 타당하고 유용한 이해에 도달하기 위해 위험을 무릅쓴다. 두 당사자는 여러 측면에서 평가의 영향을 받는다. 결론적으로 C/TA는 무미건조하고 지적인 작업은 아닌 것 같다.

부모, 선생님, 치료자 등 3자가 개입되었을 때 평가자는 초기 인상, 사건, 관심사에 대한 정보를 수집한다. 그리고 내담자의 동의하에 함께 발견한 것을 공유한다. 이는 내담자가 평가동안 개별화된 제언을 이행하는 데 중요하다. 내담자는 제언이 삶 속에서 제시될 때 이를 따른다.

대부분의 장이 평가 과정과 결과에 초점이 맞추어졌어도 보고서에 대한 논의는 부족했다. 어떤 C/TA 보고서는 간략하게 문제에 초점을 둔 이해와 제언이 있었다. 그러나 다른 보고서는 전통적인 형식을 따랐지만 이 장에서 보여준 대로 내담자를 기술했다. 즉, 결과와 제언은 그들이 어떻게 협력하는지에 따라 다르게 기술되었다.

내담자들이 평가를 만족했음에도 어떤 평가자/저자는 만족하지 못했다. C/TA

를 수년간 해온 평가자들은 수련에서 배운 것을 평가를 통해 알게 되었고 새로운 평가는 도전이 되었다. 각 장에서 평가자는 평가 과정과 결과에 대한 내담자의 만족을 주목했다. 그리고 환경적 한계를 존중하면서 "내담자를 기꺼이 보살폈다."

편집자들은 치료적 평가로 의뢰되던 되지 않던 간에 평가 과정과 결과가 치료적이었다는 것을 주목했다. 내담자는 존중과 이해와 공감을 경험했다. 어떤 내담자는 관심을 받았고 어떤 내담자는 이해를 받고 기뻐했다. 모두는 대단한 힘으로 평가를 끝냈고 효과적이고 당당한 삶을 살게 되었다.

우리는 심리학자들이 평가의 모든 영역과 경험 수준에서 C/TA를 자신의 작업에 적용할 수 있으리라 믿는다. 평가자는 내담자와 협력을 통해 기존의 접근 방식과 삶에 대한 생각을 탐색하고 개발하고 개입할 것이다.

아직 경험해 보지 않은 평가자들에게 협력적/치료적 평가를 제안한다. 우리의 "후기"는 "미래를 위해" 있다.

찾아보기

본 QR코드를 스캔하시면 '심리평가로 심리치료하기'의
참고문헌을 참고하실 수 있습니다.

저자 소개

STEPHEN E. FINN, PHD는 치료적 평가 센터의 설립자이고, Austin의 Texas대학 심리학과 겸임 임상조교수이다. 그는 *MMPI-2를 이용한 치료적 개입과 내담자의 눈으로: 심리평가로 심리치료하기*의 저자이다.

CONSTANCE T. FISCHER, PHD, ABPP는 N.J.의 Duquesne대학 지역사회 봉사활동 기부연합회 회장이다. 그녀는 심리평가에 대한 개별화된/협력적/치료 접근의 선구자로 알려져 있다. 그리고 *심리학자를 위한 질적 연구방법론: 경험적 연구를 통한 개관*을 저술했고, APA 인간주의 심리학 분과에서 Carl Rogers상과 Duquesne대학 총장 장학금을 받았다.

LEONARD HANDLER, PHD, ABAP는 Tennessee대학 임상 훈련 프로그램 교수이자 부감독자이다. Handler박사는 *성격평가학회지*의 편집위원회 위원으로 활동하고 있다. 그는 여러 연구상을 받았고 현재 Tennessee대학 심리 클리닉 감독자로 재직 중이다.

역자 소개

최성진

부산대학교 심리학과 및 동대학원 졸업 문학박사
전남대학교병원 정신건강의학과 임상심리전문가과정 수료
보건복지부 정신보건임상심리사 1급
한국심리학회 임상심리전문가, 건강심리전문가, 범죄심리전문가
한국명상학회 명상치유전문가
한국청소년상담학회 청소년상담전문가
한국치료적심리평가협회장
인제대학교 의과대학 겸임교수
부산가톨릭의료원 메리놀병원 정신건강의학과 임상심리실장
현) 동명대학교 상담심리학과 교수

(역)   내담자의 눈으로: 심리평가로 심리치료하기(박영사)
　　　성인과 아동을 위한 BGT의 정신역동적 해석(박영스토리)
(공저) 학술논문작성 및 출판지침(박영사)
(공역) 이상심리학(박학사)
　　　MMPI-2 평가의 핵심(박학사)

심리평가로 심리치료하기: 사례 가이드북

초판발행	2016년 4월 25일
중판발행	2024년 2월 28일
지은이	Stephen E. Finn·Constance T. Fischer·Leonard Handler
옮긴이	최성진
펴낸이	노 현
편 집	배근하
표지디자인	조아라
제 작	고철민·조영환
펴낸곳	㈜ 피와이메이트
	서울특별시 금천구 가산디지털2로 53 한라시그마밸리 210호(가산동)
	등록 2014. 2. 12. 제2018-000080호
전 화	02)733-6771
f a x	02)736-4818
e-mail	pys@pybook.co.kr
homepage	www.pybook.co.kr
ISBN	979-11-87010-93-7 93180

* 파본은 구입하신 곳에서 교환해 드립니다. 본서의 무단복제행위를 금합니다.

정 가   19,000원

박영스토리는 박영사와 함께하는 브랜드입니다.